Patrick Beuge
Was ist gutes Deutsch?

Sprache und Wissen

Herausgegeben von
Ekkehard Felder

Wissenschaftlicher Beirat

Markus Hundt, Wolf-Andreas Liebert,
Thomas Spranz-Fogasy, Berbeli Wanning,
Ingo H. Warnke und Martin Wengeler

Band 40

Patrick Beuge

Was ist gutes Deutsch?

Eine qualitative Analyse laienlinguistischen Sprachnormwissens

DE GRUYTER

ISBN 978-3-11-076604-2
e-ISBN (PDF) 978-3-11-064743-3
e-ISBN (EPUB) 978-3-11-064757-0
ISSN 1864-2284

Library of Congress Control Number: 2019947142

Bibliografische Information der Deutschen Nationalbibliothek
Die Deutsche Nationalbibliothek verzeichnet diese Publikation in der Deutschen Nationalbibliografie; detaillierte bibliografische Daten sind im Internet über http://dnb.dnb.de abrufbar.

© 2021 Walter de Gruyter GmbH, Berlin/Boston
Dieser Band ist text- und seitenidentisch mit der 2019 erschienenen gebundenen Ausgabe.
Druck und Bindung: CPI books GmbH, Leck

www.degruyter.com

Für Carl.

Vorwort

Das vorliegende Buch stellt die überarbeitete und gekürzte Fassung meiner Dissertationsschrift dar, die von der Philosophischen Fakultät der Christian-Albrechts-Universität zu Kiel im März 2019 angenommen wurde. Die 139 transkribierten Interviews, die die empirische Datengrundlage und somit das Korpus der Arbeit bilden, konnten aus Platzgründen nicht in der Druckversion Anhang finden. Diese finden sich als elektronischer Anhang auf der Website des Verlags: https://www.degruyter.com/view/product/543111.

An der Erschaffung einer Arbeit wie dieser ist in der Regel mehr als nur eine Person beteiligt. So fußt das Werk zwar vornehmlich auf der persönlichen wissenschaftlichen Leistung des Verfassers, wobei diese Leistung allerdings nicht ohne die Unterstützung und Anregungen anderer zustande gekommen wäre. Danken möchte ich daher meinem Doktorvater, Prof. Markus Hundt, der während meines Studiums mein erstes Interesse und die daran anschließende Begeisterung für linguistische und laienlinguistische Themen geweckt hat. Ich danke ihm sehr für seine stets konstruktive und kritische Begleitung dieser Arbeit, sein Vertrauen in das vorliegende Forschungsvorhaben und seine Geduld. Für ebenso konstruktive Kritik und hilfreiche Denkanstöße möchte ich weiterhin meinem Zweitgutachter, Prof. Michael Elmentaler, danken, der ebenfalls dazu beitrug, dass ich zur Linguistik gekommen und bei ihr geblieben bin. Weiterhin danke ich dem Herausgeber der Reihe *Sprache und Wissen*, Prof. Ekkehard Felder, für die Aufnahme der Arbeit. Daniel Gietz und Albina Töws vom de Gruyter-Verlag sowie Anne Rudolph von Konvertus danke ich für ihre professionelle und unkomplizierte Betreuung.

Einen nicht unwesentlichen Teil zu dieser Arbeit beigetragen haben ebenso andere Menschen wie (ehemalige) Arbeitskollegen und Freunde, denen ich für anregende Gespräche diesseits und jenseits der Linguistik danken möchte. Insbesondere bin ich Dr. Christina A. Anders und Bernhard Luxner zu großem Dank verpflichtet, da sie nicht nur diese Arbeit Korrektur gelesen und konstruktive Kritik geübt, sondern darüber hinaus auch für die notwendige Ablenkung gesorgt haben. Ebenfalls zu großem Dank verpflichtet bin ich Corinna Krämer, die mich bei der Herstellung des Manuskripts unterstützt hat, sowie Andreas Kramer, der mir bei der statistischen Auswertung zur Seite stand.

Danken möchte ich auch meinen Eltern, Ursula und Dieter Beuge, für ihr Vertrauen, ihre Zuversicht und Geduld, die ein Forschungsvorhaben wie dieses notgedrungen strapaziert, und dafür, dass sie mir nicht nur in finanzieller, sondern in vielerlei Hinsicht ermöglicht haben, dieses Werk zu erschaffen.

Zuletzt – und zugleich vor allen anderen – möchte ich meiner Frau Katharina danken, die diese Arbeit nicht nur Korrektur gelesen und mir zeitweise den Rücken frei gehalten hat, sondern die mich auch stets in all meinen Bestrebungen unterstützt und motiviert hat. Ohne sie wäre die Erschaffung dieser Arbeit nicht denkbar gewesen. Katharina, ich danke dir von ganzem Herzen.

Inhaltsverzeichnis

Vorwort —— **VII**
Tabellenverzeichnis —— **XII**

1	**Einleitung —— 1**	
1.1	Erkenntnisinteresse und Zielsetzung —— **4**	
1.2	Aufbau der Arbeit —— **11**	
2	**Der Laie im Fokus: Die Untersuchung laienlinguistischen Sprachnormwissens —— 13**	
2.1	Vom Störfaktor zum Untersuchungsgegenstand: Das Interesse am linguistischen Laien —— **13**	
2.1.1	Laien(meta)sprache und Laienwissen als Untersuchungsgegenstand —— **21**	
2.1.2	Wer kann überhaupt als linguistischer Laie gelten? – Versuch einer Klärung —— **27**	
2.2	Alltagswissen linguistischer Laien —— **31**	
2.2.1	Alltag, Wissen, Alltagswissen —— **32**	
2.2.2	Sprachbezogenes Alltagswissen —— **38**	
2.3	(Sprach)Normen als Konzepte der Forschung —— **42**	
2.3.1	Der (Sprach)Normbegriff der Linguistik —— **42**	
2.3.2	Sprachlich-kommunikative Normen als soziale Normen —— **51**	
2.3.2.1	Typen sprachlich-kommunikativer Normen —— **56**	
2.3.2.2	Existenzweisen und Legitimationskriterien —— **60**	
2.4	Zusammenfassung und methodologische Konsequenzen —— **67**	
3	**Methodik, Korpus und Kategoriensystem —— 72**	
3.1	Zur Methodologie einer qualitativ-hermeneutischen Forschung —— **72**	
3.2	Qualitative Erhebungs- und Auswertungsmethoden zur Rekonstruktion laienlinguistischen Sprachnormwissens —— **78**	
3.2.1	Das teilstandardisierte qualitative Interview —— **79**	
3.2.2	Die qualitative Inhaltsanalyse —— **83**	
3.3	Datenerhebungskontext —— **89**	
3.4	Beschreibung der Daten und method(olog)ischer Rückblick —— **93**	
3.5	Das Kategoriensystem —— **100**	

4	**Sprachnormwissen — 107**	
4.1	Beschaffenheit — 107	
4.1.1	auditiv-phonetisch — 108	
4.1.2	allgemein grammatisch — 118	
4.1.3	syntaktisch — 123	
4.1.4	morphologisch-morphosyntaktisch — 128	
4.1.5	orthographisch-schriftbezogen — 128	
4.2	Angemessenheit — 130	
4.3	Stilistik-Ästhetik — 133	
4.4	Verständlichkeit — 139	
4.5	Schriftbezogenheit — 147	
4.6	Variationsfreiheit — 151	
4.7	Normsetzende Instanzen — 162	
4.7.1	Modellsprecher — 162	
4.7.2	Modellschreiber/-texte — 169	
4.7.3	Kodizes — 171	
4.7.4	Sprachnormautoritäten — 172	
4.8	Bezeichnungskonventionen — 173	
4.9	Sprachgeographische Konzepte — 180	
4.10	Zusammenfassung — 186	
5	**Sprachbezogene Begriffe — 189**	
5.1	Einzellexeme — 191	
5.1.1	*richtig* — 191	
5.1.2	*korrekt* — 197	
5.1.3	*verständlich* — 202	
5.1.4	*klar* — 208	
5.1.5	*schön* — 213	
5.1.6	*gut* — 215	
5.1.7	*deutlich* — 218	
5.1.8	*angenehm* — 222	
5.1.9	*gepflegt* — 223	
5.1.10	*ordentlich* — 223	
5.1.11	*rein* — 226	
5.2	Lexemcluster — 228	
5.2.1	Lexemcluster *Stil* — 228	
5.2.2	Lexemcluster *Variationsfreiheit* — 231	
5.2.3	Lexemcluster *Lautung* — 233	
5.2.4	Lexemcluster *Ästhetik* — 236	

5.2.5	Lexemcluster *Struktur* —— 237
5.2.6	Lexemcluster *Semantik* —— 238
5.3	Zusammenfassung —— 239

6 Metaphorische Modelle —— 241
6.1	*Sprache als Substanz* —— 242
6.2	*Sprache als Material* —— 250
6.3	*Sprache als Organismus* —— 255
6.4	*Sprache als Territorium* —— 257
6.5	*hochdeutsch ist oben; dialekt ist unten* —— 258
6.6	Zusammenfassung —— 261

7 Zusammenfassung und Interpretation der Ergebnisse —— 263
7.1	Homogenität —— 266
7.2	Monozentrik —— 273
7.3	Schriftbezogenheit —— 281
7.4	Zweckmäßigkeit —— 290

8 Fazit: Gutes Deutsch aus der Sicht linguistischer Laien —— 295

9 Ausblick: Perspektiven, Grenzen und Konsequenzen der Untersuchung laienlinguistischen Wissens —— 300

Literaturverzeichnis —— 307

Anhang —— 337
Sozialdaten der Gewährspersonen —— 337
Gesamtübersicht sprachbezogene Begriffe —— 342
Kodierleitfaden —— 346

Tabellenverzeichnis

Tab. 1: Übersicht der Gewährspersonen —— 90
Tab. 2: Bezugsbereiche Beschaffenheit —— 107
Tab. 3: Bezugsbereiche auditiv-phonetisch —— 109
Tab. 4: Kommentare zu *verschlucken* —— 109
Tab. 5: Kommentare zur Sprechgeschwindigkeit —— 116
Tab. 6: Bezugsbereiche syntaktisch —— 123
Tab. 7: Bezugsbereiche Angemessenheit —— 130
Tab. 8: Bezugsbereiche Stilistik-Ästhetik —— 134
Tab. 9: Kommentare zur kognitiv-passiven Sprachkompetenz —— 134
Tab. 10: Kommentare zur stilistischen Differenziertheit —— 135
Tab. 11: Kommentare zur Verständlichkeit —— 147
Tab. 12: Kommentare zur Schriftbezogenheit —— 148
Tab. 13: Subkategorien zu Modellsprecher —— 162
Tab. 14: Bezeichnungen für eine normkonforme Sprache —— 174
Tab. 15: Geographische Verortung einer nonkonformen Sprache —— 181
Tab. 16: Übersicht sprachbezogene Begriffe —— 189
Tab. 17: Bezugsbereiche für das Lexem *richtig* —— 192
Tab. 18: Bezugsbereiche für das Lexem *korrekt* —— 198
Tab. 19: Bedeutungsübersicht des Lexems *verständlich* —— 203
Tab. 20: Bedeutungsübersicht des Lexems *klar* —— 208
Tab. 21: Bedeutungsübersicht des Lexems *deutlich* —— 219
Tab. 22: Lexemcluster *Stil* —— 228
Tab. 23: Lexemcluster *Variationsfreiheit* —— 232
Tab. 24: Lexemcluster *Lautung* —— 234
Tab. 25: Lexemcluster *Ästhetik* —— 236
Tab. 26: Lexemcluster *Struktur* —— 237
Tab. 27: Lexemcluster *Semantik* —— 238
Tab. 28: Übersicht metaphorische Modelle —— 241
Tab. 29: Evaluation *Sprache als Substanz* —— 243
Tab. 30: Vergleich ling. Laien und hist. Sprachnormierungsdiskurs —— 271

1 Einleitung

There is no ‚view from nowhere,'
no gaze that is not positioned.
(Irvine/Gal 2000: 36)

Die Frage, ob eine Sprache besser, schlechter, schöner oder hässlicher als eine andere ist, wird sicherlich von der Mehrheit der gegenwärtigen Vertreter[1] der Linguistik als unzulässig erachtet, da evaluative und ästhetische Urteile einem wissenschaftstheoretischen Deskriptivitätspostulat entgegenlaufen.[2] Zu diesem Verständnis haben unter anderem Studien wie die von Labov (1970; 1972; 1994/2001/2010) zur Systemhaftigkeit, Komplexität und kommunikativen Leistungsfähigkeit des Sprachgebrauchs von *Nonstandard-English*-Sprechern beigetragen. Labov postulierte hierbei eine Gleichwertigkeit sprachlicher Ausdrucksmöglichkeiten von Angehörigen unterschiedlicher sozialer Schichten, so dass in Bezug auf Breite und Differenziertheit dieser Ausdrucksmöglichkeiten und ihrer logischen Analysekapazität eine Äquivalenz angenommen werden kann. Dieses Verständnis von Sprache und sprachlicher Variation, dem eine Gleichwertigkeit sprachlicher Ausdrucksmöglichkeiten zu Grunde liegt, mag in der gegenwärtigen Linguistik Tenor sein – außerhalb der Sprachwissenschaft kann es jedoch als Faktum gelten, dass es so etwas wie die gute, schöne, hässliche oder schlechte Sprache gibt. Dies betrifft allerdings nicht nur Sprecher des Deut-

---

[1] Auch wenn im Folgenden bei Personenbezeichnungen stets die grammatisch maskuline Form verwendet wird, sollen gleichermaßen Personen jeglichen Geschlechts gemeint sein.
[2] Dieser Anspruch auf Deskriptivität ist allerdings schon aus epistemologischer Perspektive nicht ganz unproblematisch, da Erkenntnis an eine individuengebundene hermeneutische Verstehensleistung gekoppelt ist – die sich ihrerseits an subjektiven Bewertungs- und Relevanzstrukturen orientiert – und somit einer gewissen Normativität nicht entbehrt. Dies haben u.a. Gloy (1974; 1975), Irvine/Gal (2000) und Spitzmüller (2005b) deutlich gemacht. Entsprechend wurde bereits von unterschiedlichen Stellen eine Reflexion der facheigenen (impliziten wie expliziten) Normativität in Bezug auf das eigene Erkenntnisobjekt gefordert, vgl. von Polenz (1973), Peyer et. al. (1996), Schiewe (2003). Hierbei ist das, was als (legitimes) Erkenntnisobjekt einer Sprachwissenschaft und Wissenschaft allgemein innerhalb einer bestimmten Gesellschaft zu einem bestimmten Zeitpunkt angesehen werden kann, selbst abhängig von spezifischen Theorien, Methoden, Erkenntnisinteressen und Normsetzungen. Das zeigt sich in einer wissenschaftshistorischen Perspektive deutlich, vgl. hierzu im Allgemeinen Kuhn (2009), Fleck (2015), Foucault (2013; 2015); zur Sprachwissenschaft vgl. Cameron (2012), Milroy (2001), Gardt (2002), Davies (2010), Maitz/Elspaß (2011a).

schen, sondern ebenso Sprecher anderer Sprachen und unterschiedliche historische Zeitpunkte.[3]

Evaluative oder ästhetische Urteile in Bezug auf Sprache sind nicht nur ein fester Bestandteil alltäglicher Sprachpraxis, sie prägen auch den Umgang *mit* und die Reflexion *über* Sprache.[4] So zeigen beispielsweise die täglich eingehenden Anrufe bei den deutschen Sprachberatungen wie der Dudenredaktion: Laien möchten eine möglichst schnelle, einfache und eindeutige Orientierung im Sprachgebrauch, sie möchten wissen, was richtiges und falsches, was gutes und was schlechtes Deutsch ist. So stellt der ehemalige Leiter der Dudenredaktion Matthias Wermke fest, dass „Sprachteilhaber nach wie vor nach sprachlicher Orientierung suchen, die sich an überkommenen Gebrauchs- oder wie bei der Rechtschreibung gesetzten Normen festmacht" (Wermke 2005: 350).[5] Dieses Bedürfnis nach sprachlicher Sicherheit und einfachen Richtig-falsch-Dichotomien hat die populärwissenschaftlich-publizistische Sprachkritik längst erkannt und bietet den „hilflos Verlorenen" einen „Wegweiser durch den Irrgarten der deutschen Sprache" (Sick 2004: 1). Es existieren mittlerweile zahlreiche Sprachratgeber zum richtigen oder guten Sprachgebrauch, die nicht nur diesem Bedürfnis Rechnung tragen, sondern ebenso Hinweise bezüglich einer alltagsweltlichen Reflexion über (eine gute wie schlechte) Sprache geben können.[6] Die Bezugsgröße solcher Sprachratgeber ist zumeist ein sprachliches Ideal, das als absoluter Maßstab bei der Bewertung von Sprache dient, ohne dass dabei an-

---

[3] Vgl. hierzu die Sammelbände von Blommaert (1999a) für eine internationale Perspektive sowie Bex/Watts (1999) für das Englische und McKenzie/Osthus (2011) für eine Übersicht der Situation im (gegenwärtigen) US-amerikanischen Englisch, Britischen Englisch sowie Japanischen und Französischen. Im Hinblick auf das Deutsche in historischer Perspektive vgl. Josten (1976), Straßner (1995), Schiewe (1998), Langer (2001), Durrell (2000), Davies/Langer (2006) sowie Jakob (2010). Für Ergebnisse aktueller Repräsentativumfragen vgl. Stickel/Volz (1999), Hoberg/Eichhoff-Cyrus/Schulz (2008), Eichinger et al. (2009), Gärtig/Plewnia/Rothe (2010) sowie eine Übersicht und kritische Kommentierung hierzu durch Hundt (2012).

[4] Siehe hierzu beispielsweise Jaworski/Coupland/Galasiński (2004) oder auch die zahlreichen Werke, die sich mit (laien)linguistischen Mythen auseinandersetzen, wie z.B. Klein (1986), Andersson/Trudgill (1992), Anderwald (2012), Battistella (2005), Bauer/Trudgill (1998), Crystal (2006), Ernst/Freienstein/Schaipp (2011), Napoli (2003), sowie allgemein zum Verhältnis von Sprache, Sprachwissenschaft und Öffentlichkeit Spitzmüller/Antos/Niehr (2015) und Spitzmüller (2009).

[5] Allein die Sprachberatung des Dudenverlags verzeichnet jährlich ca. 60.000 Anfragen, vgl. hierzu Wermke (2005). Zur Sprachberatung und den dort aufgeworfenen Problemen bezüglich einer Normativität siehe den Sammelband von Biere/Hoberg (1995), weiterhin Höhne (1991), Tebartz-van Elst (1991), Seelig (2002), Kienpointner (2002), Frilling (2004; 2005), Eisenberg (2007).

[6] Siehe hierzu beispielsweise die umfangreiche Arbeit von Antos (1996).

hand kontextueller Faktoren oder funktionaler Unterschiede differenziert wird. Dieses Ideal ist in den meisten Fällen die (geschriebene) Standardvarietät (der Gegenwart) bzw. deren kodifizierte sprachliche Einheiten. Gerade die Reichweite sprachpflegerischer Werke und Autoren, denen Eisenberg einen „Fetisch Hochsprache" (Eisenberg 2007: 217) attestiert, sollte nicht unterschätzt und vorschnell als trivial abgetan werden, da diesen nicht zuletzt durch hohe Auflagenzahlen und mediale Präsenz eine (meta)sprachliche Relevanz zukommen kann und diese es zum Teil sogar bis in den Deutschunterricht schaffen (vgl. Maitz/Elspaß 2007). Gegenstand dieser Arbeit sollen jedoch nicht populärwissenschaftlich-publizistische Werke und deren Autoren sein, denn hierzu ist bereits an anderer Stelle genug gesagt worden.[7] Vielmehr stehen im Fokus des Erkenntnisinteresses die Sprecher selbst, konkreter: das Alltagswissen nicht sprachwissenschaftlich gebildeter Sprecher – im Folgenden linguistische Laien genannt – in Bezug auf Sprache.

Äußerungen von Sprechern wie *Das ist kein gutes Deutsch!* oder *Sächsisch ist ein hässlicher Dialekt!* sind nicht nur metasprachliche Kommentare evaluativer oder ästhetischer Art und somit alltagsweltliche Reflexionen über sprachliche Phänomene, sondern ebenso Kategorisierungen sprachlicher Phänomene, denen eine bedeutende Funktion in der Lebenswelt des Alltags zukommt und die sich auf einem sprachbezogenen Alltagswissen gründen. Dieses laienlinguistische Wissen um beispielsweise sprachliche Variation und sozial erwünschte sprachliche Handlungen und Produkte bietet Sprechern nicht nur eine Orientierungsmöglichkeit für den eigenen Sprachgebrauch, sondern auch bei der Bewertung und Kategorisierung von anderen Sprechern und Sprache. Das, worüber Laien jeweils reflektieren, also die mehr oder auch weniger konkreten linguistischen Phänomene sowie Bewertungsmaßstäbe und -kriterien, stellt allerdings nicht ausschließlich eine individuelle Präferenz dar, sondern kann (auch) als gesellschafts- und kulturspezifisch gelten. Was also Gegenstand der Bewertung ist oder sein kann, kann recht unterschiedlich sein und von verschiedenen Faktoren abhängen, wie Davies/Langer (2006: 14) feststellen:

> Members of the speech community will also, of course, have access to different levels of language awareness and knowledge about language depending on their own experiences, the length and type of their education, the extent of their interest in language issues [...], their knowledge of other languages, etc.

---

7 Vgl. u.a. Schneider (2005; 2007; 2008a,b,c; 2011), Davies/Langer (2006), Law (2007), Maitz/Elspaß (2007; 2009; 2011a,b; 2012a), Meinunger (2008), Hundt (2010), Maitz (2010b) sowie Kilian/Niehr/Schiewe (2016).

Den hier behandelten Untersuchungsgegenstand bilden solche Reflexionen linguistischer Laien über sprachliche Phänomene in Form metasprachlicher Kommentare sowie die hieraus ableitbaren alltäglichen sprachbezogenen Wissensbestände. Über diese Reflexionen und Wissensbestände wurde in der bisherigen Forschung bereits einiges gesagt: Dieses Wissen sei implizit, lückenhaft, inkohärent, inkonsistent und falsifikationsresistent, da ihm meist logische Konsistenz und Widerspruchsfreiheit fehle und es in hohem Maße situations-, wert- und affektbezogen sei (vgl. Antos 1996: 29–36; Paul 2003: 651). Weiterhin läge keine Widerspruchsfreiheit zwischen objekt- und metasprachlichen Äußerungen vor (vgl. Arendt 2011: 136), Laien würden bewertend und präskriptiv vorgehen (vgl. Davies 2010: 386) oder es wurde den Laien eine Normensehnsucht (vgl. Burkhardt 2007: 9), Orientierung an überkommenen Gebrauchsnormen (vgl. Wermke 2005: 350) oder auch Sprachnormenfrömmigkeit (vgl. von Polenz 1973: 148) attestiert. Im Folgenden wird zu zeigen sein, ob diese Einschätzungen nach wie vor zutreffen.

1.1 Erkenntnisinteresse und Zielsetzung

Für eine Forschung, die den linguistischen Laien und dessen alltägliche sprachbezogene Wissensbestände in den Fokus ihrer Betrachtung rückt, kann eine Adaption wissenssoziologischer Ansätze, deren Anliegen das Beschreiben, Verstehen und Erklären gesellschaftlicher (zeichengebundener) Konstruktionen und somit menschlichen Wahrnehmens und Handelns ist, fruchtbringende theoretisch-methodologische Perspektiven eröffnen. Diese Wissensbestände können vor dem Hintergrund einer sozialphänomenologisch orientierten Wissenssoziologie terminologisch als *Alltagswissen* bzw. in Bezug auf sprachliche Phänomene als *sprachbezogenes Alltagswissen* (vgl. Lehr 2002) oder kurz: *Sprachwissen* definiert werden.[8] Einen Teil dieses Sprachwissens bildet ein Wissen darüber, welche sprachlichen Phänomene (nicht) erwünscht, richtig, erstrebenswert oder gut und entsprechend auszuführen oder zu unterlassen sind. Dieses Wissen sowie damit einhergehende (Erwartens)Erwartungen von Sprechern sollen als *Sprachnormwissen* bezeichnet werden. Hierbei sollen Sprachnormen verstanden werden als eine Teilmenge sozialer Normen, die intentionale Sachverhalte darstellen und als Regulative eines sprachlichen Handelns dienen (können), die „die Bildung, Verwendungsabsicht, Anwendung und Evaluation sprachlicher Einheiten der verschiedensten Komplexitäten regulieren"

---

[8] Siehe hierzu v.a. Kap 2.2.

(Gloy 1987: 121). Dieses Verständnis von Sprachnormen schließt maßgeblich an das von Gloy herausgearbeitete Sprachnormkonzept an (vgl. Gloy 1974; 1975; 1997; 2012a,b).[9] In diesem Verständnis von Sprachnormen betrifft diese Regulation nicht nur Erwartungen, die Handelnde an andere Handelnde richten, sondern ebenfalls „Erwartenserwartungen" (Luhmann 2008: 33). Diese sind Erwartungen, die Handelnde an sich selbst richten, indem sie erwarten – und dieses Erwarten für sie eine gewisse Verbindlichkeit aufweist –, dass andere bestimmte Erwartungen hinsichtlich eines von den Handelnden (nicht) auszuführenden sprachlichen Verhaltens haben. Somit kann davon ausgegangen werden, dass die im Rückgriff auf dieses Sprachnormwissen formulierten (positiven wie negativen) sprachlichen Urteile nicht ohne eine gewisse Rückwirkung auf das faktische Sprachverhalten bleiben.[10]

Eine Rekonstruktion der Inhalte und Strukturen dieses in der Lebenswelt des Alltags verankerten Sprachnormwissens zieht allerdings theoretisch-methodologische Konsequenzen nach sich. Sprachnormen als Einheiten eines sozial abgeglichenen und sozial sowie lebensgeschichtlich erworbenen und (sprachlich) vermittelten Sprachnormwissens sind aufgrund des aus dieser Konzeptualisierung sich ergebenden ontologischen Status als „Institutionen im Reich der Gedanken" (Gloy 1997: 22) keine direkt beobachtbaren empirischen Gegebenheiten. Ein entsprechendes Sprachnormwissen kann somit im Rahmen einer empirisch begründeten Sprachnormenforschung lediglich indirekt beobachtet und in einem hermeneutisch-rekonstruierenden Prozess der Analyse von Externalisierungen dieses Sprachnormwissens in Form metasprachlicher Äußerungen erhoben werden. Eine solche interpretativ-hermeneutische Vorgehensweise findet sich innerhalb der sozialwissenschaftlich-wissenssoziologischen Forschung: das „methodisch kontrollierte Fremdverstehen" (Kallmeyer 2005: 979). Insbesondere im Rahmen einer Analyse metasprachlicher Äußerungen, wie sie den Gegenstand der Laienlinguistik bilden, kann dieses Verfahren aufschlussreiche Erkenntnisse liefern und ein sprachbezogenes Alltagswissen durch seine empirisch zugängliche und analysierbare Form forschungspraktisch handhabbar machen.[11] Dies geschieht vornehmlich auf der Grundlage „extrapersonal und materiell-manifestierte[r] Wissensrepräsentationen" (Konerding 2014: 61), die in Form sprachlich-symbolischer Zeichen als metasprachliche Äußerungen vorliegen und durch die eine empirisch geleitete Rekonstruktion erst ermöglicht

---

9 Siehe hierzu ausführlich Kap. 2.3 sowie Kap. 2.4 für eine Zusammenfassung und Definition von *Sprachnorm* bzw. *Sprachnormwissen* im Kontext dieser Arbeit.
10 Siehe hierzu die Überlegungen in Eichinger (2010) und Ammon (1972: 105).
11 Hierzu ausführlich Kap. 3.1 sowie Kap. 3.2.

wird.[12] Somit gilt für die vorliegende Arbeit auch das, was Anders (2012: 293–294) allgemein für eine kognitiv ausgerichtete Forschung pointiert feststellt:

> Da weder Berufslinguisten noch Neuropsychologen oder andere Forschende aus dem Bereich der Wahrnehmungswissenschaften über eine Methode verfügen, die inhärenten Strukturen und Prozesse des individuellen Denkens in jeder Situation zu analysieren, d.h. metaphorisch ausgedrückt, in die Köpfe der denkenden Subjekte hineinzuschauen, bleibt dem erkenntnishungrigen Forscher nichts anderes übrig, als auf das zurückzugreifen, was sich unmittelbar zeigt, was sich also beobachten und beschreiben lässt. Nicht die Wissenskonzepte bzw. Repräsentationen selbst sind Untersuchungsgegenstand, sondern deren Formate. Wissen, ob Experten- oder Laienwissen, lässt sich immer nur in seiner symbolisierten Materialität, seinem Wissens- oder Repräsentationsformat beobachten.

Im Zentrum stehen somit die Analyse und Interpretation metasprachlicher Äußerungen linguistischer Laien über Sprache, die Rückschlüsse auf alltägliche sprachbezogene Wissensbestände ermöglichen sollen, insbesondere auf Struktur und Inhalte eines diesbezüglichen Sprachnormwissens. Metasprachliche Äußerungen wie *Das ist falsches Deutsch!* oder *Das sagt man so nicht!* gründen sich auf wie auch immer geartete Bewertungsmaßstäbe anhand derer es möglich ist, Äußerungen und deren Beschaffenheit als *gut*, *schlecht*, *richtig* oder *falsch* zu bestimmen und somit letztlich als normkonform oder normabweichend.[13] Hieraus ergeben sich im Rahmen dieser Arbeit folgende Forschungsfragen:
- Auf welche Bezugsbereiche bzw. Sprachsystemebenen wird im Rahmen metasprachlicher Äußerungen über eine normkonforme Sprache Bezug genommen?
- Welche konkreten sprachlichen Phänomene werden im Rahmen der Beschreibung und Bewertung einer normkonformen Sprache genannt?

---

12 Freilich besteht nicht immer die Möglichkeit der Externalisierung aller Formen des Wissens, denn man kann annehmen, dass es auch ein Wissen gibt, das sich nicht explizit verbalisieren lässt; hierzu Polanyi (1985) sowie Ryle (2009). Siehe hierzu im Detail Kap. 2.4. Auf psychologische, kognitive und soziale Aspekte der Wahrnehmung sowie Repräsentationen und Kategorisierungen geht Anders (2010a: 56–116) ausführlich ein.

13 Zu der Gleichsetzung *gut* = *normkonform* siehe die Ausführungen in Kap. 2.4. Hierzu sei vorweg angemerkt, dass eine gute Sprache bzw. ein gutes Deutsch als normkonform angesehen werden kann, da die (wertebezogene) Zuschreibung mittels *gut* metonymisch auf eine Norm verweist. So wird diese Sprache (nach bestimmten Kriterien) positiv bewertet und stellt sich somit als eine erwünschte(re) und letztlich normkonforme(re) Sprache dar, so dass hier eine Zuschreibung mittels *gut* Normativität indiziert. Eine Normkonformität kann allerdings auch aus weiteren wertebezogenen (evaluativen) Zuschreibungen resultieren, wie z.B. Ästhetik (*schön*), Strukturgemäßheit (*richtig*) usw., welche es in dieser Arbeit aufzuzeigen gilt.

- Anhand welcher Kriterien wird Sprache bewertet und als normkonform erachtet? Sind es beispielsweise ästhetische, funktionale oder systeminhärente Kriterien?
- Was bildet den Maßstab, anhand dessen eine Sprache beispielsweise in Bezug auf funktionale Kriterien als normkonform oder normabweichend bewertet wird?
- Welche Modellsprecher/-schreiber, Modelltexte, Kodizes oder weitere normsetzende Instanzen lassen sich für eine solche normkonforme Sprache identifizieren?
- Welche Bezeichnungen existieren für eine solche normkonforme Sprache?
- Welche sprachgeographischen Konzepte existieren für eine solche Sprache bzw. wo verorten linguistische Laien diese Sprache regional?

Weiterhin wird nicht nur von Interesse sein, *was* Sprecher über eine normkonforme Sprache sagen, sondern ebenfalls *wie* sie hierüber sprechen. Der weitere Fokus liegt also auf der Form metasprachlicher Äußerungen bzw. deren lexikalisch-semantische Strukturen:
- Wie wird metasprachlich über Sprache gesprochen, wenn diese als normkonform erachtet wird? Welche lexikalisch-semantischen Strukturen dieses Sprechens über Sprache lassen sich identifizieren?
- Lassen sich aus diesem Sprechen über Sprache metaphorische Modelle über Sprache ableiten?

In Anbetracht der oben formulierten Forschungsfragen hat diese Arbeit ein dreifaches Anliegen: Erstens möchte sie einen Beitrag zur empirisch begründeten Sprachnormenforschung leisten, wie von Gloy (2012a,b) gefordert. Ihr übergeordnetes Ziel ist es, Strukturen und Inhalte eines sprachbezogenen Alltagswissens in Bezug auf Sprachnormen, i.e. Sprachnormwissen zu ermitteln. Diese Arbeit stützt sich hierbei in theoretischer Hinsicht auf das von Gloy ausgearbeitete Sprachnormenkonzept (vgl. Kap. 2.3) und in praktischer Hinsicht auf empirisches Material in Form qualitativer Daten, die vor diesem Hintergrund ausgewertet und interpretiert werden. Zudem kann diese Arbeit zweitens die Forderung Mattheiers (1985) nach einer Typologie laienlinguistischen Alltagswissens zu einem Teil einlösen, wenn es darum geht „alltagsweltlich relevante Kategorien zu unterscheiden, die als Ordnungs- und Orientierungspunkte dienen, nach denen Dialektsprecher ihre alltäglichen Wirklichkeitsvorstellungen gliedern" (Mattheier 1985: 58).[14] Zuletzt möchte diese Arbeit drittens die Anwendung und Möglichkeiten einer an qualitativ-hermeneutischen Methoden orientierten sprachwissenschaftlichen Forschung aufzeigen, wie es bereits von Dovalil (2013c: 68), Mattheier (1985: 55) sowie Gloy (1997; 2012a,b) gefordert wurde. Der qualitative Ansatz bzw. das interpretativ-hermeneutische Vorgehen und die Ergebnisse dieser Arbeit lassen sich hierbei auch auf andere linguistische Gebiete übertragen. Somit versteht sich die vorliegende Arbeit in methodologischer und empirischer Hinsicht nicht nur als Impuls und Empfehlung für diese Vorgehensweise, sondern ebenfalls als Beitrag zu einer *folk linguistics* bzw. auch zu angrenzenden Forschungsbereichen, die sich dem linguistischen Laien und dem sprachbezogenen Alltagswissen als Erkenntnisobjekt verschrieben haben.

Antworten auf die oben gestellten Fragen wären aus sprachwissenschaftlicher Sicht aus unterschiedlichen Gründen wünschenswert. Sie können einen Beitrag dazu leisten, die Rolle der Sprachbenutzer im Kontext von Sprachwandelprozessen zu erklären, so dass Sprachwandel (auch) als Normenwandel verstanden werden kann.[15] Entscheidend hierfür ist ein Verständnis von *Sprachnormen*, das sich nicht (nur) auf tatsächlich realisierte sprachliche Phänomene bezieht. Vielmehr sollen Sprachnormen verstanden werden als kognitiven Größen, die sich in den Köpfen der Sprecher als Inhalte (meta)sprachlichen Wissens manifestieren. Ein so verstandener Sprachnormbegriff – als kognitiv-emische analytische Kategorie – kann einen sprachtheoretischen Gewinn insofern bedeuten, als hierdurch nicht nur eine Integration, Modifizierung und Weiterentwicklung bestehender Konzepte wie z.B. *Sprachbewusstsein*, *Sprachwissen*, aber auch *Standardsprache* ermöglicht wird, sondern eine systematische Integration der kognitiven Komponente und somit emische Betrachtung sprachlicher Variation und Varietäten bietet ebenfalls explanatives Potenzial hinsichtlich einer Erklärung von Sprachwandelphänomenen und -prozessen (vgl. Maitz 2010a). Insbesondere im Hinblick auf das Konzept einer Standardsprache können so mögliche Konvergenzen, aber auch Diskrepanzen zwischen einem alltagsweltlichen und einem wissenschaftlichen Konzept aufgezeigt werden. Eine

---

14 Hierzu sei allerdings angemerkt, dass Mattheier weder den Terminus *laienlinguistisch* nutzt, noch sich dem Forschungsparadigma der *Laienlinguistik* oder der *folk linguistics* verschreibt. Zudem versteht Mattheier seinen Ansatz lediglich dialektsoziologisch, während hier nicht nur diatopische, sondern vielmehr jegliche sprachlich-kommunikativen Aspekte in das Konzept von *Alltagswissen* integriert werden sollen. Auch ist diese Untersuchung nicht auf Dialektsprecher begrenzt.
15 Vgl. zu dieser Auffassung eines Sprachwandels als Sprachnormenwandel v.a. Davies/Langer (2006: 20), von Polenz (2009: VX), Hundt (2009b), Maitz (2010a: 73–75).

mögliche Konsequenz hieraus skizzieren Davies/Langer (2006: 278), die das Konzept eines sprachlichen Standards nicht nur als in Kodizes und im Sprachgebrauch feststellbare Größe ansehen, sondern als eine „idea in the brains of (standard and non-standard) speakers".

Hierbei kann der Fokus einer so ausgerichteten Forschung auf möglichen handlungs- und wahrnehmungsleitenden „Teilnehmerkategorien" (Gloy 2010: 36) und kognitiv bedingten, (inter)subjektiven Bedeutungen und Bewertungen sprachlicher Phänomene und sprachlicher Variation liegen. So bietet die Analyse laienlinguistischer (evaluativer) Äußerungen unter kognitionslinguistischen und soziolinguistischen Gesichtspunkten den Mehrwert, dass sie zum einen Einblick in Wissens- und Kategorisierungsstrukturen sprachlicher Variation geben kann. Zum anderen liefert sie mögliche Hinweise auf die soeben angesprochenen wahrnehmungs- und handlungsleitenden Kategorien, denn nicht zuletzt hängt die (Nicht)Verwendung bestimmter sprachlicher Formen und u.U. auch sprachliche Evolution (auch) von der Bewertung und der Kategorisierung sprachlicher Phänomene ab, wie jüngst Arendt (2010) gezeigt hat.[16] So hält Arendt (2010: 215; Hervorh. im Orig.) zusammenfassend für ihre Analyse des metasprachlichen Laiendiskurses über das Niederdeutsche fest:

> Im Bewusstsein der SprecherInnen sind vielfältige restriktive Ansprüche in Bezug auf Merkmale des Sprechenden, der Sprache selbst und des Sprachgebrauchs verankert [...].

---

[16] Hierzu zwei weitere illustrative Beispiele aus Wirrer (1987: 263; Hervorh. im Orig.): „Wer in seiner Freizeit an der Sitzung einer plattdeutschen Klöngruppe aktiv teilnimmt und als diglotter Sprecher [...] mit seiner Teilnahme zugleich einen Code-Wechsel vollzieht, wird in aller Regel konflikträchtige Themen vermeiden, die das menschliche Miteinander stören könnten. Insofern haben Aussagen wie *Plattdeutsch fördert das menschliche Miteinander* oder *Plattdeutsch ist eine warme und gemütliche Sprache* eine normierende, d.h. kontingentes Verhalten reduzierende Funktion [...]. Derartiges normatives Wissen wirkt sich jedoch nicht nur auf die situativen Verwendungsweisen dialektaler Varietäten aus, sondern auch – über die Verwendung vermittelt – auf die sprachliche Evolution. Dies läßt sich anhand der Aussage *Plattdeutsch hat mit Politik nichts zu tun* gut demonstrieren. Aufgrund der allgemeinhistorischen und sprachhistorischen Entwicklung in Norddeutschland [...] verfügen die nnd. Varietäten im Gegensatz zum mnd. über ein defizitäres Vokabular, welches in Domänen wie Technik, Verwaltung, Jurisprudenz und Politik deutliche Lücken aufweist. Wenn nun eine Aussage wie die oben zitierte als normative Aussage verstanden wird – also etwa: *wenn Du über Politik sprichst, so sprich Hochdeutsch und nicht Plattdeutsch* –, so wird deutlich, daß hier Alltagswissen über niederdeutsche Varietäten eine Entwicklung im lexikalischen Bereich verhindert. [...] Wenn die Verhinderung von Evolution also zum Objektbereich sprachlicher Evolutionstheorien gehört – und darüber dürfte es keinen Zweifel geben –, dann liegt hier ein Beispiel vor, in welchem sprachliche Entwicklung durch eine zumindest für den wissenschaftlichen Beobachter sehr sichtbare Hand gesteuert wird".

> Dieses Bewusstsein, dass es ein *richtiges* und ein *falsches* Sprechen gäbe, bildet die Grundlage für die volitive Komponente. Mit den rigorosen Vorstellungen von gutem Niederdeutsch, gekoppelt an die Norm, dass nur, wer gut Niederdeutsch spräche, dies auch tun darf, konstituieren sich die NiederdeutschsprecherInnen als elitäre Gemeinschaft mit scharfen Kontrollmechanismen. Diese restriktiven Thesen sind bei den semi- und nichtkompetenten SprecherInnen [...] zu internalisierten Gewissheiten geworden, die handlungssteuernd und konkret sprechverhindernd wirken.

Metasprachliche Kommentare bilden also nicht nur einen fruchtbaren Untersuchungsgegenstand und geben Hinweise darauf, wie Laien über Sprache denken. Vielmehr können metasprachliche Tätigkeiten Einfluss auf das sprachliche Wissen und Handeln von Sprechern und einer Sprachgemeinschaft insgesamt nehmen. Ebenfalls kann angenommen werden, dass metasprachliche Tätigkeiten wiederum nicht unabhängig von gesellschaftlichen, historischen und kulturellen Entwicklungen existieren, sondern sich in diesen auch in irgendeiner Weise niederschlagen und damit Sprache und das Denken über Sprache beeinflussen.[17] Sprechen *über* und Bewerten *von* Sprache kann somit nicht nur als alltägliche Praxis begriffen werden, der in der Lebenswelt der Sprecher spezifische kognitive und soziale Funktionen zukommen, sondern dieses Sprechen und Bewerten ist gleichzeitig auch eine metasprachliche Reflexion aktueller sprachlicher Verhältnisse. Diese Praxis konstituiert zugleich einen Metasprachdiskurs, der nicht nur abbildet, sondern die sprachlichen Verhältnisse auch aktiv mitgestaltet (vgl. Gloy 1998a: 404; Preston 1989b: 326).

Angesichts dessen sollten die Ansichten nicht sprachwissenschaftlich gebildeter Sprecher über Sprache einer genaueren Analyse unterzogen werden, da ihm explanatives Potenzial in Bezug auf Sprach(norm)wandelprozesse zukommen kann. Dies strebt diese Arbeit durch die Erfassung und Analyse eines laienlinguistischen Sprachnormwissens an. Sie begreift Sprachnormen als Orientierungs- und Einflussgröße sprachlichen Handelns, da sprachliche Phänomene jeweils in Relation zu diesen bewertet, aber auch kategorisiert und produziert werden und sprachliches Handeln normativ reguliert wird.

---

[17] Hierzu Jaworski/Coupland/Galasiński (2004: 3), Spitzmüller/Antos/Niehr (2015: 316), Blommaert (1999b: 10–11).

1.2 Aufbau der Arbeit

Kapitel 2 bildet das theoretische Kapitel dieser Arbeit und widmet sich dem theoretischen Fluchtpunkt und Untersuchungsgegenstand: dem linguistischen Laien und dessen sprachbezogenem Alltags- und Sprachnormwissen. Hierzu wird in Kapitel 2.1 zuerst eine knappe wissenschaftshistorische und theoretische Positionsbestimmung des hier behandelten Untersuchungsgegenstands vorgenommen, wobei die für diese Arbeit relevanten Untersuchungen kurz skizziert und deren Anknüpfungspunkte herausgestellt werden. Zudem wird der Versuch unternommen, das (bislang) vortheoretische Forschungskonzept des *linguistischen Laien* im Rückgriff auf wissenssoziologische Überlegungen näher zu bestimmen. Kapitel 2.2 widmet sich dem heterogenen und komplexen Wissensbegriff. Dabei verlaufen die Ausführungen hierzu entlang der beiden theoretisch-konzeptionellen Linien *sprachbezogenes Alltagswissen* und *linguistischer Laie*, wobei herausgestellt werden soll, wie ein laienlinguistisches Sprachnormwissen als Teil eines sprachbezogenen Alltagswissens verstanden und theoretisch eingeordnet werden kann. Hieran schließt sich Kapitel 2.3 an, das einen detaillierten Überblick über das Forschungskonzept *(Sprach)Norm* gibt, was in einer Zuspitzung auf den Sprachnormbegriff der (gegenwärtigen) Linguistik mündet. Nach einer kurzen theoretisch-begrifflichen Kontrastierung im Hinblick auf Unterschiede und Gemeinsamkeiten eines funktional-systemischen und soziolinguistischen Verständnisses, erfolgt eine Zuspitzung auf den für diese Arbeit relevanten soziolinguistischen Sprachnormbegriff. Dieser soll nicht nur hinsichtlich seiner Intensionen und Extensionen eine ausführliche Beschreibung erfahren, sondern zugleich wird in diesem Kontext die soziologische und soziolinguistische Relevanz und Nutzbarmachung für eine empirisch begründete Sprachnormenforschung herausgestellt. Hieraus ergibt sich in Kapitel 2.4 schließlich ein Überblick über die bis dahin gewonnenen Erkenntnisse und es erfolgt die theoretisch-konzeptuelle Konkretisierung der Begriffe *Sprachnorm* und *Sprachnormwissen*, sowie die methodologischen Konsequenzen, die sich hieraus für eine empirische Forschung ergeben. Zudem wird in diesem Kapitel herausgestellt, inwiefern ein Sprechen über eine (normkonforme) Sprache Auskunft bezüglich der Inhalte und Strukturen eines laienlinguistischen Sprachnormwissens geben kann. In Kapitel 3 erfolgen die Darlegung der Methodik, des Korpus und der konkreten Erhebungs- und Analysemethoden, in diesem Fall das teilstandardisierte qualitative Interview und die qualitative Inhaltsanalyse. Ebenfalls finden sich hier theoretisch-methodologische Überlegungen bezüglich eines qualitativ-hermeneutisch orientierten Vorgehens. Neben der Beschreibung der empirischen Datengrundlage und des Datenerhebungskontextes wird weiterhin die erste Auseinandersetzung mit dem empirischen Material nach einem ersten Materialdurchlauf beschrieben sowie ein method(olog)ischer Rückblick im Umgang mit dem Material und dessen Analyse und Interpretation gegeben. Hieran wird anschließend das deduktiv-induktiv gebildete Kategoriensystem der Arbeit, das zugleich das methodische Kernstück bildet, dargestellt und erläutert, was in eine Darstellung der einzelnen Auswertungsaspekte bzw. Kategorien, die aus dem Material extrahiert werden konnten, mündet. Kapitel 4 liefert einen Überblick über den ersten Auswertungsteil zu Inhalten und Strukturen eines laienlinguistischen Sprachnormwissens, wobei die Kapitelstruktur sich an der Struktur des Kategoriensystems orientiert. In den jeweiligen Kapiteln wird auf die Ergebnisse der kategorienbezogenen Auswertungen ausführlich eingegangen und diese werden anhand exemplarischer Interviewauszüge thematisiert und interpretiert. Kapitel 5 liefert einen Überblick über die an formalsprachlichen Kriterien ausgerichtete Analyse, indem hier die lexikalisch-semantischen Strukturen des Sprechens über Sprache untersucht und semantisch klassifiziert werden. Kapitel 6 liefert einen Überblick über metaphorische Modelle, die sich aus dieser Laien(meta)sprache ableiten lassen. Die Ergebnisse werden in Kapitel 7 zusammengefasst und im Hinblick auf das Erkenntnisinteresse und die Forschungsfragen interpretiert, woran sich in Kapitel 8 ein Fazit über die gewonnenen Erkenntnisse anschließt. Schließlich werden in Kapitel 9 Perspektiven und Grenzen der Untersuchung laienlinguistischen Wissens, sowie Konsequenzen, die sich aus dieser Untersuchung ergeben, dargelegt.

2 Der Laie im Fokus: Die Untersuchung laienlinguistischen Sprachnormwissens

2.1 Vom Störfaktor zum Untersuchungsgegenstand: Das Interesse am linguistischen Laien

Untersuchungen, die den linguistischen Laien mitsamt seinem (sprachbezogenen) Wissen in den Fokus ihrer Betrachtung rücken, erfreuen sich seit geraumer Zeit zunehmender Beliebtheit. Dies zeigt sich, wie Arendt (2011: 135) feststellt, nicht zuletzt auch anhand der in der Forschung vermehrt auftretenden Präpositionalphrase „von Laien" oder der Komposita mit „Laien-", wobei diese Forschungsbestrebungen unter recht unterschiedlichen Termini subsumiert werden.[18] Mögen sich diese Forschungsbestrebungen in ihren jeweiligen Erkenntnisinteressen, theoretischen Bezügen und konkreten Methoden unterscheiden, eint diese jedoch ein wesentlicher Aspekt: ihr theoretischer Fluchtpunkt *linguistischer Laie*. Ein erstes oberflächliches Interesse an nicht-sprachwissenschaftlich gebildeten Sprechern und deren Wissensbeständen kann bereits in Ansätzen innerhalb der ‚traditionellen' Dialektologie gefunden werden, wobei hier das Interesse vornehmlich der Beseitigung des Störfaktors *Subjektivität* galt; freilich natürlich nur der Subjektivität der Gewährspersonen und nicht des Dialektologen (vgl. Löffler 2010: 41–42). Erste Forderungen nach der Etablierung einer auf den linguistischen Laien ausgerichteten Forschung wurden für die Soziolinguistik bereits früh durch Hoenigswald (1966) gestellt, sowie innerhalb der germanistischen Sprachwissenschaft durch Brekle (1985; 1986) im Rahmen einer ethnographisch und anthropologisch ausgerichteten Volkslinguistik, die die Erhebung dieses Wissens mittels Analyse sprachreflexiver bzw. metakommunikativer Äußerungen anstrebt (vgl. Brekle 1985: 145).[19] Innerhalb der germanistischen Linguistik wie der Dialektologie, Sozio- und Varietätenlin-

---

18 So z.B. „Laienlinguistik" (Antos 1996), „perceptual dialectology" (Preston 1982; 1989a), „Wahrnehmungsdialektologie" (Anders 2010a), „folk-linguistics" (Hoenigswald 1964; Preston 1993b), „folk dialectology" (Preston 1993a), „Alltagsdialektologie"/„Alltagslinguistik" (Hundt 2009a), „Laiendialektologie" (Macha 2010), „Volkslinguistik" (Brekle 1985; Twilfer 2012), „Perzeptionsdialektologie" (Herrgen/Schmidt 1985), „perzeptive Varietäten-/Variationslinguistik" (Krefeld/Pustka 2010; Purschke 2011), „Ethnodialektologie" (Auer 2004; Gessinger 2008; Elmentaler/Gessinger/Wirrer 2010), „Hörerdialektologie" (Herrgen/Schmidt 1985; Purschke 2011), „Sprecherdialektologie" (Löffler 1986).
19 Ähnlich äußern sich auch Macha/Weger (1983), die eine Berücksichtigung subjektiver Sprachdaten fordern.

guistik zeigt sich seit Mitte der 1980er Jahre ein verstärktes Interesse an diesem Gegenstand.[20] Eine Konsequenz hieraus bildet u.a. der programmatische Aufsatz von Mattheier (1985), in dem er eine Dialektologie der Dialektsprecher skizziert, die im Rückgriff auf einen (dialekt)soziologischen interpretativen Ansatz eine Erforschung alltäglicher Wissensbestände in den Fokus rückt. Spätestens seit Mitte der 1990er Jahre lassen sich dann vermehrt Untersuchungen finden, die ein dezidiertes Interesse am linguistischen Laien verfolgen.[21]

Auch in der angloamerikanischen Soziolinguistik zeigt sich Mitte der 1980er Jahre ein deutliches Interesse an der Erforschung laienlinguistischen Wissens als eine Konsequenz der pragmatischen Wende. So etabliert sich die Erforschung laienlinguistischen Wissens unter einer kognitiv-soziolinguistischen Perspektive in der von Dennis R. Preston begründeten *folk dialectology*[22] bzw. *perceptual dialectology*[23] oder allgemeiner: *folk linguistics*[24]. Hinsichtlich ihrer Methoden kann sich die *folk linguistics* auf ein breites Spektrum an bereits etablierten, zum Teil interdisziplinär gewonnenen Methoden stützen, wovon die beiden Handbücher von Preston (1999) und Long/Preston (2002) Zeugnis ablegen. So lassen sich hier neben einer Zusammenstellung bisheriger Forschungsergebnisse nicht nur methodische, wissenschaftshistorische und zahlreiche internationale anwendungsbasierte Untersuchungen finden, sondern die Handbücher geben zudem einen Überblick über die Methodenvielfalt dieses Forschungsfeldes. Einen Schwerpunkt der Handbücher bilden empirische Untersuchungen, die die Ermittlung subjektiver Dialektgrenzen bzw. kognitiver Karten durch *mental maps* mittels *draw-a-map-tasks* und/oder die Elizitierung von Spracheinstellungen durch zumeist quantitative Erhebungsverfahren wie beispielsweise unterschiedliche Skalen (Thurstone, Likert, Guttmann etc.) bzw. ein semantisches Differenzial, z.T. auch in Verbindung mit der *matched-guise-*

---

20 Vgl. für das Deutsche u.a. Besch et al (1981), Steinig (1982), Ammon (1983), Macha/Weger (1983), Werlen (1984), Herrgen/Schmidt (1985), Schönfeld (1986), Macha (1991).
21 So u.a. Hundt (1992), Jakob (1992), Häcki Buhofer (1994), Davies (1995), Ziegler (1996), Hofer (1997), Christen (1998), Leuenberger (1999), Bürkli (1999), Hofer/Häcki Buhofer/Löffler (2002), Lenz (2003). Einen weiteren Überblick bieten Hundt (2009a), Hundt/Anders (2010a,b), Anders (2010a: 7–55).
22 Vgl. Preston (1993a). Hierbei entspricht der in der englischsprachigen Forschung verwendete Terminus *dialect* nur bedingt dem deutschen *Dialekt*. Bezieht sich ersterer sowohl auf die räumliche wie auch soziale Dimension sprachlicher Variation, berücksichtigt letzterer hingegen lediglich die räumliche Dimension.
23 Vgl. Preston (1982; 1989a; 1993c; 2002a; 2010a). Niedzielski/Preston (2009b: 360) betrachten die *perceptual dialectology* als „sub-branch of the field", also als Teilgebiet der *folk linguistics*.
24 Vgl. Niedzielski/Preston (2003) sowie Preston (1993b; 1994;1996; 2002c).

Technik, anstreben.²⁵ Allerdings müssen sich Untersuchungen in diesem Forschungsfeld nicht ausschließlich auf diese Methode der Datenerhebung beschränken, wie Preston (2010a: 21) formuliert:

> The most overt of the folk linguistic techniques is surely to simply talk to respondents about language, and, when we talk to them about variety, we are certainly doing PD [=Perceptual Dialectology]. We might add such obviously conscious techniques to both the Internal (when respondents choose their own topics) and External (when we provide topics or examples for discussion) modes of conscious enquiry.

So lassen sich in den letzten Jahren vermehrt Untersuchungen ausmachen, die Spracheinstellungen und Sprachwissensbestände durch die Analyse verbaler Daten, die direkt in Gesprächen und Interviews geäußert werden, elizitieren.²⁶ Sprachliche Einstellungs- und Bewertungsobjekte müssen allerdings nicht stets akustischer Art sein. Statt auditiver Stimuli (Perzepte) besteht ebenso die Möglichkeit, Sprache als einen mental konstruierten Gegenstand der Wahrnehmung (Konzeptualisierung) zu untersuchen, so dass Gewährspersonen nicht auf kontrolliert produzierte Reize reagieren müssen, sondern diese vielmehr auf ihre

---

25 Siehe hierzu auch die Rezension der Handbücher durch Hundt (2005a) sowie eine Übersicht und Zusammenfassung der unterschiedlichen Methoden bei Preston (1993b; 2010a). Für einen (kritischen) Überblick über die Forschungen auf dem Gebiet der *folk linguistics* in Großbritannien, USA, Frankreich sowie Japan vgl. McKenzie/Osthus (2011) sowie Jaworski/Coupland (2004), die einen Überblick über soziolinguistische Forschungen zu vor allem metasprachlichen Aspekten geben. Ein Überblick über Untersuchungen, die mit der *matched-guise*-Technik arbeiten, findet sich in Hundt (1992: 12–25). Einen fundierten theoretischen Überblick sowie methodische Aspekte einer quantitativen (skalenbasierten) wie qualitativen Spracheinstellungsforschung bietet Casper (2002). Eine Übersicht zu Theorien und Methoden der Einstellungsforschung im Bereich der Wahrnehmungsdialektologie, sowie einen forschungsgeschichtlichen Überblick liefert Hundt (2011; 2018). Ein Vergleich direkter vs. indirekter Ansätze zur Elizitierung von Spracheinstellungen sowie kritische Anmerkungen zu den einzelnen Vorgehensweisen finden sich in Garrett/Coupland/Williams (2003). Einen Vergleich und Forschungsabriss direkter und indirekter Erhebungsmethoden liefert Studler (2014). Bezüglich kognitiver Karten (*mental maps*) vgl. Anders (2008), Schröder (2015), Palliwoda (2011; 2012).
26 So z.B. Hufschmidt/Besch (1983), Dittmar/Schlobinski/Wachs (1986), Schlobinksi (1987), Giles/Coupland (1991), Preston (1994), Steiner (1994), Barden/Großkopf (1998), Berend (1998), Anders (2010a), Arendt (2010), Lenz (2003), Liebscher/Dailey O'Cain (2009), Plewnia/Rothe (2011), Cuonz (2014), König (2014), Studler (2014), Jürgens (2015), Wirrer (2016). Zur inhaltsorientierten Diskursanalyse im Rahmen der *folk linguistics* vgl. Preston (1993b; 1994; 2002a). Einen Einblick in aktuelle Methoden dieser Form von Spracheinstellungsforschung bietet der Sammelband von Cuonz/Studler (2014).

„inner resources" (Preston 2010a: 1), also metasprachlichen Wissensbestände, zurückgreifen und diese im Gespräch explizieren (sofern möglich).

Seit Anfang des neuen Jahrtausends findet schließlich innerhalb der germanistischen Linguistik eine Rezeption der Arbeiten Prestons statt. Hieran war unter anderem Anders (2010a) beteiligt, die die von ihr begründete Wahrnehmungsdialektologie als Forschungsfeld absteckte. Und auch innerhalb der Varietätenlinguistik (vgl. Schmidt 2005a; Krefeld/Pustka 2010) und Soziolinguistik (vgl. Maitz 2010a; Scharloth 2005b) wird eine Integration kognitiver Komponenten des Sprachwissens der Sprecher in variations- oder soziolinguistische Theorien und ein (emisches) Varietätenkonzept gefordert.[27] In jüngster Zeit lassen sich dann eine Vielzahl von Einzelstudien finden, die teilweise im Rückgriff auf die Ideen Prestons, auf Konzepte der Einstellungsforschung oder der kognitiven Linguistik (z.B. kognitive Metapherntheorie) die Erforschung eines sprachbezogenen Alltagswissens anstreben und eine Vielzahl an Erkenntnisinteressen aufweisen.[28] Diese können hier nicht im Einzelnen dargelegt werden, hierfür sei auf den von Hundt (2018) gegebenen aktuellen Überblick verwiesen. Angesichts der Vielzahl und Heterogenität dieser Forschungsarbeiten werden nachfolgend nur jene Arbeiten berücksichtigt, die unmittelbaren Einfluss auf die Konzeption in theoretischer, konzeptioneller und/oder methodologischer Hinsicht hatten.[29]

Eine Untersuchung laienlinguistischer Begriffsbildung und Konzeptualisierung in Bezug auf sprachliche Phänomene liefert Christen (1998; 2010) zu schweizerdeutschen Varietäten. Die durch sie gewonnenen Erkenntnisse zu Kategorienbildung, Bezeichnungen, Bewertungen sowie Attribuierungen linguistischer Laien in Bezug auf die sprachliche Heterogenität in der Schweiz geben einen interessanten Einblick in die „grundlegenden Ordnungs- und Erklärungsaspekte sprachlicher Variation" (Christen 2010: 269), die sich in dem von ihr untersuchten Korpus vor allem aus außersprachlich-räumlichen Größen ableiten. So stellt Christen (1998: 261–276; 2010: 274) fest, dass sich die Struktur der

---

27 Ähnlich plädieren auch Auer (1986) sowie Schmidt (2005a) für eine Erweiterung des Varietätenkonzepts um kognitive Komponenten, die die (inter)subjektive Wahrnehmung sprachlicher Variation berücksichtigt.
28 So u.a. Purschke (2011) Arendt (2012), Twilfer (2012), Stoeckle (2014), Cuonz (2014), Jürgens (2015), Scharioth (2015), Adler et al. (2016), Hundt/Palliwoda/Schröder (2015a,b; 2017), Sauer (2018), Palliwoda (2019), Schröder (2019).
29 Dies betrifft in empirischer Hinsicht die nachfolgend aufgeführten Untersuchungen sowie in theoretisch-konzeptioneller und methodologischer Hinsicht die Überlegungen Prestons zu einer Laienmetasprache (vgl. Kap. 2.1.1) und das phänomenologisch-wissenssoziologisch orientierte Konzept eines *(Sprach)Wissens* (vgl. Kap. 2.2) und ein soziolinguistisches Sprachnormenkonzept, das in Kap. 2.3 dargelegt wird.

Benennung sprachlich-arealer Variation zu einem großen Teil aus den Kantonsbezeichnungen der Schweiz herleitet. Christen (2010: 281) zeigt hierbei u.a. auf, dass eine hierarchische Organisation bei der Kategorisierung und Benennung existiert. Ebenfalls kann Christen zeigen, dass bei der Attribuierung von Dialektbezeichnungen nur selten Adjektive gebraucht werden, die sich direkt auf die Lautproduktion oder Lautwahrnehmung beziehen. Vielmehr treten zum einen metonymisch gebrauchte Attribute (z.B. *alt, witzig*) und in hoher Frequenz metaphorisch gebrauchte (z.B. *rein, sauber*) auf, die von einer Konzeptualisierung der Dialekte als unbelebte Materie bzw. Substanz zeugen, diesen somit eine Kontur geben und sie abgrenzbar gegenüber anderen sprachlichen Erscheinungen machen (vgl. Christen 1998: 267–272; 2010: 286–288).[30]

In ähnlicher Weise geht auch Arendt (2011) vor, die laientheoretische Konzeptionen zum Niederdeutschen mittels der Analyse metasprachlicher Kommentare erhebt. Arendt untersucht hierbei u.a. die diskursive Konstruktion der beiden Kategorien *Dialekt* und *Sprache* unter semasiologischer sowie onomasiologischer Perspektive. Sie kann zeigen, dass der Status des Niederdeutschen als Sprache an den Kriterien a) *Vergleichbarkeit mit einer anderen (National)Sprache bzw. strukturelle Ähnlichkeiten mit dieser Sprache*, b) *lexikalische Differenzen (v.a. bezogen auf den Standard)*, c) *Unverständlichkeit*, d) *schriftliche Fixiertheit* sowie e) *Normierung der Grammatik* festgemacht wird (vgl. Arendt 2011: 149–152). Der Status des Niederdeutschen als Dialekt hingegen wird mittels (vertikaler wie horizontaler wie varietäteninterner) sprachlicher Differenzen bzw. Varianten, sowie zum Teil in (sprachstruktureller) Abhängigkeit vom Hochdeutschen argumentativ begründet (vgl. Arendt 2011: 154). In ihrer Dissertation zum metasprachlichen Diskurs über das Niederdeutsche betrachtet Arendt (2010) weiterhin drei unterschiedliche makrodiskursübergreifende Analyseebenen und stellt den metaphorischen Charakter metasprachlicher Äußerungen und die kognitive Funktion konzeptueller Metaphern heraus (Arendt 2010: 33–36). So kommt Arendt (2010: 137) zu dem Ergebnis, dass „grundlegende Wahrnehmungsmuster vornehmlich sinnlicher Art dominieren. So wird besonders oft die haptische und die substanzielle Komponente bedient". Für den Laiendiskurs kann Arendt zeigen, dass hier u.a. der Reinheitstopos frequent auftritt, so dass – im Rückgriff auf die Substanz- bzw. Stoffmetaphorik – Sprachen (Hochdeutsch – Niederdeutsch) jeweils als unbelebte Materie, die über eine klare und abgrenzbare Kontur verfügt, konzeptualisiert werden und eine Mischung als

---

30 Ähnliches stellen Tophinke/Ziegler (2014) in dem von ihnen untersuchten Weblog-Korpus fest, da hier ebenfalls Metaphernlexeme wie *klar* oder *rein* frequent auftreten.

unerwünscht gesehen wird (vgl. Arendt 2010: 211–212).[31] Zudem kommt Arendt (2010: 279–280) für den Laiendiskurs zu dem Ergebnis, dass in diesem eine „bipolare Wertungsnorm" (Arendt 2010: 279) mit den Polen *richtig/falsch* existiert, anhand derer sich ein richtiges/falsches Sprechen bewerten lässt. Dieses bipolare Bewertungsschema lässt keine graduelle Abstufung zu und bildet die Grundlage des Richtigkeitstopos (vgl. ebd.).

Ähnliche Beobachtungen können in der Arbeit von Spitzmüller (2005a) gemacht werden, der eine diskursanalytische Untersuchung des Anglizismendiskurses von 1990 bis 2001 vorlegt. In seiner Arbeit zur Metaphorik des von ihm untersuchten metasprachlichen (Teil)Diskurses kann er unter anderem zeigen, dass dominant Metaphern auftreten, die sich den Metaphernbereichen *Sprache als Substanz, Sprache als Container, Sprache als Organismus und Sprache als Artefakt* zuordnen lassen (vgl. Spitzmüller 2005a: 191–257). Gemeinsam ist diesen, dass sie Sprache als abgrenzbar und konsistent konzeptualisieren. So lässt sich im Rahmen der Substanzmetaphorik für den untersuchten Diskursausschnitt die Reinheit einer Sprache als höchste Qualität bzw. substanzielles Ideal im Rahmen einer Konzeptualisierung von *Sprache als Substanz* feststellen (vgl. Spitzmüller 2005a: 239). Dies hat auch Einfluss auf die Konzeptualisierung einer Sprache insgesamt: Sprecher verfügen über genaue Vorstellungen über diese (reine) Sprache und Formen, die ihr zuzuordnen sind, und schließen folglich fremde Elemente explizit aus (vgl. Spitzmüller 2005a: 264). Begründet seien solche Konzeptualisierungen sprachlicher Heterogenität in dem menschlichen Bedürfnis, im Alltag Orientierung durch Kategorisierung zu schaffen, in sinn- und identitätsstiftender Weise (vgl. Spitzmüller 2005a: 365).

Einen ähnlichen Weg geht auch Berthele (2001; 2006; 2010a,b), der ebenfalls konzeptuelle Metaphern bzw. metaphorische Modelle für Dialekt und Standard sowie laienlinguistische Kategorisierungen sprachlicher Phänomene untersucht.[32] So kommt Berthele (2010b: 256) u.a. zu dem Ergebnis, dass die Varietät *Hochdeutsche Standardsprache* mittels Metaphern konzeptualisiert wird, die den Fokus auf eine rationalistische, die Kommunikationsfunktion von Sprache betonende Perspektive legen (wie z.B. *regelmäßig, klar* und *schnell*), und dieser Sprache somit eine hohe kommunikative Leistungsfähigkeit bzw. Effektivität und auch Uniformität zusprechen. Auch zeigt Berthele (2010b: 260), in

---

31 Ähnliches stellen auch Christen (1998: 267–272; 2010: 286–288) sowie Spitzmüller (2005a: 239–244) für das von ihnen jeweils untersuchte Korpus fest.
32 Siehe auch Geeraerts (2003), der zwei grundlegende metaphorische Modelle für Sprache bzw. kulturelle Modelle (*romantic* vs. *rationalist model*) unterscheidet, sowie die Modifizierung des Modells als Cluster durch Berthele (2010b).

Anlehnung an die Gestaltpsychologie und Synästhesieforschung, mögliche Zusammenhänge zwischen Lautgestalt und Visualisierung auf und überträgt dies auf die Visualisierung ganzer Varietäten/Sprachen durch Laien.[33]

Spiekermann (2010) wiederholt das Experiment von Berthele (2006) und lässt Probanden selbst gewählte Dialekte mit ähnlichen Formen wie Berthele assoziieren, wobei er die Assoziationsmöglichkeiten um Farb- und Größenzuordnungen erweitert. Hierbei wurde die Standardvarietät überdurchschnittlich häufig mit Formen assoziiert, die Ordnung und Struktur symbolisieren und auch in den Begründungen zu diesen Zuordnungen finden sich entsprechende Lexeme wie *klar* oder *strukturiert* (vgl. Spiekermann 2010: 230–231). Die Ergebnisse der Untersuchung zeigen Parallelen mit denen von Berthele (2006), v.a. existieren Deckungen hinsichtlich der Assoziation der Standardvarietät mit bestimmten visuellen Formen. Spiekermann schließt daraus, dass sich eine solch relativ stabile Zuordnung aus Eigenschaften wie Normierung, Kodifizierung sowie der Klassifizierung der Standardvarietät als Sprache der Distanz ableitet (vgl. Spiekermann 2010: 231–232). Bei den Farbassoziationen ergibt sich eine Häufung der Farben *Weiß* und *Grau* bei der Standardvarietät, was Spiekermann (2010: 236) mittels der sozial-kommunikativen Funktion des Standarddeutschen als Sprache der Distanz erklärt.[34]

---

33 So kann er mit der Untersuchung zeigen, dass Varietäten in typischer Weise mit bestimmten Formen assoziiert werden. Während einerseits die Tendenz festzustellen ist „für gewisse alemannische Dialekte eher spitze, scharfe Formen zu verwenden" (Berthele 2010b: 260), werden u.a. das Bairische oder Berndeutsche „mit runden oder doch zumindest partiell gerundeten Formen assoziiert" (ebd.). Er stellt fest, dass „Kunstwörter, bei denen primär die Vokalhöhe variiert wird, sehr konsequent mit eckigen (hohe Vokale) bzw. runden (tiefe Vokale) Figuren assoziiert werden" (Berthele 2010b: 262), was eine Übertragbarkeit dieser Vokalhöhenalternation auf Varietäten, die diese Vokale aufweisen, plausibel erscheinen lässt und somit sprachinhärent-sprachstrukturelle (phonologische) Größen bei dieser Zuordnung eine Rolle spielen. Vgl. auch weiterhin das Experiment mit den Kunstwörtern *takete* und *malume* von Köhler (1933: 153) oder Ramachandran/Hubbard (2001) zu den Kunstwörtern *booba* und *kiki*. Einen Forschungsüberblick zu Lautsymbolismus (*sound symbolism*) liefert Elsen (2016).

34 In einer weiteren Untersuchung geht Spiekermann (2012) auf ähnliche Weise vor, indem er Ansätze der Synästhesie-Forschung für seine Untersuchung nutzbar macht und dieses Mal anhand auditiver Stimuli, in diesem Fall sechs 15-sekündige Tonbeispiele unterschiedlicher Varietäten des Deutschen, durch Probanden mit Farben und Formen assoziieren lässt sowie Begründungen der Zuordnung seitens der Probanden erfragt. So kommt er zu dem Ergebnis, dass die Zuordnung sich auf unterschiedliche sprachliche sowie außersprachliche Ursachen zurückführen lässt (vgl. Spiekermann 2012: 326–327). Siehe hierzu auch die Untersuchungen von Preston (1989a,b), Kremer (1999), Hofer (2004b) sowie Schmidlin (2011), die zeigen, dass Nationalgrenzen im Bewusstsein von Laien „wichtige Demarkationslinien in einer autozentristischen Wahrnehmung" (Schmidlin 2011: 14) sind; sowie Dailey-O'Cain (1999) zum Einfluss

Bezüglich der regionalen Verortung einer standardnahen Sprechweise durch linguistische Laien lassen sich Studien wie die von Lameli/Purschke/Kehrein (2008), Schmidlin (2011) sowie Kehrein (2012) nennen, die zu dem Ergebnis kommen, dass eine standardnahe Aussprache mit dem Sprachraumkonzept *Hochdeutsch* assoziiert wird, das regional verortet werden kann und aus Laiensicht keine diatopischen Merkmale aufweist. So stellt Kehrein (2012: 235; Hervorh. im Orig.) fest, dass 70 % der befragten Personen diese Sprechweise in und um die Stadt Hannover (z.T. auch allgemein in Niedersachsen) verorten. Bei dem Konzept *Norddeutsch* haben die Befragten Assoziationen mit Standarddeutsch: „Es scheint also ein Konzept *Norddeutsch = Hochdeutsch* und vice versa (!) mit einem Raumbezug zum Nord(west)en zu geben" (Kehrein 2012: 236).[35] Auch Schmidlin (2011) kann in ihrer Studie zeigen, dass die von ihr befragten Gewährspersonen überwiegend evaluativ und hierarchisierend bei der Konzeptualisierung sprachlicher Variation vorgehen, wobei positive Bewertungen zumeist der Standardsprache zugerechnet werden, die zudem regional verortbar ist. So kommt Schmidlin (2011: 296) zu dem Ergebnis:

> Rund 75 % der GP verorten die normgebende gesprochene Standardsprache in Deutschland bzw. Nord- oder Mitteldeutschland. Für die geschriebene Standardsprache sind diese Werte zwar tiefer. Aber immer noch 25 % der GP aus A, 42 % der GP aus CH und 55 % der GP aus D sind der Ansicht, das beste geschriebene Hochdeutsch werde in Deutschland bzw. Nord- oder Mitteldeutschland produziert.

Hieraus schließt Schmidlin (2011: 287) auf die Existenz eines monozentrischen Standardsprachenmodells bei den Befragten, das in Opposition zu dem in der Variationsforschung postulierten plurizentrischen Modell steht. Nach diesem Modell ist die deutschländische Standardvarietät nicht nur geographisch verortbar, sondern wird auch gegenüber den südlicheren Varietäten insgesamt und in Bezug auf einzelne Varianten deutlich positiver bewertet.[36] Insbesondere kann Schmidlin (2013: 36–38) ebenfalls zeigen, dass bei der Einschätzung der Standardsprachlichkeit sprachlicher Phänomene Landesgrenzen ein nicht zu vernachlässigender Einflussfaktor sind. So beurteilen deutsche Gewährsperso-

---

politischer Grenzen auf subjektive Dialektgrenzen. Siehe weiterhin die grundlegenden Überlegungen von Auer (2004) zu Raumvorstellungen als kognitive Größe.

35 Ähnliches zeigt sich auch in der Untersuchung von Plewnia (2013).

36 Zu ähnlichen Ergebnissen kommt auch Kennetz (2010: 322, 325), dessen Probanden eine (standard)normkonforme Aussprache in der Region um Hannover verorten. Auch in den Untersuchungen von Scharloth (2005b; 2006) zeigt sich ein Prestige des deutschländischen (Hoch)Deutsch, insbesondere einer deutschländischen Aussprache sowie eine positivere Bewertung und Bevorzugung deutschländischer Varianten.

nen regionale/nationale Varianten aus Österreich und der Schweiz als dialektaler als die GP aus diesen Ländern, so dass Schmidlin diesen einen „kognitive[n] Teutonismus" (Schmidlin 2013: 37) attestiert.

Angesichts der zuvor dargestellten Erkenntnisse gilt es auch in der vorliegenden Arbeit zu zeigen, wie linguistische Laien sprachliche Variation konzeptualisieren, sprachliche Phänomene bezeichnen, kategorisieren, hierarchisieren und bewerten, i.e. wie das „in der Lebenswelt des Alltags verankerte Wissen über Sprache und Sprachliches" (Lehr 2002: 1) im Hinblick auf seine Inhalte und Strukturen organisiert ist, insbesondere im Hinblick auf ein Wissen bezüglich sozial erwünschten Formen eines Sprechens im Sinne eines *laienlinguistischen Sprachnormwissens*.

2.1.1 Laien(meta)sprache und Laienwissen als Untersuchungsgegenstand

Gegenstand dieser Arbeit sind metasprachliche Äußerungen von Sprechern über Sprache, die Rückschlüsse auf ein sprachbezogenes Wissen, insbesondere auf Strukturen und Inhalte eines Sprachnormwissens ermöglichen sollen.[37] Wenn im Rahmen dieser Arbeit von *Metasprache* bzw. *metasprachlich* gesprochen wird, so ist dieser Begriff zu verstehen als das in sprachlich-symbolischen Zeichen formulierte Produkt der Thematisierung sprachlicher Phänomene. Der Untersuchungsgegenstand, also sprachliche Äußerungen über Sprache, lässt sich hierbei nicht nur innerhalb der *folk linguistics* verorten, sondern dieser lässt sich auch im Rückgriff auf das Modell der Analyse unterschiedlicher sprachbezogener Daten von Niedzielski/Preston (2003: 26), die sich im Kontext eines Sprechens über Sprache ergeben, theoretisch verorten und modellieren.[38]

Die unterschiedlichen (sprachlichen) Daten, die sich im Rahmen eines Sprechens über Sprache ergeben, werden von Preston mit unterschiedlichen Termini versehen. Preston unterscheidet zum einen (objekt)sprachliche Daten im Sinne einer unter formalen Gesichtspunkten betrachteten Metasprache, die er als „Metalanguage 2" (Preston 2004: 85) bezeichnet. Dieser Typ Metasprache ist nicht primär Gegenstand einer Elizitierung und auch nicht der Gegenstand, über den von Laien beim Sprechen über Sprache direkt gesprochen und reflektiert wird. Vielmehr bildet dieser Typ Metasprache eine Sprache über Sprache:

---

[37] Vgl. Kap. 2.2.2 zum Verhältnis von Sprachwissen, Sprachbewusstsein, Sprachbewusstheit, Sprachreflexivität und Metasprache.
[38] Vgl. hierzu auch die Varianten des Modells in Preston (1996; 2002b,c; 2010b) sowie Niedzielski/Preston (2009a,b) mit Verweis auf Hoenigswald (1966).

> Of course, like every fact of language, *Metalanguage 2* use itself may be interesting from some sociocultural perspectives as it both varies in its uses from situation to situation and even varies in its shape and employment from one group to another (e.g. So Bill says ‚I'm out of here' versus So Bill goes ‚I'm out of here'), entailing, as usual, identification and associative factors both within and across group boundaries. (Preston 2004: 86; Hervorh. im Orig.)

Im Kontext der vorliegenden Arbeit soll diese von Preston als *Metalanguage 2* bezeichnete Metasprache allerdings nicht nur auf in (meta)sprachliche Äußerungen eingebettete *verba dicendi* (im obigen Beispiel *says* und *goes*) beschränkt sein. Vielmehr werden unter dem Terminus *Metalanguage 2* sämtliche formalen lexikalisch-semantischen Strukturen dieses Sprechens über Sprache gefasst, also nicht nur Lexeme, die metasprachlich auf die Tätigkeit des Sprechens in unterschiedlicher Weise Bezug nehmen, wie *stammeln, sprechen, plappern, faseln*. Der Fokus soll auf der Qualität und Quantität dieser lexikalisch-semantischen Strukturen bzw. diesem Typ von Laienmetasprache liegen, der unter formalen Gesichtspunkten das Repräsentationsformat metasprachlichen (Sprachnorm)Wissens bildet. Diese sprachlichen Strukturen sowie kognitions- oder psycholinguistische Erklärungsmodelle (z.B. zur Sprachproduktion) sind nach Ansicht Prestons zumeist Gegenstand einer deskriptiv ausgerichteten Linguistik und nicht unmittelbar relevant für die *folk linguistics*. Diesem Typ Metasprache kommt hier allerdings insofern eine Relevanz zu, als er den Untersuchungsgegenstand mitkonstituiert, da nicht nur elizitiert wird, *was* Laien über eine normkonforme Sprache sagen, sondern auch *wie* sie darüber sprechen. Die *Metalanguage 2* bildet somit in formal-sprachstruktureller Hinsicht die Voraussetzung für den von Preston als *Metalanguage 1* bezeichneten Typ von Metasprache.

Den Schwerpunkt dieser Arbeit – und auch der *folk linguistics* selbst – bilden sprachliche Daten, die direkt elizitiert werden und sich inhaltlich-thematisch mit Sprache auseinandersetzen, z.B. Äußerungen wie *Wenn man Hochdeutsch spricht, sollte es reines Hochdeutsch sein, wie man es in Hannover spricht*. Preston bezeichnet diese Art von Daten als „Metalanguage 1 (conscious, overt reference to language)" (Preston 2004: 82–83), der direkte (*conscious*) Reaktionen und Kommentare (*overt responses*) zu sprachlichen Themen zuzuordnen sind. Der Fokus bei der Elizitierung und Analyse liegt also nicht auf der Form, sondern dem Inhalt. Das Verhältnis von Metasprache 1 und 2 wird zusammenfassend von Preston (2004: 86; Hervorh. im Orig.) wie folgt beschrieben:

> In short, *Metalanguage 1* talks about language *qua* language as opposed to the utterance content which is the subject matter of sentences which linguists usually interpret as dis-

playing metalanguage (here, *Metalanguage 2*) properties. *Metalanguage 2* is, therefore, language use which refers to some property of language itself, but such reference does not focus the speaker's or listener's attention on those properties as ones of linguistic form. In other words, the distinction between the two sorts of metalanguage suggested so far appears to be the relatively informal one of *topic*. In *Metalanguage 1* use, language is what the sentence (or conversation) is about (however briefly); in *Metalanguage 2* use, language is referred to, but it is not what the sentence or discourse is about.

Jedoch bleibt es im Rahmen einer Auseinandersetzung mit Laienmetasprache nicht bei der Analyse sprachlicher Daten einer *Metalanguage 1* oder auch einer *Metalanguage 2*. So stehen neben der Elizitierung und Analyse solcher sprachbezogener Kommentare die aus dieser Metasprache ableitbaren sprachbezogenen Inhalte und Strukturen eines laienlinguistischen Alltagswissens im Fokus des Interesses, die Niedzielski/Preston (2009a: 147) als „underlying beliefs and belief systems which lie behind folk expressions about language" bezeichnen. Diese spielen im Rahmen der *folk linguistics* eine hervorgehobene Rolle, wie Niedzielski/Preston (2003: xiv) betonen:

> In conclusion, the empowering folk beliefs [...], the ultimate goal in our quest, not only influence the conscious and unconscious reflections on and reactions to language [...] but also interact with our perception of language data itself.

Preston nutzt für diese Art von Daten den Terminus „Metalanguage 3" (Preston 2004: 86). Diese Metasprache bildet keine Metasprache im eigentlichen (formalen) Sinne, da es keine direkt produzierten sprachlichen Daten sind, sondern dieser Terminus bezieht sich auf die aus den anderen Typen von Metasprache ableitbaren kognitiven Wissensinhalte und -strukturen.[39] Das Verhältnis von *Metalanguage 3* gegenüber *Metalanguage 1* erläutert Preston (2004: 87,94; Hervorh. im Orig.) wie folgt:

> The richest territory to mine for folk belief about language may be the presuppositions which lie behind much *Metalanguage* 1 use. They are, I believe, sorts of unasserted *Metalanguage 1* beliefs which members of speech communities share. I will call such shared folk knowledge about language *Metalanguage 3*, although I am aware that such underlying beliefs do not literally constitute even a specific kind of language use. [...] While I value the collecting of *Metalanguage 1* comments and attitudinal responses to language, I believe that such investigations ought to lead to the underlying folk beliefs speakers of a language have about the nature of the object itself (what I am calling *Metalanguage 3*).

---

39 So lassen beispielsweise Kommentare wie *Das Hochdeutsche muss rein sein, wie klares Wasser, also farblos* Rückschlüsse auf eine bestimmte metaphorische Konzeptualisierung von Sprache zu; in diesem Fall *Sprache als Substanz*.

Hierbei kann sich die Verfügbarkeit und Detailliertheit sprachbezogener Äußerungen im Rahmen einer *Metalanguage 1*, die Rückschlüsse auf ein sprachbezogenes laienlinguistisches Alltagswissen, der *Metalanguage 3*, zulassen soll, allerdings unterschiedlich gestalten. Es können unterschiedliche Grade und Ausprägungen von Sprachbewusstheit (*language awareness*) in Bezug auf sprachliche Einheiten, die „levels and types of awareness of the linguistic units" (Niedzielski/Preston 2009a: 147), unterschieden werden. Diese hängen ihrerseits von Faktoren wie *availability, accuracy, detail* und *control* ab (vgl. Preston 2002b: 50–51, Niedzielski/Preston 2003: 22–24) und führen zu metasprachlichen Kommentaren, die sich im Hinblick auf die Quantität wie Qualität der dort geäußerten sprachbezogenen Themen und Phänomene unterscheiden können.[40] Welche Themen und Phänomene überhaupt und in welcher Ausprägung jeweils beim Sprechen über Sprache identifiziert werden können, kann somit durch unterschiedliche Einflussfaktoren determiniert sein (vgl. Preston 1996). Diese unterschiedlichen Formen der Sprachbewusstheit lassen sich nicht (mehr), wie in dem ursprünglichen Modell von Niedzielski/Preston (2003: x), in einer Dichotomie *bewusst – unbewusst* fassen, sondern bilden Extrempunkte auf einem Kontinuum „from the most conscious, deliberate statements about language all the way to the most automatic, least-controlled reactions to it" (Preston 2002c: 18).[41] Hierzu führt Preston (2002b: 50) aus:

> Perhaps some of these differential responses to a variety of linguistic details may operate along a continuum (or several continua) of consciousness or ‚awareness' (just as language use involves degrees of ‚monitoring' or ‚attention to form' [...] suggesting that folk-linguistic facts (i.e. linguistic objects as views by nonlinguists) may be subdivided for ‚awareness' along the following clines.

So können sprachliche Phänomene oder Themen beispielsweise (nicht) verfügbar (*available, unavailable*) sein, so dass Laien diese u.U. nicht thematisieren

---

40 Ähnlich unterscheiden auch Schlieben-Lange (1975), Neuland (1993) sowie Scharloth (2005a), teils mit Verweis auf Coseriu (1988a,b) sowie Leibniz (1996), unterschiedliche Grade bzw. Stadien sprachlicher Bewusstheit in Abhängigkeit von unterschiedlichen Formen metasprachlichen Wissens. Zum einen die *cognitio clara confusa*, von Scharloth (2005a: 12) übersetzt als „klar verworrene Erkenntnis", mittels derer bestimmte Gegenstände zwar erkannt und von anderen unterschieden werden können, ohne aber explizit Unterschiede benennen zu können. Im Gegensatz hierzu steht die *cognitio clara distincta* als ein alltägliches metasprachliches Wissen (vgl. Neuland 1993: 734).

41 Zu dem revidierten Modell vgl. Niedzielski/Preston (2009a,b). Zu den unterschiedlichen Faktoren der Sprachbewusstheit in Bezug auf linguistische Phänomene vgl. Preston (1996; 2002b,c) sowie Niedzielski/Preston (2009a).

(können), wie zum Beispiel Aussagen zu spezifischen syntaktischen Phänomenen wie der Satzklammer oder diese werden nur auf Nachfrage hin thematisiert. Demgegenüber gibt es Themen, die – insbesondere im öffentlichen Diskurs – frequent genannt werden, wie z.B. Anglizismen oder Orthographie. Zudem kann die Genauigkeit (*accuracy*) laienlinguistischer Begriffe stark variieren, wobei „as in all ethnographic studies, this has no bearing on the value of the data" (Niedzielski/Preston 2009a: 147).[42] Die Detailliertheit, mit der ein linguistisches Phänomen kommentiert wird, kann allgemein (*global*) oder präzise (*specific*) gestaltet sein. Beispielsweise können auf einer allgemeinen Beschreibungsebene sprachliche Phänomene nur in groben, oberflächlichen Zügen beschrieben werden, z.B. *Die Sachsen sprechen so merkwürdig* und auf der anderen Seite spezifische sprachliche Phänomene genannt werden, z.B. *Die Schwaben haben diese nervige Verkleinerungsform -le nach dem Substantiv*. Zuletzt kann der Grad der Beherrschung (*control*) eines linguistischen Phänomens oder einer Varietät unterschieden werden, wenn Laien beispielsweise spezifische Laute produzieren oder Dialektsprecher imitieren.[43]

Dem Terminus *language regard* nahe stehend sind auch die häufig in der Forschung genutzten Termini *Sprachreflexion* und *Sprachbewusstheit*. Da hier stellenweise auf diese Termini Bezug genommen wird, ist es nicht zuletzt angesichts der terminologischen Vielfalt dieses Begriffsfeldes notwendig zu bestimmen, wie diese gegenüber ähnlichen Termini abzugrenzen und im Kontext dieser Arbeit zu verstehen sind.[44] Wenn man davon ausgeht, dass sich Individuen

---

[42] Hierbei geht es Preston (1996: 43) um den Vergleich einer (präzisen) wissenschaftlichen Benennung und Beschreibung sprachlicher Phänomene mit einer (ungenauen) Bezeichnung/Beschreibung durch die Laien.

[43] Niedzielski/Preston (2009a: 148) erläutern dies wie folgt: „A respondent who says someone ‚talks funny' might not be able to mention any specific feature that contributes to that characterization, but might be able to give a convincing imitation. [...] Even an inaccurate characterization of a linguistic fact or a poor mimicry of a variety demonstrates some kind of awareness, and for every act of language perception, the mode and degree of awareness is an open and interesting question." Purschke (2010: 152) sieht in solchen (Dialekt)Imitationen einen deutlichen Mehrwert für die kognitiv ausgerichtete Erforschung regionalsprachlicher Phänomene: „Die Analyse von Dialektimitationen könnte [...] einen wertvollen Beitrag leisten, indem sie die Bekanntheit bestimmter regionalsprachlicher Merkmale in der Wahrnehmung der Hörer und ihre Funktion für die Ausbildung kognitiver Prototypen von Dialekten in den Blick nimmt".

[44] Für eine Übersicht der verwandten Termini und Begriffe zu *Sprachreflexion* wie u.a. *Sprachbewusstheit*, *Sprachbetrachtung*, *Sprachgefühl*, *Sprachthematisierung*, *Sprachbewusstsein* oder auch *language awareness* vgl. Gornik (1989; 2010; 2014), Neuland (2002), Andresen/Funke (2003), Hug (2007) sowie die Übersicht und Literatur in Stude (2013). Einen wissenschaftsgeschichtlichen Überblick über sprachliche (Selbst)Reflexivität liefert Köller (2007).

eigene mentale Zustände vergegenwärtigen und sich somit (selbst)reflexiv auf diese beziehen können, kann man annehmen, dass Menschen über eine bestimmte (Selbst)Bewusstheit verfügen, die in Bezug auf sprachliche Phänomene als *Sprachbewusstheit (language awareness)*[45] definiert werden kann. Diese kann verstanden werden als „Verfügbarkeit einer kognitiven Orientierung [...] die Bereitschaft und Fähigkeit [...] die Aufmerksamkeit auf sprachliche Erscheinungen als solche zu richten" (Andresen/Funke 2003: 439), d.h. die Fähigkeit sich kognitiv sprachlichen Phänomenen zuzuwenden. Damit Individuen also über Sprache reflektieren können, muss zwangsläufig der Zustand von *language awareness* hergestellt werden. In Ergänzung hierzu wird auch der Begriff *Sprachreflexion*[46] eingesetzt, verstanden als „kognitive Prozesse in Form sprachlicher Handlungen, die [...] als offene Verbalisierung [...] ablaufen können" (Neuland 2002: 6), so dass *Sprachreflexion* verstanden werden kann als eine durch sprachliche bzw. sprachreflexive Mittel, i.e. sprachlich-symbolische Zeichen, konkret geäußerte Repräsentation sprachlichen Wissens im Zustand von Sprachbewusstheit.[47] Ein „in-den-Blick-nehmen" von Sprache, d.h. im Zustand von Sprachbewusstheit über Sprachliches reflektieren, geschieht also im Rückgriff auf Inhalte und Strukturen (aber auch weitere kognitive Prozesse) dieses sprachbezogenen Wissens.

Somit lässt sich *Sprachreflexion* im Kontext dieser Arbeit verstehen als ein Bezugnehmen auf sprachliches Wissen, das in Form sprachlich-symbolischer Zeichen jeglicher Komplexität extrapersonalisiert wird.[48] Die Reflexion über

---

[45] Unter *language awareness* soll im Kontext dieser Arbeit das von Niedzielski/Preston (2009a) bzw. Preston (2002b) geprägte Konzept verstanden werden. Gleichzeitig existiert auch in der Sprachdidaktik seit den 1970er Jahren *language awareness* als Konzept, allerdings unter dem Aspekt einer sprachdidaktischen Implementierung. Für eine Übersicht vgl. Peyer (2003) sowie Andresen (1985).

[46] Ein Begriff, der ebenfalls eine Nähe zu *Sprachreflexivität* aufweist, ist der der *Sprachthematisierung*, vgl. Ossner (1989) sowie Neuland (1996) oder auch der *Sprachbetrachtung*, vgl. Bredel (2013). Weiterhin existiert ebenfalls der Begriff *Sprachgefühl*, vgl. Gornik (2014: 48).

[47] Demgegenüber lässt sich der Terminus *Sprachbewusstsein* als (meta)sprachliches Wissen verstehen, also kognitive Einheiten bzw. Bewusstseinsinhalte mit einer bestimmten Struktur und inhaltlichen Ausprägungen, was in diesem Fall dem in dieser Arbeit genutzten Terminus *Sprachwissen* entspricht. Vgl. Scherfer (1983) zu Eigenschaften, Funktionen und Struktur des (soziolinguistischen) Konzepts *Sprachbewusstsein*, wobei hier *Sprachbewusstsein, Sprachbewusstheit* und *Sprachreflexion* zusammenfallen. Neuland (2002: 5) weist darauf hin, dass bezüglich des Konzeptes weiterhin ein „nicht zu unterschätzender theoretischer wie empirischer Klärungsbedarf" besteht.

[48] Es sei an dieser Stelle betont, dass eine Sprachreflexion nicht zwangsläufig an explizite Äußerungen gebunden sein muss, denn „Wer z.B. Formulierungen abwägt, macht dies im

Sprache kann sich auf das ganze Spektrum sprachlicher Phänomene erstrecken: funktionale oder soziale Aspekte, Sprachursprung, Wortschatz, Wortbildung, Flexion, Kategorisierungen und Bewertungen sprachlicher Variation usw. Das ‚Endprodukt', das nach vollzogener Sprachreflexion externalisiert in materiell-manifester Form vorliegt, soll schließlich als *(Laien)Metasprache* bezeichnet werden.

2.1.2 Wer kann überhaupt als linguistischer Laie gelten? – Versuch einer Klärung

Eine von der linguistischen Forschung bislang noch unbefriedigend gelöste Aufgabe ist es, zu einer Antwort zu gelangen, wer überhaupt als *linguistischer Laie* gelten kann, also wie dieses (noch) vortheoretische Forschungskonzept adäquat definitorisch erfasst und (theoretisch wie empirisch) beschrieben werden kann. Denn es existieren hierzu – wie König (2014: 11) feststellt – allenfalls *ex negativo ad hoc*-Definitionen.[49] Im Folgenden wird allerdings keine hinreichende theoretische oder empirische Lösung für dieses vordringliche Desiderat, das sich insbesondere für eine Laienlinguistik stellt, gegeben, vielmehr wird auf der Grundlage wissenssoziologischer Überlegungen ein Konzept *linguistischer Laie* entfaltet, welchem im Rahmen der vorliegenden Arbeit vornehmlich forschungspraktische Relevanz zukommt.

Etymologisch lässt sich *Laie* zu lat. *laicus* und gr. λαϊκός zurückverfolgen und trägt in seiner lateinischen und griechischen Verwendung die Bedeutung ‚Nichtpriester' bzw. ‚zum Volke gehörig'.[50] Damit wurde in späteren, religiös-klerikalen Verwendungskontexten eine Unterscheidung zwischen Klerikern und dem Kirchenvolk getroffen, also zwischen Gelehrten und Ungelehrten bzw.

Idealfall rasch und ohne den Umweg über Äußerungen über die verglichenen Formulierungen" (Gornik 2014: 43).

49 So z.B. „non-specialists (i.e., persons with no formal training in linguistics)" (Niedzielski/Preston 2009a: 146), „real people (i.e., nonlinguists)" (Preston 2002c: 13), „people who are not professional students of language" (Niedzielski/Preston 2003: 302), „ordinary people" (Milroy/Milroy 2012: 10), „keine professionellen Sprachwissenschaftler" (Eichinger 2010: 433), „nicht-professionelle Sprachbetrachter" (Auer 2004: 149), „Nicht-Linguisten" (Antos 1996: 3), „Menschen, die nicht von Berufs wegen mit Sprachwissenschaft zu tun haben" (Cuonz 2010: 123), „Sprachteilhaber ohne jedwede linguistische Bildung" (Ágel 1990: 289), „Personen ohne sprachwissenschaftliche Ausbildung" (Jürgens 2015: 22).

50 Siehe hierzu Simon (1989), der ebenfalls *leie* und *idiota* als soziale Kategorien im Altgriechischen unterscheidet.

Unwissenden, die religiös unterrichtet werden müssen. Aber es wurde mit diesem Begriff auch jemand bezeichnet, der bis auf seine Muttersprache keine weiteren Sprachen (v.a. Latein und Griechisch) sprechen konnte (vgl. Braun 1981: 235–237). In dieser durch den religiösen Kontext geprägten Verwendung lässt sich *Laie* bis ins 20. Jahrhundert verfolgen und bezeichnet somit jemanden, der keine theologischen Kenntnisse besitzt (vgl. Braun 1981: 240–241). In seiner nicht kirchensprachlichen Verwendung bezeichnet *Laie* seit dem 14. Jahrhundert bis heute jemand „auf einem bestimmten Fach- oder Wissensgebiet nicht Ausgebildeten" (Braun 1981: 241). Nicht-Laien sind laut dieser Definition Wissenschaftler und Fachleute verschiedener Disziplinen, während Laien von dieser Wissenschaft bzw. den einzelnen wissenschaftlichen Disziplinen oder auch technischen und handwerklichen Berufsrichtungen aufgrund fehlender Ausbildung ausgeschlossen sind (vgl. Braun 1981: 241–244). Resümierend stellt Braun (1981: 252) für den Gebrauch des Begriffs im 20. Jahrhundert fest: „Laie erfährt insgesamt eine Aufwertung. Das Merkmal ‚Unwissenheit, fehlende Bildung' tritt zurück. Das Laienhafte besteht jetzt in der Regel lediglich in dem Nichtwissen oder Nichtkönnen innerhalb eines Fachgebietes, einer wissenschaftlichen Disziplin oder einer Kunstgattung, für die eine Zuständigkeit nicht gefordert ist".[51]

Der Status des Laien zeichnet sich demnach – was sowohl die Verwendung im kirchlich-klerikalen Kontext als auch die nicht kirchensprachliche Verwendung betrifft – durch den sozialen Umgang *mit* und dem (institutionell gebundenen) Zugang *zu* bestimmten Formen von Wissen aus. Dabei ergibt sich diese Bedingtheit des jeweiligen Umgangs aus den spezifischen Gegebenheiten der unterschiedlichen Lebenswelten (der des Alltags und der der Wissenschaft) und einer praxisorientierten Ausrichtung auf diese Gegebenheiten. So lässt sich neben der situativen Verfügbarkeit unterschiedlicher Elemente des Wissens auch eine unterschiedliche biographisch bedingte Distribution von Wissensinhalten identifizieren, wie sie Miebach (2014: 155) feststellt:

> Eine Gleichverteilung des Wissensvorrats würde nach der Bedingung der biographischen Artikulation voraussetzen, dass alle Individuen die gleichen Erfahrungen in gleicher Ab-

---

51 Vgl. hierzu allerdings die Analyse Wichters (1994: 59), der zu dem Ergebnis kommt, dass „der Signifikant Laie auch mit einer Bedeutung verwendet werden kann, die den so Bezeichneten negativ bewertet. Auch wenn man annimmt, daß eine nicht näher ausgewiesene Wortfelderstellung wie in einem onomasiologischen Wörterbuch ein großes Maß an Subjektivität und Unschärfen zeigt und im einzelnen Alternativen denkbar sind, ist die Tatsache doch deutlich, daß es eine große Zahl an Wörtern mit negativer Bewertung einer Kompetenz gibt und daß ein Zeichen ‚Laie' hier anzusetzen ist".

folge machen, über gleichlange Bewusstseinsströme verfügen und die gleiche Erlebnistiefe und Erlebnisnähe aufweisen [...]. Da diese Bedingungen nicht erfüllt sind, kommt es zu einer ungleichen Verteilung des Wissensvorrats zwischen Personen.

Diese Ungleichmäßigkeit der Verteilung resultiert vornehmlich aus einer bestimmten Konfiguration sozialer Strukturen, welche es erlauben den Wissensvorrat in beispielsweise ein Allgemein- und Sonderwissen zu unterscheiden. Dieser Differenzierung und auch Spezialisierung von Wissen kann man sich wissenssoziologisch insofern nähern, als die Institutionalisierung von ausdifferenziertem und spezialisiertem (Sonder)Wissen und der Zugang zu diesem, bestimmte soziale Rollen hervorbringen. Anhand dieser Rollen kann eine Unterscheidung zwischen Sonder-, Fach- oder Expertenwissen auf der einen Seite sowie dem Allgemein-, Allerwelts-, Jedermanns- oder auch Alltagswissen auf der anderen Seite getroffen werden, da die Institutionalisierung bzw. (soziale) Ordnung einer Gesellschaft in enger Beziehung zur Struktur des gesellschaftlichen Wissens steht. Allerdings kann nicht von einer Homologie zwischen den institutionellen Strukturen und denen des Wissens ausgegangen werden, denn weiterhin sind, wie bereits erwähnt, auch andere Dimensionen entscheidend für eine Differenzierung von Wissen: Alter, Geschlecht, ethnische Zugehörigkeit und eine generelle biographische Bedingtheit sowie die situationsspezifische Verfügbarkeit (vgl. Knoblauch 2014a: 141–165; Miebach 2014: 139–162).

Wissen, das jedoch nur bestimmten Akteuren zugänglich ist und als Sonder- bzw. Expertenwissen bezeichnet werden kann, ist – bedingt durch seine Spezialisierung – institutionell verankert und wird durch diese Institutionen distribuiert. Diese Formen des Wissens, die zugleich an mit sozialen Kategorien verbundene Wissensträger wie beispielsweise *Experte* oder *Spezialist* geknüpft sind, sind somit soziale Formen gesellschaftlichen Sonderwissens. Dieses kann gegen das Allgemeinwissen, das von Gesellschaftsmitgliedern typischerweise geteilt wird, abgegrenzt werden. In diesem Zusammenhang grenzt Schütz (1972) den Experten als Träger des Expertenwissens gegen den „Mann auf der Straße" (Schütz 1972: 87) als Träger des Alltagswissens bzw. den Hybriden „gut informierter Bürger" (Schütz 1972: 85) ab. Knoblauch (2014a: 291) sieht diese Unterscheidung allerdings nicht als dichotom-kategorial an, da keine ausschließlich funktionale Differenzierung der gesellschaftlichen Teilbereiche angenommen werden kann, zumal „jeder von uns im täglichen Leben und zu jedem Augenblick gleichzeitig Experte, gut informierter Bürger und Mann auf der Straße [ist]; aber jedes davon mit Bezug auf eine andere Wissensregion" (Schütz 1972: 88).

Diese Typologie Schütz' und die von ihm unterschiedenen Typen beruhen im Wesentlichen auf dem Kriterium „Bereitschaft, Dinge als fraglos gegeben hinzunehmen" (Schütz 1972: 87). Für den Mann auf der Straße sei primär die lebensweltliche Aufgabenbewältigung zu erreichen, womit für ihn ein überwiegend praxisorientiertes Wissen maßgeblich sei. Demgegenüber zielt der *Experte* gerade auf eine Handlungsentbundenheit des Wissens ab, allerdings in einem „Bereich, in dem die Art der relevanten Probleme und die relevanten Lösungsstrategien weitgehend vordefiniert sind" (Sprondel 1979: 145). Wenn dieser in einem Bereich arbeitet, übernimmt er dessen Bezugsrahmen als geltend, der es ihm erlaubt, gesichert begründete Aussagen über einen begrenzten Realitätsausschnitt zu machen. So sieht Köberl (1995: 12) als maßgebliche Kriterien zur inhaltlichen Differenzierung wissenschaftlicher Diskurse gegenüber Alltagsdiskursen *Innovation* (Gewinnung neuer Erkenntnisse), *Infragestellung* (Annahmen sind temporär und durch z.B. Falsifikation überprüfbar) sowie *Explizitheit* (Nachvollziehbarkeit von Prämissen, Schlüssen, Ergebnissen) an. Der dritte Typ des gut informierten Bürgers hat eine Zwischenrolle: Er verfügt über (nicht exklusive und nicht institutionell gebundene) Wissensbestände auf bestimmten Gebieten, die allerdings nicht unmittelbar handlungsrelevant sind bzw. sein aktuelles Handlungsinteresse betreffen müssen. Vom Mann auf der Straße unterscheidet er sich im Wesentlichen dadurch, dass „er einem erheblich größeren Bereich der sozialen Realität Relevanz zuspricht und darüber sich entsprechendes Wissen verschafft" (Sprondel 1979: 145).

Insgesamt kann in modernen Gesellschaften von einer komplexen sozialen Wissensverteilung ausgegangen werden, so dass das Allgemeinwissen eine ungleichmäßige Verteilung aufweist, infolge verschiedenartiger sozialer Kompetenzen und divergenter Relevanzstrukturen. Somit kann eine Typologisierung aufgrund unterschiedlicher Typen von Wissen und Relevanzen vorgenommen werden, die sich aus der jeweiligen institutionell bzw. sozial gebundenen Rolle und dem exklusiven und regulierten Zugang zu bestimmten Wissensformen ergibt. Kennzeichnend für den Experten ist demnach die Professionalisierung, als Prozess sozialer Verfestigung von Berufsrollen durch u.a. Systematisierung eines Wissensgebietes, eine (institutionell spezialisierte) Ausbildung, was eine Institutionalisierung und einen (restringierten) Zugang zu bestimmten Formen des Wissens impliziert sowie Handlungsentbundenheit (vgl. Schütz/Luckmann 2003: 412). Diese Unterscheidung soll im Rahmen dieser Untersuchung insofern zum Tragen kommen, als als *Laie* nachfolgend nur diejenigen Personen gelten können, die *keine* professionalisierte, i.e. institutionell spezialisierte Ausbildung und die damit einhergehende Systematisierung eines Wissensgebietes (hier: der germanistischen Sprachwissenschaft) vorweisen können. Dies ist hier insofern berücksichtigt worden, als Deutschlehrer, die eine solche Professionalisierung im Rahmen eines Studiums durchlaufen haben, als Gewährspersonen keine Berücksichtigung fanden und bei den befragten Schülern davon ausgegangen werden kann, dass diese keine entsprechenden Kenntnisse besitzen.[52] Abgesehen von dieser – notgedrungen – vor allem forschungspraktisch motivierten wissenssoziologisch orientierten Definition *linguistischer Laie* besteht – wie eingangs erwähnt – ein erheblicher Klärungsbedarf des nach wie vor prekären theoretischen wie empirischer Status dieses Forschungskonzepts.[53]

2.2 Alltagswissen linguistischer Laien

Der vorliegenden Arbeit liegt ein sozialkonstruktivistischer Wissensbegriff[54] zugrunde, wie ihn Berger/Luckmann (2010) in ihrer phänomenologisch orientierten Theorie der Wissenssoziologie herausgearbeitet haben, derzufolge Wirklichkeit eine sozial hergestellte und intersubjektiv geteilte Konstruktion und Wissen das Produkt sozialer Interaktionsprozesse ist. Dies geschah in der Auseinandersetzung und im Anschluss an die Arbeiten von Alfred Schütz (1981; 2003a,b), der sich einer intensiven Beschäftigung mit Strukturen der Lebenswelt sowie den Inhalten und Funktionen des in der Lebenswelt des Alltags verankerten Wissens, kurz: Alltagswissen, widmete.[55]

Nachfolgend sollen die Begriffe *Alltag*, *Wissen* und *Alltagswissen* eingeführt und innerhalb der Theorie der phänomenologisch orientierten Wissenssoziolo-

---

[52] Eine Einschränkung muss an dieser Stelle allerdings gemacht werden: Zwar wurden Deutschlehrer von der Erhebung ausgeschlossen, dennoch sind unter den Gewährspersonen Lehrer anderer Philologien sowie der Philosophie vorhanden.
[53] Für einen alternativen Ansatz siehe z.B. Paveau (2011), die einige grundlegende kritische Gedanken zur Dichotomie *Laie* vs. *Experte* formuliert und als Konsequenz die Kategorien *linguist/non-linguist* als diskursiv konstruierte Größen, die lediglich Extrempunkte eines Kontinuums darstellen, definiert. Ebenso sehen Wilton/Stegu (2011) die Notwendigkeit, soziale Rollen wie *Experte* oder *Laie* als interaktional-diskursiv konstruierte Größen zu konzeptualisieren; ähnlich auch Davies (2010: 386). König (2014: 15) zieht hieraus ebenfalls die Konsequenz, das Vorwissen der befragten Personen zu reflektieren sowie interaktionale und situative Aspekte bei der Analyse zu berücksichtigen.
[54] Luckmann selbst betrachtet die Zugehörigkeit zum wissenschaftstheoretischen und epistemologischen Konstruktivismus als nachträgliche Fremdzuschreibung, vgl. Luckmann (1999: 17).
[55] Vgl. ebenso Schütz/Luckmann (2003). Eine ausführliche Darstellung der ‚Spielarten' des Konstruktivismus sowie des Sozialkonstruktivismus kann im Rahmen dieser Arbeit ebenso wenig erfolgen wie eine ausführliche Dimensionierung des Wissensbegriffs innerhalb und außerhalb der Wissenssoziologie. Zum Wissensbegriff vgl. u.a. Keller (2011) sowie Knoblauch (2014a). Zum Konstruktivismus: Knoblauch/Schnettler (2006), Knoblauch (1999), Schmidt (1996) sowie Keller (2012) zum sozialkonstruktivistischen Ansatz innerhalb der Wissenssoziologie.

gie verortet werden. Daran schließen sich eine Präzisierung dieser Begriffe sowie Ausführungen, wie diese im Kontext dieser Arbeit zu verstehen sind, an und schließlich, wie diese für eine Untersuchung eines sprachbezogenen Alltagswissens bzw. laienlinguistischem Sprachnormwissens nutzbar gemacht werden können.

2.2.1 Alltag, Wissen, Alltagswissen

Im Fokus der Wissenssoziologie von Berger/Luckmann (2010) steht Wissen als Produkt gesellschaftlicher Austauschprozesse und subjektiver Vermittlung und mithin das „[E]rfassen der objektivierten gesellschaftlichen Wirklichkeit und das ständige Produzieren eben dieser Wirklichkeit" (Berger/Luckmann 2010: 71). Berger/Luckmann knüpfen hierbei an die phänomenologischen Arbeiten von Alfred Schütz an, dessen Fokus auf der Beschreibung der Beziehung zwischen der individuellen und gesellschaftlichen Strukturierung von Wissen lag. Wesentlich für die Arbeiten von Schütz sind hierbei allerdings nicht nur die Beschreibung dieses Verhältnisses, sondern auch die sich aus diesem Verhältnis ergebenden Konsequenzen für das soziale Handeln des Individuums. So ist dieses Wissen nicht nur handlungsleitend, sondern wird auch durch soziale Handlungen von Individuen ständig (re)produziert, wobei Schütz davon ausgeht, dass bei dieser Produktions- bzw. Konstruktionsleistung auf zuvor sedimentierte Zeichen- bzw. Wissensschemata zurückgegriffen wird, welche sich aus gesellschaftlichen, soziohistorisch generierten Wissens- und Zeichenvorräten speisen. Insbesondere der Sprache kommt als „System typisierender Erfahrungsschemata" (Schütz/Luckmann 2003: 318) eine hervorgehobene Rolle zu, da Wissen in intersubjektiven Vermittlungsprozessen bzw. Prozessen einer „situativen Externalisierung von Sinnangeboten" (Keller 2011: 43) mittels sprachlich-symbolischer Zeichen erworben und intersubjektiv distribuiert werden kann.[56] So stellen Berger/Luckmann (2010: 24) fest:

> Ich erfahre die Wirklichkeit der Alltagswelt als eine Wirklichkeitsordnung. Ihre Phänomene sind vor-arrangiert nach Mustern, die unabhängig davon zu sein scheinen, wie ich sie

---

[56] Sinn ist hierbei zu verstehen als: „Bezugnahme auf etwas vor dem Hintergrund von Anderem und Ähnlichem: Erst wenn das Bewusstsein die Erfahrung von etwas mit etwas anderem vergleicht, dem es ähnelt oder von dem es sich unterscheidet, haben wir es mit Sinn zu tun. Sinn wird durch diesen Akt des Bewusstseins hergestellt, der in der Typisierung einen bekannten Ausdruck findet [...]. Sinn also ist kein Inhalt, sondern eine Form, genauer: eine bestimmte Aktivität des Bewusstseins, die in der Bezugnahme besteht" (Knoblauch 2014a: 352).

erfahre, und die sich gewissermaßen über meine Erfahrung von ihnen legen. Die Wirklichkeit der Alltagswelt erscheint bereits objektiviert, das heißt konstituiert durch eine Anordnung der Objekte, die schon zu Objekten deklariert worden waren, längst bevor ich auf der Bühne erschien. Die Sprache, die im alltäglichen Leben gebraucht wird, versorgt mich unaufhörlich mit den notwendigen Objektivationen und setzt mir die Ordnung, in welcher diese Objektivationen Sinn haben und in der die Alltagswelt mir sinnhaft erscheint.

Prozesse der gesellschaftlichen Konstitution und Konstruktion von Sinnzusammenhängen durch Typisierungen in Form sprachlich-symbolischer Zeichen ermöglichen somit erst überhaupt bestimmte Verstehens-Erfahrungen und sind somit Grundlage jeder Verstehensleistung und Vergesellschaftlichung.[57] So führen Berger/Luckmann (2010: 39) weiter aus:

> Die allgemeinen und gemeinsamen Objektivationen der Alltagswelt behaupten sich im wesentlichen durch ihre Versprachlichung. Vor allem anderen ist die Alltagswelt Leben mit und mittels Sprache, die ich mit den Mitmenschen gemein habe. Das Verständnis des Phänomens Sprache ist also entscheidend für das Verständnis der Wirklichkeit der Alltagswelt.

Bei der sozialen Ableitung von Wissen und der Typisierung kommt insbesondere Sprache ein zentraler Stellenwert zu, denn als (historisches) System von Zeichen ist Sprache das „zugänglichste Vorratslager an Typisierungen" (Knoblauch 2014a: 151). Oder wie Berger/Luckmann (2010: 163) es formulieren: „Das notwendigste Vehikel der Wirklichkeitserhaltung ist die Unterhaltung. Das Alltagsleben des Menschen ist wie das Rattern einer Konversationsmaschine, die ihm unentwegt seine subjektive Wirklichkeit garantiert, modifiziert und rekonstruiert."

Sinn wird also hergestellt durch das in-Beziehung-setzen bzw. die Relation von Erfahrungen mit bestimmten bereits sedimentierten Erfahrungen, die in kommunikativen Prozessen bestätigt und (re)produziert werden und ein kollektives Wissen dieser Wirklichkeit darstellen. (Alltags)Wissen bildet somit eine

---

57 Der kommunikativen Prozessierung wird insbesondere in neueren sprach- und wissenssoziologischen Ansätzen ein hervorgehobener Stellenwert eingeräumt, so dass diese die kommunikativen Aspekte dieser Prozessierung in den Fokus rücken. Vgl. Keller/Knoblauch/Reichertz (2013), Luckmann (2006) sowie Knoblauch (2012). Allerdings sei in diesem Zusammenhang angemerkt, dass Wissen keineswegs ausschließlich in sprachlicher Form oder in anderen Formen ausgedrückt werden muss, sondern „[g]anz im Gegenteil ist das Wissen, das wir ursprünglich selbst erwerben, also das, was man Erfahrungswissen nennen kann, in hohem Maße vorsprachlich [...] allerdings massiv geprägt von sprachlichen Typisierungen" (Knoblauch 2014a: 148), vgl. hierzu auch insbes. Schütz/Luckmann (2003: Kap. IV. A).

intersubjektive Größe, dessen Wahrheit bzw. Anerkennung in sozialen Prozessen ausgehandelt wird. Konstitution von Wirklichkeit ist zugleich auch Konstruktion, denn Sinn erscheint dem Subjekt immer schon als sozial konstruiert, da dieser aus dem gesellschaftlichen Wissensvorrat stammt und „Inhalte wie Handlungsweisen, Regeln, Normen oder Moralvorstellungen umfasst" (Keller 2011: 42), die typisiert in Form sprachlich-symbolischer Zeichen empirisch in Erscheinung treten können. Die Lebenswelten der Subjekte sind demnach immer schon (vor)interpretiert und (vor)gegeben, wie es Schütz/Luckmann (2003: 33) im folgenden Zitat zum Ausdruck bringen:

> Jeder Schritt meiner Auslegung der Welt beruht jeweils auf einem Vorrat früherer Erfahrung: sowohl meiner eigenen unmittelbaren Erfahrungen als auch solcher Erfahrungen, die mir von meinen Mitmenschen, vor allem meinen Eltern, Lehrern usw. übermittelt wurden. All diese mitgeteilten und unmittelbaren Erfahrungen schließen sich zu einer gewissen Einheit in der Form meines Wissensvorrats, der mir als Bezugsschema für den jeweiligen Schritt meiner Weltauslegung dient.

Durch dieses permanente Angebot an Deutungs- und Handlungsmustern kommt es schließlich zu deren Institutionalisierung, so dass Alternativen (Kontingenzen) ausgeschlossen werden und spezifische Muster schließlich objektive Faktizität erlangen. Durch diese Prozesse der Typisierung sowie der daran anschließenden Habitualisierung werden dem Individuum somit Möglichkeiten bereitgestellt, alltagsweltliche Erfahrungen der sinnhaft konstituierten Welt zu strukturieren und zu selegieren, was zugleich komplexitäts- und kontingenzreduzierend ist und einen handlungsentlastenden Effekt hat, da Individuen nur begrenzte Kapazitäten der Wahrnehmung und Informationsverarbeitung zur Verfügung stehen (vgl. Berger/Luckmann 2010: 56–61). Bei der Konstituierung von Wissen durch das Bewusstsein der Subjekte muss es sich allerdings nicht zwangsläufig um das eigene Bewusstsein handeln, da sich der Großteil der (Be)Deutungsangebote nicht aus der direkten, unmittelbaren Erfahrung (*knowledge by acquaintance*) speist, sondern aus kollektiven Wissensvorräten bzw. dem jeweiligen Subjekt externen, fremden Erfahrungen (*knowledge by description*).[58]

Wenn im Vorangegangen der Begriff *Alltag* verwendet wurde, dann erfolgte dies bislang ohne eine präzisere Bestimmung dessen, was unter einer *Lebenswelt des Alltags* bzw. *Alltag* (und *Alltagswissen*) zu verstehen ist. Es bietet sich an, eine typologische Abgrenzung zu dem vorzunehmen, was *nicht Alltag* ist,

---

[58] Zu der Unterscheidung *knowledge by acquaintance* vs. *knowledge by description* vgl. Russell (1910/11).

um somit zu einer Definition zu gelangen: der Lebenswelt der Wissenschaft. Schütz/Luckmann (2003: 29) verstehen unter *Lebenswelt*

> jene[n] Wirklichkeitsbereich [...], den der wache und normale Erwachsene des gesunden Menschenverstandes als schlicht gegeben vorfindet. Mit schlicht gegeben bezeichnen wir alles, was wir fraglos erleben, jeden Sachverhalt, der uns bis auf weiteres unproblematisch ist.

So ist die Lebenswelt dadurch gekennzeichnet, dass Subjekte hier handeln und Dinge bzw. die Umwelt verändern können und sie ist die Welt, in der andere Handelnde auftreten, die wiederum die Umwelt verändern können (vgl. Knoblauch 2014a: 150).[59] Dieser Wirklichkeitsbereich bildet für Berger/Luckmann (2010: 24) – neben weiteren Wirklichkeiten – den zentralen Bewusstseinsinhalt gegenüber anderen:

> Unter den vielen Wirklichkeiten gibt es eine, die sich als Wirklichkeit par excellence darstellt. Das ist die Wirklichkeit der Alltagswelt. Ihre Vorrangstellung berechtigt dazu, sie als die oberste Wirklichkeit zu bezeichnen. In der Alltagswelt ist die Anspannung des Bewußtseins am stärksten, das heißt, die Alltagswelt installiert sich im Bewußtsein in der massivsten, aufdringlichsten, intensivsten Weise. In ihrer imperativen Gegenwärtigkeit ist sie unmöglich zu ignorieren, ja, auch nur abzuschwächen.

Die Lebenswelt der Wissenschaft und die des Alltags sind für sich genommen und in Abgrenzung voneinander keine Tatsachen *sui generis*, sondern haben in erster Linie den Status theoretischer Konstrukte, die aus den „unterschiedlichen Modi der Wirklichkeitserfahrung in beiden" (Lehr 2002: 13) bzw. den unterschiedlichen „standortgebundene[n] hermeneutische[n] Perspektiven" (Spitzmüller 2005b: 4) resultieren. Beide Lebenswelten weisen eine unterschiedliche Praxisorientiertheit aufgrund der Anpassung an die jeweils spezifischen lebensweltlichen Gegebenheiten und die Bedingungen und Bedürfnisse der jeweiligen Lebenswelt auf. Hierbei geht es darum „Kontingenzen (also das „Auch-

---

[59] Verwiesen sei an dieser Stelle auf die Diskussion bei Lehr (2002: 16) darüber, ob der Begriff *Lebenswelt* als Hyperonym zu *Alltagswelt* anzusehen ist oder ob dieser als Synonym zur alltäglichen Lebenswelt aufgefasst werden kann sowie des Weiteren, wie diese in einem wechselseitigen Verhältnis stehen bzw. abgegrenzt werden können und zuletzt, welche zusätzlichen weiteren Lebenswelten mit welchen Begründungen angenommen werden können. Wie Lehr (ebd.) feststellt, weist der Begriff selbst bei Husserl (1954) und Schütz/Luckmann (2003), die das husserl'sche Lebenswelt-Konzept in die Soziologie übertragen, eine gewisse terminologische Unschärfe auf. Es soll nachfolgend und im Anschluss an die Überlegungen von Lehr eine Festlegung des Begriffes insofern stattfinden, als *Lebenswelt* als Hyperonym, mit den (Ko)Hyponymen *Alltag* oder *Wissenschaft* (neben weiteren) angesehen werden soll.

anders-möglich-sein") auszublenden und klare Orientierungsrichtlinien zu schaffen" (Spitzmüller 2009: 114, mit Verweis auf Feilke 1994: 65). So erprobt sich das Wissen der Lebenswelt des Alltags – im Folgenden synonym als *Alltagswissen* bezeichnet – daran, dass bestimmte Handlungsmuster oder Handlungsroutinen ausgebildet werden, die auf die jeweiligen lebensweltlichen Gegebenheiten abgestimmt sind. Diese haben in erster Linie die Funktion der (praktischen) Bewältigung des Alltags, laufen weitestgehend unhinterfragt ab und sind für das jeweilige Subjekt nur insoweit relevant, wie sie zur Bewältigung alltäglicher Situationen nötig sind (vgl. Schütz/Luckmann 2003: 198). Die hierdurch entstandenen Handlungsstrategien werden schließlich in ähnlichen Situationen angewandt, so dass sich ein Bestand von sich an der Gewohnheit erprobten Problemlösungstrategien etabliert. Dieser Bestand erscheint als fraglos gegeben und wird anhand wiederholter Bewältigung neuer oder ähnlicher Situationen erprobt. Somit erfüllt diese „unabdingbare[] Praxisorientiertheit alltagsweltlichen Wissens" (Lehr 2002: 19) und die damit einhergehende Handlungs- und Situationsbezogenheit eben nicht den Anspruch einer Handlungsautonomie, wie sie kennzeichnend für das wissenschaftliche Wissen ist, das auf eine handlungs- und situationsentbundene Systematik sowie Reflexion des eigenen epistemologischen Standpunktes abzielt.[60]

Doch wie genau ist jetzt *(Alltags)Wissen* im Kontext dieser Arbeit zu verstehen? Eine wesentliche, wenn nicht sogar unabdingbare Voraussetzung einer Dimensionierung des Wissensbegriffs ist seine Geltung und der damit verbundene Wahrheitsanspruch. Die Bestimmung dessen jedoch, welches Wissen als wahr zu gelten habe (und welches nicht), lässt sich, wie Lehr (2002: 24–28) herausstellt, weder mit einem philosophischen korrespondenz-, kohärenz- oder konsenstheoretischen Ansatz noch mit einem psychologisch geprägten Wissensbegriff hinreichend erfassen. Zudem ist insbesondere die Einbeziehung der kollektiv-überindividuellen Dimension eines solchen Wissensbegriffs für eine wissenssoziologische, dem gesellschaftlichen Wissen verschriebene Analyse von dringlicher Relevanz. Eine Konsequenz hieraus bildet für Lehr die Etablierung eines phänomenologischen, die Wahrheitsbedingungen relativierenden Wissensbegriffs, wie er von Berger/Luckmann (2010) ausformuliert wurde. Dieser erachtet vor allem die unhinterfragte Überzeugung der Existenz von Tatsachen sowie „die hieraus resultierenden Urteile über die Wahrheit diesbezügli-

---

[60] Vgl. Lehr (2002: 19–20) zu den Gemeinsamkeiten beider Wissenstypen wie beispielsweise der Optimierung und Erweiterung von bestehenden Wissensbeständen durch empirische Überprüfung, weiterhin das Zueinander-in-Beziehung setzen bzw. Schlussfolgern, um zu neuem Wissen zu gelangen und die (prinzipielle) Möglichkeit dessen Versprachlichung.

cher Äußerungen" (Lehr 2002: 28) als relevant. Bezüglich der zeitlichen Gebundenheit/Gültigkeit und des Repräsentationsformats dieses Wissens sollen hierbei mit Lehr (2002: 30–47) weiterhin die folgenden zwei Einschränkungen bzw. Bedingungen für die vorliegende Arbeit aufgestellt werden:

1. Bezüglich der (zeitlichen) Gültigkeit von Aussagen und daraus abgeleiteter wissenschaftlicher Schlussfolgerungen muss die Einschränkung gemacht werden, dass die dem Betrachtungszeitpunkt vorausgegangenen Aussagen des betrachteten Zeitpunktes nur bedingte Aussagekraft für den gegenwärtigen Betrachtungszeitpunkt und die Rekonstruktion von Wissensbeständen besitzen. Daher sollen nur solche Aussagen von Individuen als Wissen bezeichnet werden, die zum Zeitpunkt der Betrachtung in der jeweiligen subjektiven Lebenswelt für wahr gehalten werden und aus Sicht der Individuen (Beobachter sowie beobachtete Person) selbst als Wissen gelten.
2. Wissen ist prinzipiell mitteilbar. Neben den beiden zentralen Dimensionen des Wissensbegriffs, der Sozialität und Konstruiertheit, ist somit eine weitere Dimension von Relevanz: die der (sozialen) Kommunikabilität. Kommunikation kann daher als „empirische Erscheinungsweise des Wissens" (Knoblauch 2014a: 361) betrachtet werden und es ist gerade diese „medienspezifische Möglichkeit extrapersonaler und materiell-manifester Wissensrepräsentation" (Konerding 2014: 61), die das „deklarativ-propositional manifeste Wissen aus dem Bereich personaler Dispositionen in den Modus physischer Objekthaftigkeit" (ebd.) hebt. In dieser Erscheinungsweise tritt Wissen den Subjekten und auch dem Forschenden in Gestalt sprachlich-symbolischer Zeichen entgegen.

Alltagswissen, wie es nachfolgend analysiert werden soll, lässt sich somit mittels der Analyse sprachlich-symbolisch vermittelter Repräsentationsformate rekodieren und für eine Analyse nutzbar machen. Dies unter der Voraussetzung, dass man eine explizite, bewusstseinsfähige und sprachliche Ausdrückbarkeit annehmen kann (vgl. Konerding 2014: 76).[61] So soll der Begriff (Alltags)Wissen,

---

[61] In diesem Zusammenhang weist Konerding (2014: 63) allerdings darauf hin, dass dieses Repräsentationsformat nicht zwingend in Form sprachlich-symbolischer Zeichen vorliegen muss. Zudem existiert neben diesem explizit verbalisierbarem Wissen die Wissensform eines *impliziten Wissens* (vgl. Polanyi 1985). Ein ähnliches Gegensatzpaar bildet beispielsweise das Ryle'sche *knowing-how* vs. *knowing-that* (vgl. Ryle 2009). Ebenso differenzieren Schütz/Luckmann (2003: 149–172) in ihrer Wissenstypologie unterschiedliche Wissensbestände, zu denen – in einer groben Vereinfachung – die Grundelemente des Wissens, das implizite Gewohnheitswissen, das Gebrauchs- sowie das Rezeptwissen gehören. Von den verschiedenen Elementen dieses subjektiven wie gesellschaftlichen Wissensvorrates (Fertigkeiten, Gebrauchswissen,

die bisher gemachten Ausführungen zusammenfassend, mit Konerding (2014: 60) wie folgt verstanden werden:

> Wissen bezieht sich danach auf kollektive Meinungen und zugehörige sprachliche Darstellungen, die als unstrittig geteilt werden und über deren Akzeptanz ein relativer Konsens besteht. Dieser Konsens wird durch die allgemeine Akzeptanz der Anführung einschlägiger Gründe für die Geltung zunächst nur subjektiver Meinungen erreicht. Gründe und Begründungen sind exklusiv verbaler Herkunft; sie gehören zu den Rechtfertigungsverfahren der Geltung von Aussagen [...]. Wird die Geltung dieser Aussagen mit ihren Begründungen akzeptiert, so wird der zugehörige propositionale und deontisch-modale Gehalt der Aussagen als Wissen qualifiziert. Die Form des zugehörigen Wissens ist entsprechend prinzipiell als propositional bestimmt. Es ist seiner Natur nach verbalmedial geprägt und geht auf symbolische Interaktionen [...] zurück.

Nach erfolgter Darlegung und theoretischer Verortung des (Alltags)Wissensbegriffs soll nun eine Beschäftigung mit dem für die vorliegende Untersuchung relevanten Teil dieses Alltagswissens vor dem Hintergrund des hier skizzierten wissenssoziologischen Zugangs zur Lebenswelt des Alltags stattfinden: dem *sprachbezogenen Alltagswissen*.

2.2.2 Sprachbezogenes Alltagswissen

Im Fazit seiner Untersuchung metasprachlicher Diskurse über Anglizismen in Sprachwissenschaft und medialer Öffentlichkeit kommt Spitzmüller (2005a: 363) zu dem Schluss, dass es strukturelle Differenzen seien, aus denen die weitestgehende Inkompatiblität dieser beiden Diskurse resultiert. Diese Inkompatibilität sei wiederum bedingt durch verschiedene Wissensformationen, welche ihrerseits ein Resultat unterschiedlicher „standortgebundener hermeneutischer Perspektiven" (Spitzmüller 2005a: 4) auf den Gegenstand (in diesem Fall Anglizismen) seien. Und auch Paul (1999b: 192) ist der Ansicht, dass eine Inkompatibilität in den Bedingungen und Typen dieser unterschiedlichen Wissensformationen zu suchen sei:

> Linguisten einerseits und normale Sprachteilhaber andererseits reflektieren Sprache nicht richtig oder falsch bzw. mehr oder weniger, sondern sie gehen aufgrund ihrer qualitativ

---

Rezeptwissen), sollen allerdings nur diejenigen Elemente berücksichtigt werden, die einen Beitrag dazu leisten können mittels der Analyse metasprachlicher Äußerungen Auskunft über Inhalte und Strukturen eines Sprachnormwissens zu geben. In erster Linie betrifft dies den Wissensvorrat im engeren Sinne, zu dem vorwiegend explizites und abrufbares semantisch-propositional geprägtes deklaratives Wissen zählt.

anderen Voraussetzungen und Interessen anders mit dem Reflexionsgegenstand um und kommen daher gelegentlich auch zu unterschiedlichen Ergebnissen. Auf den Begriff gebracht: Teilnehmer reflektieren praktisch, Linguisten reflektieren handlungsentlastet.

Unterschiedliche Wissensformen hängen somit jeweils von unterschiedlichen vorgegebenen alltags- bzw. lebensweltlichen Gegebenheiten ab, auf deren Bedingungen und Bedürfnisse sie ausgerichtet sind, so dass eine weitgehende Inkompatibilität beider Wissensarten angenommen werden kann (vgl. Spitzmüller 2009: 112–117). Antos (vgl. Antos 1996: 32–34, mit Verweis auf Furnham 1988) charakterisiert hierbei ein alltagsweltliches Wissen in Bezug auf Sprache als implizit, lückenhaft, formal inkohärent, inhaltlich inkonsistent und falsifikationsresistent, da diesem meist logische Konsistenz und Widerspruchsfreiheit fehle, Ursache und Wirkung meist vertauscht werde und es in hohem Maße situations-, wert- und affektbezogen sei.[62] So kann auch Cuonz (2010: 137) zeigen, dass die von Linguisten geteilte Auffassung, „dass es keine Sprachen gibt, die inhärent besser, korrekter oder schöner (bzw. hässlicher) sind als andere" von linguistischen Laien nicht geteilt wird, da diese bei der evaluativ-ästhetischen Beurteilung von Sprache vornehmlich mittels sprachinhärenter Merkmale argumentieren. Auch Davies (2010: 386, 391) sieht als typische Merkmale eines laienlinguistischen Ansatzes dessen evaluative und präskriptive Dimension sowie eine klare Abgrenzbarkeit einzelner Varietäten bei der Konzeptualisierung sprachlicher Variation an, wie sie auch schon Christen (1998: 288) festgestellt hat. Ebenso kommt Arendt (2010) in ihrer Untersuchung zu dem Ergebnis, dass die von ihr untersuchten Laien eindeutige dichotome richtig/falsch-Zuordnungen bei der Bewertung von Sprache vornehmen, die typisch für den Laiendiskurs seien, und sich laut Arendt (2010: 215) wie folgt erklären lassen:

> Die Einstellungen müssen in diesem Kommunikationsbereich eindeutige Antworten liefern, die in klaren Handlungsanweisungen münden. Ein problematisierendes Reflektieren in Form von sowohl als auch wirkt in diesem Zusammenhang eher verwirrend als zielführend. Dieses bipolare Schema bildet somit das Fundament des Richtigkeitstopos, welcher keinen Raum für eine graduelle Abstufung [...] besitzt.

Angesichts der wissenssoziologischen Forschungen zu lebensweltlichen Strukturen des Alltags überraschen solche Erkenntnisse nicht, da eine grundlegende Erkenntnis dieser ist, dass sich beide Lebenswelten (die der Wissenschaft und die des Alltags) in ihrer Praxisorientiertheit unterscheiden und sich infolgedes-

---

62 Allerdings lassen sich neben den bereits genannten Unterschieden auch Gemeinsamkeiten wie Strukturanalogie feststellen, vgl. Antos (1996: 28–32).

sen ein unterschiedlicher Umgang mit Wissen ausbildet. So konstatiert Antos (1996: 15):

> Die Öffentlichkeit verlangt nach unumstrittenem und damit gesichertem Wissen. Wissenschaftliche Revolution, Theoriendynamik oder eine wissenschaftsimmanente Kritik an geltenden Erkenntnissen hingegen verunsichern Laien. [...] Denn für einen unter einem Handlungsdruck stehenden Laien ist es sehr wohl unzweckmäßig, sein sprachliches Handeln nach den jeweils wechselnden ‚Wissenschaftsmoden' auszurichten.

Handlungsbezogenes Alltagswissen erprobt sich in erster Linie daran, dass bestimmte auf die jeweiligen lebensweltlichen Gegebenheiten abgestimmte Handlungsroutinen oder -muster ausgebildet werden. Alltagswissen ist somit in erster Linie situationsbezogen und muss alltagspraktischen Notwendigkeiten genügen. Es besteht eben nicht der Anspruch (wissenschaftlicher) Handlungsautonomie, die auf methodisch-systematischem Wege Erkenntnisse gewinnen möchte. So zeigt sich beispielsweise im Rahmen der Analyse kognitiver Verarbeitungen sozialer Informationen, dass widersprüchliche Informationen und Erkenntnisse dem Bedürfnis des Menschen nach Struktur und Konsistenz von Wissen entgegenlaufen.[63] Dies hat u.a. zur Konsequenz, dass Menschen dazu tendieren, widersprüchliche Erkenntnisse und Informationen (z.B. mittels selektiver Wahrnehmung) durch Uminterpretationen oder auch Auf- oder Abwertung bestimmter Informationen aufzulösen, wie es beispielsweise die Theorie der kognitiven Dissonanz zu erklären versucht (vgl. Festinger 2012). Somit kommt einer Sprachreflexion in der Lebenswelt des Alltags eben nicht – im Gegensatz zur wissenschaftlichen Beschäftigung mit Sprache – eine handlungsentlastend-distanzierende Funktion zu, sondern diese dient primär einer alltagsweltlichen Aufgabenbewältigung bzw. Problemlösung.[64] Insofern bildet sprachliches Wissen auch ein „Orientierungswissen" (Wirrer 1987: 260), mittels dessen Sprecher ihre (sprachliche) (Um)Welt kategorisieren und dieses Wissen durch seine komplexitätsreduzierende Funktion ein erfolgreiches und zielgerichtetes sprachliches Handeln ermöglicht.

---

[63] Vgl. hierzu z.B. Kruglanski (1989), Kruglanski/Baldwin/Towson (1993), Abele/Gendolla (2002).
[64] Man könnte daher mit Antos (1996; 1999) von einer *alltagsweltlichen Sprachreflexion* sprechen, allerdings mit der Einschränkung, dass es im vorliegenden Fall nicht um eine öffentliche, primär sprachextern motivierte und somit auf einen reflexionsexternen Zweck gerichtete Diskussion bzw. eine diskursexterne (pragmatische) Sprachreflexion geht. Vgl. auch Paul (1999a,b), der von *praktischer Sprachreflexion* spricht. Zu einem didaktischen Konzept alltagspraktischer Sprachreflexion vgl. Ingendahl (1999a,b).

Sprachbezogenes Alltagswissen oder kurz: *Sprachwissen* kann sich – unter Bezug auf das im vorherigen Kapitel beschriebene *Alltagswissen* – auf unterschiedliche Elemente des alltäglichen Wissensvorrates beziehen: Es umfasst u.a. (sprachphysiologische) Fertigkeiten, grammatisches/semantisches/lexikalisches Gebrauchswissen sowie situationales/soziolinguistisches Rezeptwissen, umfasst also sowohl deklaratives als auch prozedurales Wissen in Bezug auf Sprache (vgl. Antos 1996: 163–187). Unter dem Terminus *Sprachwissen* lässt sich mit Ziegler (1996: 147) hierbei Folgendes verstehen:

> Wissensbestände und Fähigkeiten, die das sprachliche Verhalten ermöglichen und steuern. Neben dem sprachlichen Regelwissen sowie Sprachgebrauchsregelwissen sind auch die Spracheinstellungen, Meinungen, Urteile sowie Normvorstellungen der Sprecher als integrale Bestandteile dieses Wissens zu werten.

So stellt dieses Wissen auf der einen Seite die (linguistischen) „Wissenselemente zur Bewältigung unterschiedlicher Kommunikationssituationen zur Verfügung" (Ziegler 1996: 149) bzw. ermöglicht es Individuen überhaupt erst in (sprachlich-symbolische) Kommunikation mit anderen Individuen zu treten und stellt auf der anderen Seite (soziolinguistisches) Wissen bereit, das dem Individuum Möglichkeiten der Erfahrung, Kategorisierung und Strukturierung der (sprachlichen) Wirklichkeit vorgibt.[65]

Der für die vorliegende Arbeit relevante Bestandteil dieses Wissens ist hierbei ein Wissen in Bezug auf sprachlich-kommunikative Normen, kurz: *Sprachnormwissen*. Dieses umfasst Erfahrungen und Kenntnisse darüber, welche Beschaffenheit sprachlicher Produkte und Handlungen zweckmäßig, empfehlenswert, angemessen, korrekt, richtig, gut oder erwünscht ist, wie bestimmte Sachverhalte (in bestimmen Gesprächen) verbalisiert werden sollten, Wissen über den (normgemäßen) Verlauf von Konversationen, also Kenntnisse über die Organisation von Gesprächen. Auch umfasst es ein Wissen darüber, welche Beschaffenheit sprachlicher Produkte in einer bestimmten Situation unter bestimmten Bedingungen als angemessen gelten kann, was sowohl die produktive als auch rezeptive Seite sprachlich-kommunikativer Tätigkeit betrifft, wobei dieser Wissenstyp allerdings nicht als unabhängig und diskret von den anderen

---

[65] Hinsichtlich der Struktur dieses Wissens existieren einige (vorläufige) Typologien. Diese finden sich u.a. in den Arbeiten von Ziegler (1996: 146), Schlieben-Lange (1975), Scherfer (1983: 20) sowie Mattheier (1985: 52–53). Zu nennen wäre in diesem Zusammenhang auch das Textmusterwissen wie es Fix (1995) dargelegt hat, unter welchem sich weitere sprachbezogene Wissensbestände wie das Routinewissen, Realisierungswissen, Konzeptionswissen subsumieren lassen.

Typen anzusehen ist.[66] In der vorliegenden Arbeit soll insbesondere diesem Wissenstyp besondere Aufmerksamkeit geschenkt werden bzw. ist dieser hier von zentraler Relevanz, so dass nun folgend eine Darlegung und Engführung des hiermit verbundenen und für die Arbeit zentralen Begriffs der *(Sprach)Norm* erfolgt.

2.3 (Sprach)Normen als Konzepte der Forschung

Ziel dieses Kapitels ist es, sprachlich-kommunikative Normen als eine Teilmenge sozialer Normen und mithin kognitive Wissensinhalte eines Sprachnormwissens unter dem für diese Arbeit gewählten Begriff *Sprachnormen* genauer zu erläutern und deren Relevanz für die vorliegende Arbeit herauszustellen. Insbesondere sollen Bezugsbereiche, Existenzweisen und Legitimationskriterien sprachlich-kommunikativer Normen in den folgenden Kapiteln genauer beschrieben und ihre Anwendung dargelegt werden. Bevor hierauf näher eingegangen wird, erfolgt jedoch zunächst ein Überblick über die unterschiedlichen Verwendungsweisen des (Sprach)Normbegriffs bzw. dessen Intension und Extension innerhalb der Linguistik, woran sich eine soziologische bzw. soziolinguistische theoretisch-begriffliche Präzisierung anschließt. Die methodologischen Konsequenzen, die sich hieraus ergeben, eine zusammenfassende Darstellung der bisherigen Erkenntnisse und eine operationale Definition des Begriffs *Sprachnorm(Wissen)* finden sich schließlich in Kap. 2.4.

2.3.1 Der (Sprach)Normbegriff der Linguistik

Innerhalb der Linguistik lassen sich unterschiedliche Begriffsverwendungen und generell eine Polysemie des Begriffs der *(Sprach)Norm* feststellen, was auf die Übernahme des Begriffs aus unterschiedlichen Disziplinen wie z.B. Rechts-

---

66 Sofern Sprecher im Rückgriff auf Inhalte und Strukturen eines Sprachnormwissens Urteile darüber fällen, ob eine bestimmte Einzelsprache, Varietät oder Variante gut, schlecht, richtig oder falsch ist, muss natürlich zum einen ein entsprechendes grammatisches/varietätenbezogenes/situatives Wissen existieren, auf das zugegriffen wird, wobei zum anderen nicht automatisch davon ausgegangen werden kann, dass Urteile immer im Rückgriff auf ein explizit gelerntes, deklaratives Wissen vollzogen werden und sich dieses Wissen verbalisieren lässt, so dass auch hier ein implizites Wissen eine nicht zu vernachlässigende Relevanz besitzt.

soziologie, Philosophie oder auch Normenlogik zurückzuführen ist.[67] Grundsätzlich lassen sich allerdings in Theorie und Methodologie (sozio)linguistischer Sprachnormenforschung zwei unterschiedliche Normbegriffe unterscheiden: Ein soziologisch bzw. soziolinguistisch orientierter und ein auf sprachliche Strukturen und Sprachgebrauch bezogener, funktional-systemischer.

Die Beschäftigung mit Normen aus einer auf sprachliche Strukturen sowie den Sprachgebrauch bezogenen Perspektive findet sich innerhalb der germanistischen Sprachwissenschaft erstmals bei den Junggrammatikern, wobei exemplarisch an dieser Stelle Hermann Paul herausgegriffen wird. Paul (1995: 404–405) bringt hierbei den Normbegriff in Verbindung mit der Gemeinsprache und sieht den Begriff *Norm* als eine (idelle und präskribierende) Größe an, die dem realen (und individuellen) Sprachgebrauch, entgegengesetzt ist. Die Norm ist in diesem Verständnis ein spezieller Teil des Usus, der unter methodologischen Gesichtspunkten – ebenso wie der Usus, verstanden als überindividuell ermittelter abstrahierter Durchschnitt von sprachlichen Äußerungen – eine Abstraktion aus dem realen Sprachgebrauch darstellt und das wissenschaftliche Erkenntnisobjekt konstituiert. Die Norm bildet allerdings nur einen Teil des Usus, nämlich den Sprachgebrauch „einer einzelnen Landschaft, einer einzelnen Stadt [...] [insbesondere] die Sprache der Gebildeten des betreffenden Gebietes" (Paul 1995: 405–406), während sich der Usus auf den gesamten durchschnittlichen Sprachgebrauch bezieht. Allerdings wirkt die Norm insofern präskribierend, als sie ein Muster für diesen bzw. die Gemeinsprache bildet, „die angibt, wie gesprochen werden soll" (Paul 1995: 404). Betrachtet man die weiteren Ausführungen Pauls (1995: 406–409) zum Normbegriff, so zeigen sich neben sehr progressiven wissenschaftsmethodologischen Überlegungen bezüglich des eigenen Untersuchungsobjektes und dessen Abstraktion und Idealisierung auch bereits medialitätsspezifische Überlegungen sowie Überlegungen zu Modellen normkonformen Sprechens/Schreibens.

Eine weitere Beschäftigung mit sprachlichen Normen erfolgte u.a. durch Coseriu (1979) und dessen Auseinandersetzung mit den Arbeiten von de Saussure. Coseriu erweitert *langue* und *parole* um eine Ebene, die der *Norm*, die er zwischen Sprachgebrauch und Sprachsystem verortet und eine erste Abstrakti-

---

67 Eine Übersicht und Begriffsanalyse findet sich in Dovalil (2006: 12–36), ein Überblick über die der Norm verwandten Termini ist zu finden bei Gloy (1975: 27–33; 1979; 2004), Bartsch (1987: 157–185) und Kindt (2001). Zur Verwendung und Inhalt des Normbegriffs in der Linguistik vgl. ebenso Hartung (1977). Zur Geschichte des Normbegriffs im Detail vgl. Serebrennikov/Zikmund/Feudel (1973: 454–493).

onsstufe der *parole* bildet.⁶⁸ In dieser Lesart stellt *Norm* ein „abstraktes System normaler Realisierungen" (Coseriu 1979: 55) dar und setzt sich zusammen aus individuell-sozial sprachlichen Varianten, die in irgendeiner Weise als vorbildlich oder verbindlich aufgefasst werden. Diese bilden eine Teilmenge des Sprachgebrauchs, die „konstant, normal und traditionell" (Coseriu 1979: 56) ist und dem Sprachsystem auf zweiter Abstraktionsstufe als einem System von Möglichkeiten gegenüberstehe, das lediglich das funktional Relevante erfasse.⁶⁹ Bestimmt das System somit, was aus funktionaler Sicht dem Individuum an sprachlichen Möglichkeiten gegeben ist bzw. das, was in einer Sprache aufgrund von Unterscheidungen möglich ist, bestimmt die Norm, „wie diese funktionellen Bedingungen des sprachlichen Instruments in einer konkreten Gesellschaft, in einer konkreten Gemeinschaft als Teil der Gesellschaft oder auch von einem einzelnen Individuum realisiert werden" (Hartung 1977: 54). Es ist ein „System der obligatorischen Realisierungen der sozialen und kulturellen Auflagen" (Coseriu 1979: 209) oder wie Lerchner (1973: 110) es treffend formuliert:

> Im Sinne der Definition [Coserius] repräsentiert Sprachnorm den [...] Ausnutzungskoeffizienten des Sprachsystems, dessen Struktur gegenüber der Norm die höhere Abstraktionsebene linguistischer Beschreibung darstellt. Oder, negativ ausgedrückt, die Sprachnorm ist gleich dem Sprachsystem abzüglich virtueller Zeichen bzw. Zeichenkombinationen.

Auch wenn sich hier *Norm* und *System* als jeweils abstrakte Größen bzw. Abstraktionsstufen darstellen, die der konkreten Rede gegenüberstehen, und *Norm* hier eine sprachinterne Größe darstellt, berücksichtigt Coseriu bereits die soziale Dimension von Normen.

Eine weitere intensive Beschäftigung mit Normen ging ebenfalls von der Prager Linguistik aus, insbesondere wurden diese unter funktionalen Aspekten und im Hinblick auf eine Kodifizierung fokussiert, wobei sich Forschungsbestrebungen auf das Verhältnis sprachlicher Äußerungen zu kodifizierten Normen bzw. einer Literatursprache konzentrierten, aber es fand allerdings auch eine Verwendung des Sprachnormbegriffs in Zusammenhang mit anderen sprachlichen Existenzformen statt (vgl. Havránek 1964).⁷⁰ Dies kann ebenso für

---

68 Zum Sprachnormbegriff Coserius siehe auch die ausführliche Darstellung in Koch (1988).
69 Vgl. hierzu auch die Kritik an diesem Ansatz durch Hartung (1987), der die Vermischung der ontologischen Ebenen als problematisch ansieht. Hierzu ebenfalls kritisch: von Polenz (1973).
70 Vgl. auch die Beiträge in Scharnhorst/Ising (1976), weitere Literaturhinweise sowie kurze Zusammenfassungen finden sich bei Hartung (1977: 54–61) sowie Stich (1974).

die Linguistik der ehemaligen DDR gelten, innerhalb derer eine intensive Rezeption der sowjetisch-tschechischen Linguistik stattfand, insbesondere lag hier der Fokus auf der Relation des Sprachnormbegriffs zur Sprachkultur, Sprachpflege und Orthographie, letzteres insbesondere durch Nerius (1967; 1979a,b; 1980).[71]

Betrachtet man die zuvor gemachten Ausführungen, lässt sich für die Verwendung des Begriffs *Sprachnorm* innerhalb der Linguistik konstatieren, dass dieser vor allem dazu genutzt wurde – und wird –, um auf faktische Sachverhalte bzw. empirisch bestimmbare sprachliche Phänomene Bezug zu nehmen. Dies zumeist mit Verweis auf Hjelmslev (1942) oder Coseriu (1979), so dass diese Phänomene dann den empirisch nachweis- und (korpuslinguistisch) beschreibbaren sprachwissenschaftlichen Untersuchungsgegenstand konstituieren (so z.B. bei Eroms 2000: 18; Hundt 2005b; 2009b). In diesem Verständnis kommt dem Begriff *Sprachnorm* – vereinfachend gesagt – die Bedeutung ‚üblicher kollektiver Sprachgebrauch' in Rückbindung an unterschiedliche sprachstrukturelle Systemebenen zu, zumeist bezogen auf Varietäten der unterschiedlichen Varietätendimensionen (vgl. Koch 1988). Im Kontext dieser (deskriptiven) Beschreibung sprachstruktureller und sprachgebrauchsbezogener Phänomene spielen insbesondere die Standardvarietät – und somit auch standardsprachliche Normen – sowie die damit einhergehenden präskribierenden Effekte eine hervorgehobene Rolle (vgl. Steger 1968; Jäger 1971b; Nerius 1973; Ripfel 1989). Dies betrifft hierbei nicht nur die Linguistik der ehemaligen DDR im Kontext von Sprachkultur und Sprachpflege (vgl. Techtmeier 1987) sowie Varietätenlinguistik (vgl. Mattheier 1997) – so beispielsweise im Rahmen der Beschreibung (standardsprachlicher) nationaler Normen im Rückgriff auf das Plurizentrik-Konzept (vgl. Muhr 2003) oder die Standardsprachen- und Kodexforschung (vgl. Klein/Staffeldt 2016) –, sondern gleichsam alle linguistischen Gebiete, deren Anliegen die Beschreibung und Erklärung sprachlicher Variation bildet. So hebt Klein (2013: 17) hervor:

> Die verschiedenen Varietäten des Deutschen gewinnen in der Regel erst dadurch ihre spezifische Gestalt, dass man ihre Eigentümlichkeiten in Kontrast zur Standardsprache beschreibt und analysiert. [...] Die standardsprachlichen Vorgaben [und somit auch standardsprachliche Normen] stellen also objektiv und gegenstandslogisch den einen unhintergehbaren Ausgangspunkt für jede sprachwissenschaftliche Positionsbestimmung dar.

---

71 Siehe weiterhin auch Debus/Hellmann/Schlosser (1986).

Die Feststellung eines Norm-Seins bestimmter sprachlicher Phänomene setzt somit voraus, dass Normen empirisch identifizierbar und einer Deskription zugänglich sind, sofern ein sprachliches Phänomen (bestimmter Komplexität) als *Norm* ausgewiesen wird. Hierzu merkt Gloy (2004: 396) allerdings an, dass ein

> konkretes Sprachereignis [...] aber nur metonymisch eine (Sprach-)Norm [ist]; genau genommen ist es allenfalls das Produkt einer dem Sprachereignis zugrundeliegenden regulativen Idee und kann als Illustration, Repräsentation oder Realisierung dieser Norm behandelt werden.

So ist z.B. die Norm, die zu einer bestimmten Reihenfolge bei der Wortstellung führt, in einem hermeneutischen Akt aus dem Abstrahieren konkreter Äußerungen entstanden und liegt der Produktion dieser bestimmten Wortstellung in konkreten Sprachereignissen wiederum zugrunde. Diese Wortstellung ist nicht die Norm, sondern die Wortstellung in einer konkreten sprachlichen Äußerung kann allenfalls einer bestimmten Norm entsprechen bzw. von dieser abweichen. Es muss demnach unterschieden werden „zwischen der *Norm* als einer Abstraktion und der *Normiertheit* als einer Eigenschaft der Tätigkeit" (Hartung 1977: 15; Hervorh. im Orig.). Somit kann die Eigenschaft eines sprachlich-kommunikativen (Teil)Handlungsproduktes in Bezug auf seine Normiertheit als normgemäß vs. nicht-normgemäß angesehen werden. Hierbei bleibt bei einer metonymischen Charakterisierung eines konkreten sprachlichen Ereignisses als *Norm*, wie Gloy (2012a: 27) anmerkt, allerdings offen, „um eine wie beschaffene Norm es sich handelt. Sie verweist gewissermaßen mit einer Zeigegeste lediglich pauschal auf einen Text, dem das Norm-Sein attribuiert wird", so dass zum einen unklar bleibt, auf welches konkrete sprachliche Phänomen, dem eine Normkonformität zugeschrieben wird, Bezug genommen wird und ob dieses in seiner Normkonformität nur für einen Teil einer Norm steht oder diese vollständig repräsentiert (vgl. Gloy 2012a: 28). Denn, so Gloy (1995: 77; Hervorh. im Orig.):

> [m]an sieht einem empirischen Sprachereignis weder an, daß ihm eine Norm zugrunde liegt, noch, um welche Norm es sich dabei handelt. Man *weiß* es im günstigen Falle, aber dieses Wissen beruht nicht auf Wahrnehmung, sondern auf Gelernthaben und auf Schlußfolgerungen. Das ‚Erkennen' von Normen ist im Wesentlichen ein Interpretationsvorgang.

Vor allem die Einbeziehung des interpretatorischen Aspekts kann eine Erklärung dafür bieten, dass aus zunächst mehreren (gleichwertigen) Varianten bestimmte Varianten selegiert und als Normen (im metonymischen Sinn) angesehen werden. Es kann also davon ausgegangen werden, dass einer bestimmten Sprachform erst ein Norm-Sein attestiert werden muss, um diese dann in möglicher Konsequenz als handlungsleitend zu akzeptieren und andere Sprachformen ggf. als nicht normgemäß deklariert werden. Somit regulieren Normen das Norm-Sein bestimmter sprachlicher Handlungen und Produkte, die dann im Rückgriff auf ein Wissen über diese Normkonformität entsprechend realisiert oder unterlassen werden. Normen betreffen somit (auch) den Handlungsvollzug, die Art und Weise der Durchführung, die Beschaffenheit und die Bedingungen, unter denen sprachliche Handlungen und Produkte als normkonform oder normabweichend bestimmt werden (vgl. Gloy 1993: 45).

Zuletzt sei zu einem funktional-systemischen Sprachnormbegriff angemerkt, dass dieser in seiner Verwendung innerhalb struktureller Beschreibungen ebenfalls eine begriffliche Nähe zu dem der (sprachlichen) *Regel* aufweist, teilweise wird dieser auch synonym hierzu gebraucht. Im Rahmen dieser Arbeit soll allerdings dieser begrifflichen Annäherung oder gar Identität keine Rechnung getragen werden und so soll der Terminus *Regel* hier verstanden werden als „modellhafte Abbildung empirischer Daten a posteriori" (Gloy 2004: 392).[72] Der Grundgedanke hinter einem so verstandenen und verwendeten Regelbegriff ist, dass (sprachliches) Handeln bzw. Kommunikation von Verhaltensregularitäten bestimmt ist und sich hieraus Erklärungs- oder Prognosemodelle erstellen lassen (vgl. Kindt 2001: 1178). Regeln als „Hilfsmittel einer Beschreibungssprache" (Gloy 2004: 392) dienen in diesem Verständnis somit der Abbildung von Häufigkeiten oder Konstruktionsprinzipien sprachlicher Einheiten einer Sprache oder Varietät.[73] Eine Regel ist also eine Beschreibung empirisch-quantitativer Regelmäßigkeiten sprachlicher Äußerungen, die beobachtet werden, so dass durch diese Induktion in empirischen Daten Regelmäßigkeiten menschlichen Verhaltens entdeckt werden sollen. Gloy (1993: 44–45) definiert den Begriff *Regel* in diesem Sinne wie folgt:

> Aussagen, in denen empirische Regelmäßigkeiten des Sprachgebrauchs formuliert werden. Für diesen Sachverhalt reserviere ich den Terminus ›Regel‹. Eine Regel in diesem Sinne ist eine Formulierung a posteriori und stellt eine modellhafte Abbildung des ermittelten faktischen Sprachgebrauchs dar. Sie faßt empirische Daten zu Konstrukten höherer Ordnung zusammen [...]. Mit der Bildung resp. Formulierung einer Regel in diesem strikt

---

[72] Vgl. zum Regelbegriff in der Logik und (theoretischen) Linguistik v.a. Bartsch (1987: 77–83) sowie Gloy (2004: 392–393). Siehe auch die Ausführungen in Felder (2003: 481) zur Abgrenzung von Regel, Regularität und Norm unter Bezug auf Wittgenstein (2011).
[73] Vgl. hierzu auch Barth (1971), der in diesem Zusammenhang zwischen den operationalen Regeln der Linguisten zur Beschreibung und Erklärung der Sprache und den handlungssteuernden innersprachlichen lingualen und außersprachlichen sozialen Regeln der Sprecher unterscheidet; hierzu ebenfalls kritisch Gloy/Presch (1976: 14). Siehe ferner Quines (1972) Unterscheidung von *guiding rules* vs. *fitting rules*.

empirischen Sinne ist keinerlei Anspruch verbunden, daß der abgebildete Sprachgebrauch in irgendeinem Sinne angemessen oder richtig ist; die Regel nimmt keinerlei Evaluation, auch keine Auswahl aus der von ihr erfaßten empirische Regelmäßigkeit vor.

So werden mittels struktureller Beschreibungen bestimmte Regelmäßigkeiten und deren Verteilungen ermittelt, die schließlich als Regeln formuliert werden und demnach als beobachtbare Regelmäßigkeiten deskriptiv sind und nichts über soziale oder psychische Ursachen aussagen, mittels derer Sprecher ihre sprachlich-kommunikativen Produkte und Handlungen organisieren (vgl. Gloy 1979: 11–12).[74] Das Verhältnis von Normen und Regeln gestaltet sich nach Ansicht von Gloy (1998: 396) hierbei wie folgt: Regularitäten im Sprachgebrauch – die wiederum auf bestimmte Regeln zurückgehen – erlangen legalistisch, faktisch oder definitorisch eine bestimmte Verbindlichkeit, wobei, wie Felder (2003: 480; Hervorh. im Orig.) anmerkt, „[m]it dem Moment der *Verbindlichkeit* ist evident, dass wir es bei der wissenschaftlichen Feststellung von Normen mit einem interpretatorischen Akt zu tun haben". Und so soll auch der folgenden von Felder (2003: 481) gemachten Unterscheidung von *Regel*, *Regularität* und *Norm* im Rahmen dieser Arbeit Rechnung getragen werden:

> Eine Norm entspricht einer oder mehreren explizierbaren Regeln für sprachliches Formulieren beim Handeln in spezifischen Situationskontexten. Einer sprachlichen Regularität muss keine Regel zugrunde liegen, neu auftretende Regularitäten können bei stetem Auftreten, müssen aber nicht zu einer Regel werden (Sprachwandelprozesse). Eine Regel kann also als erlernbare und beibehaltene Regularität aufgefasst werden (wobei sich der Sprecher der Anwendung der Regel nicht unbedingt bewusst sein muss).

Ebenfalls als dem Normbegriff nahestehend anzusehen ist der Begriff *Konvention*. Konventionen besitzen in erster Linie pragmatischen Charakter, sind Normen vorranging und leisten die Koordination eigener Interessen in der Interaktion mit anderen Menschen. Sie dienen nach der Ansicht von Gloy (1979: 14–15; Hervorh. im Orig.) dazu

---

[74] Hierzu merkt Gloy (2010: 32–33; Hervorh. im Orig.) mit Bezug auf das Regenschirmbeispiel von Max Weber an, dass aus der Beobachtung einer Regelmäßigkeit wie dem Aufspannen eines Regenschirms bei Regen nicht eine Norm des Regenschirmaufspannens abzuleiten ist: „Aus der theoretischen Annahme, dass Normen Gründe unter anderem für Regelmäßigkeiten sind, folgt nämlich nicht, dass *allein Normen* die Gründe für Regelmäßigkeiten sind, ebenfalls nicht, dass die Normen *zwingende* Gründe sind – die also irgendetwas ‚determinieren'. Es ist hingegen legitim, Regelmäßigkeiten und Vergleichbares als Hinweise auf *möglicherweise* zugrunde liegende Sprachnormen zu nehmen, aber der Schluss von ihnen auf Normen ist ebenfalls nicht zwingend. Er muss vielmehr über theoretische Zusatzannahmen oder empirische Zusatzerhebungen plausibel gemacht werden."

> eigene Interessen dadurch optimal zu sichern, daß er [der Handelnde] sein Handeln mit dem anderer Personen koordiniert [...]. Dies geschieht in der Gestaltung des eigenen Handelns nach Maßgabe eines Präzedenzfalles, der bereits erlebt wurde oder der als gemeinsam bekannt vorausgesetzt wird. Persönliche Erfahrungen geben dem einzelnen also an, wie er sich in speziellen Handlungssituationen verhalten muß, um seine Interessen bestmöglich zu realisieren. Die tatsächliche Orientierung an einem Präzedenzfall macht aus dem neuerlichen Handeln ein konventionalisiertes Handeln. [...] Wo bezüglich definierter Situationen viele Personen zu inhaltsgleichen Konventionen kommen und wechselseitig davon Kenntnis haben, kann es zur *Bildung einer Norm auf informellem Wege* kommen. Nur diese Voraussetzung gibt meines Erachtens der Rede von der normativen Kraft des Faktischen einen akzeptablen Sinn.

So ist es zwar möglich, dass aus Koordinationsprozessen praktischen Handelns bestimmte Sollensforderungen resultieren, die dann handlungsleitend werden, oder aber dass aus vorangegangener Praxis ein Präzedenzfall als Regulator von Erwartungen fungiert. Dennoch wird ein an einem Präzedenzfall orientiertes Handeln, das auf bestimmten Konventionen beruht, nicht zwingend zur Norm.

Im Unterschied zu dem oben geschilderten sprachstrukturell geprägten Verständnis des Begriffs der *(Sprach)Norm* arbeitete Klaus Gloy in den 1970er und 1980er Jahren einen soziolinguistischen Sprachnormbegriff heraus, indem er Sprachnormen als Teilmenge sozialer Normen definiert und als intentionale Sachverhalte bestimmt. Hartung (1987: 323) stellt für diese Zeit mehrere „Gemeinplätze der linguistischen Beschäftigung mit Normen" heraus, so u.a. die Fokussierung der sozialen Dimension, ihre stabilisierende und regelnde Funktion sowie den problematischen ontologischen Status und das Problem des Geltungsbereichs von Normformulierungen.[75] So findet durch Gloy vor allem eine Auseinandersetzung mit dem ontologischen Status von Normen statt, so dass sich für diese Zeit unterschiedliche Standpunkte bezüglich des wissenschaftstheoretischen Status von Sprachnormen ausmachen lassen. So gestehen Bartsch (1987) oder auch Henn-Memmesheimer (1986) diesen den Status objektiver empirischer Gegebenheiten zu und streben infolgedessen eine empirisch geleitete Rekonstruktion an, wobei dies allerdings in erster Linie in Rückbindung an die Standardvarietät geschieht.[76] Somit werden Normen hier nicht als soziale Normen bzw. soziale Tatsachen verstanden, sondern mit konkreten sprachlichen Produkten oder auch einer (Standard)Varietät gleichgesetzt, so dass hier ebenfalls Überschneidungen mit dem zuvor dargestellten systemisch-funktionalen Sprachnormbegriff vorhanden sind. Bartsch definiert Normen als „die soziale Realität von Begriffen sprachlicher Korrektheit" (Bartsch 1987: 64),

---

75 Vgl. hierzu im Einzelnen Hartung (1986: 5–7; 1987: 324–328).
76 Siehe hierzu auch die Kritik in Felder (2003).

die sich über „Modelle oder Standards [...], denen gefolgt werden muss" (Bartsch 1987: 61), also einem fremden vorbildlichen Sprachgebrauch, bilden. Diese bilden sich durch die Abstraktion bestimmter sprachlicher Mittel zu Korrektheitsbegriffen und existieren folglich als Inhalt verschiedener Normen. Für Bartsch stellen Normen somit konkrete, materiell manifestierte Größen dar, die als empirisch erfassbare Phänomene existieren und objektive Gegebenheiten sind. Diese sichern die „Koordination bezüglich der Form und des Gebrauchs der sprachlichen Mittel in einer Sprachgemeinschaft" (Bartsch 1987: 64). Dadurch werden Kommunikations- bzw. Koordinationsprobleme gelöst und schließlich als Sprachnorm formuliert (z.B. in Kodizes) oder können als vorbildlicher Sprachgebrauch existieren.[77]

Demgegenüber versteht Gloy (1987: 121; Hervorh. im. Orig.) den Begriff *Sprachnorm(en)* wie folgt – und akzentuiert hierbei vor allem die Unterschiede zum Normbegriff Coserius und somit einen auf sprachliche Strukturen verengten Sprachnormbegriff:

> Unter die so definierten *sozialen Normen* fallen als Teilmenge die *Sprachnormen*; sie und nicht die linguistischen Regeln sollten Gegenstand soziolinguistischer Forschung und Theoriebildung sein. Sprachnormen in diesem Sinne sind also Erwartungen und/oder explizite Setzungen modaler Sachverhalte, die ihrem Inhalt zufolge die Bildung, Verwendungsabsicht, Anwendung und Evaluation sprachlicher Einheiten der verschiedensten Komplexitäten regulieren (sollen). Diese Bestimmung geht über den Normbegriff Coserius hinaus, der innerhalb der strukturellen Sprachwissenschaften noch am deutlichsten eine soziale Interpretation versucht. Coseriu (1970) zufolge charakterisiert ‚Norm' die Menge des in einer Gemeinschaft ‚Normalen', des (z.B. regionalvariierenden) Allgemeinen. Die Tatsache aber, daß eine (Sprach-) Norm ein intentionaler Sachverhalt und folglich interpretativ zu rekonstruieren ist, bleibt unberücksichtigt.

Gloy trägt hierbei der grundlegenden Unterscheidung von Normen als abstrakte mentale Größen auf der einen Seite und der Normgemäßheit bzw. Normiertheit einer Tätigkeit oder eines Tätigkeitsproduktes (das auf diese Norm hin gestaltet wurde) auf der anderen Seite Rechnung. Im Verständnis von Gloy kann sich der Begriff *(Sprach)Norm* hinsichtlich seiner Extension somit auf unterschiedliche sprachliche Phänomene unterschiedlicher (sprachstruktureller) Komplexität beziehen, wobei stets eine Auswahl aus dem Bereich sprachlicher Heterogenität erfolgt und über Konformität oder Abweichung bestimmt wird (vgl. Gloy 2004: 394). Intensional hingegen können Normen über ihre Verpflichtung (etwas zu

---

[77] Siehe auch die Kritik in Gloy (1993), der auf Defizite von Bartschs Ansatz hinweist, insbesondere dessen Präskriptivismus, Inkonsistenz und die problematische, teils widersprüchliche Terminologiearbeit.

lassen oder zu tun) definiert sein und zielen somit auf eine bestimmte normgemäße sprachliche Beschaffenheit oder Handlung ab (vgl. Gloy 1998a: 396).

2.3.2 Sprachlich-kommunikative Normen als soziale Normen

Im Kontext der vorliegenden Arbeit sollen *(Sprach)Normen* – wie zuletzt und unter Bezug auf Gloy ausgeführt – als kognitiv-soziales Phänomen und im Rückgriff auf die Erkenntnisse aus Kap. 2.2 somit als Inhalte eines sprachbezogenen Alltagswissens, konkreter: Sprachnormwissens verstanden werden. Diese stellen eine Grundvoraussetzung von Vergesellschaftung dar, indem sich diese auf menschliche Handlungen beziehen und Menschen ihr (sprachliches) Handeln an diesen ausrichten.[78] Durch sie werden alltagsweltliche Erfahrungen der sinnhaft konstituierten Welt strukturiert, da Normen komplexitäts- und kontingenzreduzierende Effekte zukommen, wie Luhmann (2008: 31; Hervorh. im Orig.) deutlich macht:

> Unter *Komplexität* wollen wir verstehen, daß es stets mehr Möglichkeiten gibt, als aktualisiert werden können. Unter *Kontingenz* wollen wir verstehen, daß die angezeigten Möglichkeiten weiteren Erlebens auch anders ausfallen können, als erwartet wurde; daß die Anzeige mithin täuschen kann, indem sie auf etwas verweist, das nicht ist oder wider Erwarten nicht erreichbar ist oder, wenn man die notwendigen Vorkehrungen für aktuelles Erleben getroffen hat (zum Beispiel hingegangen ist), nicht mehr da ist. Komplexität heißt also praktisch Selektionszwang, Kontingenz heißt praktisch Enttäuschungsgefahr und Notwendigkeit des Sicheinlassens auf Risiken.

Um die Vielzahl alternativer Handlungsmöglichkeiten zu strukturieren, muss der Handelnde allerdings nicht nur einer einfachen, sondern in sozialer Interaktion mit anderen Individuen einer doppelten Kontingenz Rechnung tragen. So muss der Erwartende lernen „nicht nur fremdes Verhalten, sondern auch fremde Erwartungen zu erwarten, vor allem die an ihn selbst gerichteten Erwartungen" (Luhmann 1969: 32), die von Luhmann (2008: 33) als „Erwartenserwartungen" bezeichnet werden. Durch diese Funktion üben Erwartenserwartungen eine verhaltensregulierende und -stabilisierende Funktion aus, da aus einer Vielzahl von Handlungsmöglichkeiten ausgewählt wird. Dies wirkt zugleich bewusstseins- bzw. handlungsentlastend – da Individuen nur begrenzte Kapa-

---

78 Vgl. hierzu grundlegend Luhmann (1969; 2008) sowie Popitz (1980; 2006). Vgl. speziell zur sozialen Funktion von Normen, insbesondere einer Systematisierung sozialer Funktionen und sozialisationstheoretischen, handlungstheoretischen und gesellschaftstheoretischen Aspekte Gloy (1975; 1979).

zitäten der Wahrnehmung und Informationsverarbeitung zur Verfügung stehen (vgl. Luhmann 2008: 31) und schafft zudem (Erwartens)Sicherheit in Bezug auf eigenes und fremdes Handeln. Aufgrund dieser Erwartung anderer besteht beim Handelnden im Gegenzug eine Erwartung, dass die „relevanten Anderen" (Gloy 2004: 394) diese Erwartung an diese Person richten, diese Erwartung dieser Person „auf Grund faktischer, erlebter oder unterstellter Macht nicht gleichgültig sind" (ebd.) und diese Handlung somit auszuführen ist. So handeln Handelnde im Alltag in einer bestimmten Situation unter gegebenen Bedingungen demnach, wie von ihnen erwartet wird zu handeln. Die Orientierung an Normen als „eine Art symbolisches Kürzel" (Luhmann 2008: 39) erspart dem Handelnden somit eine jeweils erneute Orientierung an Erwartungen durch Reduktion mittels der „Abblendung von Alternativen" (Luhmann 2008: 40), wobei diese Alternativen weiterhin existieren, was sich an Erwartungsenttäuschungen zeigt:

> An dieser Möglichkeit der Enttäuschung, nicht an der Regelmäßigkeit ihrer Erfüllung, erweist sich der Realitätsbezug einer Erwartung [...]. Sie täuschen damit über die wahre Komplexität der Welt und bleiben so Enttäuschungen ausgesetzt. Sie transformieren auf diese Weise die permanente Überforderung durch Komplexität in das Problem gelegentlichen Enttäuschungs-erlebens. (Luhmann 2008: 41)

Kontingenz- und komplexitätsreduzierende Erwartungen sind somit „Strukturen der Erlebnisverarbeitung" (Luhmann 2008: 31), die bestimmte Erlebnisinhalte und Handlungen aus einer Vielzahl ebendieser selegieren und sich zu enttäuschungsfesten Strukturen stabilisieren. Hinzu treten andere Individuen mit ihren eigenen Erwartungen „als ichgleiche Quelle originären Erlebens und Handelns, als <alter ego>" (Luhmann 2008: 32), womit die Möglichkeit der Übernahme fremder Perspektiven für das *ego* durch das *alter ego* gegeben ist. Somit ist unter Einbezug eines anderen nicht mehr nur eine einfache, die Kontingenz reduzierende und enttäuschungsfeste Erwartungsstruktur gegeben, sondern es ergibt sich die bereits erwähnte doppelte Kontingenz, die komplexere und variationsreichere Erwartungsstrukturen aufbaut (vgl. Luhmann 2008: 33). Jedoch ist diese Erweiterung für das Individuum nicht ganz unproblematisch, denn mit dieser „doppelten Kontingenz" (Luhmann 2008: 32) geht das Risiko einher, dass die übernommenen fremden Perspektiven unzuverlässig sein können (vgl. Luhmann 2008: 32–33). So muss im Kontext sozialer Interaktion das Verhalten des *alter ego*

> in seiner Selektivität, als Auswahl aus anderen Möglichkeiten [...] erwartbar sein. Diese Selektivität aber wird durch die Erwartungsstrukturen des anderen gesteuert. Man muß deshalb nicht nur das Verhalten, sondern auch die Erwartungen des anderen erwarten können [...], [denn] [z]ur Steuerung eines Zusammenhanges sozialer Interaktion ist nicht

nur erforderlich, daß jeder *erfährt*, sondern auch, daß jeder *erwarten* kann, was der andere von ihm *erwartet*. (Luhmann 2008: 33; Hervorh. im Orig.)

Unter diesen Bedingungen sozialer Interaktion und der Einbeziehung fremder Erwartungen ins eigene Erwarten, die Luhmann (1969: 32) als „Reflexivwerden des Erwartens" bezeichnet, bilden sich schließlich sozial verbindliche Normen zum koordinierten und kooperativen Handeln heraus.

Aus den vorausgegangenen Ausführungen ist bereits ersichtlich, dass sich hinsichtlich des ontologischen Status von sprachlich-kommunikativen Normen zwangsläufig Konsequenzen für eine (empirisch begründete) soziolinguistische Sprachnormenforschung ergeben müssen, wie sie Gloy, der den (rechts)soziologischen Ansatz Luhmanns für seine Sprachnormentheorie fruchtbar gemacht hat, formuliert hat.[79] Begreift man Sprachnormen als Teilmenge sozialer Normen, so sind diese nicht als schon sprachlich manifestierte Produkte – wie in einem systemisch-funktionalen Verständnis – anzusehen, sondern intentionale Sachverhalte. Als intentionale Sachverhalte sind diese allerdings „nicht sichtbar, fühlbar, riechbar, sind mit keinem unserer Sinne wahrnehmbar" (Gloy 2012a: 25). Sie besitzen somit gerade *nicht* den Status ontologischer Tatsachen, sondern sind „interpretative Konzepte der Sprachpraxis" (Gloy 1997: 28), die bei ihrer Rezeption in einem hermeneutischen Prozess interpretativ erschlossen werden müssen und nicht nur die Produktion, Verwendung und Anwendung sprachlicher Einheiten, sondern ebenso deren Evaluation regulieren:

> [I]n einem *positiven* Sinne wirken Normen komplexitätsreduzierend, stabilisierend, typisierend; sie sichern z.B. die kontinuierliche Geltung von Symbolsystemen und ermöglichen dadurch die Ausbildung sozialer Identität, die Koordination von Handlungen, die in Akten der Kommunikation verabredet werden können, und die Interpretation von Welt mittels anerkannter Muster. (Gloy 1980: 367; Hervorh. im Orig.)

Als nicht direkt erfahrbare empirische Gegebenheiten sind sie somit nicht mit der realisierten Äußerung bzw. sprachlichen Handlung identisch. Vielmehr handelt es sich um, wie Gloy (1997: 22) es in Anlehnung an Fleischer (1980: 419) formuliert, „Institutionen im Reich der Gedanken" und diese Institutionalisierung beruht im Wesentlichen auf reziproken Erwartenserwartungen. Somit hängt die Wirksamkeit von Normen nicht von ihrer Formuliertheit und sprachlichen Übermittlung ab, sondern von ihrer subjektiven Verarbeitung. So ist die konkrete Formulierung keine notwendige Bedingung, denn Normen können ebenso in reziproker Unterstellung, dass diese gelten, wirksam sein (vgl. Gloy

---

79 Siehe Gloy (1974; 1975; 1979; 1993; 1997; 2004; 2012a,b).

1997: 28). Die Geltung einer Norm geht somit nicht notwendigerweise mit ihrer Verbindlichkeit einher, sondern es bedarf „einer Verarbeitung auf Seite des Adressaten und ihre Akzeptanz, um in Kommunikationssituationen als soziale Erwartung in Erscheinung zu treten" (Gloy 1998b: 15). So führen die wechselseitig aneinander gerichteten normativen Erwartungen zu besagten reziproken Erwartenserwartungen, diese bilden den Beginn einer Norm. Als spezifische Erwartungshaltungen (oder auch explizite Festsetzungen im Fall von statuierten Normen) deontischer Sachverhalte erlangen diese schließlich in der Interaktion mit anderen Sprachteilnehmern Geltung. Hierbei sind Normen nicht *per se* gegeben, sondern bilden durch „ständige[s] hypothesengestützte[s] Variieren" (Gloy 1997: 29) im Kontext einer diskursiven Vermittlung oder ständiger sozialer Abgleichung das Resultat individueller interpretativer Produktions- und Rezeptionsprozesse, wie es das folgende Zitat von Gloy (1997: 28; Hervorh. im Orig.) zum Ausdruck bringt:

> Wie alle sprachlichen Zeichen ist auch das als Norm zu Rezipierende auf *Verstehen* angewiesen. Verstehen erfolgt nun aber nicht mechanisch [...], sondern als Sinnzuschreibung [...]. Von ein und derselben Sache, z.B. einem sprachlichen Vorkommnis (das eine Norm-Formulierung sein kann), gibt es somit viele Bewußtseine, aber kein objektives Wissen, das diese singulären Sinnhypothesen abzuschütteln vermöchte – auch für den analysierenden Forscher nicht.

Durch permanente (sprachliche) Erfahrungen, die Sprecher machen, gleichen diese in der Auseinandersetzung mit anderen Sprechern, aber auch entpersonalisierten Produkten sprachlich-kommunikativer Tätigkeit (z.B. Texte (inkl. Korrekturen, Ergänzungen), Hörbücher, Filme usw.) ihr sprachliches Wissen durch Akte des Erfahrens und Interpretierens ab (vgl. Gloy 1997: 31). Es kann allerdings nicht allgemein davon ausgegangen werden, dass Norminhalte bzw. ein diesbezügliches Sprachnormwissen in jedem Fall in Form sprachlich-symbolischer Zeichen externalisiert werden kann und muss. Für ihre Existenz ist eine Formulierung nicht unmittelbar relevant. Entscheidend ist ihre Verarbeitung bzw. das Wahrnehmen ihrer Verpflichtung und letztlich ihr Geltungsanspruch. Somit ist eine explizite Formulierung nicht notwendigerweise konstitutiv für Normen, ihr Geltungsanspruch bzw. ihre faktische Geltung hingegen schon, was diese zu deontischen Sachverhalten macht (vgl. Gloy 2004: 392).[80] Nichts-

---

80 Weiß (1993: 227) ist der Ansicht, dass Anerkennung und Befolgung von Normen nicht unabdingbare Voraussetzung für eine erzeugte Sozialintegration seien: Denkbar wäre auch eine wechselseitige Akzeptanz unterschiedlicher Normen, so dass Sprechern flexible Handlungsspielräume zu Verfügung stehen, die Alternativen bzw. die Möglichkeit des Abweichens

destotrotz können Normen als Normformulierungen explizit verbalisiert oder auch kodifiziert sein oder – und das betrifft den überwiegenden Teil – implizit als normative Erwartung existieren (vgl. Gloy 1979: 13; Hartung 1977: 16).[81] Dieses wechselseitig tradierte Wissen um ihren verpflichtenden Charakter und direkte kommunikative Erfahrungen durch z.B. fremde (meta)sprachliche Aussagen über ein bestimmtes (un)erwünschtes sprachliches Verhalten verschafft Normen schließlich Geltung und gewährleistet ihre Einhaltung und das Funktionieren (vgl. Gloy 1979: 18).[82]

Als wesentliches konstitutives Merkmal für soziale Handlungsnormen – und somit auch Sprachnormen – kann der „intentionale Sachverhalt einer Verpflichtung (Obligation)" (Gloy 2004: 392) angesehen werden. Dies kann sich auf „die Ausführung oder Unterlassung bestimmter Handlungen [...], die Auswahl und Verwendung bestimmter Mittel, die eine Handlung erst konstituieren bzw.

---

zulassen. So können bestimmte Handlungen in Abhängigkeit von verschiedenen veränderten situativen oder auch gesellschaftlichen Faktoren entweder bestätigt, modifiziert oder aufgegeben werden. So ist ebenfalls möglich, dass „Normen auch Resultate von Koordinierungsprozessen vorausgegangener Interessendivergenzen sind" (Gloy 2010: 34). So weist Gloy (1997: 32–35; 1993: 59–60) in diesem Zusammenhang auf die Sprachwandel-Problematik hin, da es in sprachwandeltheoretischer Hinsicht nur schwer zu erklären sei, wie der konservierende Charakter von Normen mit der permanenten Anpassung an gesellschaftliche Bedingungen zu vereinbaren sei und „wie angesichts der konservierenden Kraft von Normen die Tatsache von Sprachwandel überhaupt theoretisch erklärbar ist" (Gloy 1993: 60). Wobei Gloy (1993: 50) allerdings konstatiert, dass auf der Ebene des empirischen Wissens noch Unklarheit herrscht, worin diese deontische Modalität konkret besteht. Siehe hierzu auch die Diskussion in Dovalil (2013a) und Hartung (1987: 324–326) sowie ferner Luhmann (2008: 42–44) zu kognitiven und normativen Erwartungen.

81 In der linguistischen Literatur findet sich auch die Dichotomie implizite/explizite, statuierte/subsistente oder auch deskriptive/präskriptive Normen, wobei Hartung (1977: 18) zu letzteren kritisch anmerkt: „Wenn wir davon ausgehen, daß sich Normen auf die Ausführung [oder Unterlassung] von Handlungen beziehen, dann sind sie in bezug auf diese Handlungen immer präskriptiv."

82 So kann eine Einhaltung allerdings auch durch die Vermeidung von (erwarteten) Sanktionen bei normabweichendem Verhalten bzw. durch „sollensbasierte Fremdbestimmung" oder „wollensbasierte Selbstverpflichtung" (Gloy 2012b: 13) sichergestellt sein. Hierbei muss ebenso diese Sanktionshandlung selbst wiederum einer Normierung unterliegen (Sanktionsnormen). Gloy (1975: 47) sowie Lautmann (1969: 66) weisen darauf hin, dass diese Sanktionen nicht immer explizit geäußert werden (müssen), sondern auch da anzunehmen sind, wo der Beobachter sie nicht empirisch feststellen kann. So können demnach Normen vor allem deshalb wirksam sein, „weil ihre Befolgung oder Nicht-Befolgung positive bzw. negative Konsequenzen haben kann" (Hartung 1986: 5). Vgl. Popitz (1980: 64, 86) und problematisierend ebenfalls Gloy (1974: 69–83) zum Definitionskriterium *Sanktioniertheit*. Zur Sanktionierung von Sprachnormverstößen, vgl. Küchler/Jäger (1976).

ihren Vollzug ermöglichen [...] [und] die Beschaffenheit eines Handlungsproduktes" (ebd.) beziehen. Somit können unter dem Aspekt *was* im jeweiligen Fall normiert werden soll, Unterscheidungen hinsichtlich des Bezugsbereichs getroffen werden (vgl. Gloy 1975: 24; Eichhorn 1972: 793).[83] Unter Bezug auf Settekorn (1988: 14–18) sowie Hartung (1987: 330) können hierbei unterschiedliche Bezugsbereiche von Normen angenommen werden. Diese können unterschieden werden in sprachlich-kommunikativ vs. nicht sprachlich-kommunikativ, so dass dieser Dichotomie eine Orientierung anhand des Handlungsbezuges *sprachlich-kommunikatives Handeln* zugrunde liegt. Begreift man sprachlich-kommunikative Tätigkeiten als Bestandteile sozialen Handelns, so lassen sich neben allgemeinen sozialen Handlungsnormen Normen in Bezug auf Sprache/sprachliche Kommunikation von diesen allgemeinen Handlungsnormen unterscheiden, da normiertes Verhalten ebenso sprachlich-kommunikatives Handeln umfassen kann. Eine Möglichkeit diese Handlungsbereiche zu typologisieren und entsprechend eine Typologie sprachlich-kommunikativer Normen zu entwickeln, soll nachfolgend skizziert werden.

2.3.2.1 Typen sprachlich-kommunikativer Normen

Wie bereits erwähnt können Normen hinsichtlich des jeweils durch sie normierten sprachlich-kommunikativen Handlungsbereichs unterschieden/typologisiert werden, so dass man in Konsequenz auch für Normformulierungen unterschiedliche Bezugsbereiche annehmen kann. So haben u.a. Hartung (1977), Gloy (1980) und Fix (1995) eine Klassifizierung sprachlich-kommunikativer Normen bzw. entsprechender Handlungsbereiche, die reguliert werden, vorgenommen.

Eine wesentliche (Erwartens)Erwartung an die Beschaffenheit sprachlicher Produkte ist, dass diese so gestaltet sein müssen, dass eine Rezeption und Interpretation möglich und problemlos in einer Sprachgemeinschaft gegeben ist. Dies wird durch Beschaffenheitsnormen, die semantische Interpretierbarkeit und grammatische Richtigkeit garantieren (v.a. grammatisch-semantische Normen), sichergestellt, wobei allein die Beachtung grammatisch-semantischer Normen allerdings in den meisten Fällen nicht ausreichend ist (vgl. Hartung 1977: 21). Neben grundlegenden grammatisch-semantischen Normen sind ebenfalls Normen zu berücksichtigen, die sich auf bestimmte Eigenschaften sprachlicher Produkte beziehen (wie z.B. auditive Eigenschaften in Form prosodischer

---

[83] Zur Darstellung und Unterscheidung einzelner Bezugsbereiche sprachlich-kommunikativer Normen vgl. ebenso Hartung (1977) sowie Kap. 2.3.2.1.

Normen, die beispielsweise Lautstärke betreffen), auch wenn diese in Teilen keine unmittelbare sprachstrukturell-grammatische Relevanz haben bzw. deren Befolgung nicht zwingend für das Verstehen und Interpretieren notwendig sind. Diese formen allerdings ebenfalls die Beschaffenheit einer sprachlichen Äußerung und legen bestimmte Eigenschaften des Tätigkeitsprodukts in einer bestimmten Weise fest (vgl. Hartung 1977: 39), so dass diese ebenfalls als grammatisch-semantische Normen oder Beschaffenheitsnormen zu bezeichnen sind.[84] Hierbei kann man, wie Hartung (1977: 29) anmerkt, sprachstrukturelle Kriterien zur Gliederung dieser Normentypen ansetzen, so dass sich unterschiedliche Subtypen von Normen ergeben. Eine solche Typologie muss zum einen nicht unbedingt der Struktur laienlinguistischer Typologien entsprechen und zum anderen wird so eine rein deduktiv abgeleitete Typologie einem rekonstruktiven Interesse – wie es die vorliegende Arbeit verfolgt – nicht gerecht. Darüber hinaus ist ein weiterer Typ von Normen anzunehmen, wie Hartung (1977: 33-34) anmerkt:

> Wenn mit den grammatisch-semantischen Normen alle der auf das Tätigkeitsprodukt bezogenen Normen erfaßt wären, dann müßten mit der Einhaltung dieser Normen alle Voraussetzungen für die unbeschränkte Verwendbarkeit von Äußerungen gegeben sein. Es gibt jedoch Äußerungen, die trotz grammatischer Richtigkeit und semantischer Interpretierbarkeit nicht überall vorbehaltlos akzeptiert werden könnten [...] [und] die trotz Einhaltung aller grammatisch-semantischer Normen in manchen Situationen als in irgendeiner Weise abweichend empfunden werden.

Daraus schlussfolgert Hartung, dass es bestimmte Anforderungen an das Produkt sprachlicher Tätigkeit geben muss, die über die eingangs des Kapitels dargelegten grammatisch-semantischen Normen hinausgehen. Die Normgemäßheit von Produkten und Handlungen sprachlich-kommunikativer Tätigkeit in bestimmten situativen Kontexten wird also danach beurteilt, in welchem Maße situative Normen oder Normen der Angemessenheit berücksichtigt werden bzw. inwieweit das sprachliche Produkt angemessen ist hinsichtlich der Korrelation mit bestimmten kontextuell-situativen Faktoren. Dies kann beispielsweise das soziale Verhältnis der Kommunikationspartner, den Öffentlichkeitsgrad der Situation oder den Gesprächsgegenstand betreffen (vgl. Hartung 1977: 34). So lässt sich somit nicht nur die Frage nach der (korrekten) Beschaffenheit einer sprachlichen Äußerung stellen, sondern ebenso die Frage nach der Angemessenheit dieser in konkreten Situationen (in Korrelation mit bestimmten

---

[84] Ebenso existieren für diesen Typ Normen auch die Termini „Normen der Beschaffenheit des Tätigkeitsprodukts" (Hartung 1977: 26) sowie „instrumentale Normen" (Fix 1995: 67).

außersprachlichen Faktoren). Zu diesem Typ Normen zählen also Kenntnisse über beispielsweise die sozialen Beziehungen, die es in der Situation zu beachten gilt, die Beachtung außersprachlicher Faktoren, die den Ablauf der Kommunikation bestimmen, sowie die Kommunikationsintention (z.B. In welcher Situation ist es angebracht zu kommunizieren und wann nicht? Soll überhaupt kommuniziert werden? Worüber soll etwas (nicht) gesagt werden und was soll hierüber (nicht) gesagt werden?) Angemessenheitsnormen regulieren somit normativ den Sprachgebrauch eines Individuums in Rückbindung an die jeweilige Sprachgebrauchssituation hinsichtlich funktionaler Kriterien. Produktion und Evaluation angemessener sprachlicher Äußerungen unterliegen also diesen Vorstellungen von Angemessenheit.[85]

Zudem lässt sich ein Typ von Normen annehmen, der dem vorherigen Typ der situativen Normen bzw. Angemessenheitsnormen ähnlich ist: pragmatische Normen bzw. Normen des Sprachgebrauchs. Hierzu zählen Normen für das Kodieren von Intentionen und die strategische Umsetzung, was sich vor allem auf Auswahl und Bestimmung der Menge von zu vermittelnden Informationen (vgl. Techtmeier 1977: 112–136) bezieht.[86] Ebenso zählen hierzu auch Normen, die Auswahl und Gebrauch sprachlicher Einheiten für unterschiedliche mediale Realisierungen von Sprache regulieren, also dass beispielsweise eine bestimmte Äußerung nur im mündlichen und nicht im schriftlichen Gebrauch zu verwenden ist. Auch eine Kodierung im Hinblick auf das Verhältnis zwischen Zeichen und Bezeichnetem, so die (richtige) referentielle Funktion/Verwendung von Ausdrücken ist zu diesem Typ von Normen zu zählen, also dass zum Beispiel gefordert wird, zu einem kleinen runden gebratenen Stück (Hack)Fleisch *Frikadelle* und nicht *Fleischpflanzerl* zu sagen.[87]

---

[85] Siehe hierzu auch das linguistische Konzept der *Angemessenheit* in Kienpointner (2005), Kilian/Niehr/Schiewe (2016), Schiewe (2007; 2010), Niehr (2015). Weiterhin Techtmeiers (1977) Auseinandersetzung mit dem Angemessenheitsbegriff, welchen sie aufgrund terminologischer Unschärfe bzw. Polysemie und der damit verbundenen Probleme durch den Begriff der *Adäquatheit* ersetzt sowie die Kritik am Angemessenheitsbegriff von Cameron (2012: 234–235). Vgl. ferner den Beitrag von Arendt/Kiesendahl (2013), die das Kriterium der *funktionalen Angemessenheit* weiter um kontextuelle Bedingungen differenzieren, um der Polyfunktionalität von Äußerungen, gerade in mikroanalytischer Perspektive, gerecht zu werden.
[86] Vgl. hierzu v.a. die Konversationsmaximen von Grice (1975) sowie die Ergänzungen dieser Maximen durch die von von Polenz (2008: 310–327) aufgestellten hörer- und sprecherseitig partnerbezogenen Prinzipien. Ein illustratives Beispiel zu Redepausen im interkulturellen Kontext liefert diesbezüglich Trudgill (2000: 116–117).
[87] Neben den bislang genannten situativ-pragmatischen Normen gibt es allerdings, wie Hartung (1984: 271–273) und Schwarz (1977: 71) feststellen, weitere, allgemeinere Normen, die ebenfalls einen sprachlich-kommunikativen Bezug aufweisen. Dies sind z.B. Normen, die

Ein weiterer Typ von Normen sind „Normen der Äußerungsqualität" (Hartung 1977: 37), die auch als stilistische Normen bezeichnet werden können. Diese liegen vor, wenn sprachliche Urteile darüber gefällt werden, ob sich jemand beispielsweise „klar, gewählt, geschwollen, gelehrt, höflich, taktvoll, sehr allgemein, verschwommen ausdrückt" (Hartung 1977: 37). Zu diesem Normtyp zählen ebenfalls die von Fix (1995: 37) angeführten „ästhetische Normen". Somit betreffen diese nicht nur die Äußerungsqualität z.b. hinsichtlich einer Wohlgeformtheit/Ästhetik (*schön, angenehm*), sondern ebenso eine allgemeine Qualität hinsichtlich der Wortwahl (*gewählt, höflich*) oder auch Zugänglichkeit bzw. Verständlichkeit von Informationen (*klar, deutlich, verständlich*).[88]

Auch wenn die genannten Normtypen auf recht unterschiedliche Bereiche von Normativität verweisen, weisen sie eine wesentliche Gemeinsamkeit auf: Sie alle können verstanden werden als Teilaspekte einer sprachlichen Orientierungsfunktion im Hinblick auf sozial (un)erwünschte sprachlich-kommunikative Produkte und Handlungen. Gemeinsam ist diesen Normtypen ebenfalls, dass diese Bestandteile kollektiv geteilten Wissens „über die Realisierung, Interpretation und Bewertung von Verhaltensweisen" (Hartung 1984: 272) sind.

Das Bestreben ist es nachfolgend, die unterschiedlichen inhaltlichen Ausprägungen dieser Normtypen in konkreter Rückbindung an das empirische Material zu unterscheiden, um hieraus Inhalte und Strukturen eines laienlinguistischen Sprachnormwissens zu gewinnen. Dies geschieht im Rückgriff auf eine zum einen deduktiv-theoriegeleitete Normentypologie, die sich in einer ersten heuristischen Herangehensweise an den hier dargestellten Bereichen orientiert, und zum anderen geschieht dies induktiv aus dem Material heraus. Gerade letztere Vorgehensweise ist von hoher Relevanz, möchte man einem rekonstruktiven Erkenntnisinteresse, das ja gerade darin besteht, die Perspektive der Subjekte zu erforschen, gerecht werden. Eine rein deduktiv-theoriegeleitete Typolo-

---

regulieren, ob ein bestimmter Kommunikationsinhalt (ein Thema) in einer Gesellschaft oder innerhalb bestimmter sozialer Gruppen überhaupt angesprochen wird (z.B. Gewalt, Krankheit, Tod, Sexualität), wobei hier ggf. kontextuell-situative Faktoren ebenfalls eine Rolle spielen, wie es beispielswiese Linke (1996; insbes. Kap. 7 und 9) im Rahmen ihrer Mentalitätsgeschichte des Bürgertums im 19. Jahrhundert festgestellt hat. Neben den bereits erwähnten Normen ist dieser Normtyp allerdings „relativ vagen Inhalt[s]" (Hartung 1984: 271), da dieser allgemeiner bzw. kultur- sowie gesellschaftsspezifisch begründet ist.
88 Der Unterschied zur Kategorie der pragmatischen Normen bzw. der Normen für den Gebrauch sprachlicher Einheiten besteht bei diesem Typ Normen darin, dass es um allgemeine, unspezifische Nennungen von Eigenschaften geht.

gie würde unter Umständen laienlinguistische Kategorien überformen oder es würden Kategorien ohne empirisches Korrelat konstruiert.[89]

2.3.2.2 Existenzweisen und Legitimationskriterien

Eine wesentliche Voraussetzung der Ausbildung, Bestätigung und Veränderung von Sprachnormen und somit eines Sprachnormwissens bildet Metakommunikation. Im Rahmen eines Sprechens/Schreibens über eine (non) normkonforme Sprache können somit unterschiedliche Arten der (Rede)Bewertung vorliegen (vgl. hierzu Hartung 1977: 16). Diese können sprachlich u.a. als „Gebote, Verbote, Erlaubnisse [...] Aufforderungen [...] Handlungsmaximen oder Werturteile" (Gloy 2004: 392) formuliert werden. Im Hinblick darauf lassen sich grundlegend zwei unterschiedliche Existenzweisen von sprachlich-kommunikativen Normen annehmen, die sich maßgeblich nach dem Kriterium ihrer Versprachlichung in *versprachlichte* (auch kodifizierte oder statuierte) vs. *nicht versprachlichte* (subsistente) Normen unterscheiden lassen (vgl. Gloy 1975: 31; 2004: 394).[90]

Die explizite Formulierung einer Norm ist keine notwendige Bedingung ihrer Existenz, Geltung und Verbindlichkeit, denn im Falle subsistenter Normen, die die Mehrheit der sprachlichen Normen bilden, erlangen diese ihre Verbindlichkeit nicht durch institutionellen, sondern durch „stillschweigenden Konsens oder auf Grund von (unterstellter) Macht, manchen Erklärungen zufolge auch aus einer normativen Kraft des Faktischen" (Gloy 2004: 394). Statuierte Normen sind demgegenüber Produkte eines institutionellen Diskurses, deren Geltung durch legalisierende Maßnahmen der hierzu ermächtigten Autoritäten erreicht wird (vgl. Gloy 2004: 394). Diese werden im Laufe der Sozialisation durch gesellschaftliche Institutionen wie der Schule vermittelt und Normsubjekte treten mit diesen zumeist in kodifizierter Form in Kontakt, da diese hauptsächlich in metasprachlichen Schriften bzw. Kodizes verschriftlicht vorliegen.[91]

---

89 Gleichwohl orientiert sich die Benennung der einzelnen Kategorien an deduktiven, aus der Theorie abgeleiteten Begriffen. Vgl. für eine Darstellung und Erläuterung der Kategorien Kap. 3.5. Siehe hierzu auch Hartung (1984: 271–272), der auf einige grundsätzliche Probleme der Integration und Systematisierung solcher Normtypen in den verschiedenen Norm-Typologien hinweist.
90 Hartung (1987: 321) spricht in diesem Zusammenhang auch von unterschiedlichen Existenzformen bzw. impliziten und expliziten Normen.
91 Unter (Sprach)Kodex wird hier, der Definition von Klein (2014) folgend, im Allgemeinen verstanden: „metasprachliche Schriften, die für eine Sprachgemeinschaft zu einem bestimmten Zeitpunkt als Normautoritäten zur Verfügung stehen und von ihr auch als Normautoritäten wahrgenommen werden" (Klein 2014: 222) sowie im Speziellen das, was Klein als *Kernkodex* bezeichnet: „Zum Kernkodex einer Sprache gehören alle Kodextexte, die primär für formelle

Die Voraussetzung und den Anfang dieser Normen bilden jene subsistenten Normen, da diese den statuierten Normen aufgrund ihrer Relevanz im alltäglichen Sprachgebrauch vorranging sind. Diese sorgen „für die kontinuierliche Geltung von Sinnsystemen und für deren Reproduktion im Handeln" (Gloy 1979: 18). Erst später treten zu diesen subsistenten Normen statuierte Normen hinzu bzw. es wird eine Auswahl (mit Begründungen bzw. Legitimationskriterien) aus diesen subsistenten Normen getroffen und in Regelwerken festgehalten, was diese zu kodifizierten Normen macht.[92] Eine solche nachträgliche Kodifizierung sei, wie Hartung (1977: 12) anmerkt, „Ausdruck eines besonderen Interesses an möglichst hoher Verbindlichkeit einer Norm" und durch diese Kodifizierung kann schließlich in Rückbindung an weitere normsetzende Instanzen eine Einwirkung auf das Sprachnormwissen erfolgen:

> Indem sie [Normen] bzw. auch Folgerungen aus ihnen sowie Wertzuordnungen verbalisiert werden, nehmen Normen eine Existenzform an, die kollektiv merkbar und tradierbar ist und die immer wieder auf individuelle kommunikative Erfahrungen rückbezogen werden kann. Normen werden so zu einer kollektiven Instanz gegenüber dem Individuum. (Hartung 1987: 329)

Während der Status von subsistenten Normen unter Sprachteilnehmern diskursiv-intersubjektiv ausgehandelt bzw. in sprachlichen Interaktionen „gestaltet, verteidigt, angezweifelt, verhandelt und umgestaltet" (Dovalil 2013b: 163) wird, vollzieht sich eine Aushandlung statuierter Normen in einem sozialen Kräftefeld der Standardvarietät bzw. zwischen einzelnen normsetzenden Instanzen, wie Ammon (1995: 73–82; 2003; 2005) es in seinem Modell herausgearbeitet hat.[93]

Die Entscheidung, ob eine Sprachform als standardsprachlich anzusehen ist und in Bezug auf die (statuierten) Normen einer Standardvarietät als normkonform angesehen werden kann, ist gemäß dem Modell von Ammon von den folgenden vier sozialen Kräften abhängig, die gegenseitig aufeinander einwirken: Sprachkodizes bzw. Kodifizierer, Modellsprecher (bzw. -schreiber), Sprachnormautoritäten sowie Sprachexperten. Nach Ammon (1996: 245) können nur

---

Gebrauchssituationen [...] verfügt werden und die direkt oder indirekt offiziell legitimiert sein können" (Klein 2014: 224).
92 Haarmann (1997) sieht in dieser Sprachstandardisierung eine kulturanthropologische Konstante. Vgl. hierzu auch von Polenz (1999: 229–263) sowie Albrecht (2003). Siehe ferner Hollmach (2007) zu Aspekten der Kodifizierung, insbesondere der Aussprache.
93 Zum diskursiven Charakter des Verhältnisses der einzelnen Instanzen untereinander und die Integration von Ammons Modell in die Sprachmanagementtheorie vgl. Dovalil (2011; 2013a,b,c) sowie Gloy (1975; 1998a). Eine Modifikation von Ammons Normenmodell, das die Rolle der Sprecher hervorhebt, findet sich bei Hundt (2009b).

diejenigen Varianten als uneingeschränkt standardsprachlich gelten und den Status statuierter Normen erreichen, die „von allen vier maßgeblichen sozialen Kräften als standardsprachlich bewertet werden". Hierbei weist Ammon (2005: 37) allerdings darauf hin, dass die Instanzen keine begriffliche Schärfe aufweisen und fließende Übergänge anzunehmen sind sowie dass diese in ihren Normsetzungen divergieren können, was zu einer gewissen Unschärfe des Standards führen kann (vgl. Ammon 2005: 37).[94]

Hierbei können die von Modellsprechern/-schreibern produzierten Äußerungen/Texte Vorbildcharakter erhalten, da ihnen dieser seitens der Normautoritäten zugestanden wird und diese somit modellhaft für einen normkonformen standardsprachlichen Sprachgebrauch stehen. Für Ammon sind dies prominente Berufssprecher bzw. -schreiber: Nachrichtensprecher in Massenmedien, Schauspieler, Journalisten und Schriftsteller (vgl. Ammon 1995: 33). Die Frage nach ihrer standardsetzenden Wirkung bzw. den Gründen für die Modellhaftigkeit bleibt bei Ammon allerdings unbefriedigend beantwortet. Ammon sieht zuweilen den Modellcharakter darin, dass diese Texte einer breiten Öffentlichkeit zugänglich sind und ihnen sprachliche Meisterschaft zugeschrieben wird, zudem dass den Modellsprechern/-schreibern ein gewisser sozialer Status anhaftet (vgl. Ammon 2005: 34). Ähnlich sieht es Hundt (2009b), der konstatiert, dass „Modellsprecher sicherlich jeweils bezogen auf einzelne Varietäten und Zielgruppen zu sehen [sind] [...], aber für die Standardsprache [...] können exponierte Repräsentanten der Öffentlichkeit durchaus als Modellsprecher rezipiert werden" (Hundt 2009b: 128). Deren produzierte Modelltexte bilden schließlich die Grundlage für die Sprachkodizes und die statuierten Normen.

Kodizes müssen allein aus praktischen Gründen (unweigerlich) eine Auswahl aus Varianten treffen und so merkt Gloy (1975: 68) an, dass eine Auswahl von Varianten ohne den Einbezug außersprachlicher Kriterien nicht möglich sei. Grundlage für eine Kodifizierung bilden nach bestimmten (außersprachlichen) Kriterien ausgewählte Texte, die schließlich wiederum – in einem zirkulären Prozess – als standardsprachlich anzusehen sind und eine (standardsprachliche) Varietät oder Teile eines (standard)sprachlichen Systems konstituieren. Somit richten sich standardsprachliche Texte nach den im Kodex verzeichneten und als standardsprachlich ausgewiesenen Varianten bzw. statuierten Normen, die wiederum gewonnen wurden durch die Auswahl aus Texten eines Korpus, die sich wiederum an Standardsprachlichkeit orientieren (bzw. dafür gehalten werden). Dies veranlasste Jäger (1971b: 165) dazu, diesen zirkulären Prozess mit einer etwas radikalen Metapher zu beschreiben: „Die kodifizierte Norm richtet

---

[94] Siehe hierzu auch die Anmerkungen in Felder (2003: 477).

sich nach Texten, die sich nach der kodifizierten Norm richten: Im biologischen Bereich nennt man so etwas Inzucht." Als Nachschlagewerke für den standardsprachgemäßen Gebrauch gelten in Deutschland die Kodizes des Duden-Verlags, allen voran der Orthographieduden bzw. das amtliche Regelwerk für Schule und öffentliche Verwaltung. Diese Kodizes haben autoritativen Charakter insofern, als Normautoritäten wie z.B. Lehrer sich auf diese berufen können, um Normativitätsansprüche zu begründen und durchzusetzen (vgl. Ammon 2005: 34–35). Zwar beansprucht der Duden für sich – außerhalb seiner legitimierten Verwendungskontexte, in denen er präskriptiv wirkt – einen deskriptiven Status, doch lässt sich auch eine normative Wirkung solcher Wörterbücher außerhalb seiner durch die Kultusministerien der Länder legitimierten Verwendungskontexte annehmen (vgl. Ripfel 1989; Wermke 2005; Beuge 2016).[95] Inwiefern ein Kodex eine Rolle für das „kommunikative Orientierungsbewusstsein" (Klein 2014: 225) einer Sprachgemeinschaft spielt, kann empirisch zwar nur schwer ermittelt werden, *dass* dieser aber (meta- wie objektsprachlich) eine Rolle spielt, sehen allerdings Schmidlin (2011: 47), Klein (2013: 225) und Scharloth (2006: 84) als unstrittig an. So erscheint es auch wenig überraschend, dass sich gerade für die in den Kodizes statuierten Normformulierungen, als Produkte eines institutionellen Diskurses, eine hohe (meta)sprachliche Bewusstheit entwickelt hat und diese „aus der Sicht der Benutzer den materialisierten invarianten Idealzustand einer Sprache" (Schmidlin 2011: 51) darstellen. Dieser Umstand kann aus einem Bündel unterschiedlicher Faktoren resultieren, wie sie Ripfel (1989: 204) dargestellt hat: Dem allgemeinen Prestige, das einem Kodex oder dem Verlag anhaftet, Werbung seitens des Wörterbuchverlags, einer Vermittlung in Schulen oder der Benutzungssituation selbst, wenn der Benutzer mittels eines Kodex

---

95 Siehe hierzu auch Wiegand (1986), Püschel (1989) sowie Malkiel (1989). Ähnlich verhält es sich bei der Normierung der Aussprache und ihrer Kodifikation: Hier wurde einer nord- bzw. niederdeutschen schriftnahen Aussprache der (hochdeutschen) Schriftsprache aufgrund unterschiedlicher Kriterien wie hohe kommunikative Reichweite, Auftretenshäufigkeit, Wohllautung oder bestimmter phonetischer Distinktionen (vgl. Takahashi 1996; Besch 2003), aber auch aufgrund subjektiver auditiv-ästhetischer Eindrücke (vgl. von Polenz 1999: 255–262) Vorrang gewährt. Empirische Erhebungen der letzten Jahre haben gezeigt, dass die kodifizierten Aussprachevarianten in aktuellen Regelwerken den Gebrauchsstandard bzw. den tatsächlichen aktuellen Standardsprachgebrauch nur unzureichend repräsentieren (vgl. König 2000; Kleiner 2010; 2014).

Abhilfe bei einem sprachlichen Zweifelsfall schafft und dadurch eine positive Einschätzung entsteht bzw. verstärkt wird.[96]

Als dritte normsetzende Instanz können sprachwissenschaftliche Fachaber auch Laienlinguisten gelten, die in Sprachkonfliktfällen in Erscheinung treten oder Kritik an Normsetzungen ausüben können (vgl. Ammon 2005: 35–36), wobei diesen im Hinblick auf die Etablierung und Durchsetzung sprachlicher Normen eine eher untergeordnete Rolle zukommt.

Die vierte Dimension, Sprachnormautoritäten, sind Personen, „die über ausreichende Macht verfügen oder dies glaubhaft machen können, um das Sprachhandeln anderer Personen (der Normsubjekte) zu korrigieren" (Ammon 2005: 36).[97] Im schulischen Kontext sind dies in erster Linie Lehrer, durch die eine Vermittlung standardsprachlicher Normen erfolgt, da die standardsprachliche Sozialisation im Aufgabenfeld der Bildungsinstitution Schule liegt. Hier stellt sich, wie Ammon anmerkt, die Frage „inwieweit die Sprachnormautoritäten selber Normen setzen oder diese nur durchsetzen" (Ammon 2005: 36), wobei sich durch Untersuchungen wie die von Jäger (1971a), Braun (1979), Hannappel/Herold (1985), Good (1986/1987) oder Davies (2000; 2005; 2006; 2010) zeigt, dass bei den untersuchten Lehrern teilweise Uneinigkeit darüber herrscht, welche konkreten sprachlichen Formen als standardsprachlich anzusehen sind. Hinzu kommt, dass Lehrer zum Teil strenger und konservativer bewerteten, auch wenn der Kodex Varianten zuließ. Dovalil (2011) merkt zum diskursiven Charakter statuierter Normen im Spannungsfeld der sozialen Kräfte und deren empirischer Rekonstruktion an, dass es sich hierbei um einen „sozial dynamischen Diskurs" (Dovalil 2011: 65) handelt, „in dessen Rahmen die Normen einer Standardvarietät in den Interaktionen geschaffen, angezweifelt, umgebildet bzw. verteidigt werden (können)" (ebd.). Hieraus ergeben sich für die linguistische Forschung methodologische Konsequenzen, da man es „grundsätzlich nicht mit ‚ein für allemal fertigen Produkten' zu tun hat, sondern auf die empi-

---

96 Ein möglicher Ausweg aus diesem Dilemma wäre eine Trennung des Kodex in einen Produktions- und Rezeptionskodex, jedoch stellt Wermke (2005: 360–361) hierzu fest, dass diese Art einer Wörterbuchbenutzungskultur in Deutschland nicht gegeben sei.
97 Ammon (2005: 36) nennt hier „Amtsvorsteher [...] Verlagslektoren, früher auch Drucker, die Autoren korrigieren oder Redakteure und Direktoren in den Massenmedien". Zur Rolle dieser Sprachnormautoritäten im Hinblick auf die Konstituierung eines sprachlichen Standards und der Unterdrückung sprachlicher Variation siehe die Untersuchung von Cameron (2012) zum Englischen.

risch (verhältnismäßig schwer) erfassbare Dynamik angewiesen ist" (Dovalil 2011: 65–66).[98]

Eine weitere Frage, die sich in diesem Zusammenhang stellt, ist: Welche Legitimationskriterien führen dazu, dass sprachliche Phänomene als normkonform seitens der Sprecher (und normsetzenden Instanzen) interpretiert werden? Legitimität kann verstanden werden als Anforderung bzw. Bedingung, der ein sprachliches Phänomen genügen muss, um somit als normkonform zu gelten.[99] Legitimität stellt allerdings keine über- und interindividuell dauerhaft fixierten Inhalte oder gar *a priorische* Sachverhalte dar, sondern sie resultiert „aus Werten, für die intersubjektive Anerkennung unterstellt bzw. beansprucht wird" (Gloy 2004: 392).[100] Wenn also in den vorherigen Ausführungen herausgestellt wurde, dass das konstitutive Merkmal sprachlicher Normen ihre Verpflichtung ist, kann an dieser Stelle mit Gloy (2010: 29–30; Hervorh. im Orig.) konstatiert werden, dass diese Verpflichtung wertbezogen ist, denn es geht um:

> die Verpflichtung, einen bestimmten Wert zu verwirklichen – v.a. durch den Vollzug oder durch das Unterlassen bestimmter Handlungen. Im Fall von Sprachnormen handelt es sich um Werte wie die *Richtigkeit/Korrektheit* einer Sprachform, aber auch alternativ dazu um deren *Angemessenheit* oder *Zweckmäßigkeit* oder einfach nur um deren *Legalität* bzw. *Legitimität*.

Gloy unterscheidet als mögliche Legitimationskriterien unter anderem a) die *Strukturgemäßheit* der Sprachvarietäten im Sprachsystem, b) die *Zweckmäßigkeit* im Hinblick auf verständliches Sprechen sowie c) die *Belegbarkeit* im faktischen Sprachgebrauch (so z.B. Auftretenshäufigkeit oder Verwendungen bei kompetenten Sprechern).[101]

---

98 Ein bislang vernachlässigter Akteur in Rahmen der Hervorbringung einer Standardvarietät ist die wohl einflussreichste Größe in diesem Diskurs: der Sprachbenutzer selbst. So kritisiert Hundt, den Ansatz von Ammon aufgreifend, dass „[i]n manchen Definitionsversuchen [...] der Sprachbenutzer m.E. zu stark in den Hintergrund gedrängt [wird]" (Hundt 2009b: 117) und plädiert daher dafür, den Sprecher als treibende Kraft stärker in die theoretische Modellierung einzubeziehen, da dieser in Ammons Modell nur eine Umgebungsvariable darstellt, dieser aber als eigenständige Norminstanz angesehen werden kann (vgl. Hundt 2009b: 123). Feilke (2012: 150) konstatiert insbesondere für Prozesse der Durchsetzung statuierter Normen durch Sprachnormautoritäten wie Lehrer ein gravierendes empirisches Defizit.
99 Vgl. hierzu Gloy (1974: 239–282; 1975: 65–86; 1980: 366–367; 1998a: 397–399), der sich mit der Legitimation von Normen bzw. Normsetzungen innerhalb der Sprachwissenschaft kritisch auseinandersetzt.
100 Hierzu auch kritisch Heringer (1982).
101 Weitere Kriterien werden von Gloy (1980: 366–367; 1998a: 397–399) erwähnt, sollen aber an dieser Stelle nicht weiter erläutert werden, da es – wie bereits erwähnt – nicht das Ziel

Hierbei fragt das Kriterium der *Strukturgemäßheit* von Sprachvarietäten danach, ob einer bestimmten sprachlichen Erscheinung eine Entsprechung im Sprachsystem zukommt. Grammatikalität bzw. Richtigkeit oder auch Systemgemäßheit ist hier als ein zentrales Kriterium anzusetzen (vgl. Gloy 1975: 66), das verstanden werden kann im Kontext einer „Reduktion einer Normenpluralität mithilfe sprachstruktureller Argumente" (Gloy 1998a: 398). Varianten, denen Vorzug gewährt wird, müssen nicht zwangsläufig jene der (geschriebenen bzw. kodifizierten) Standardvarietät sein, auch wenn dies in den meisten Fällen wohl zutrifft, denn als Bezugsgröße für die Strukturgemäßheit kann prinzipiell jede Varietät einer Sprache dienen. Die Entscheidung darüber, welches sprachliche Phänomen als zu der Struktur einer bestimmten Varietät zugehörig und damit strukturgemäß ist, stellt somit eine variable Größe dar.

Dem Normkriterium *Zweckmäßigkeit* kommt bei der Beurteilung der Normgemäßheit sprachlicher Phänomene insofern eine Rolle zu, als vor allem funktionale Kriterien für die Bewertung sprachlicher Äußerungen von Relevanz sind. So lässt sich hinsichtlich dieses Legitimationskriteriums der *Zweckmäßigkeit* bzw. *Verständlichkeit* sprachlicher Äußerungen sagen, dass eine Äußerung in erster Linie so beschaffen sein muss, dass sie verstanden und interpretiert werden kann und „auf eine möglichst ökonomische Weise [...] die Verständigung (optimal) gewährleiste und deshalb normative Geltung beanspruchen könne" (Gloy 1975: 78).

Das letzte hier dargestellte Kriterium, die *Belegbarkeit* im faktischen Sprachgebrauch, kann sich aus der Auftretenshäufigkeit bzw. der Frequenz eines bestimmten sprachlichen Phänomens ergeben. So weist Gloy (1975: 80) darauf hin, dass „der zu einem bestimmten Zeitpunkt vorfindliche Sprachgebrauch immer auch die Manifestation gewisser normativer Orientierungen bezüglich effektiven, richtigen, prestigebesetzten Sprechens darstellt" und sich Sprecher somit an dem „bereits etablierte[n] Sprachgebrauch ‚jedermanns'" (Gloy 1998a: 398) oder dem „Sprachgebrauch von (kulturellen) Autoritäten" (ebd.) orientieren können. Warum bestimmte sprachliche Erscheinungen als normkonform anerkannt werden und andere als abweichend ausgeschlossen werden, lässt sich abschließend somit nicht ohne empirische Evidenz und unter Berücksichtigung des jeweiligen Einzelfalls klären.

Mit Blick auf das rekonstruktive Erkenntnisinteresse der vorliegenden Arbeit, lässt sich konstatieren, dass die genannten Klassifizierungen von Legitimationskriterien zunächst nur heuristischen Charakter haben, zumal betont wer-

---

dieser Arbeit ist, eine vollständige Darstellung dieser Legitimationskriterien zu entwickeln, sondern aus dem Untersuchungsmaterial selbst diese induktiv zu gewinnen.

den muss, dass die jeweiligen Kriterien nicht nur einzeln, sondern auch in Kombination auftreten können, was zu Überschneidungen führen kann. Die von Gloy ermittelten Legitimationskriterien sollen insofern fruchtbar gemacht werden, als ihre Anwendung auf das vorliegende Material erprobt wird, um hieraus ggf. eine deduktiv-induktiv konstruierte Typologie laienlinguistischer Legitimationskriterien zu erstellen, die als offen und unabgeschlossen angesehen werden kann. Zudem sollen die zuvor genannten normsetzenden Instanzen in Rückbindung an das empirische Material dieser Arbeit eine laienlinguistisch-inhaltliche Konkretisierung insofern erfahren, als durch die Ermittlung einzelner Instanzen (wie z.B. Modellsprecher) das (theoretische) Modell des sozialen Kräftefeldes der Standardvarietät empirisch ‚mit Leben gefüllt' wird.

2.4 Zusammenfassung und methodologische Konsequenzen

Das Anliegen dieser Untersuchung ist die Erhebung, Analyse, Interpretation und in Folge dessen eine Rekonstruktion der Inhalte und Strukturen eines laienlinguistischen Sprachnormwissens. Dies bedeutet zugleich eine Auseinandersetzung mit alltäglichen Wissensbeständen in Form gesellschaftlicher zeichengebundener Konstruktionen, denen eine Relevanz im Rahmen eines menschlichen Wahrnehmens und Handelns zukommt. Diese alltäglichen Wissensbestände linguistischer Laien wurden vor dem Hintergrund einer sozialphänomenologisch orientierten wissenssoziologischen Perspektive terminologisch als *Alltagswissen* (vgl. Kap. 2.2.1) bzw. in Bezug auf sprachliche Phänomene als *sprachbezogenes Alltagswissen* oder kurz: *Sprachwissen* (vgl. Kap. 2.2.2) definiert.

Wie aus den vorangegangenen Ausführungen deutlich geworden ist, liegt dieser Arbeit ein Verständnis von Sprachnormen als kognitive Größen zugrunde, das Sprachnormen als Produkte gesellschaftlicher Austauschprozesse, subjektiver Vermittlung und subjektiver Interpretationen ansieht und die ein entsprechendes Sprachnormwissen konstituieren. Diesen kommt in der Lebenswelt des Alltags zum einen eine grundlegende soziale Funktion zu, weil sie das koordinierte sprachliche Handeln von Individuen und die gesellschaftliche Integration des jeweiligen Individuums ermöglichen. Zum anderen besitzen diese für die einzelnen Subjekte eine komplexitäts- und kontingenzreduzierende Funktion und sind somit von grundlegender epistemologischer Relevanz für die Interpretation der sinnhaft konstituierten Welt. Bedingt durch eine Praxisorientiertheit menschlicher Individuen zur Bewältigung alltäglicher Gegebenheiten und der Anpassung an die Gegebenheiten der Lebenswelt des Alltags stellen Sprachnormen gesellschaftlich verbindliche Handlungsanweisungen dar, die den Bereich sprachlich-kommunikativer Tätigkeiten umfassen (vgl. Gloy 1979: 18). In Erscheinung treten können diese u.a. als Externalisierung eines diesbezüglichen Wissens über solche Handlungsweisen, so z.B. in Prozessen intersubjektiver Vermittlung mittels ihrer Formulierung in sprachlich-symbolischen Zeichen. Durch eine solche Externalisierung können Sprachnormen und auch ein diesbezügliches Sprachnormwissen schließlich auch forschungspraktisch handhabbar gemacht werden. Gerade aufgrund des sozial konstruierten, intersubjektiv-vermittelbaren Charakters dieses Wissens in seiner empirischen Erscheinungsweise in Form sprachlich-symbolischer Reräsentationsformate, bei denen eine potenzielle Mitteilbarkeit und somit Externalisierung gegeben ist, kann überhaupt erst eine empirisch geleitete Rekonstruktion der Inhalte und Strukturen eines laienlinguistischen Sprachnormwissens erfolgen.

Geht man davon aus, dass sprachlich-kommunikative Produkte und Handlungen des Individuums im Laufe der Sozialisation von anderen Sprechern u.a. durch Metakommunikation „bestätigt und gefestigt, aber auch ergänzt und korrigiert [werden] [...] durch Urteile der Kommunikationsgemeinschaft über die in dieser Gemeinschaft erwünschte Art und Weise" (Hartung 1977: 17), dann existiert folglich ein Maßstab, der hier von Hartung als „erwünschte Art und Weise" benannt wird. Es kann davon ausgegangen werden, dass sich Sprecher bei ihren sprachlich-kommunikativen Handlungen von diesem Maßstab leiten lassen und anhand dieses Maßstabes somit im Umkehrschluss die Möglichkeit besteht, sprachlich-kommunikative Handlungen sowie deren Produkte als beispielsweise *gut*, *richtig* oder auch *schlecht*, *falsch* zu bewerten. Sprecher stellen allerdings nicht nur fest, dass es Handlungen oder Handlungsprodukte gibt, die als *gut* oder *schlecht* bewertet werden und als solche auch erlernbar sind, sondern sie stellen ebenso fest, dass es Begründungen für diese Bewertungen gibt. Eine Bewertung sprachlich-kommunikativer Produkte und Handlungen in Form metasprachlicher Äußerungen sowie diesbezügliche Begründungen, die eine Sprache, sprachliche Handlung oder ein Handlungsprodukt (de)legitimieren und als (nicht) normkonform ausweisen, lassen nicht nur Rückschlüsse auf die Bewertung von Sprache zu, sondern geben ebenso Auskunft über kollektiv geteiltes Wissen einer Sprachgemeinschaft. Somit können metasprachliche Äußerungen in Bezug auf sozial erwünschte sprachliche Handlungen und Produkte als „extrapersonale und materiell-manifestierte Wissensrepräsentationen" (Konerding 2014: 61) dieses intersubjektiven, diskursiv abgeglichenen, sozial vermittelten und in Form sprachlich-symbolischer Zeichen externalisierten Sprachnormwissens angesehen werden.

Für eine empirisch-rekonstruierend verfahrende Sprachnormenforschung ist diese Externalisierung und somit prinzipielle Mitteilbarkeit von zentraler

Relevanz, denn erst aufgrund dieser Eigenschaft ist es überhaupt möglich eine rekonstruierend verfahrende Analyse vorzunehmen. Aufgrund des ontologischen Status von Sprachnormen als hermeneutisch zu rekonstruierende Größen bedarf es im Rahmen dieser Arbeit somit einer Vorgehensweise, die nicht nur interpretativ vorgeht, sondern dieses Vorgehen auch transparent bzw. nachvollziehbar macht. Ferner sollte es deren Ziel sein, alltägliche Wissensbestände zu rekonstruieren und diese innerhalb der subjekteigenen Kontexte bzw. Relevanzsysteme interpretieren zu können. Eine solche konkrete methodische Vorgehensweise lässt sich im Rahmen eines „methodisch kontrollierten Fremdverstehens" (Kallmeyer 2005: 979) innerhalb qualitativer Forschung finden, die über eine fundierte Methodologie und Gütekriterien für qualitative Methoden verfügt und im nächsten Kapitel dargelegt wird.[102]

Eine solche qualitativ und interpretativ orientierte Methodologie empirischer Sprachnormenforschung wurde bereits von Gloy (1997) in seinem programmatischen Beitrag gefordert und auch Dovalil (2013c: 68) befürwortet eine solche qualitativ orientierte Methodologie, die Normen als „Ergebnisse eines interpretierenden Schlussverfahrens bzw. als Resultat interpretierender Rezeptionsprozesse" ansieht. Allerdings sind Erhebungsmethoden, Ergebnisse und die hieraus resultierenden Schlussfolgerungen methodologisch zu reflektieren, wie Gloy (2012a: 30) betont:

> Die Berechtigung, Sprachnormen über Befragungen in Erfahrung zu bringen, stützt sich u.a. auf die Unterstellung, dass man den Antworten bescheinigen darf, gedankliche Abbilder des erfragten Norminhalts widerzuspiegeln, und nicht etwa, etwas vorzutäuschen. Selbst dann ist aber nicht auch schon entschieden, ob es sich bei den Antworten um Wünsche, Befürchtungen oder neutrale Aussagen über existierend geglaubte Normen handelt, ob also die fragliche Norm affirmiert, abgelehnt oder einfach konstatiert wird. Man erlangt mit Befragungen (im günstigen Fall) Kenntnisse über Normenwissen, nicht aber schon etwas über die soziale Geltung dieser Normen. Sodann: Wenn keine besonderen Gründe dagegen sprechen, darf man davon ausgehen, dass die von den Befragten zum Ausdruck gebrachten Norm-Urteile in irgendeiner Beziehung zu ihrem eigenen Verhalten stehen. Allerdings darf man sicherlich keine 1:1-Entsprechung unterstellen.

Somit müssen im Rahmen einer so verfahrenden Sprachnormenforschung gewisse methodisch-methodologische Einschränkungen gemacht werden: Eine Äußerung wie *Wenn man ständig nuschelt, dann ist das kein gutes Deutsch* lässt sich demnach nicht als Norm *sensu stricto* interpretieren, sondern ist vielmehr eine metasprachliche Aussage, die das Wissen über eine Norm kundgibt. So kann eine solche Aussage bezüglich einer Orientierung an einer (oder mehre-

---

[102] Siehe hierzu v.a. die Ausführungen in Kap. 3.1 bzw. 3.2.

ren) Norm(en) – wie es das obige Zitat von Gloy ausdrückt – nur Evidenz bezüglich einer Kenntnis bieten, nicht aber zwangsläufig über soziale Geltung. So ist die Elizitierung von Bewertungen sprachlich-kommunikativer Produkte und Handlungen in Form metasprachlicher Äußerungen sowie diesbezüglicher Begründungen, die eine sprachliche Handlung oder ein Handlungsprodukt als (nicht) normkonform ausweisen, zwar problemlos möglich und gibt im besten Fall Rückschlüsse auf die Bewertung von Sprache, jedoch können diese Aussagen – wie bereits erwähnt – nur eine *mögliche* Orientierung und Geltung von Sprachnormen aufzeigen (vgl. Gloy 2012a: 38).

Hierbei können Aussagen bezüglich der Ausführung oder Unterlassung sprachlicher Handlungen und Beschaffenheiten sprachlicher Produkte auch ohne Indikatoren im Sinne einer deontischen Normenlogik eine Normativität ausdrücken. Allerdings muss dabei der grundlegenden Unterscheidung zwischen *Norm* als eine gedankliche, abstrakte Größe zum einen und der Normiertheit oder Normgemäßheit einer sprachlichen Tätigkeit oder eines sprachlichen Produktes zum anderen Rechnung getragen werden. Es kann davon ausgegangen werden, dass metasprachliche Urteile wie *Gutes Deutsch ist, wenn man deutlich spricht* metonymisch auf eine Norm verweisen und Normativität indizieren, insofern man unterstellt, dass „Weil die Handlung X gut ist, muss man sie tun" (Kalinowski 1972: 9) gilt. Die Bewertung eines Verhaltens, die hiermit ausgedrückt wird und auf eine bestimmte Regulation des Handelns abzielt, verbindet sich also mit einem normativen Element insofern, als eine *gute Handlung* eine nach bestimmten Kriterien positiv bewertete Handlung ist, die sich als eine bessere oder erwünschtere und somit normkonforme(re) Handlung (gegenüber einer anderen Handlung) darstellt (vgl. Lautmann 1969: 29; Gloy 1974: 31; Heringer 1974: 69). Dadurch kann eine empirisch geleitete und hermeneutisch-rekonstruierend verfahrende Sprachnormenforschung metasprachliche Aussagen linguistischer Laien über sprachliche (Non)Normkonformität ebenfalls zu ihrem Gegenstandsbereich zählen (vgl. auch Gloy 1998a). Sprachnormen sollen, die bisherigen Ausführungen zusammenfassend und in Anlehnung an die von Gloy (1979: 31) gegebene Definition,[103] schließlich im Kontext dieser Arbeit verstanden werden als:

---

[103] „Jene Teilmenge sozialer Normen, die durch Werturteile, Aufforderung und/oder normative Erwartung den Umfang der zulässigen Sprachmittel – in Abhängigkeit von Faktoren der jeweiligen Handlungssituation – eine spezifische Auswahl dieser Mittel bestimmen, vorschreiben oder auch nur empfehlen. Sprachnormen – gleichgültig, ob formuliert oder nicht – legen den Umfang, die Auswahl und den Gebrauch sprachlicher Phänomene orthographischer, orthoepischer, morphologischer, lexikalischer, syntaktischer, stilistischer, pragmatischer und textualer Art fest. Sie können simpler Natur sein und sich zum Beispiel auf ein einzelnes Phä-

> Intersubjektiv existierende kognitive Einheiten eines sozial abgeglichenen und sozial vermittelten Sprachnormwissens über sprachlich-kommunikative Phänomene jeglicher Komplexität, die die Auswahl, den Umfang, den Gebrauch und die Evaluation von Sprache in mündlicher wie schriftlicher Realisationsform bestimmen, vorschreiben oder empfehlen und als Externalisierungen eines entsprechenden Sprachnormwissens empirisch in Erscheinung treten können.

Weiterhin soll in Anlehnung an die gemachten Ausführungen in Kap. 2.2.1 zum (Alltags)Wissensbegriff und im Rückgriff auf die von Konerding (2014: 60) gegebene Definition von *Wissen* ein diesbezügliches Sprachnormwissen wie folgt verstanden werden:

> Sprachnormwissen bezieht sich auf Vorstellungen über sprachlich-kommunikative Phänomene jeglicher Komplexität, die – im Rückgriff auf Sprachnormen – als erwünscht, richtig, gut oder auch vorbildlich angesehen werden sowie auf diesbezügliche grundlegende Beschreibungs- und Bewertungskategorien. Dieses Sprachnormwissen kann in Form seines Repräsentationsformats (sprachlich-symbolische Zeichen) externalisiert werden und in Gestalt metasprachlicher Äußerungen empirisch als Normformulierungen in Erscheinung treten.

Im Folgenden soll nun durch die Analyse metasprachlicher Äußerungen linguistischer Laien dieses Sprachnormwissen bzw. dessen Inhalte und Strukturen in einem hermeneutischen Prozess rekonstruiert werden. Um diesem Anliegen nachzukommen, werden im nächsten Kapitel dieser Arbeit die methodologisch-methodischen Grundlagen eines interpretativ-hermeneutischen Ansatzes vorgestellt.

---

nomen beziehen; sie können auch so komplex sein, daß sie zum Beispiel eine ganze Sprachvarietät definieren. Sprachnormen spiegeln Vorstellungen von Richtigkeit und Angemessenheit des Sprachgebrauchs wider" (Gloy 1979: 31).

3 Methodik, Korpus und Kategoriensystem

Eine empirisch geleitete Rekonstruktion der Inhalte und Strukturen eines laienlinguistischen Sprachnormwissens zieht – wie anhand der Ausführungen im letzten Kapitel deutlich wurde – zwangsläufig theoretisch-methodologische Konsequenzen nach sich. Sprachnormen als Einheiten eines sprachbezogenen Wissens sind aufgrund des sich aus dieser Konzeptualisierung ergebenden ontologischen Status keine direkt beobachtbaren empirischen Gegebenheiten. Ein so beschaffenes Sprachnormwissen kann im Rahmen einer empirisch geleiteten Forschung somit lediglich indirekt beobachtet werden und in einem hermeneutisch-rekonstruierenden Prozess der Analyse diesbezüglicher Externalisierungen dieses Sprachnormwissens in Form sprachlich-symbolischer Zeichen erfolgen. Durch eine so beschaffene Analyse kann dieses Wissen somit empirisch zugänglich und forschungspraktisch handhabbar gemacht werden, was im Rahmen dieser Arbeit unter Bezug auf einen qualitativ-hermeneutischen Ansatz geschieht, der nun aufgezeigt und expliziert wird.

3.1 Zur Methodologie einer qualitativ-hermeneutischen Forschung

Die Verfahren, durch die Mitglieder einer Gesellschaft soziale Realität herstellen bzw. in einem interpretativen Prozess deuten, unterscheiden sich nicht von jenen, die zu einer (Re)Konstruktion der Inhalte und Strukturen alltäglicher Wissensbestände beitragen, legt man zugrunde, dass Menschen Wissen gemäß ihrer Dispositionen auslegen und deuten. So besteht aus erkenntnistheoretischer Sicht kein Unterschied zwischen der Lebenswelt des Alltags und der Wissenschaft, denn der Wissenschaftler hat keinen privilegierteren, entsubjektivierten Zugang zur Realität als der Laie oder steht gar in Objektrelation zu dieser. Dies beschreibt Hitzler (2009: 85–87, Hervorh. im Orig.) als phänomenologisches Dilemma:

> Wie können andere Menschen verstanden werden, wenn kein direkter Zugang zu ihrem Bewusstsein möglich ist? Und die phänomenologische Analyse zeigt, dass das alter ego eben nur ‚signitiv', also über Zeichen und Anzeichen vermittelt, verstanden werden kann. Der Verstehensakt besteht daher stets in einer Selbstauslegung des Deutenden auf der Basis *seines* biographischen bestimmten Wissensvorrates und ausgerichtet an *seinem* situativen Relevanzsystem. Infolgedessen sind dem Deutenden stets nur fragmentarische Ausschnitte des fremden subjektiven Sinnzusammenhangs zugänglich. [...] Da Erleben, Erfahren, Handeln im phänomenologisch strengen Sinne eine primordiale, ausschließlich dem erlebenden, erfahrenden, handelnden Subjekt selber ‚wirklich' zugängliche Sphäre

ist, sind sogenannte objektive Faktizitäten auch nur als subjektive Bewusstseinsgegebenheiten überhaupt empirisch (evident) fassbar.

Während also Verstehen prinzipiell vollständig, kontinuierlich und weitestgehend unproblematisch möglich ist, ist ein Fremdverstehen hingegen mit gewissen Problemen und Einschränkungen behaftet, denn es geschieht in „Auffassungsperspektiven" (Soeffner 2009: 165). Diese Fremdperspektiven sind zwar erfahrbar, aber dennoch als Deutungen des Nicht-Egos lediglich eine „virtuell übernommene Perspektive" (Reichertz 1999: 333). Fremdverstehen ist nur partiell und zweifelhaft möglich, da es nicht auf eigenen Erfahrungen beruht, sondern auf Unterstellungen, was u.U. zu einer Abweichung von dem Sinn führen kann, den Alter Ego einer Erfahrung oder einem Ereignis verliehen hat (vgl. Soeffner 2009: 165–166).

Neben dieser aus epistemologisch-phänomenologischer Perspektive konstatierten Gemeinsamkeit und weiteren Gemeinsamkeiten, wie u.a. dem Zugriff auf Manifestationen alltäglichen Wissens einer bereits sinnhaft konstruierten bzw. vor- und ausgedeuteten Welt ergeben sich zwischen der Lebenswelt des Alltags und der der Wissenschaft allerdings auch Unterschiede. Dies betrifft den höheren Formalisierungs- und Institutionalisierungsgrad wissenschaftlicher Verstehens- und Erklärensprozesse, insbesondere Unterschiede zwischen informellen und unsystematischen Beobachtungen im Rahmen alltäglicher Verstehensprozesse und zielgerichteten, reflektierten und systematischen wissenschaftlichen Beobachtungs- und Verstehensprozessen. Zudem besteht der Anspruch, verzerrende Faktoren wie z.B. selektive Wahrnehmung oder auch Dissonanzvermeidung zu vermeiden, ebenso wie unsystematische Schlussfolgerungen, so dass eigene Erwartungen, Vorurteile, eine Verallgemeinerung von Ergebnissen sowie eine oberflächliche und undifferenzierte Argumentation möglichst ausgeschlossen werden. Es besteht im Rahmen eines wissenschaftlichen Verstehens nicht nur der Anspruch, durch Reflexion sich der Voraussetzungen und Methode des eigenen Verstehens bewusst zu werden, sondern dieses Verstehen erfolgt auch vor dem Hintergrund einer Handlungsentbundenheit von alltagspragmatischen Kontexten.

Möchte man sich nun alltäglichen Wirklichkeitskonstruktionen im Rahmen einer qualitativ-hermeneutischen Forschung nähern, ist es notwendig, eine Möglichkeit zur Erschließung und auch zum Verstehen und Erklären dieser Konstruktionen zu entwickeln. Eine solche Vorgehensweise bildet im Rahmen einer qualitativen Forschung das „methodisch kontrollierte Fremdverstehen" (Kallmeyer 2005: 979), das darauf abzielt, diese alltäglichen Konstruktionen zu rekonstruieren, um sie beschreiben, verstehen und erklären zu können und dies auf einem möglichst methodisch kontrollierten und nachvollziehbaren Weg. So genügt es allerdings nicht, diese alltagsweltlichen Konstruktionen lediglich zu reproduzieren. Möchte man diesen Konstruktionen wissenschaftlich begegnen, ist es notwendig, diese mittels (wissenschaftlicher) Kategorisierungen für eine Analyse handhabbar zu machen bzw. in einem hermeneutisch-interpretativen Prozess zu rekonstruieren. Diese im Anschluss an Schütz (1971: 80) als „Konstruktionen 2. Ordnung" bezeichneten Konstruktionen sind wissenschaftstheoretisch „kontrollierte, methodisch überprüfte und überprüfbare, verstehende Rekonstruktionen der Konstruktionen 1. Ordnung" (Soeffner 1999: 41), also Konstruktionen der Wirklichkeitskonstruktionen der Lebenswelt des Alltags. Unabdingbare Voraussetzung für eine solche Rekonstruktion und nachvollziehbare Interpretationen ist, dass diese in Datenform vorliegen. Wissenschaftliche, empirisch geleitete Rekonstruktionen und auch verfahrenstechnisch nachvollziehbare Interpretationen können somit lediglich auf der Grundlage von bereits abgeschlossenen und in Datenform vorliegenden Repräsentationen erfolgen.

Eine solche Vorgehensweise zeichnet sich nicht nur durch eine vorherige Fixierung der Daten aus, sondern auch durch eine Offenlegung und Nachvollziehbarkeit der Interpretationsschritte und des Vorwissens, womit dem Gütekriterium einer *intersubjektiven Nachvollziehbarkeit* qualitativer Forschung Rechnung getragen werden soll. Es müssen somit Regeln entwickelt werden, nach denen eine Überprüfung dieser Interpretationen durch andere Forscher ermöglicht wird. Somit kann diese Vorgehensweise auch der methodologischen Warnung Gloys (1995: 87) Rechnung tragen:

> Ansätze, die gezielt das Sprachnormwissen und -bewußtsein der Sprecher thematisieren, haben die besseren Chancen gesellschaftliche Realität zu rekonstruieren. Sie müssen sich allerdings ihre Distanz zu den Ideologemen dieses Alltagsbewußtseins gesondert erarbeiten. Ansätze, die jenes Wissen unthematisiert lassen, laufen Gefahr, einen Unterschied zwischen sinnstiftenden Kategorien der Handlungsebene und explanativen Kategorien der Theorieebene zu übersehen oder zu verharmlosen.

So ist das Bestreben qualitativer Verfahren, Erkenntnisse über alltagsweltliche Konstruktionen auf einem weitestgehend methodisch kontrollierten und intersubjektiv nachvollziehbaren Weg zu erlangen. Es geht also in erster Linie um die Möglichkeit und die Strategien einer methodischen Kontrolle (und Nachvollziehbarkeit) von Interpretationsprozessen (vgl. Kallmeyer 2005: 981). Ausgeschlossen werden kann und sollte allerdings hierbei nicht, dass auch andere Vorgehensweisen und Interpretationen möglich sind, wobei der Anspruch ist, Interpretationsprozesse und Vorannahmen offen zu legen und nachvollziehbar zu machen, was ein Vorgehen erfordert, das eine methodische Systematik aufweist (vgl. Keller 2011: 274).

Der Terminus *qualitativ* bildet in diesem Zusammenhang eine Sammelbezeichnung für unterschiedliche Ansätze aus verschiedenen geistes-, kultur- und gesellschaftswissenschaftlichen Disziplinen, die jeweils unterschiedliche Fragestellungen, Forschungsperspektiven und Grundannahmen aufweisen (vgl. Kallmeyer 2005: 978–979). So bemerkt Steinke (1999: 15), dass es keine allgemeingültig-verbindliche Definition dessen gibt, was unter diesem Terminus zu verstehen sei und Knoblauch sieht gar, dass die jüngeren Entwicklungen so vielfältig seien, dass ihre Darstellung in einer bloßen Auflistung münden würde, „die kaum unterhaltsamer wäre als etwa die alttestamentarische Genealogie der Söhne Noahs" (Knoblauch 2014b: 74).[104] Festgehalten werden kann allerdings, dass qualitative Vorgehensweisen sich dadurch auszeichnen, dass sie „verstehend rekonstruierende, von der Beobachtung der Gegenstände abgeleitete und auf die Typik der Gegenstände [...] ausgerichtete Verfahren" (Kallmeyer 2005: 978) darstellen, also eine gegenstandsadäquate methodologische Konzeption im Vordergrund steht.[105]

Hierbei zeichnet sich eine qualitative Forschungsstrategie (in Abgrenzung zu einer quantitativen) durch Unterschiede hinsichtlich der Datenformen (quantitativ messbare bzw. quantifizierbare numerische Größen vs. nominal skalierte sprachlich-symbolische Konstruktionen), der Rahmenbedingungen des Datengewinns (standardisiert vs. nicht oder wenig standardisiert) sowie hinsichtlich der Methoden des Datengewinns und der Datenanalyse aus. Auch werden – anders als bei einer quantitativ-linearen Forschungsstrategie – nicht die einzelnen Phasen des Forschungsprozesses sukzessive durchlaufen. Eine qualitative Vorgehensweise sieht vielmehr eine zirkuläre Forschungsstrategie sowie ein mehrmaliges Durchlaufen einzelner Analyseschritte vor. Dieses Vorgehen bietet somit die Möglichkeit der Erweiterung des Vorverständnisses aufgrund der im Rahmen der Analyse bereits gewonnenen Erkenntnisse. Dies führt – aufbauend auf den vorherigen Schritten bzw. deren Ergebnissen – zu einem erweiterten Gegenstandsverständnis, was zugleich eine Integration einer heuristischen Vorgehensweise in sämtliche Phasen des Forschungsprozesses bedeutet.[106]

---

104 Einen Überblick über die Literatur zur qualitativen Forschung liefert Ohlbrecht (2010).
105 Gegenstandsadäquatheit oder auch Gegenstandsangemessenheit meint in diesem Zusammenhang, dass die Methode an ihrem Untersuchungsgegenstand entwickelt und ausgerichtet wird, nicht umgekehrt. Entsprechend müssen Methoden so ausgewählt werden, dass sie der Komplexität des Gegenstandes gerecht werden und eine möglichst breite Erfassung des zu untersuchenden Phänomens und dessen Strukturen erlauben.
106 Quantitative und qualitative Methoden sind allerdings nicht zwangsläufig unterschiedlichen Paradigmen unterzuordnen und daher nicht grundlegend inkompatibel. So sehen Kelle/Erzberger (2012: 304–308) in der Kombination beider Zugänge das Potenzial einer Integrati-

Dieses zirkulär-heuristische Vorgehen hat allerdings methodologische Konsequenzen insofern, als Objektivität nicht zu erreichen ist. Diese Unmöglichkeit von Objektivität ist allerdings „nicht ein Mangel, sondern Ausgangspunkt qualitativer Forschung, daher kann es nicht um anzustrebende Objektivität gehen, sondern um einen anzustrebenden angemessenen Umgang mit Subjektivität" (Helfferich 2011: 155). Eine Objektivität kann es bei der Analyse von komplexen Texten – wie im vorliegenden Fall teilstandardisierte qualitative Interviews – allein schon aus dem Grund nicht geben, da das Urteil über eine Textsequenz von verschiedenen Faktoren abhängt und die Komplexität dieser Texte mehr als eine Deutungsmöglichkeit bzw. Ableitung aus diesen zulässt (vgl. Knapp 2005: 27).

Ein Messen der Güte qualitativer Forschung anhand von Kriterien, die für eine quantitative Forschung entwickelt wurden und daher andere methodologische, wissenschaftstheoretische und erkenntnistheoretische Grundannahmen aufweisen, kann also aufgrund der geringen Standardisier- sowie Formalisierbarkeit nicht erfolgen. So lässt sich die Güte einer solchen Untersuchung nicht an punktuellen Einzelmerkmalen festmachen, sondern es stehen Konsistenz und Systematik des gesamten Forschungsprozesses als Gütekriterien im Vordergrund (vgl. Deppermann 2008: 105). Ziel ist keine Verallgemeinerbarkeit, sondern der Fall bzw. die Fälle sollen Aufschluss über ein Phänomen und seine unterschiedlichen Facetten geben bzw. soll die Komplexität des untersuchten Phänomens erfasst werden, was sich nicht quantitativ in der Zahl der Fälle niederschlägt, sondern im Informationsgehalt des Falles in Bezug auf das untersuchte Phänomen. So müssen Gütekriterien wie *Reliabilität* oder *Validität* für eine qualitative Forschung relativiert werden, denn diese im Rahmen einer quantitativ-standardisierten Forschung entwickelten Kriterien sind für eine qualitativ hermeneutisch-rekonstruierend verfahrende Forschung nicht oder

---

on von quantitativen und qualitativen Forschungsergebnissen, wobei allerdings diese Ergebnisse, die dann mit entsprechenden Methoden erzielt werden können, weder grundsätzlich konvergieren noch ein stimmiges Gesamtbild abgeben müssen, denn vielmehr können diese nicht nur konvergieren, sondern sich ebenso komplementär zueinander verhalten oder divergent sein. Eine Übersicht über Forschungen, die methodisch-methodologische Grundlagen für eine Integration beider Ansätze entwickeln, findet sich bei Kelle/Erzberger (2012), wo auch die Frage nach der Integration der Forschungsergebnisse beider Ansätze diskutiert wird. Zu den theoretischen Grundlagen der Kombination qualitativer und quantitativer Methoden vgl. Kelle (2007). Siehe auch das methodologische Konzept der *(between-method) Triangulation*, vgl. Flick (2012: 311) sowie *Mixed Methods*, vgl. Kuckartz (2014) sowie Kelle (2019).

nur bedingt anwendbar (vgl. Saldern 1995; Wolf 1995).[107] Statt einer im Rahmen quantitativer Forschung beanspruchten intersubjektiven Überprüfbarkeit ist daher eine *intersubjektive Nachvollziehbarkeit* des Forschungsprozesses anzustreben, was maßgeblich durch das Hauptkriterium der Dokumentation des Forschungsprozesses bzw. der einzelnen Schritte und Entscheidungen, die diesem innewohnen sichergestellt ist. So unter anderem die Dokumentation des Vorverständnisses, der Erhebungsmethoden, des Erhebungskontextes, der Transkriptionsregeln, der Daten, der Auswertungsmethoden, der Informationsquellen, der Entscheidungen und Probleme sowie der Kriterien, denen die Arbeit genügen soll. Wichtig ist dabei, dass nicht nur die Erhebungs- und Auswertungsmethoden hinsichtlich ihrer Angemessenheit beurteilt werden sollten, sondern der gesamte Forschungsprozess (vgl. Steinke 2012: 324–328).

Zwar werden methodologische Verortungen einer qualitativen Forschung häufig in Abgrenzung von jenen Methodologien, die auf Standardisierung und Quantifizierung abzielen, vorgenommen (vgl. Meinefeld 2012: 265), jedoch ergeben sich auch Probleme hinsichtlich der Verwirklichung qualitativer Forschungsziele durch diese „Selbstverortung mittels Abgrenzung" (Meinefeld 2012: 265), was besonders den Umgang mit Hypothesen betrifft. Während bei quantitativer Forschung eine Formulierung von ex-ante Hypothesen nahezu unvermeidlich ist, um „Theorieladung jeglicher Wahrnehmung wie auch die unumgängliche Selektivität jeglicher Forschung" (Meinefeld 2012: 266) systematisch zu kontrollieren (was in erster Linie der Bewusstmachung, Kontrolle und Aktivierung des Vorwissens sowie der Begrenzung als auch Anleitung folgender Forschungsschritte dient) wird dieser Prozess der Formulierung in der qualitativen Methodologie überwiegend abgelehnt. Hierdurch soll ein möglichst offener Blick des Forschers auf das zu untersuchende Phänomen ermöglicht werden.[108] Das aus dieser Forderung nach Voraussetzungslosigkeit resultierende erkenntnistheoretische Problem liegt auf der Hand: Die Konstitution des Untersuchungsgegenstandes stellt nämlich bereits eine das zu diesem Zeitpunkt vorherrschende Vorwissen aktivierende und aktive Leistung des Forschers dar und kann somit nicht voraussetzungslos geschehen. Somit steht eine Formulierung konkreter Forschungsfragen dieser Offenheitsforderung entgegen, da schon im

---

107 Siehe hierzu auch Knapp (2005), der sich mit den Qualitätskriterien inhaltsanalytischer Verfahren aus einer linguistischen Perspektive auseinandersetzt und in Anlehnung an Bucher/Fritz (1989) Qualitätskriterien formuliert.
108 Dies geschieht beispielsweise im Rahmen der *grounded theory*, vgl. Glaser/Strauss (2005), bei der theoriebildend/hypothesengenerierend verfahren wird, um so theoretische Konzepte und Kategorien aus der Empirie heraus zu entwickeln.

Vorwege (implizit) theoretische Annahmen in die Empirie mit einfließen. Dies kann unter Umständen zu Beschränkungen wie selektiver Wahrnehmung und eingeschränkter Interpretationsperspektiven führen und die Entwicklung alternative Sichtweisen verhindern (vgl. Deppermann 2008: 19). Einen Ausweg aus diesem Dilemma stellt der Vorschlag von Meinefeld (2012: 271–272) dar, die Reflexion des Vorwissens in einer qualitativen Methodologie zu berücksichtigen und zu integrieren:

> Es kann eben nicht darum gehen, einer Erfassung der sozialen Realität in Kategorien des Forschers eine «reine» Rekonstruktion der Sichtweise der Handelnden entgegenzustellen: Es ist immer nur möglich, die Kategorien anderer Personen auf der Basis der eigenen Kategorien zu verstehen [...]. Man muss die grundsätzliche Einschränkung akzeptieren, dass jede Wahrnehmung nur unter Rückbezug auf die je eignen Deutungsschemata Bedeutung gewinnt, also das Vorwissen unsere Wahrnehmungen unvermeidlich strukturiert und somit als Grundlage jeder Forschung anzusehen ist.

Eine Konsequenz daraus stellt die Unterscheidung zwischen einer „prinzipiellen *methodischen* Offenheit und der Expliziertheit, mit der das Vorwissen reflektiert und ausformuliert wird" (Meinefeld 2012: 272; Hervorh. im Orig.), dar. Hierdurch kann eine Theoriegeleitetheit der Forschung mit einer an der Lebenswelt des Alltags der Subjekte orientierten gegenstandsbezogenen hermeneutisch-rekonstruierenden Analyse verbunden werden. Theoriebezüge sind bei der Formulierung der Fragestellung und Entwicklung der Forschungskonzepte nahezu unvermeidlich und eine Forschung ohne sie sei eine „bloße Fiktion" und „ignorant gegenüber der Scientific Community" (Kuckartz 2016: 55). Allerdings sollte im Forschungsprozess, vor allem bei der Erhebung und Analyse, stets die Möglichkeit gegeben sein, bisherige und alternative (theoretische) Vorannahmen, Konzepte und Interpretationen zu überprüfen, zu differenzieren und zu modifizieren, jeweils in Rückbindung an die Arbeit mit dem konkreten empirischen Material. Diese „Dialektik von Authentizität und Strukturierung" (Flick 1995: 148), die sich im Spannungsfeld von prinzipieller Offenheit/Flexibilität vs. Regelgeleitetheit/Struktur niederschlägt, betrifft somit sämtliche Stationen des qualitativen Forschungsprozesses.

3.2 Qualitative Erhebungs- und Auswertungsmethoden zur Rekonstruktion laienlinguistischen Sprachnormwissens

Bei der Analyse qualitativer Daten spielen inhaltsorientierte Auswertungsverfahren insofern eine bedeutende Rolle, als auf einer materialnahen Ebene Analysekategorien aus dem Material extrahiert und entwickelt werden können. Ein

Verfahren, das diesem Anspruch gerecht wird, ist die qualitative Inhaltsanalyse wie sie derzeit u.a. von Mayring (2010), Schreier (2012) oder auch Kuckartz (2016) vertreten wird. Diese Methode setzt auf ein regelgeleitetes Vorgehen sowie eine Methodik zur systematischen Interpretation, die die einzelnen Analyseschritte und -regeln systematisiert und nachvollziehbar macht, und so die Grundlage für eine intersubjektive Nachvollziehbarkeit des Forschungsprozesses schafft. Zudem integriert die qualitative Inhaltsanalyse neben einem deduktiv-theoriegeleiteten auch einen induktiven Prozess der Kategorienkonstruktion. Somit wird sie ebenfalls dem Anspruch an Offenheit qualitativer Forschung gerecht. Diese Methode wird nachfolgend näher erläutert, da sie das zentrale Analyseinstrumentarium dieser Arbeit bildet. Zuvor soll jedoch auf das teilstandardisierte qualitative Interview als Erhebungsinstrument und dessen Stellenwert im Rahmen einer qualitativen Forschung sowie Erhebung laienlinguistischen (Sprachnorm)Wissens eingegangen werden.

3.2.1 Das teilstandardisierte qualitative Interview

Interviews erfreuen sich nicht nur innerhalb der qualitativen Sozialforschung seit mehreren Jahrzehnten großer Beliebtheit, wobei sich hinsichtlich der Form und dem epistemologischen Status von Interviews eine deutliche Ausdifferenzierung entwickelt hat (vgl. Hopf 2012).[109] Hierbei werden häufig Varianten qualitativer Interviews eingesetzt, die eine Zwischenstellung von ausformulierten und offenen Fragen einnehmen, also relativ flexibel sind: Teilstandardisierte Interviews orientieren sich zwar an einem Leitfaden, lassen aber dennoch genug Freiraum für Frage(re)formulierungen, Rückfragen o.ä. Der Vorteil dieser Erhebungsmethode besteht demnach darin, dass durch die offen gehaltenen Fragen die Gewährspersonen die Möglichkeit haben, eigene thematische Relevanzsetzungen innerhalb des Gespräches einzubringen, somit die thematischen Schwerpunkte selbst zu wählen und nicht zwangsläufig Kategorien und Antworten vorgegeben sind (vgl. Kallmeyer 2005: 984). Das leitfadenorientierte Interview wird somit dem thematisch begrenzten Interesse des Forschers gerecht, nicht nur, weil es die Befragung thematisch strukturiert und zu den zent-

---

[109] Siehe hierzu auch den Beitrag von Studler (2014) zum Einsatz offener Fragen in der soziolinguistischen Einstellungsforschung, in dem sie die Vorteile dieser Erhebungsmethode im Hinblick auf a) die Antwortbereitschaft der Teilnehmer, b) die Reichhaltigkeit und Granularität (bzw. Salienz) der Daten sowie c) die Möglichkeit zur Einbringung von Positionierungen und Selbstdarstellungen anschaulich darlegt.

ralen Themen leitet, sondern es soll durch diese Struktur auch eine Vergleichbarkeit gewährleistet werden. Ebenso bietet das qualitative Interview die Möglichkeit, variationsreiche und heterogene Daten zu sammeln. Hofer (2004a: 221) stellt hierzu fest:

> Mit (standardisierten) Befragungen und Reaktionstests lassen sich zwar schnell viele Daten sammeln und auswerten. Die Kategorien und die Art der Wissensbestände, die aktiviert und erhoben werden, sind jedoch stark durch die Methode überformt.

Es ist beispielsweise fraglich, ob die Gewährspersonen auch diejenigen Merkmale zur Erklärung bestimmter Sachverhalte heranziehen würden, die ihnen bei einem geschlossenen Fragebogen oder einem geschlossen konzipierten Interview vorgegeben sind.[110] Auch als problematisch anzusehen ist ebenso die Vorgabe des Untersuchungsobjektes durch den Forschenden mittels entsprechender Begriffe. Wenn beispielsweise Einstellungen in Bezug auf einen bestimmten Dialekt elizitiert werden sollen, kann nicht automatisch davon ausgegangen werden, dass der Befragte das gleiche Konzept dieses Dialekts teilt bzw. ist es unklar, ob dieser ein entsprechendes (sprachliches) Phänomen überhaupt als Dialekt auf diese Weise mittels (wissenschaftlicher) Bezeichnungen klassifizieren würde. Möglicherweise divergieren also (intendiertes) Dialektkonzept und in Konsequenz Untersuchungsobjekt zwischen Wissenschaftler und Gewährsperson (vgl. Mattheier 1994). Mittels der qualitativen Erhebungsmethode des qualitativen Interviews sollen die Voraussetzungen für eine qualitativ-rekonstruierend verfahrende Forschung geschaffen werden, deren Anliegen eben nicht ein von außen an die Daten herangetragener Interpretationsrahmen, sondern ein Fremdverstehen ist:

---

110 Eine frühe Kritik mit Bezug auf die Erhebung (meta)sprachlicher Daten liefert Ziegler (1996: 155–156). Als ein illustratives Beispiel führt Helfferich (2011: 21–22) an: „Wenn wir in dem Fragebogen einer Studie zu reproduktiven Biographien [...] gefragt haben ‚War die Schwangerschaft geplant?' haben wir unterstellt, wie in der standardisierten Forschung üblich, dass Forschende und Befragte den untersuchten Phänomenen und den in Frageformulierungen verwendeten Begriffen – hier dem Begriff ‚Planung' – den gleichen Sinn unterlegen und die gleiche Relevanz zumessen. Wie Frauen zu Schwangerschaften kamen, wurde dann auch Thema in qualitativen Interviews bei denselben Befragten. Es ergaben sich Diskrepanzen. Einige Frauen, die bei der geschlossenen Frage Planung bejaht hatten, antworteten im qualitativen Interview sinngemäß z.B. ‚gewollt ja, geplant nein' oder ‚weder geplant noch ungeplant'. Der relevantere Begriff war für sie die Gewolltheit, nicht die Geplantheit, und sie ‚dachten' den Begriff ‚Planung' aus einer anderen Perspektive als aus der Perspektive der Bevölkerungsmedizin".

Methodisch kontrolliertes Fremdverstehen heißt, Bedingungen dafür zu schaffen, dass die Erforschten ihre Relevanzsysteme formal und inhaltlich eigenständig entfalten können. [...] Der Prozess des Fremdverstehens ist insofern methodisch kontrolliert, als der Differenz zwischen den Interpretationsrahmen der Forscher und denjenigen der Erforschten systematisch Rechnung getragen wird. (Przyborski/Wohlrab-Sahr 2008: 31)

Diese Erhebungsmethode lässt Raum für „die Äußerung eines differenten Sinns" (Helfferich 2011: 22), sie untersucht somit „die *Konstitution* von Sinn, die in standardisierter Forschung bereits als abgeschlossen und pragmatisch als gegebene Verständigungsgrundlage vorausgesetzt wird" (ebd.; Hervorh. im Orig.). Hierdurch wird den Gewährspersonen die Möglichkeit gegeben, bestimmte Sachverhalte im Rahmen ihres eigenen Relevanzsystems bzw. innerhalb ihrer eigenen Lebenswelt in der ihnen eigenen Sprache mit eigenen Begriffen zu schildern. Die Gewährspersonen können somit den Kommunikationsverlauf selbst strukturieren und auch selbst bestimmen, welche Aspekte des untersuchten Phänomens für sie überhaupt von Interesse sind. Dadurch wird die Differenz zwischen wissenschaftlichen Konstruktionen und alltäglichen Konstruktionen gleichzeitig berücksichtigt und methodisch integriert.

Ein weiterer Vorteil dieser offen gehaltenen Erhebungsmethode ist, dass der Kontext, in dem die von den Gewährspersonen getätigten Äußerungen interpretiert werden können, zugleich miterhoben wird. Dies verringert die Gefahr, dass der Forscher diese (nachträglich) missverstehen kann oder bei der Analyse und Interpretation zu sehr auf eigenes extensives Wissen zurückgreift. Auch hier wird erneut der rekonstruktive Ansatz des methodisch kontrollierten Fremdverstehens deutlich, welcher nicht nur die sprachlichen Differenzen, sondern ebenso Unterschiede hinsichtlich der Interpretationsrahmen und Relevanzsysteme von Forschenden und Erforschten berücksichtigt. Zwar arbeiten halbstandardisierte Leitfadeninterviews mit einem bereits vorformulierten Thema und Fragen, auf die jeweils eingegangen wird, dennoch sind weder die wortgetreue Formulierung der Fragen noch ihre Reihenfolge verbindlich. Zudem besteht auch die Möglichkeit Fragen zu stellen, die nicht im Leitfaden verzeichnet sind. Es ist allerdings nicht immer davon auszugehen, dass die Interviewten sich dessen bewusst sind, was sie alles wissen, und sie ihr Wissen einfach explizieren können. Wissen ist eben häufig implizites Wissen, das von den Erforschten erst expliziert werden muss, sofern dies überhaupt möglich ist.[111] Studler (2014:

---

111 Es ist davon auszugehen, dass es sich bei alltäglichem Wissen bzw. bei Konstruktionen ersten Grades nicht nur um unmittelbar erfragbares, reflexiv bewusst verfügbares Wissen handelt, sondern dass ein Großteil des Wissens gar nicht explizierbar oder ggf. im Erhebungsmoment nicht abrufbar ist. Vgl. hierzu auch das Konzept der *levels of awareness* von Niedziels-

193, 199) kann allerdings überzeugend darlegen, dass bei der Elizitierung subjektiver metasprachlicher Daten offene Fragen geschlossenen Fragen deutlich überlegen sind:

> Die Analyse der Antworten zur Frage ‚Was ist für Sie gutes Hochdeutsch' zeigt, dass die erzielten Resultate durch eine geschlossene Frage nicht hätten eruiert werden können, dass sie in Bezug auf Reichhaltigkeit, Salienz und Granularität weit über Resultate aus geschlossenen Fragen hinausgehen. [...] Erstens konnte gezeigt werden, dass bei offenen Fragen generell eine große Antwortbereitschaft besteht. Zweitens wurde deutlich, dass die Antworten auf die offenen Fragen in Bezug auf ihre generelle Reichhaltigkeit, aber auch in Bezug auf die Granularität der Antwortkategorien und der damit verbundenen Salienz einzelner Sprachmerkmale den Resultaten aus den geschlossenen Fragen überlegen sind. Drittens belegen die Antwortbeispiele, dass die Befragten die Möglichkeit nützen, neben Präzisierungen und Begründungen auch Kommentare zur Befragung und zum Befragungsgegenstand abzugeben.

Natürlich sind auch Daten aus qualitativen Interviews nie natürliche Daten, da sie in einer methodisch weitestgehend kontrollierten Situation erhoben wurden, die vorher als solche definiert wurde und keine alltägliche Gesprächssituation bildet. Als problematisch anzusehen ist die asymmetrische Interaktionsbeteiligung, da nur der Interviewende über ein Fragerecht und die Möglichkeit zur Themensteuerung verfügt, zumal eigene Fragen und Rückmeldungen methodisch kontrolliert werden (sollten), so dass diese Gesprächssituation den meisten alltagsweltlichen Interaktionstypen zuwiderläuft (vgl. Deppermann 2014: 140). Gläser/Laudel (2010: 42) betonen zwar, dass diese Interviewform den Vorteil bietet, Fragen auch außerhalb der Reihenfolge zu stellen, um dem Interviewten die Möglichkeit zu geben, ein Thema nach der von ihm gewünschten Reihenfolge zu besprechen und somit das Interview so weit wie möglich an einen natürlichen Gesprächsverlauf anzunähern, dennoch sind Erhebungssituation und Daten selbst künstlich herbeigeführt. Neben den bereits erwähnten Problemen besteht darüber hinaus die Möglichkeit, dass die Daten Verzerrungen unterworfen sind.[112] Letztendlich muss sich die Qualität einer Frage und

---

ki/Preston (2009a) sowie Preston (2002b). Für eine Analyse der Struktur und Komplexität dieser Wissensbestände und deren Entfaltung im Interview siehe auch die Untersuchung von Hundt (2017), der auf die gleichen Daten des DFG-Projektes wie diese Arbeit zurückgreift.

112 Siehe hierzu auch die Ausführungen in Deppermann (2014: 141), der kritisch zur Methodik der Interviewführung anmerkt, dass diese selbst kaum auf evidenzbasierter Forschungspraxis beruhe, sondern vielmehr den Status einer vorwissenschaftlichen Praxis innehabe, da Interviewführung, die Konstruktion von Fragen sowie Interviewleitfäden kaum durch empirische Untersuchungen fundiert seien. Auf ähnliche Probleme weist auch Hopf (2012: 357–360) hin. Als grundlegende Anforderung und maßgeblichen Einflussfaktor für die gelungene Umsetzung

auch die Qualität der Daten daran messen lassen, wie gut mit ihr die vom Forscher intendierten Ziele erreicht wurden und inwiefern ein Mittelweg zwischen prinzipieller Offenheit und strukturellen Vorgaben qualitativer Forschung gefunden wurde. Auch muss man methodologisch den Umstand berücksichtigen und reflektieren, dass das Interview das Produkt eines (jeweils singulär-interindividuellen) Kommunikations- bzw. Interaktionsprozesses darstellt und nie gänzlich unbeeinflusst von Subjektivität (vor allem der des Fragenden) ist.[113]

3.2.2 Die qualitative Inhaltsanalyse

Ursprünglich fand die Inhaltsanalyse Anfang des 20. Jahrhunderts Anwendung in der Analyse massenmedialer Kommunikation in Form von Texten, weitete sich ab Mitte desselben Jahrhunderts auf weitere Erhebungsformen wie u.a. Interviews aus. In den folgenden Jahrzehnten kam es zu einer breiten Differenzierung dieser Methode.[114] Die qualitative Inhaltsanalyse als Erweiterung der ‚klassischen' Variante stellt ein „Verbindungsglied zwischen hermeneutischer und den empirischen Wissenschaften" (Groeben/Rustemeyer 1994: 527) dar und setzt stärkere Akzente auf ein interpretativ-hermeneutisches Vorgehen auf Basis konkreten empirischen Materials im Gegensatz zu dessen Vorgänger. Die Entscheidung zur Wahl dieses Analyseinstrumentariums fiel gerade aufgrund der Möglichkeit einer materialnahen Auseinandersetzung, um Auswertungsaspekte direkt aus dem Material heraus zu entwickeln, was einer empirisch geleiteten Rekonstruktion laienlinguistischen Sprachnormwissens zuträglich ist, die ja gerade die Perspektive der Subjekte und deren subjektive Relevanzsysteme erfassen möchte.

Diese Methode zeichnet sich u.a. durch ein systematisches und kategorienbasiertes Vorgehen und eine Methodik der Interpretation aus, die einzelne Analyseschritte dokumentiert und nachvollziehbar macht, was gleichzeitig die

---

der Prämisse *Offenheit* in qualitativer Forschung bei der konkreten Erhebungsmethode *Interview* sieht Helfferich (2011: 12) vor allem „eine grundlegende Haltung der Offenheit für Fremdes, der Zurückstellung der eigenen Deutungen und der Selbstreflexion sowie schlicht und einfach die Fähigkeit zum Zuhören".

113 In diesem Zusammenhang ist die von Helfferich (2011) veröffentlichte praxisnahe Einführung zur Durchführung qualitativer Interviews zu erwähnen. Siehe auch die Publikation von Faulbaum/Prüfer/Rexroth (2009), die sich im Rahmen eines Fragebewertungssystems bzw. einer Schwächenanalyse mit der Qualität und Evaluation von Fragen auseinandersetzen.

114 Für einen knappen Überblick über diese Entwicklungen vgl. u.a. Mayring (2010: 26–29) oder Kuckartz (2016: 13–27), für eine ausführliche Darstellung vgl. Lisch/Kriz (1978).

Grundlage für eine intersubjektive Nachvollziehbarkeit schafft. Ziel ist also eine Kontrolle und Nachvollziehbarkeit der Methoden bzw. des konkreten methodischen Vorgehens, d.h. Begründung, Explikation und Dokumentation ebendieser und mithin des gesamten Analyse- und Interpretationsprozesses (vgl. Mayring 2002: 19–39). Doch auch wenn systematische Vorgehensweise, intersubjektive Nachvollziehbarkeit, konkrete Ablaufmodelle, Offenheit oder auch die Offenlegung bzw. Dokumentation der einzelnen Stationen des Forschungsprozesses als Kriterien für eine qualitative Inhaltsanalyse gelten können, muss eine qualitative Analyse stets in Anpassung an den jeweiligen Untersuchungsgegenstand und fragestellungsspezifisch konzipiert werden, so dass sich diese Methode durch ihre gegenstandsadäquate Konzeption auszeichet (vgl. Mayring 2005: 9; Kallmeyer 2005: 979).

Mittels im Vorwege explizit gemachter Kodierungs- bzw. Kategorisierungsregeln und eines konkreten Ablaufmodells werden einzelne Analyseschritte und -kategorien festgelegt und nachvollziehbar, was nicht nur die Definition der jeweiligen inhaltsanalytischen Einheiten betrifft, sondern auch den Prozess der Kategoriendefinition und (sowohl induktiven als auch deduktiven) Kategorienbildung. Der Begriff *Kategorie* wird nachfolgend in einem allgemeinen, sozialwissenschaftlichen Verständnis gebraucht. So bezeichnet dieser eine Klasse von Elementen bzw. das Ergebnis einer Klassifizierung von Einheiten unter bestimmten inhaltlich-thematischen Gesichtspunkten, mit dem Ziel Textkomplexität zu reduzieren. Kategorien dienen demnach dazu, innerhalb eines Textes bzw. im vorliegenden Fall innerhalb eines Interviews Textstellen zu bezeichnen, die Informationen zu diesen vorab definierten Kategorien enthalten. Grundlegende Voraussetzung hierfür ist in erster Linie, dass vorab definiert wurde, welche Textbestandteile unter diese Kategorie fallen, also was der konkrete Inhalt und die Indikatoren für eine Zuordnung zu dieser Kategorie sind und was ggf. durch (prototypische) Textbeispiele weiter explizit werden kann (vgl. Kuckartz 2016: 31–37). Entsprechend bezeichnet der Begriff *Kategoriensystem* die Gesamtheit aller erstellten Kategorien, wobei dieses Kategoriensystem hierarchisch, linear oder netzwerkartig organisiert sein kann (vgl. Kuckartz 2016: 38). Dies dient der Erfassung der aus der Fragestellung oder auch aus dem Material abgeleiteten relevanten Aspekte und wirkt erkenntnisstrukturierend und komplexitäts- bzw. materialreduzierend. Hierbei sollte allerdings beachtet werden, dass durch Prozesse der Materialreduktion wie z.B. Zusammenfassung, Paraphrasierung oder Generalisierung[115] oder der Isolation von Äußerungen aus ihrem (sozialen) Kontext wichtige Auswertungsaspekte nicht verloren gehen. So

---

115   Zu diesen Techniken vgl. Mayring (2010: 67–83).

ist bei der Analyse zu berücksichtigen, dass Bedeutungen von Wörtern/Phrasen/Sätzen in soziale Handlungen integriert sind und daher dem Interviewtext keine Bedeutung *an sich* entnommen werden kann. Somit ließe sich nicht *der eine* Inhalt entnehmen, sondern lediglich ein spezifischer (von anderen möglichen) Inhalten, je nach (subjektivem) Textverständnis bzw. dem individuellhermeneutischen Akt der Textauslegung, da die Komplexität der Texte potenziell mehr als nur eine einzelne Deutungs- bzw. Ableitungsmöglichkeit bietet.[116] Wie können Texte dennoch so ausgewertet werden, dass die auf sie bezogenen Inhaltsanalysen methodisch kontrolliert und intersubjektiv nachvollziehbar werden? Bucher/Fritz (1989) formulieren in diesem Zusammenhang Qualitätskriterien, die nachfolgend dargelegt werden und denen auch in dieser Arbeit Rechnung getragen werden soll. Als wichtig erachten Bucher/Fritz (1989: 136–144) die folgenden Kriterien:

1. Es muss eine zusammenhängende Betrachtung erfolgen, d.h. statt isolierter Handlungen sollen Handlungssequenzen und thematische Zusammenhänge bei der Analyse berücksichtigt werden. Dies soll vor allem durch den konsequenten Einbezug des Äußerungskontextes und dessen Mitberücksichtigung bei der Interpretation sichergestellt werden.
2. Regeln und Hintergrundannahmen müssen explizit gemacht werden, damit eine intersubjektive Nachvollziehbarkeit gewährleistet ist. Dies wird vor allem durch die Dokumentation der Analyse- und Interpretationsprozesse sichergestellt, insbesondere durch den im Anhang dokumentierten Kodierleitfaden.[117]
3. Es muss eine Reflexion des eigenen Vorverständnisses erfolgen, was durch die umfassende Darstellung des Forschungsgegenstandes und Forschungsinteresses sichergestellt ist.

Bevor man mit der Analyse beginnen kann, ist es zunächst notwendig, in einem ersten Schritt die Analyseeinheit bzw. den Fall festzulegen, d.h. es werden im Rahmen einer Studie diejenigen Texte (im vorliegenden Fall qualitative halbstrukturierte leitfadengestützte Interviews) in die Auswertung einbezogen, die zur Befriedigung des Erkenntnisinteresses der Arbeit dienen. Die jeweiligen Einzelinterviews sind die einzelnen Analyseeinheiten bzw. Fälle. Findet nun

---

116 Vgl. hierzu Knapp (2005), der sich mit der Inhaltsanalyse aus linguistischer Perspektive kritisch auseinandersetzt sowie Gardt (2007), der Gedanken zu einer konstruktivistischen linguistischen Interpretation qualitativer Daten formuliert. Deppermann (2014) plädiert dafür, das Interview als soziale Interaktionspraxis anzusehen.
117 Siehe hierzu den Kodierleitfaden im Anhang dieser Arbeit.

eine Zuordnung von Textstellen zu Kategorien innerhalb eines Falles statt bzw. löst ein Element eine Zuordnung zu einer Kategorie aus, stellen diese Kodiereinheiten dar, die sich dann den Ober- oder Unterkategorien zuordnen lassen. Hierbei kann diese Kodiereinheit eine beliebige Komplexität aufweisen: von der einzelnen Wortform über mehrere Sätze bis hin zur Textebene, bei einer zu kleinschrittigen Aufteilung besteht allerdings die Gefahr den Kontext zu ignorieren. Eine zu grobe Einteilung führt u.U. zu einer die einzelnen Auswertungsaspekte bzw. -dimensionen vernachlässigenden Interpretation. In dieser Arbeit findet ausschließlich eine inhaltliche und keine formale Kodierung statt, so dass die Kategorienzuordnung aufgrund des semantisch-propositionalen Inhalts erfolgt. Allerdings kann der Prozess auch in die entgegengesetzte Richtung verlaufen: Nicht nur, dass Textstellen unter einer bestimmten *a priori* definierten Kategorie subsumiert werden, es kann ebenso eine Generierung von Kategorien induktiv aus dem Material erfolgen bzw. bestehende Kategorien können modifiziert werden (vgl. Kuckartz 2016: 41). Interpretiert man nun einzelne Kodiereinheiten (da diese u.U. interpretationsbedürftige Stellen aufweisen) mittels zusätzlichen textimmanenten Materials, sind dies Kontexteinheiten. Diese Kontexteinheiten dienen dazu, das Verständnis von Kodierienheiten zu erweitern bzw. die darin enthaltenen Bedeutungsbestandteile zu explizieren (vgl. Schreier 2014: 39).

Bei der Durchführung einer qualitativen kategorienbasierten Inhaltsanalyse wie sie von Mayring (2002: 115–121) beschrieben wird, ist es in einem ersten Schritt zunächst notwendig, die für die Beantwortung der Fragestellung relevanten Informationen aus dem Text systematisch extrahieren zu können. Dies ist notwendig, da die Interviews prinzipiell mehr Material enthalten als die benötigten Informationen, mittels derer die Ergebnisse in den theoretischen Kontext, der in der Fragestellung formuliert wurde, eingeordnet werden können. Diese Vorgehensweise verlangt also zunächst eine Strukturierung des Materials nach bestimmten inhaltlichen Gesichtspunkten, woran sich schließlich eine Explikation dieses Materials, i.e. (textimmanent-kontextuelle sowie theoriegeleitete) Interpretation anschließt. So werden jeweils konkrete Textstellen unter Kategorien subsumiert und diese mit Kodes versehen, die entweder im Vorwege deduktiv festgelegt wurden oder selbst induktiv aus dem Material entstanden sein können. Dazu wird ein Selektionskriterium eingeführt, das der Ausgangspunkt der Kategoriendefinition sein soll. Wenn dieses im Material erfüllt ist, wird die Kategorie gebildet. Bei einer nachfolgenden, erneuten Erfüllung wird die Textstelle entweder subsumiert oder es wird mittels des Prozesses der induktiven Kategorienbildung eine neue Kategorie gebildet (bzw. eine bestehende modifiziert), wobei die Dimensionen der Strukturierung offen sind. In einem ersten Schritt lassen sich so Textbestandteile unter Kategorien subsumieren, so dass diese aus dem Material systematisch extrahiert werden und diese die einzelnen aus der Fragestellung abgeleiteten und theoretisch begründeten Dimensionen widerspiegeln. Diese Dimensionen werden dann weiter in einzelne Ausprägungen differenziert.

Ein solches Kategoriensystem ist das Kernstück einer qualitativen Inhaltsanalyse, welches das analytische Instrumentarium zur Analyse und Interpretation bereitstellt. Dieses Vorgehen steht im Gegensatz zu einer ganzheitlichen hermeneutischen Interpretation eines Textes, da es die relevanten thematischen Bedeutungsaspekte notgedrungen fokussiert, operationalisiert, systematisiert und auch expliziert. Die so gewonnenen Kategorien stellen aus dem Material abstrahierte Verallgemeinerungen dar, die ihren Ursprung in konkreten empirischen Phänomenen haben. Weiterhin kann sich eine Ausdifferenzierung der einzelnen Kategorien hinsichtlich einer hierarchischen Strukturierung ergeben, so dass den einzelnen Hauptkategorien Subkategorien untergeordnet werden können. Diese (induktiv gebildeten) Subkategorien ließen sich dann ggf. weiter systematisieren oder zusammenfassen zu abstrakteren Subkategorien. Dieser Prozess wird so lange vollzogen, bis aus dem Material keine neuen Kategorien mehr gebildet werden können. Mit der qualitativen Inhaltsanalyse wird also vom Ursprungstext insofern abstrahiert, als die Ergebnisse dieser Extraktion nur noch die für die Beantwortung der Forschungsfrage relevanten Informationen enthalten.

Das in diesem Zusammenhang von Mayring (2002: 100) angesprochene „Spannungsverhältnis zwischen Theorie und Empirie" ist wie folgt zu bewerten: Zwar strukturieren (theoretische) Vorklassifizierungen, die aus vorherigen theoretischen Vorüberlegungen abgeleitet und auf das Material angewendet wurden, die Fülle empirischen Materials und können einen ersten Bezugsrahmen bilden. Jedoch kann eine stärkere, aus dem empirischen Material abgeleitete Kategorienkonstruktion, die eben nicht die Übereinstimmung von Aussagen mit bereits vorhandenen theoretischen Konzepten anstrebt, weitaus gegenstandsangemessener bei einer Rekonstruktion alltäglicher sprachbezogener Wissensbestände sein. Dies setzt allerdings dennoch – in bestimmten Maßen – eine gewisse theoretische Gegenstandsbestimmung voraus, die durch vorherige Überlegungen dimensioniert wird. Es wird also deduktiv-theoriegeleitet bestimmt, welche Dimensionen des untersuchten Phänomens überhaupt erfasst werden sollen, was in einer theoriegeleiteten Kategorienkonstruktion münden *kann*. Es ist ohnehin nur schwer möglich, kein (theoretisches) Vorverständnis des zu untersuchenden Gegenstandes zu besitzen, zumal die Notwendigkeit besteht, einer potenziell möglichen Unendlichkeit bei der Kodierung, Kategorienkonstruktion und Interpretation Einhalt zu gebieten.

In dieser Untersuchung wurden zwei Varianten der qualitativen Inhaltsanalyse berücksichtigt: zum einen die inhaltlich-strukturierende qualitative Inhaltsanalyse mit einer thematischen Kodierung und zum anderen die explikative qualitative Inhaltsanalyse. Die inhaltlich-strukturierende qualitative Inhaltsanalyse bezieht sich auf die Varianten, wie sie derzeit von Mayring (2010), Schreier (2012) und Kuckartz (2016) vertreten werden, die explikative qualitative Inhaltsanalyse stützt sich auf die Arbeiten von Mayring (2010) und wird ergänzend zur ersten Variante hinzugezogen. Entgegen dem strukturierenden Vorgehen von Mayring (2010: 92–109), soll keine ausschließlich theoretische Fundierung der Strukturierungs- bzw. Auswertungsdimensionen erfolgen, sondern vielmehr wird eine Kombination von deduktiv-induktiver Kategorienkonstruktion bei Ober- und Unterkategorien entwickelt.[118] Auf jeden Fall sind Auswahlkriterien und Herkunft der Kategorien (also Theorie oder Empirie) transparent und nachvollziehbar zu machen in dem Sinne, als diese im Kodierleitfaden aufgeführt sind, um eventuelle Vorannahmen seitens des Forschenden zu explizieren und eine Nachvollziehbarkeit des Forschungsprozesses zu ermöglichen.[119]

Die jeweiligen Strategien der Benennung der einzelnen Kategorien können unterschiedlich sein: So können diese eng an der Empirie formuliert sein (ggf. wortwörtlich aus dem Material formuliert), die Kuckartz (2016: 35) als „natürliche Kategorien" bezeichnet oder diese haben eher konzeptualisierend-abstrahierenden Charakter und eine entsprechende Benennung, die Kuckartz (2016: 34) als „analytische Kategorien" bezeichnet. Sind diese Schritte vollzogen, bietet es sich an, mittels einer explikativen qualitativen Inhaltsanalyse sich interpretationsbedürftige Stellen im Material anzuschauen und diese ggf. kontextuell zu interpretieren.[120] Auf diese Weise werden fragliche bzw. interpretationsbedürftige Textstellen identifiziert, definiert und in einem nächsten Schritt spezifiziert, welcher Kontext, d.h. welche Textstellen zur kontextuellen Interpretation hinzugezogen werden sollen, um diese Stellen dann zu interpretieren (vgl. Schreier 2014: 37–38). Wie Schreier (2014: 39–40) feststellt, bildet dieses

---

118 Zum konkreten Vorgehen bei der Kategorienbildung am Material vgl. Kuckartz (2016: 83–86) sowie Schreier (2014: 10–16), für eine Übersicht zum Ablauf einer inhaltlich-strukturierenden Inhaltsanalyse vgl. Kuckartz (2016: 97–121).
119 Das Kategoriensystem findet sich in Kap. 3.5 und im Kodierleitfaden im Anhang.
120 Mayring (2010: 85–92) unterscheidet zwischen einer engen und einer weiten Variante dieser Kontextanalyse: Die enge Analyse nutzt Kontextinformationen aus demselben (Interview)Kontext, um eine Klärung bzw. Interpretation bestimmter Textstellen zu leisten, wohingegen die weite Variante auch die Hinzuziehung von zusätzlichem Material erlaubt.

Verfahren keine eigenständige Variante der qualitativen Inhaltsanalyse wie z.B. die inhaltlich-strukturierende, sondern ist vielmehr ein Zwischenschritt der inhaltlich-strukturierenden Analyse, der zur Klärung der (kontextuellen) Bedeutung beitragen kann.

Der Vorteil einer qualitativen Inhaltsanalyse liegt darin (bezieht man computergestützte Technik mit ein), dass durch die Rückbindung der Kategorien an das empirische Material selbst (aus dem diese abgeleitet sind oder auf das sie sich beziehen) durch *text-retrieval* Verfahren[121] jederzeit die Möglichkeit gegeben ist, eine Explikation bzw. eine explikative qualitative Inhaltsanalyse vorzunehmen. Somit kann jederzeit der Kontext abgerufen werden, sofern interpretationsbedürftige Stellen vorliegen. Gerade für die qualitative Technik der Explikation ist dies eine wesentliche Voraussetzung, die es erlaubt, durch die Heranziehung von zusätzlichem Textmaterial, Textstellen mittels des Kontextes (der im Einzelfall unterschiedlich weit gefasst sein kann) zu explizieren und zu erläutern, um zu einer Interpretation der Textstelle beizutragen. Schließlich erfolgt eine Anwendung der Kategorien auf das gesamte Material bzw. dessen Interpretation und die Erstellung des endgültigen Kodierleitfadens. Anschließend können die Kategorien einzeln, untereinander (sowohl Haupt- als auch Unterkategorien) oder insgesamt als System gefiltert, zusammengefasst, aufgearbeitet und Richtung Fragestellung/Theorie interpretiert werden.[122]

3.3 Datenerhebungskontext

Empirische Datengrundlage der Arbeit bilden qualitative Daten aus 139 halbstrukturierten, leitfadengestützten Interviews, die im Zuge der Exploration im DFG-Projekt *Der deutsche Sprachraum aus Sicht linguistischer Laien – wahrneh-*

---

121 Beim *text-retrieval* handelt es sich um „die elektronische Variante des Griffs in den Karteikasten" (Kuckartz 2010: 108), was einer systematischen Zusammenstellung der kodierten Einheiten einer oder mehrerer Kategorien entspricht. Zu diesem Verfahren vgl. Kuckartz (2010: 108–120).

122 Auch möglich sind zusammenfassende Darstellungen einzelner Fälle (in diesem Fall der jeweiligen Einzelinterviews) zu einer Fallzusammenfassung, die in konkretem Rückbezug zu den Forschungsfragen stehen und danach mit anderen Fällen/Interviews hinsichtlich Gemeinsamkeiten oder Unterschieden kontrastiert werden können. Diese Kontrastierung kann z.B. in einer Themen-Fall-Matrix dargestellt werden und bietet großes analytisches Potential (vgl. Kuckartz 2016: 49–51, 58–62, 111–117). Diese fallübergreifende Analyse kann wiederum zu einer anschließenden Einzelfallinterpretation führen oder denkbar wären auch weitere inhaltsanalytische Schritte wie z.B. eine Kombination mit einer evaluativen oder typenbildenden Inhaltsanalyse (vgl. Kuckartz 2016: 141, 143).

mungsdialektologische Grundlagenforschung und die Rekonstruktion von Laienkonzeptualisierungen zur deutschen Sprache zwischen April 2011 und Februar 2015 erhoben wurden.[123] Die 139 interviewten Gewährspersonen – im Folgenden nur noch als GP bzw. GPn abgekürzt – wurden im schulischen Umfeld gewonnen und stammen aus Deutschland, Österreich, Schweiz, Ostbelgien, Liechtenstein, Luxemburg und Südtirol. Kriterium für die Aufnahme der jeweiligen Person in die Studie war zum einen die Voraussetzung, dass die jeweilige Person in dem Erhebungsort oder dessen näherer Umgebung geboren und aufgewachsen war und die meiste Zeit dort gelebt hatte, darüber hinaus sollte mindestens ein Elternteil aus der unmittelbaren Region stammen.[124] Da ausschließlich linguistische Laien befragt wurden, fanden sprachlich geschulte Personen (Deutschlehrer, aber auch Geographielehrer) keine Berücksichtigung. Die Altersstruktur der GPn lässt sich pro Erhebungsort in drei Altersgruppen einteilen: je 1 Schüler zwischen 16 und 20 Jahren (AG 1), 2 Lehrer zwischen 30 und 50 Jahren (AG 2) sowie 3 Lehrer zwischen 55 und 65 Jahren (AG 3). Der Anspruch war ebenfalls Frauen und Männer gleichermaßen zu berücksichtigen, was allerdings nicht immer forschungspraktisch zu erreichen war. Am Ende der Erhebungsphase konnten durch die zwei Exploratorinnen insgesamt 139 GPn aus 26 Orten befragt werden.[125]

Tab. 1: Übersicht der Gewährspersonen

Erhebungsort	AG 1	AG 2	AG 3	w	m	gesamt
Deutschland						
Alzenau (Unterfranken)	1	2	3	2	4	6
Barth	1	1	4	5	1	6
Buchen (Odenwald)	2	1	1	0	4	4
Coburg	1	2	3	3	3	6
Eppingen	1	2	2	1	4	5

---

123 Für eine detaillierte Beschreibung des Projektes siehe Hundt/Palliwoda/Schröder (2015a, b) sowie zu den Ergebnissen Hundt/Palliwoda/Schröder (2017).
124 Leider konnte dieses Kriterium aufgrund mehrerer Probleme bei der Probandenakquise nicht immer aufrechterhalten werden. So war die Voraussetzung lediglich, dass die Gewährspersonen im Einzugsgebiet des Erhebungsorts aufgewachsen sein sollten.
125 Einige Sprachräume sind leider unterrepräsentiert oder im Fall des Ostoberdeutschen liegen gar keine Daten vor. Auch liegt – flächenbedingt – eine starke Überrepräsentation von Erhebungsorten in Deutschland vor.

Erhebungsort	AG 1	AG 2	AG 3	w	m	gesamt
Gammertingen	1	3	2	2	4	6
Hamburg	3	1	1	2	3	5
Hameln	2	2	-	1	3	4
Jena	2	2	-	2	2	4
Kaufbeuren	1	4	1	3	3	6
Neuruppin	3	-	-	2	1	3
Radebeul	1	1	4	4	2	6
Schleiden	1	2	3	2	4	6
Simmern (Hunsrück)	1	2	4	4	3	7
Springe	2	3	-	2	3	5
Stralsund	2	-	2	4	0	4
Velbert	2	1	1	3	1	4
Liechtenstein						
Vaduz	1	-	5	3	3	6
Luxemburg						
Ettelbrück	1	2	3	1	5	6
Ostbelgien						
Eupen	1	2	3	4	2	6
Österreich						
Lustenau	1	2	2	3	2	5
Schweiz						
Luzern	1	2	3	3	3	6
Zürich	2	3	2	5	2	7
Italien (Südtirol)						
Brixen	1	2	2	2	3	5
Bruneck	1	2	2	2	3	5
Meran	1	2	3	4	2	6
Summe	**37**	**46**	**56**	**69**	**70**	**139**

Die GPn nahmen gleichermaßen an einer Fragebogenerhebung und an einem direkten leitfadengestützen Interview teil. Hierbei bildet der unten aufgeführte Fragenkomplex nur einen Teil der gesamten Erhebung, in welchem die qualitative Erhebungsmethode in Form von halbstrukturierten Leitfadeninterviews ihre Anwendung fand. Bei der Erhebung laienlinguistischer Wissensbestände, wie sie im Rahmen des Projektes angestrebt wurde, lassen sich unterschiedliche methodische Schwerpunkte ausmachen, die sich in der Konzeption des Fragebogens bzw. Leitfadens der Untersuchung niederschlagen.[126] Den für diese Arbeit relevanten Teil innerhalb des Settings bildet der letzte Fragenkomplex des gesamten Interviews und beinhaltet sechs offene Fragen, mittels derer die (Re)Konstruktion eines laienlinguistischen Sprachnormwissens angestrebt wurde. Die den GPn gestellten Fragen waren:

1. Was ist für Sie ‚gutes Deutsch'?
1.1 Woran erkennen Sie, dass jemand ‚gutes Deutsch' spricht?
1.2 Durch welche Merkmale/Besonderheiten zeichnet sich diese Sprechweise aus?
1.3 Wie würden Sie ‚gutes Deutsch' noch benennen? Haben Sie einen anderen Namen für ‚gutes Deutsch'?
1.4 An wem oder was orientieren Sie sich, wenn Sie ‚gutes Deutsch' verwenden? Gibt es Personen oder Instanzen, die bestimmen, was ‚gutes Deutsch' ist?
2. Was denken Sie, woher kommt …/wie ist … entstanden?[127]

So wird mittels der offenen Fragen 1., 1.1 und 1.2 eine Erfassung konkreter (sprachlicher) Merkmale, Bezugsbereiche und Legitimationskriterien, die im Rahmen der Thematisierung einer normkonformen Sprache von den Laien genannt werden, angestrebt, um so Inhalte und Strukturen eines laienlinguistischen Sprachnormwissens zu rekonstruieren. Frage 1.3 bezieht sich auf eine Bezeichnung für eine normkonforme Sprache/Sprechweise, die sich durch die genannten (positiven) Eigenschaften auszeichnet. Durch Frage 1.4 soll überprüft werden, ob ein Vorbild bzw. sprachliches Modell in Form eines oder mehrerer prototypischer Sprecher/Schreiber existiert und inwiefern dies für die GPn (beim sprachlichen Alltagshandeln) von Relevanz ist. Zudem konnte mit dieser Frage überprüft werden, ob (und wenn ja, inwiefern) prestigebehaftete Varietäten oder Sprachräume bei den Laien existieren, die sich durch eine Normkonformität auszeichnen. Weiterhin zielt diese Frage darauf ab, die Relevanz normsetzender Instanzen zu ermitteln, also wie sich beispielsweise Kodizes, Modellsprecher oder andere Personen/Institutionen in ihrer Funktion als

---

126 Zu den unterschiedlichen Methoden wie der *pilesort-Methode*, *mental maps* oder Reiz-Reaktions-Tests vgl. Anders (2008), Palliwoda (2011; 2012), Schröder (2015) sowie Anders/Palliwoda/Schröder (2014) und Palliwoda/Schröder (2016) und Beuge (2014; 2017) zum Sprachnormwissen.
127 Für den Platzhalter „…" in Frage 2 wurde die Bezeichnung verwendet, die die Gewährsperson bei ihrer Antwort auf Frage 1.3 gegeben hat.

normsetzende Instanzen aus Sicht der laienlinguistischen Sprecher beschreiben lassen. Frage 2 zielte auf Vorstellungen zur (sprachgeographischen wie sprachhistorischen) Genese einer normkonformen Sprache, wobei lediglich der sprachgeographische Aspekt bei der Analyse berücksichtigt wurde. Die Interviews wurden nach der Aufzeichnung mittels der Transkriptionssoftware EXMARaLDA orthographisch in Kleinbuchstaben transkribiert und aufbereitet.[128] Die Analyse des Materials erfolgte computergestützt mittels der QDA-Software (*Qualitative Data Analysis*) MaxQDA.[129]

3.4 Beschreibung der Daten und method(olog)ischer Rückblick

Neben der Erhebung und Auswertung von direkten Kommentaren bezüglich sprachlicher Themen bzw. neben der Erhebung und Auswertung von direkten Kommentaren bezüglich sprachlicher Themen und einer normkonformen Sprache, den *overt responses*, die im Modell von Preston (2004) der *Metalanguage 1* zugeordnet werden können und in Kapitel 4 dargelegt sind, standen die formalsprachlichen Strukturen dieser Kommentare bzw. der Laienmetasprache, die sich terminologisch als *Metalanguage 2* klassifizieren lässt, im Fokus.[130] Dieser zusätzliche Fokus auf die *Metalanguage 2* erwies sich als fruchtbar für die Untersuchung laienlinguistischen Sprachnormwissens, da nicht nur gezeigt werden konnte, *was*, sondern auch *wie* Laien über eine normkonforme Sprache sprechen. Hierzu wurden die lexikalisch-semantischen Strukturen der Laienäußerungen im Hinblick auf frequent auftretende Lexeme in die Analyse mit einbezogen und werden in Kapitel 5 gesondert analysiert. Die metasprachlichen

---

[128] Das Korpus befindet sich im elektronischen Anhang dieser Arbeit und kann unter der Adresse https://www.degruyter.com/view/product/543111 abgerufen werden. Anmerkungen zur Notation: Wenn keine Sprachhandlungen vollzogen wurden, wurde dies durch das Pausenzeichen „((x Sek.))" entsprechend markiert. Als intonatorisches Merkmal wurde das „?" genutzt, um am Ende eines Fragesatzes die steigende Intonation zu markieren. Weiterhin wurden Rezeptionssignale „hm" oder „mhm" für ein zustimmendes bzw. bestätigendes Signal transkribiert, sowie Gesprächspartikel „ähm" und „äh". Unverständliche Äußerungen werden durch „(unverständlich)" markiert. Zusammenziehungen wurden aufgelöst, Kürzungen und Reduktionen beibehalten, Zustimmungs- und Modalpartikel sind erhalten geblieben. Paralleles Sprechen wird mit eckigen Klammern „[ ]" markiert, Auslassungen im Transkript mit „(...)".
[129] Zu EXMARaLDA siehe Schmidt/Wörner (2009). Einen Überblick über die Leistung und Anwendungsfelder von QDA-Software (*Qualitative Data Analysis*) bietet Kuckartz (2010), eine kurze Übersicht findet sich bei Mayring (2010: 110–115).
[130] Zu diesen Aspekten vgl. Kapitel 2.1.1. und die Ergebnisse dieser Analyse in Kap. 5.

Kommentare wurden nicht nur hinsichtlich des dort geäußerten semantisch-propositionalen Inhalts und ihrer sprachlichen Form ausgewertet und kodiert, sondern es fand ebenso eine Auseinandersetzung mit der *Metalanguage 3* statt. Neben dem Erkenntnisinteresse *was* linguistische Laien über Sprache sagen und *wie* diese über Sprache sprechen, standen diese „underlying beliefs and belief systems which lie behind folk expressions about language" (Niedzielski/Preston 2009a: 147) ebenfalls im Fokus. Diese aus der Elizitierung und Analyse metasprachlicher Äußerungen ableitbaren sprachbezogenen Inhalte und Strukturen eines laienlinguistischen Sprachnormwissens waren insbesondere für die vorliegende Analyse von hoher Relevanz und werden in Kapitel 7 dargestellt. Leitend sind für die nachfolgende Analyse und Interpretation waren daher die Fragen: Anhand welcher (Alltags)Kategorien, die induktiv aus dem Material erschlossen werden können, nehmen linguistische Laien eine normkonforme Sprache wahr, beschreiben und bewerten diese? Wie werden diese versprachlicht? Was bildet den (zu rekonstruierenden) Maßstab, anhand dessen über eine Normkonformität dieser Phänomene und – allgemeiner – einer normkonformen Sprache geurteilt wird? Die folgende Analyse soll daher Antworten auf diese Fragen geben bzw. soll beantworten, welche grundlegenden Ordnungs-, Erklärungs- und Bewertungsdimensionen sich in Bezug auf eine normkonforme Sprache ermitteln lassen.

Die induktive Kategorienbildung erwies sich bei der Erhebung laienlinguistischer Wissensbestände zwar als praktikables, aber dennoch nicht gänzlich unproblematisches Vorgehen. Probleme traten bei der Zuordnung von Belegen zu den einzelnen Kategorien auf, da sich zum einen Aussagen teilweise mehreren Kategorien zuordnen ließen. Der Anspruch war zwar, die einzelnen Belege nicht doppelt in zwei unterschiedlichen Kategorien zu kodieren und schließlich auch bei der Auswertung nicht doppelt zu analysieren, dies konnte aber nicht immer vermieden werden. Auch die Alltagssemantik und Unschärfe laienlinguistischer Begriffe erwies sich als nicht unproblematisch, da Begriffe bzw. deren Intensionen und Extensionen in vielen Fällen nicht expliziert wurden und einer semantischen Ambiguität, Vagheit oder Unschärfe in vielen Fällen nicht adäquat begegnet werden konnte. So sind beispielsweise in den Daten frequent auftretende Lexeme zur Beschreibung einer normkonformen (Aus)Sprache *verständlich*, *klar*, *deutlich*, *rein*, deren Semantik teilweise in den jeweiligen Interviews und Äußerungskontexten variiert. Am Beispiel von GP22 zeigt sich, dass der im Interview verwendete Begriff *akzentfrei* nicht ohne weiteres in wissenschaftliche Kategorien übertragen werden kann. *Akzentfrei* bezieht sich in der Äußerung *gutes deutsch also ein schönes hochdeutsch was man das man das in allen landschaften einigermaßen gut verstehen kann (…) möglichst akzentfrei*

(GP22) nicht auf suprasegmentale Eigenschaften, sondern hat hier die Bedeutung ‚frei von diatopischen Merkmalen'. Auch bei anderen laienlinguistischen Begriffen wie beispielsweise *grammatik* musste ebenfalls unter Heranziehung des weiteren Interviewkontextes die Semantik ermittelt werden (sofern dies überhaupt möglich war), damit der generellen sowie kontextabhängigen semantischen Ambiguität Rechnung getragen werden konnte. Hierbei wurde zwar versucht, Interviewpassagen und Begriffe – soweit dies unter Einbezug des Kontextes möglich war – zu disambiguieren, allerdings ließ sich in einigen Kategorien die Bildung einer Restkategorie, die unspezifisch gehaltene Aussagen fasst, nicht vermeiden.

Die Struktur, die im Vorwege zur Konstruktion des Kategoriensystems genutzt wurde und eine erste systematische Auseinandersetzung mit dem Material erlaubte, wurde aus der Rezeption (sozio)linguistischer Forschungsliteratur und der in Kap. 2.1 dargelegten Untersuchungen zu laienlinguistischen Bezeichnungs-, Bewertungs- und Kategorisierungsdimensionen sprachlicher Variation gewonnen. Es wurde in einem ersten Schritt theoriegeleitet festgelegt, in welcher Hinsicht das Kategoriensystem geordnet und anhand welcher Dimensionen die unterschiedlichen Kategorien gebildet wurden. Die auf der Rezeption der Forschungsliteratur basierenden, zunächst noch groben und allgemein gehaltenen Kategorien wurden in einem zweiten Schritt durch die Arbeit mit dem konkreten Material angepasst, indem die Subkategorien durch eine induktive Vorgehensweise materialnah gebildet wurden, um diese für eine Interpretation nutzbar zu machen. Die Benennung dieser (Sub)Kategorien sowie der (Ober)Kategorien wurde allerdings nicht eng an der Empirie vorgenommen, so dass diese – hinsichtlich der Benennung – keine „natürlichen Kategorien" nach Kuckartz (2016: 35) bilden, sondern die Benennung konzeptualisierend-abstrahierend ist und die Kategorien als „analytische Kategorien" Kuckartz (2016: 34) bezeichnet werden können. Es musste weiterhin – bedingt durch die zirkuläre Vorgehensweise der Kategorienkonstruktion und Kategorienmodifikation – eine Revidierung einzelner Kategorien vorgenommen werden. Einzelne, vorab konstruierte Kategorien, die beispielsweise Aussagen zu Interpunktion oder Normen zur Regelung von kommunikativen Rahmenbedingungen fassen sollten und im Vorwege aus sprachwissenschaftlicher Sicht relevant erschienen, wurden von den Laien in den Interviews nicht thematisiert. So konnte schließlich ein Kategoriensystem gebildet werden, das die Möglichkeit einer materialnahen und gegenstandsadäquaten Auswertung bot, um das Material interpretieren zu können. Bevor im nächsten Kapitel das Kategoriensystem als erstes Ergebnis dieser Arbeit, das aus der Auseinandersetzung mit der Empirie entstanden ist, vorgestellt wird, gilt es noch zum einen eine Einschränkung bezüglich der Aussagekraft und Generalisierbarkeit der Analyseergebnisse zu machen. Zum anderen werden anschließend daran die beiden quantitativ-exploratorischen Verfahren der Faktoren- und Clusteranalyse, deren Anwendung und Anwendbarkeit auf die vorliegenden Daten sowie schließlich die hiermit erzielten Ergebnisse kurz skizziert, da diesen Verfahren im Rahmen qualitativer Forschung, sowie insbesondere einer *Mixed Methods*-Strategie Relevanz zukommt.[131]

Bezüglich der Aussagkraft und Generalisierbarkeit der aus der Analyse und Interpretation gewonnenen Ergebnisse lässt sich vorweg in einer allgemeinen Weise festhalten, dass diese keine Generalisierbarkeit und Objektivität (aufgrund des hermeneutisch-interpretativen Vorgehens) oder gar Repräsentativität (in einem statistischen Sinne) wie Ergebnisse aus quantitativen Studien, die z.B. mit mehreren (ordinal- oder kardinalskalierten) messbaren und unabhängigen Variablen arbeiten und deutlich höhere Fallzahlen aufweisen, für sich beanspruchen. Auch ist es nicht das Ziel der vorliegenden Arbeit gewesen, konkrete Hypothesen, die vorher operationalisiert wurden, zu veri- oder falsifizieren. Dies weist den in dieser Arbeit zum Tragen kommenden methodischen Ansatz als explorativ-heuristisch aus. So ist es nicht das primäre Ziel dieser Arbeit – und auch qualitativer Forschung insgesamt – die oben aufgeführten (und ursprünglich für quantitative Forschung entwickelten) Kriterien zu befriedigen. Das Ziel bildet keine Generalisierbarkeit der gewonnenen Erkenntnisse, sondern der konkrete Einzelfall soll Aufschluss über den Untersuchungsgegenstand und seine Komplexität geben. Dieses Vorgehen dient also dazu, aus dem Material heraus (theoretische) Konzepte zu entwickeln, wobei dem semantisch-propositionalen Gehalt von Aussagen in den Interviews Indikatorenstatus zukommt, so dass diese Indikatoren auf bestimmte Phänomene verweisen, die als Bestandteile bestimmter Konzepte (im vorliegenden Fall ein *gutes Deutsch* bzw. *eine normkonforme Sprache*) angesehen werden können. So kann hier ein qualitativer Ansatz keine mess- und statistisch auswertbaren Merkmale liefern, wie es ein quantitativer Ansatz (freilich mit einem völlig anderen Untersuchungssetting) liefern könnte. Es können – bis auf die einzelnen Frequentierungen von

---

131 Zu diesen beiden Verfahren siehe die anwendungsorientierte Einführung von Backhaus et al. (2018: 365–433, 435–496) sowie für eine linguistische Perspektive Meindl (2011). Eine Möglichkeit der Kombination qualitativer Verfahren mit der Cluster- und Faktorenanalyse gibt Kuckartz (2010: 227–246). Einen kurzen Überblick und Literaturhinweise zu *Mixed Methods* findet sich bei Kelle (2019) sowie ausführlicher bei Burzan (2016). (Laien)Linguistische Untersuchungen, die die Anwendung dieser Verfahren aufgezeigt und auch gewinnbringend eingesetzt haben, sind u.a. Anders (2010) sowie Lenz (2003). Eine gelungene Integration eines quantitativen und qualitativen Ansatzes im Rahmen der Auseinandersetzung mit linguistischen Laien hat weiterhin Cuonz (2014) gezeigt.

Kategorien, die in absoluten Zahlen numerisch ausgedrückt werden können – nicht wie bei quantitativen Studien einzelne messbare Merkmale erfasst werden, deren Ausprägungen (sowie deren Grad) mittels numerischer Werte erfasst und quantifiziert werden und die dann für statistische Verfahren belastbare Ergebnisse liefern. Dies ist vornehmlich dem grundlegenden heuristisch-explorativen Erkenntnisinteresse der Arbeit selbst geschuldet sowie in Konsequenz hieraus auch dem Untersuchungssetting, der Erhebungsmethode und in letzter Konsequenz auch der Datenform. So resultiert beispielsweise aus der geringen Größe der Gesamtstichprobe, die lediglich 139 Fälle umfasst, eine interindividuell heterogene und geringe Frequentierung einzelner Kategorien, so dass viele Kategorien entweder – nominalskaliert – den Wert ‚1' oder – viel häufiger – den Wert ‚0' aufweisen. Einzig plausibel wäre hier eine rein statistisch-deskriptive univariate Analyse, deren Aussagekraft allerdings ebenfalls aufgrund der zuvor genannten Faktoren (geringe Stichprobengröße, Kategorienverteilung und -frequentierung) fraglich ist und eine sich daran anschließende Interpretation lediglich die Aussagekraft hätte, dass (aufgrund absoluter Häufigkeitsverteilungen) die Relevanz einer Kategorie sich in der Frequenz dieser niederschlägt.[132] Dennoch wurde in der vorliegenden Arbeit der Versuch unternommen, mittels der beiden explorativen Verfahren der Faktoren- und Clusteranalyse das heterogene Material zu strukturieren.

Insgesamt gesehen sind die Ergebnisse zu heterogen und komplex, um (mittels interpretativ-hermeneutischer Verfahren) allgemeine Tendenzen in diesen zu erkennen und aus diesen abzuleiten. Für einen solchen Fall bietet sich an, (quantitative) statistisch-explorative Verfahren anzuwenden, die Materialkomplexität reduzieren und Strukturen innerhalb des Materials entdecken können wie u.a. die Faktoren- und Clusteranalyse. Aufgrund der zuvor dargestellten Datenlage, also zum einen dem nicht-metrischen Skalenniveau bei den Variablen (binäre Kategorienzuordnung mittels der Dummy-Variablen ‚0' und ‚1' aufgrund möglicher Mehrfachzuordnungen durch einzelne GP) und der inhomogenen Stichprobe, ist die Anwendung beider Verfahren allerdings problematisch. Die Voraussetzung im Hinblick auf die Beschaffenheit der Daten ist hierbei allerdings – dies gilt insbesondere für die Faktorenanalyse – ein solches Skalenniveau und eine weitestgehend homogene Stichprobe. Die Clusteranalyse verlangt hingegen nicht zwangsläufig eine metrische Skalierung.

Eine Faktorenanalyse findet immer dann Anwendung, sofern mehrere (korrelierte und gemessene) Variablen durch weniger Variablen (sog. Faktoren) aus-

---

[132] Siehe hierzu auch die Ausführungen in Kap. 9, in dem eine Reflexion der Methoden, Ergebnisse und eine Formulierung von Konsequenzen für weitere Untersuchungen stattfindet.

gedrückt werden sollen, um so Komplexität zu reduzieren. Diese Faktoren sind hierbei allerdings weder direkt messbar noch in der Regel untereinander korreliert. Obgleich die Faktorenanalyse als eigenständiges Verfahren zur Anwendung kommt, bot sich im vorliegenden Fall an, diese als ergänzendes Verfahren zur Reduktion von Variablen hinzuzuziehen. Da im Rahmen der Arbeit keine vorab formulierten Hypothesen getestet werden sollten, fiel die Entscheidung auf eine explorative Faktorenanalyse. Dabei wurden die Dummyvariablen aus allen Kategorien (Einzellexeme, Lexemcluster, Metaphorische Modelle, Sprachnormwissen, vgl. Kap. 3.5) herangezogen. Nach Durchführung der Faktorenanalyse zeigte sich eine Extraktion bzw. Reduktion von ursprünglich 38 Variablen auf 20 Faktoren. Da dieses Ergebnis weder in quantitativ-methodischer Hinsicht (zu hohe Variablenanzahl) noch in inhaltlicher Hinsicht (keine inhaltlich sinnvolle Interpretation dieser Faktoren möglich) zufriedenstellend war, fiel die weitere Entscheidung auf die Clusteranalyse, die nicht auf Basis von Faktoren, sondern auf Grundlage der einzelnen Variablen arbeitet.

Die Clusteranalyse als struktur-entdeckendes, exploratives Verfahren sollte im vorliegenden Fall dazu dienen, einzelne Objekte (im vorliegenden Fall Kategorienausprägungen bzw. Sets von Kategorienausprägungen) zu homogenen natürlichen Gruppen (Clustern) zusammenzufassen. Diese Homogenität resultiert aus der Ähnlichkeit dieser einzelnen Gruppen im Hinblick auf Merkmalsausprägungen einzelner Variablen. Dies lässt sich anschließend anhand einer Zuordnungstabelle ablesen, indem man auffällige, d.h. überproportionale Sprünge innerhalb der Fehlerquadratsumme bzw. des entsprechenden Koeffizienten identifiziert und als Hinweis auf Heterogenität interpretiert. So kann anhand dieser Zuordnungstabelle eine optimale Clusteranzahl identifiziert werden, indem man den Koeffizienten betrachtet, der die Abstände der jeweiligen Cluster angibt, und einen sprunghaften Anstieg als eine Zusammenfassung zu einem neuen Cluster bzw. als einen Abbruch der Clusterbildung interpretiert. Das Ergebnis dieses Clusterns kann schließlich mittels eines Dendrogramms grafisch dargestellt werden (vgl. hierzu die Beispiele in Backhaus et al. 2018: 472–477). Obgleich mehrere unterschiedliche Clusterverfahren existieren, fiel die Wahl auf die Verwendung der hierarchischen agglomerativen Clusteranalyse, da diese sich für kleine Fallzahlen eignet und die Anzahl der Cluster nicht im Vorhinein festgelegt werden muss. Zum Einsatz kamen hierbei unterschiedliche Fusionierungsmethoden (average linkage/Linkage zwischen den Gruppen), da diese insbesondere bei einer hohen Heterogenität zwischen den Gruppen und einer geringen Homogenität innerhalb der Gruppen geeignet sind. In einem zweiten Durchlauf wurde die WARD-Methode benutzt, die sowohl auf eine hohe Homogenität innerhalb der Gruppen als auch eine hohe Heterogenität zwischen den Gruppen abstellt (zu diesem und den anderen genannten Verfahren vgl. Backhaus 2019: 456). Als Distanzmaß wurde die binäre euklidische Distanz gewählt. In allen Fällen konnte kein sprunghafter Anstieg sondern ein stetiger Anstieg in der Zuordnungstabelle als auch in dem Dendrogramm identifiziert werden. So muss nach der Anwendung des Clusterverfahrens auf die vorliegenden Daten als Ergebnis festgehalten werden, dass keine sinnvoll zu interpretierende Bildung von Clustern/Gruppen vorgenommen werden konnte, so dass statt – wie es für eine Clusteranalyse erwünscht ist – relativ wenigen homogenen Gruppen eine Vielzahl an heterogenen Clustern existiert. Dies geschah unabhängig davon, ob nur die jeweiligen Kategorien der Metasprache-Instanzen einzeln geclustert wurden oder insgesamt in Kombination. Dies kann, wie bereits beschrieben, der Datenlage sowie -qualität geschuldet sein, aber auch als möglicher Hinweis auf die Komplexität und vor allem Heterogenität des Untersuchungsgegenstands gewertet werden.

Nichtsdestotrotz lassen die in dieser Arbeit gewonnenen Ergebnisse durchaus eine gewisse überindividuelle Ableitung zu, die allerdings – angesichts der Heterogenität der Ergebnisse – vorsichtig zu interpretieren und nicht zu übergeneralisieren ist, auch wenn sich teilweise interindividuelle Gemeinsamkeiten finden lassen. Dies betrifft vor allem die Generalisierbarkeit von Wissensbeständen des jeweiligen Individuums hinsichtlich der Rekonstruktion gesellschaftlicher Wissensbestände und somit letztlich des Wissens innerhalb der Lebenswelt dieser Subjekte. So liefert die vorliegende Arbeit zwar lediglich Einzelmeinungen singulärer Subjekte und somit eine auf das singuläre Individuum (bzw. den einzelnen Fall) bezogene Rekonstruktion sprachbezogener Wissensbestände, jedoch – interpretiert man diese vor dem Hintergrund wissenssoziologischer Überlegungen, wie sie in Kap. 2.2 dargelegt wurden – lassen sich im Hinblick auf das in der Lebenswelt der Subjekte verankerte Wissen, das seinen Ursprung ja im gesellschaftlichen Wissensvorrat hat, durchaus interindividuelle Tendenzen ableiten, die (inter)individuelle Wirklichkeitskonstruktionen offenbaren und die es im Folgenden aufzuzeigen gilt. Und so können metasprachliche Urteile von Sprechern, die ja Teil einer bestimmten Sprachgemeinschaft zu einem bestimmten historischen Zeitpunkt sind, Auskunft über ein kollektiv geteiltes und sozial-diskursiv vermitteltes Sprachnormwissen dieser Sprachgemeinschaft geben.

3.5 Das Kategoriensystem

Das nachfolgende Kategoriensystem wurde zum einen deduktiv auf Grundlage der Rezeption der Forschungsliteratur konstruiert und zum anderen in Auseinandersetzung mit dem empirischen Material bzw. einer induktiven Kategorienkonstruktion. Die Nummerierung der einzelnen Kategorien in der folgenden Übersicht orientiert sich der Übersichtlichkeit halber an der Nummerierung der folgenden Kapitel.

(4) Sprachnormwissen
    (41) Beschaffenheit
        (411) auditiv-phonetisch
        (412) allgemein grammatisch
        (413) syntaktisch
        (414) morphologisch-morphosyntaktisch
        (415) orthographisch-schriftbezogen
    (42) Angemessenheit
    (43) Stilistik-Ästhetik
    (44) Verständlichkeit
    (45) Schriftbezogenheit
    (46) Variationsfreiheit
    (47) Normsetzende Instanzen
        (471) Modellsprecher
        (472) Modellschreiber/-texte
        (473) Kodizes
        (474) Sprachnormautoritäten
    (48) Bezeichnungskonventionen
    (49) Sprachgeographische Konzepte
(5) Sprachbezogene Begriffe
    (51) Einzellexeme
        (511) *richtig*
        (512) *korrekt*
        (513) *verständlich*
        (514) *klar*
        (515) *schön*
        (516) *gut*
        (517) *deutlich*
        (518) *angenehm*
        (519) *gepflegt*
        (5110) *ordentlich*

        (5111) *rein*
    (52) Lexemcluster
        (521) Lexemcluster *Stil*
        (522) Lexemcluster *Variationsfreiheit*
        (523) Lexemcluster *Lautung*
        (524) Lexemcluster *Ästhetik*
        (525) Lexemcluster *Struktur*
        (526) Lexemcluster *Semantik*
(6) Metaphorische Modelle
    (61) *Sprache als Substanz*
    (62) *Sprache als Material*
    (63) *Sprache als Organismus*
    (64) *Sprache als Territorium*
    (65) *hochdeutsch ist oben; dialekt ist unten*

Im Folgenden werden die einzelnen Kategorien des Kategoriensystems dargestellt, kurz erläutert und ihre Relevanz herausgestellt.

(41) Beschaffenheit

Beschaffenheitsnormen legen die Beschaffenheit einer sprachlichen Handlung bzw. des Produktes dieser sprachlichen Tätigkeit fest und garantieren somit Strukturgemäßheit oder Grammatikalität, so z.B. eine Korrektheit/Richtigkeit auf unterschiedlichen sprachstrukturellen Ebenen wie Phonetik, Morphologie, Syntax usw., aber auch Korrektheit in Bezug auf orthographische oder orthoepische Normen. Von Interesse sind nicht nur, welche konkreten sprachstrukturellen Bezugsbereiche sich aus dem Material gewinnen lassen und wie die Beschaffenheit einer normkonformen Sprache und entsprechender sprachlicher Produkte aussieht, die sich diesen Bezugsbereichen zuordnen lassen. Insbesondere von Interesse ist, welcher Maßstab bei der Entscheidung darüber, ob eine Sprache, sprachliche Handlung oder ein sprachliches Produkt (non) normkonform ist, von den Laien genannt wird. Durch die materialgestützte induktive Kategorienbildung wurden für diese Kategorie Subkategorien gebildet, die an eine sprachstrukturelle Klassifikation angelehnt sind und entsprechend benannt wurden. In dieser Kategorie wurden somit nicht nur Aussagen kodiert, die auf eine Richtigkeit/Korrektheit sprachlicher Handlungen und Produkte abzielen, sondern ebenfalls allgemeine (stellenweise aber auch detaillierte) Aussagen zur Beschaffenheit/Strukturgemäßheit einer normkonformen Sprache oder sprachlicher Produkte. Die Kategorie (411) auditiv-phonetisch fasst Aussagen zur Beschaffenheit medial-mündlich realisierter sprachlicher Produkte unter phonetischen Aspekten, die Kategorie (412) allgemein grammatisch Aussagen zu einer grammatischen Beschaffenheit bzw. nicht weiter spezifizierter grammatischer Merkmale; unter der Kategorie (413) syntaktisch wurden Aussagen gefasst, die eine Beschaffenheit in Bezug auf Gliederung, Bau, Form oder Leistung eines Satzes ausdrücken. Die Kategorie (414) morphologisch-morphosyntaktisch fasst Äußerungen, die eine Beschaffenheit in Bezug auf morphologische oder morphosyntaktische Eigenschaften zum Inhalt haben und in der Kategorie (415) orthographisch-schriftbezogen finden sich Äußerungen zur Beschaffenheit medial schriftlich realisierter sprachlicher Phänomene.

(42) Angemessenheit

Angemessenheitsnormen sind Normen, die Produkte sprachlicher Tätigkeit in Bezug auf bestimmte kontextuelle oder situative Faktoren anpassen, wie beispielsweise unterschiedliche Situationstypen, Kommunikationsziele und Kommunikationsinhalte oder das Medium. Angemessenheitsnormen bestimmen in Bezug auf die jeweiligen kontextuellen oder situativen Faktoren somit, ob das Tätigkeitsprodukt angemessen für Situation, Thema, Gesprächspartner usw. ist. Unter dieser Kategorie sind ebenso Aspekte wie die sozialen Rollen der Kommunikationspartner oder deren soziales Verhältnis zu fassen. Angemessenheit verweist somit auf bestimmte situative Normen als Bestandteile des Sprachnormwissens, die eine sprachliche Äußerung in Abhängigkeit von kontextuellen Faktoren unter dem Kriterium der Funktionalität in Übereinstimmung mit diesen Normen zu einer angemessenen machen.

(43) Stilistik-Ästhetik

Unter dieser Kategorie wurden Aussagen subsumiert, sofern metasprachliche Äußerungen über eine stilistisch-ästhetische Qualität getätigt wurden. Diese sind unabhängig von Beschaffenheitsnormen, da sie z.B. bei negativer Bewertung grammatische Richtigkeit oder semantische Interpretierbarkeit nicht in Frage stellen. Diese Äußerungen betreffen allgemeine Qualitätszuschreibungen, ggf. auch ohne den Bezug zu konkreten sprachlichen Phänomenen. Auch wurden in dieser Kategorie Aussagen subsumiert, die sich zum einen auf (allgemeine) Beschreibungen stilistischer Variation beziehen sowie auf allgemein pragmatisch-kommunikative Aspekte wie die Auswahl und Bestimmung der Menge und Qualität stilistischer Mittel. Dies betrifft z.B. Eindeutigkeit bei der (richtigen) referentiellen Funktion von Ausdrücken, die Vermeidung von Mehrdeutigkeit, eine informative Effizienz oder (richtige) Wortverwendungskonventionen. Zum anderen wurden hier jene Aussagen subsumiert, die allgemein-ästhetische Beschreibungen sprachlicher Handlungen oder Produkte darstellen.

(44) Verständlichkeit

In dieser Kategorie wurden Aussagen subsumiert, die sich auf eine (überregionale) kommunikative Reichweite, auf eine phonetisch-auditive Qualität oder allgemein auf die Zugänglichkeit von Informationen im Rahmen einer (allgemeinen) semantischen Interpretierbarkeit beziehen.

(45) Schriftbezogenheit

Diese Kategorie fasst Aussagen, die eine Normkonformität sprachlicher Phänomene aus der Übereinstimmung oder (teilweisen) Annäherung dieser von einer medial und/oder konzeptionell schriftlichen Realisierung von Sprache ableiten.

(46) Variationsfreiheit

Diese Kategorie fasst Aussagen, die eine Abwesenheit sprachlicher Variation als erwünscht für eine normkonforme Sprache ansehen.

(47) Normsetzende Instanzen

(471) Modellsprecher

In dieser Kategorie wurden – im Rückgriff auf das Modell des sozialen Kräftefeldes der Standardvarietät von Ammon (1995: 73–82; 2003; 2005) – Modellsprecher subsumiert, die von den GPn genannt werden und als Modelle normkonformen (medial mündlichen) Sprechens angesehen bzw. wahrgenommen werden. Es gilt daher anhand der Auswertung der Ergebnisse für diese Kategorie nicht nur zu zeigen, welche Personen prototypische Sprecher einer normkonformen Sprache sind, sondern auch anhand welcher Kriterien/Eigenschaften eine (positive) Bewertung hinsichtlich einer Normkonformität und Modellhaftigkeit erfolgt.

(472) Modellschreiber/-texte

In dieser Kategorie wurden Aussagen gefasst, die sich auf den Modellcharakter von Texten und Schreibern beziehen, und denen eine besondere Qualität zugeschrieben wird bzw. die als sprachnormatives Vorbild gelten können.

(473) Kodizes

Gemäß der Definition von Klein (2014: 222) lassen sich Kodizes verstehen als „metasprachliche Schriften, die für eine Sprachgemeinschaft zu einem bestimmten Zeitpunkt als Normautoritäten zur Verfügung stehen und von ihr auch als Normautoritäten wahrgenommen werden". So gilt es anhand der Auswertung dieser Kategorie zu zeigen, welche Rolle Kodizes für das „kommunikative Orientierungsbewusstsein" (Klein 2014: 225) von Laien spielen bzw. welcher Status Kodizes als normsetzenden Instanzen aus Sicht der Sprecher zukommt.

(474) Sprachnormautoritäten

Durch die Analyse dieser Kategorie soll gezeigt werden, welche Personen oder Institutionen als Sprachnormautoritäten im Sinne Ammons (2005: 36) von den Laien genannt werden und wie deren Einfluss auf das (eigene) Sprachverhalten beurteilt wird.

(48) Bezeichnungskonventionen

In dieser Kategorie wurden Äußerungen kodiert, sofern von den befragten Laien eine alternative Bezeichnung für den vorgegebenen Terminus *gutes Deutsch* bzw. für eine normkonforme Sprache, inklusive semantischer Modifikationen in Form von Attribuierungen, gegeben wurde. Eine Analyse dieser alltagsweltlichen Begriffsbildung, die sich mit der Benennung und Kategorisierung einer normkonformen Sprache auseinandersetzt, kann möglicherweise Hinweise darauf liefern, mit welchen (außer)sprachlichen Ordnungs- und Erklärungsdimensionen eine Kategorisierung und Benennung sprachlicher Heterogenität erfolgt.

(49) Sprachgeographische Konzepte

In dieser Kategorie wurden Äußerungen bezüglich der (regionalen) Verortung einer normkonformen Sprache durch linguistische Laien subsumiert. Grundlegend für die Kodierung von Aussagen in dieser Kategorie war, ob die GPn eine normkonforme (Aus)Sprache regional verorten und mit (toponymischen) Bezeichnungen versehen. Auch war für die Kodierung die Frage leitend, ob mit dieser Benennung und Verortung eine evaluative und/oder hierarchisierende Konzeptualisierung sprachlicher Variation einhergeht. Somit liegt ein Schwerpunkt dieser Kategorie nicht nur auf der (geographischen) Lokalisierbarkeit, sondern ebenso auf der alltagsweltlichen Begriffsbildung, Konzeptualisierung und Bewertung sprachlicher Heterogenität.

(5) Sprachbezogene Begriffe

In dieser Kategorie wurden frequent genannte Begriffe im Rahmen der Thematisierung, Beschreibung und Bewertung einer normkonformen Sprache, sprachlicher Handlungen und Produkte kodiert, um nicht nur Einblick in lexikalisch-semantische Strukturen einer alltagsweltlichen Begriffsbildung zu geben, sondern auch Einblick in Organisation und Kategorisierung sprachlicher Heterogenität. Es wurden hierbei nur einzelne besonders frequent auftretende Lexeme gesondert ausgewertet und nicht jedem Lexem ein eigenes Kapitel gewidmet. Die weiteren Lexeme wurden in Lexemclustern zusammengefasst, sofern diese eine ähnliche Semantik aufwiesen oder deren (laienlinguistische) Semantik aufgrund des fehlenden Kontextes nicht ermittelbar war.

(6) Metaphorische Modelle

In dieser Kategorie wurden metasprachliche Kommentare subsumiert, die bei der Beschreibung und Bewertung einer normkonformen Sprache Lexeme nutzen, aus deren Verwendung sich Modelle einer metaphorischen Konzeptualisierung von Sprache ableiten lassen. So hat sich anhand der in Kap. 2.1 aufgeführten Studien gezeigt, dass linguistische Laien beim Sprechen über Sprache häufig auf metaphorisch gebrauchte Lexeme zurückgreifen bzw. dass „Metakommunikation hochgradig metaphorisch ist" (Spitzmüller 2005a: 204), wenn beispielsweise über Sprache als Substanz, Territorium, Organismus oder Gebäude gesprochen wird.[133] So verweisen beispielsweise die metaphorisch gebrauchten Lexeme *rein* in der Äußerung *das ist hier quasi farblos rein (...) ja wie klares wasser* (GP19) oder *klar* in der Äußerung *ja wenn man so klares hochdeutsch spricht und im prinzip eben wenig äh wenig regionale begriffe da drin hat* (GP12) auf eine Metaphorisierung, bei der eine abstrakte Entität (in diesem Fall Sprache bzw. sprachliche Variation) als eine konkrete physische Entität (in diesem Fall eine Substanz) konzeptualisiert wird, um diese abgrenzbar und erfahrbar zu machen (vgl. Lakoff/Johnson 2007: 35–44). So findet im obigen Beispiel eine Übertragung von Lexemen aus dem Herkunftsbereich *Substanz* auf den Zielbereich *Sprache* statt. Die Analyse dieser Metaphernlexeme und der Bezug zu metaphorischen Modellen von Sprache, die aus diesen abgeleitet werden können, geben nicht nur Einblick in die laienlinguistische alltagsweltliche Begriffsbildung und Konzeptualisierung sprachlicher Phänomene, sondern auch in grundlegende laienlinguistische Ordnungsaspekte im Hinblick auf sprachliche Heterogenität.

---

[133] Siehe hierzu die Untersuchungen und Ausführungen in Kap. 2.1 sowie grundlegend zur kognitiven Metapherntheorie Lakoff/Johnson (2007) und Liebert (1992).

4 Sprachnormwissen

4.1 Beschaffenheit

Wie in Kapitel 2.3.2.1 und 3.5 dargelegt, können Normen hinsichtlich des jeweils durch sie normierten sprachlich-kommunikativen Bezugsbereichs typologisiert werden. So zielen diese auf eine bestimmte Beschaffenheit sprachlichen Handelns und/oder eines sprachlichen Produktes dieser Handlung ab. Auch Normformulierungen können auf unterschiedliche Aspekte der zu normierenden sprachlichen Handlung oder des Produkts Bezug nehmen: Schreibung, Lautung, Formenbildung, Satzbau etc. Nach der Auseinandersetzung mit dem empirischen Material wurden für die Kategorie (41) Beschaffenheit die folgenden Bezugsbereiche induktiv gebildet: (411) auditiv-phonetisch, (412) allgemein grammatisch, (413) syntaktisch, (414) morphologisch-morphosyntaktisch und (415) orthographisch-schriftbezogen. Die nachfolgende Tabelle zeigt zum einen, wie viele GPn von insgesamt 139 jeweils auf einen bestimmten Bezugsbereich bzw. Phänomene, die diesem zuzuordnen sind, Bezug nahmen und zum anderen, wie viele Belege eines Bezugsbereichs sich insgesamt im Material finden lassen:

Tab. 2: Bezugsbereiche Beschaffenheit

Bezugsbereich	Belege (n)	Belege (%)	n von 139	% von 139
(411) auditiv-phonetisch	133	50,38 %	75	53,96 %
(412) allgemein grammatisch	66	25,00 %	49	35,25 %
(413) syntaktisch	43	16,29 %	30	21,58 %
(414) patholog.-morphosyn.	16	6,06 %	13	9,35 %
(415) orthogr.-schriftbez.	6	2,27 %	6	4,32 %
Summe	**264**	**100 %**		

Zusammenfassend lässt sich zunächst für die Auswertung der Ergebnisse feststellen, dass – unter rein quantitativen Gesichtspunkten – der Bezugsbereich (411) auditiv-phonetisch dominiert, da 53,96 % (n=75) der GPn und 133 Aussagen von 264 (50,38 %) sich auf diesen Bezugsbereich bzw. Phänomenen, die diesem zuzuordnen sind, bezogen. Es kann als ein erstes Ergebnis festgehalten werden, dass Laien bei der Beschreibung einer normkonformen Sprache in erster Linie auf lautliche Phänomene Bezug nehmen. Es zeigt sich auch ein qualitativer Schwerpunkt bei dieser Kategorie: Die Bandbreite an Aussagen ist bei diesem Bezugsbereich größer als bei anderen Bezugsbereichen, da insgesamt heterogenere und teilweise sehr detaillierte Aussagen zu auditiv-phonetischen Phänomenen gemacht werden, so dass konstatiert werden kann, dass in diesem Bezugsbereich bei der Thematisierung sprachlicher Phänomene die Faktoren *availability* und *detail,* also Verfügbarkeit und Detailliertheit (vgl. Kap. 2.1.1), besonders ausgeprägt sind. Für die beiden frequent thematisierten Bezugsbereiche (411) auditiv-phonetisch und (412) allgemein grammatisch zeigt sich, dass hier häufig die semantischen Modifikatoren *korrekt* und *richtig* auftreten, insbesondere im Zusammenhang mit den Lexemen *grammatik* oder *aussprache*.[134] So kann als weiteres Ergebnis festgehalten werden, dass hinsichtlich der Beschaffenheit einer normkonformen Sprache Laien Bezug auf eine Richtigkeit/Korrektheit (hinsichtlich eines bestimmten Maßstabs) nehmen und somit eine Strukturgemäßheit (in Bezug auf diesen Maßstab) ausdrücken. Die Frage, die sich jeweils im Zusammenhang mit dem jeweiligen Bezugsbereich stellt, ist, wann z.B. eine *grammatik* oder *aussprache* richtig/korrekt und in Konsequenz strukturgemäß ist, also anhand welchen Maßstabs ein Urteil über eine Normkonformität gefällt wird. Daher soll ebenfalls versucht werden – sofern von den GPn expliziert und dem jeweiligen Interviewkontext entnehmbar – diese/n Maßstab/Maßstäbe zu rekonstruieren.

4.1.1 auditiv-phonetisch

Für die Kategorie (411) auditiv-phonetisch, die die häufigsten Zuordnungen besitzt, konnten nach einem ersten Materialdurchlauf die zwei Bezugsbereiche artikulatorisch-phonetisch und suprasegmental-prosodisch induktiv erschlossen und subklassifiziert werden:

---

134 Siehe hierzu v.a. die Analyse und quantitative Verteilung der sprachbezogenen Begriffe *korrekt* und *richtig* in Kapitel 5.

Tab. 3: Bezugsbereiche auditiv-phonetisch

Bezugsbereich	Belege (n)	Belege (%)
artikulatorisch-phonetisch	75	56,39 %
suprasegmental-prosodisch	58	43,61 %
Summe	**133**	**100 %**

Hinsichtlich einer artikulatorisch-phonetischen Beschaffenheit lassen sich die dort kodierten Aussagen unterteilen in Aussagen, die allgemeine Beschreibungen zur Artikulation sind: *gute aussprache* (GP18), *gut artikuliert* (GP54), *auf aussprache achten* (GP57), *nicht nuscheln* (GP95), *kein nuscheln* (GP101), *ziemlich gute ausgeglichene spannung so im mund und lippenbereich* (GP106) sowie Aussagen, die teils mit einem unterschiedlichen Grad an Detailliertheit Vokale und Konsonanten beschreiben: *keine konsonanten stark verändern* (GP52), *eine sprache die unterscheidet zwischen (...) stimmhaftem s und zwischen einem stimmlosen s* (GP17) und Aussagen zu spezifischen Phänomenen der gesprochenen Sprache wie Elisionen und Klitisierungen. Nachfolgend soll Aussagen zu spezifischen Phänomenen der gesprochenen Sprache besonders Aufmerksamkeit geschenkt werden, da diese häufig von den GPn thematisiert wurden.

Neben Äußerungen zu Klitisierungen wie *keine wörter zusammenziehen* (GP7), *möglichst wenig verschleifungen drin haben* (GP38), *was nicht verschliffen ist* (GP54), *die einzelnen wörter schön voneinander trennt (...) nicht zu viel verschleift* (GP90), äußern sich die GPn ebenfalls zum Phänomen der Elision. Dieser Prozess wird häufig auf *endungen* oder *silben* bezogen und mit dem Verb *verschlucken* bezeichnet:

Tab. 4: Kommentare zu *verschlucken*

GP	Kommentar
7	*keine wörter zusammenziehen oder so wenn sie keine wörter verschlucken*
38	*wie oft verschluckt er seine silbenendungen (...) möglichst immer die endungen bis zum ende ausgesprochen haben*
39	*dass die silben nicht verschluckt werden*
45	*dass nicht irgendwie endungen verschwinden*
52	*eine sprache die ähm keine silben im groben verschluckt*
58	*nicht dass man die wortendungen so schluckt (...) oder so sondern wirklich ganz ausgesprochen*

GP	Kommentar
71	*auch vollständige wörter spricht keine silben verschluckt*
77	*dass man die endungen ausspricht*
79	*die endungen ausspricht (...) nicht weglässt*
82	*so die endungen auszusprechen also nicht zu viel (...) verschlucken oder wegzulassen*
85	*die wörter werden nicht verschluckt*
99	*dass also relativ wenig verschluckt wird gerade richtung endungen*
100	*verschluckt keine endungen*
101	*kein verschlucken von endungen*
103	*beim sprechen dass du dann an die endungen denkst*
113	*erstens nicht allzu verschluckt werden*
120	*dass man nichts abkürzt oder verschluckt*
126	*dass nichts verschluckt wird*
130	*gutes deutsch ist halt wenn jemand nicht endungen verschluckt*
133	*man eben diese keine silben verschluckt*

Wie sich zeigt, wird das Phänomen der Elision (insbesondere im Auslaut) von den befragten GP als nicht erwünscht angesehen. So werden von GP82 im folgenden Interviewausschnitt Elisionen mit diatopischer Variation in Verbindung gebracht und pejorativ als *schlampig* bezeichnet:

```
GP82:    so die endungen auszusprechen also nicht zu viel
         verschlucken oder wegzulassen das ist beim dia-
         lekt oft so
EX:      ja
GP82:    dass man dinge weglässt oder so schlampig aus-
         spricht
```

So wird von der GP über eine normkonforme medial mündliche Sprache vor einem auf die Schrift bezogenen Hintergrund reflektiert. Im vorliegenden Fall kann dieser Hintergrund insofern angenommen werden, als bei der Bewertung der artikulatorisch-phonetischen Eigenschaften eine *nicht* schlampig und mit Endungen ausgesprochene Sprechweise, bei der nichts verschluckt oder weggelassen wird und sich somit durch eine Vollständigkeit auszeichnet, eine standard- bzw. schriftnahe Vorleseaussprache im Rahmen inszenierter Mündlichkeit bildet. Und auch in anderen Interviews lässt sich vereinzelt ein solcher schriftbezogener Maßstab ausmachen:

EX:	mhm okay ähm woran erkennen sie denn dass jemand gutes deutsch spricht?
GP34:	klare ausdrucksweise aussprechen alle wörter keine abkürzungen also wir wir tun ja alles ein bisschen ja ihr sprecht so wie man ein buch liest [oder wie es im buch]
EX:	[mhm]
GP34:	steht
EX:	okay und ähm durch welche merkmale oder besonderheiten zeichnet sich das aus dieses gute deutsch?
GP34:	((2.1s)) ja jeden einzelnen buchstaben gut betonen

Im obigen Interviewausschnitt reflektiert die GP über eine normkonforme (Aus)Sprache in artikulatorisch-phonetischer Hinsicht ebenfalls vor dem Hintergrund einer Schriftlichkeit. Dies zeigt sich anhand der Aussage der GP, dass alle Wörter so ausgesprochen werden sollten und jeder einzelne *buchstabe* so betont werden sollte, wie es bei einer Vorleseaussprache der Fall ist. Das angestrebte Ziel ist hier also eine der Schrift nach vollständige (buchstabengetreue) (Aus)Sprache: *aussprechen aller wörter.*[135] Und auch andere GPn benennen als Maßstab der Beurteilung einer normkonformen (Aus)Sprache in artikulatorisch-phonetischer Hinsicht eine Schriftbezogenheit: *wenn die wörter so ausgesprochen werden wie sie geschrieben werden (...) dass die silben nicht verschluckt werden* (GP39), *ja dass halt die silben alle so ausgesprochen werden wie sie auch geschrieben* (GP120). Zudem lässt sich in anderen Interviews eine schriftsprachliche Orientierung anhand von Aussagen wie *keine wörter zusammenziehen oder so wenn sie keine wörter verschlucken ähm und wenn man alles ausspricht was auch da steht* (GP07), *dass man die buchstaben wirklich alle spricht (...) dass man die endungen ausspricht* (GP77), *beim sprechen dass du dann an die endungen denkst und dass es alles auch ordentlich ausgesprochen wird dass man also versucht so wie es da steht* (GP103) daran erkennen, dass die GPn eine normkonforme Aussprache zwar als medial mündlich, aber konzeptionell schriftlich ansehen. So ist diese Aussprache eine (der Schrift nach vollständige) Vorleseaus-

---

[135] Die Aussage *ja ihr sprecht so wie man ein buch liest* nimmt hier Bezug auf die Sprechweise der Exploratorin, die aus dem norddeutschen Sprachraum stammt und hier auch sozialisiert wurde. Die GP hingegen stammt aus Bruneck (Südtirol/IT).

sprache, bei der man *alles ausspricht was auch da steht* bzw. *die buchstaben wirklich alle spricht*. Es zeigt sich – um die soeben präsentierten Belege zusammenzufassen –, dass sich eine normkonforme Aussprache in artikulatorisch-phonetischer Hinsicht maßgeblich an einer konzeptionell-schriftsprachlichen (Vorlese)Aussprache orientiert. Diese ist zwar medial mündlich, aber konzeptionell schriftlich und standardnah in ihrer Realisierung, so dass über eine Normkonformität in artikulatorisch-phonetischer Hinsicht vor einem schrift- und standardsprachlichen Hintergrund reflektiert wird.

Von besonderem Interesse für eine Beschaffenheit hinsichtlich artikulatorisch-phonetischer Eigenschaften sind Aussagen, die in Verbindung mit den Lexemen *korrekt* oder *richtig* stehen wie z.B. *korrekte aussprache* (GP62) und auf eine Beschaffenheit bzw. Richtigkeit/Korrektheit im Hinblick auf einen bestimmten (aber nicht immer explizierten) Maßstab abzielen.[136] Neben unspezifischen Aussagen hinsichtlich einer Strukturgemäßheit wie *wenn man (...) die wörter richtig ausspricht* (GP01), *korrekte aussprache* (GP62), *korrekt ausgesprochen* (GP128) finden sich Aussagen bezüglich einer Modellhaftigkeit einer bestimmten Varietät, einer Sprechergruppe oder einer Sprachlandschaft, die dann jeweils als Maßstab für diese Strukturgemäßheit angenommen und von den Laien transparent gemacht werden, wie z.B. *von der aussprache korrekt wie nachrichtensprecher* (GP07) oder *dass man die buchstaben wirklich alle spricht (...) also wenn es sich sehr neutral anhört in der gewichtung der verschiedenen laute* (GP77). Allerdings lassen sich in den Daten nur wenige direkte Aussagen zur Modellhaftigkeit finden und so werden konkrete Modelle und Maßstäbe nur selten im engeren Äußerungskontext expliziert. GP04 macht die Modellhaftigkeit einer korrekten Aussprache anhand eines konkreten Beispiels fest, das zugleich regional verortet wird:

```
EX:      ähm kannst du dir vielleicht vorstellen also
         jetzt eine ganz andere frage woher ähm das gute
         oder das hochdeutsch kommt deiner meinung nach?
         wie das entstanden ist vielleicht?
GP04:    vielleicht im norden von deutschland ein bisschen
         weil ja die spitzen steine und so eigentlich kor-
         rekt ausgesprochen werden
```

---

136 Siehe hierzu die Auswertung in Kap. 5.1.1 sowie 5.1.2, in denen eine Analyse der Semantik dieser laienlinguistischen sprachbezogenen Begriffe erfolgt.

So verortet GP04 eine normkonforme Sprache, die sie zuvor als *hochdeutsch* bezeichnet, nicht nur *im norden von deutschland*, sondern kann auch linguistische Merkmale dieser Sprechweise/Aussprache anhand eines populären Schibboleths bestimmen: Die Realisierung von /s/ vor den Plosiven /p/ und /t/; dies wird auch von anderen GPn geäußert (GP05; GP20; GP46; GP52; GP99).[137] Für GP07 hingegen lässt sich eine vorbildliche Aussprache anhand einer konkreten Sprechergruppe bestimmen:

```
EX:     was ist für dich gutes deutsch?
GP07:   was ist für mich gutes deutsch?
EX:     mhm
GP07:   na hochdeutsch also wenn man alles so betont wie
        man es auch von den nachrichtensprechern hört
        [das finde]
EX:     [mhm]
GP07:   ich ist gutes deutsch wenn man das grammatika-
        lisch korrekt hat von der betonung her korrekt
        hat und von der aussprache her korrekt hat
        (...)
        ja wenn sie halt klar sprechen wenn sie keine
        wörter zusammenziehen oder so wenn sie keine wör-
        ter verschlucken ähm und wenn man alles aus-
        spricht was auch da steht
```

So wird von GP07 die Sprechweise der Nachrichtensprecher mit auf eine suprasegmentale Ebene bezogenen Attribuierungen beschrieben und von der GP ein Schwerpunkt auf eine Korrektheit gelegt. Als Bezugsgröße dienen die (nicht

---

137 Hierzu sei allerdings angemerkt, dass das von der GP beschriebene linguistische Phänomen, das häufig auch mit der Stadt Hamburg assoziiert wird, im heutigen Sprachgebrauch faktisch so gut wie nicht mehr vorkommt (vgl. Auer 1998). Auer (2014: 14) sieht als mögliche Ursachen für die Lebendigkeit dieses sprachlichen Stereotyps als Bestandteil sprachlichen Wissens zum einen eine soziolinguistisch bedingte Salienz, da diese für den jeweiligen Sprecher eine Orientierungsfunktion haben: „Sie schaffen soziale Ordnung in den Köpfen der Sprachbenutzer. [...] Sie sind nicht auf die Wahrnehmung angewiesen und können auch ohne empirisches Korrelat tradiert werden" (Auer 2014: 14) sowie zum anderen Enregisterment-Prozesse wie „Inszenierungen, Stilisierungen und Parodierungen von typisierten Sprechern [...] die im alltäglichen Gespräch wie auch in den Medien ständig produziert werden" (Auer 2014: 15). Auch in den weiteren Interviews des DFG-Projektes findet sich dieses Phänomen häufig (vgl. Hundt 2017: 136–137).

näher erläuterten) prosodisch-intonatorischen Eigenschaften der Redeweisen von Nachrichtensprechern, wobei allerdings die Bezeichnungen laienlinguistischer Kategorien auch hier wieder nur schwer in linguistische Kategorien übersetzbar sind.[138] Eine andere Art von Modellhaftigkeit bezieht sich auf spezifische Varietäten (bzw. entsprechende auditiv-phonetische Phänomene), die als Maßstab einer richtigen/korrekten (Aus)Sprache dienen:

EX: fallen ihnen noch weitere kiriterien oder merkmale ein die gutes deutsch ausmachen?
GP99: dass die worte korrekt also letztendlich ausgesprochen werden
(...)
und dass die vokale so gesprochen werden wie sie sage ich mal gedacht sind vom hochdeutschen
EX: mhm
GP99: dass das a ein reines a eben ist als beispiel

GP99 benennt als Maßstab einer normkonformen (Aus)Sprache das *hochdeutsche* und so zeichnet sich eine korrekte Aussprache von Wörtern und Vokalen dadurch aus, dass diese in auditiv-phonetischer Hinsicht mit jenen des *hochdeutschen* konvergieren. Was die konkreten Lautwerte sind, wird von der GP nicht genannt, dennoch zeigt sich – bezieht man einen weiteren Äußerungskontext mit in die Analyse ein – dass eine korrekte Aussprache von Wörtern und Vokalen eine schriftnahe Aussprache ist:

GP99: gutes deutsch ist was man eben so wie es gesprochen ist aufnehmen könnte und könnte das sozusagen mit einem spracherkennungsprogramm wiedergeben und sofort also dann auch dudenmäßig korrekt auch wiedergeben

Nach Ansicht der GP konstituiert sich eine normkonforme Aussprache durch eine schriftnahe Aussprache, die wiederum anhand des Maßstabs *dudenmäßig*

---

138 An dieser Stelle zeigt sich auch erneut die Begriffsunschärfe der laienlinguistischen Beschreibungskategorien: So ist zum einen unklar, ob sich *betonung* auf intonatorische, prosodische oder auch artikulatorische Eigenschaften bezieht. Zudem ist unklar, auf welche Systemebene sich die grammatische Korrektheit in der Äußerung *grammatikalisch korrekt* bezieht, da sich dies nicht aus dem Kontext des Interviews ergibt.

korrekt bewertet wird. Über eine normkonforme Aussprache wird folglich vor dem Hintergrund einer Schriftbezogenheit und Orthographiekonvergenz reflektiert. Bei anderen GPn zeigt sich ebenfalls, dass sich eine normkonforme Aussprache durch eine gänzliche Abwesenheit diatopischer Merkmale oder aber nur die Abwesenheit eines (nicht näher) bestimmten Grades an Dialektalität auszeichnet.[139] Auch wenn der Einfluss diatopischer Merkmale nicht gänzlich die sprachliche Korrektheit beeinträchtigt und mit einem gewissen Maß an Dialektalität immer noch eine normkonforme Aussprache vorliegt, kann die Anwesenheit diatopischer Merkmale andere Konsequenzen haben:

```
GP54:    gutes deutsch sein soll dass es korrekt
         gesprochen ist und dass eben ähm am leichtesten
         oder am besten verständlich ist dann muss es eben
         hochdeutsch sein
EX:      ja
GP54:    also richtig gutes hochdeutsch was gut artiku-
         liert ist was nicht verschliffen ist und wo keine
         kein dialekt das so sehr färbt
```

So ist GP54 der Ansicht, dass sprachliche Korrektheit mit der Gewährleistung einer größtmöglichen Verständlichkeit des Gesagten einhergeht. Dies kann allerdings nur eine als *hochdeutsch* bezeichnete Sprache gewährleisten, die nicht durch diatopische Merkmale beeinflusst ist – die GP spricht hier von *färbt* – und sich somit durch eine (sprachliche) Reinheit auszeichnet. Hierdurch wird eine durch diatopische Merkmale beeinflusste (Aus)Sprache zwar in ihrer Strukturgemäßheit und kommunikativen Leistungsfähigkeit nicht direkt als defizitär angesehen, aber es existiert eine Vorstellung einer normkonformen Sprache, die sich durch eine größtmögliche sprachliche Korrektheit auszeichnet und so eine optimale Verständigung gewährleistet. Auch für andere GPn konstituiert sich eine normkonforme Aussprache durch die Abwesenheit diatopischer Merkmale, wobei von einigen GPn spezifische Varianten diatopischer Varietäten genannt werden, die als besonders unerwünscht angesehen werden:

```
GP103:   also auch möglichst eben dieses [ʁ] was eben in
         bestimmten regionen eben so auftaucht das denke
         ich dann dass das nicht unbedingt gutes deutsch
```

---

139 Siehe hierzu v.a. Kapitel 4.6, in dem die Kategorie (46) Variationsfreiheit ausgewertet wird.

```
                ist
EX:             mhm
GP103:          das ist irgendwo dialektgefärbt
```

Unklar bleibt hier, welche konkreten Regionen sich durch eine nicht normkonforme (Aus)Sprache auszeichnen, da die GP keine Angaben hierzu macht. Im Interview imitiert die GP dieses Phon als uvularen Frikativ [ʁ], was bedeuten würde, dass die aus Radebeul (Sachsen) stammende GP alle allophonischen Varianten von /r/ bis auf [ʁ] als normkonform ansieht. Hierbei wäre in Konsequenz auch die eigene (im Interview verwendete und unbewusste) Realisierung dieses Phonems nicht normkonform. Eine plausible Erklärung hierfür ist allerdings, dass sich die GP auf andere (Allo)Phone bezieht und bei ihr lediglich kein Bewusstsein darüber herrscht, dass ihre Imitation nicht dem tatsächlichen Laut entspricht, den sie zu imitieren wähnt, bzw. kann die GP keine adäquate Imitation dieser Laute geben. Angesichts der regionalen Herkunft der GP kann vermutet werden, dass bei dieser Imitation die im obersächsischen Sprachraum feststellbaren retroflexen oder apikalen Realisierungen von /r/ wie [ɻ] oder auch [r] gemeint sind, die somit als salient, regional markiert und (unerwünschte) Abweichung gelten können.[140]

Aussagen zu einer suprasegmental-prosodischen Beschaffenheit erstrecken sich auf zwei Bereiche: Sprechgeschwindigkeit und Intonation. Auch zeigt sich, dass eine normkonforme (Aus)Sprache sich durch eine langsame bis moderate Sprechgeschwindigkeit auszeichnet, wobei *fließend schnell* (GP84) und *sie können sehr schnell sprechen* (GP132) Ausnahmen bilden:

Tab. 5: Kommentare zur Sprechgeschwindigkeit

GP	Kommentar
2	*das ist gutes deutsch langsam verständlich betont*
21	*dass man auch nicht zu schnell spricht*
22	*nicht zu langsam nicht zu schnell*
26	*nicht allzu schnell gesprochen*
39	*nicht zu schnelles sprechen*
67	*nicht zu hektisch spricht also langsam*
69	*langsamer gesprochen*

---

[140] Zu den phonetischen Merkmalen des Obersächsischen vgl. Anders (2010a: 138–149).

GP	Kommentar
78	*nicht zu schnell nicht zu langsam*
84	*fließend schnell*
85	*nicht zu schnell nicht zu langsam gesprochen sein*
86	*nicht zu schnell sprechen*
90	*langsam spricht nicht zu schnell*
107	*langsam zu sprechen auf jeden fall*
119	*relativ langsam*
132	*sie können sehr schnell sprechen*

Eine normkonforme Aussprache zeichnet sich auch dadurch aus, dass *flüssig* gesprochen wird und es ist ein häufig thematisiertes Phänomen, dass Pausen vermieden werden sollen: *flüssig und nicht abgehackt* (GP15), *nicht abgehackt* (GP28), *nicht so irgendwie genuschelt abgehackt* (GP58), *nicht abgehackt reden* (GP72), *fließend* (GP84), *nicht (...) abgehackt* (GP86), *flüssig reden* (GP103), *es einfach flüssiger klingt* (GP107), *wie vielleicht wie die wörter fließen (...) dass es nicht so stockig ist* (GP110). Als Antonyme zu *flüssig* werden die Lexeme *stockig* und *abgehackt* benannt und als nicht erwünscht angesehen. In Bezug auf die Intonation einer normkonformen Spache sind die Aussagen hingegen allgemeiner gehalten: *nicht tief und gelangweilt* (GP8), *die intonation ist natürlich auch wichtig* (GP17), *nicht monoton die ganze zeit sprechen* (GP80), *nicht monoton* (GP95), *intonation (...) ist mir wichtig* (GP97), *entsprechende betonung* (GP136). Auch zeigt sich für einen suprasegmental-prosodischen Bezugsbereich, dass Laien bei diesem ebenfalls – wie auch schon bei einem artikulatorisch-phonetischen – auf eine Strukturgemäßheit mittels der Lexeme *richtig* oder *korrekt* Bezug nehmen: *richtige ähm betonung von den einzelnen silben* (GP76), *dass er eben mehr so zum beispiel mehr wert auf die richtige betonung legt* (GP61), *gutes deutsch wäre letztendlich das richtig betonte hochdeutsch* (GP96), *ordentliche betonung richtige betonung* (GP101), *die richtige betonung immer zu haben* (GP107). Wobei hier auch zu fragen ist: In Bezug auf welchen Maßstab kann eine *intonation* oder *betonung* als normkonformen gelten? Es werden allerdings nur sehr selten Modelle, die als Maßstab dienen, transparent gemacht: *so nordisch (...) das ähm in der diktion in der intonation das würde mir am besten gefallen* (GP84).

4.1.2 allgemein grammatisch

Innerhalb der Kategorie (412) allgemein grammatisch wurden Aussagen kodiert, die auf eine allgemeine grammatische Beschaffenheit Bezug nehmen, sofern diese Aussagen keinen spezifischen sprachstrukturellen Ebenen zuzuordnen sind und sich auf konkrete Phänomene beziehen. So lässt sich die Beobachtung machen, dass Lexeme wie *grammatik* und *grammatikalisch* häufig mit einem semantischen Modifikator wie *korrekt* oder *richtig* auftreten, der eine Korrektheit/Richtigkeit (*richtig* bzw. *korrekt* in Bezug auf eine/n bestimmte/n Maßstab/Struktur) ausdrückt. Weiterhin finden sich neben Aussagen wie *grammatik stimmt* (GP01) oder *grammatikalisch richtig* (GP04) auch Aussagen wie *sprachliche korrektheit* (GP02), *grammatikalische regeln einhalten* (GP10), *keine grammatischen fehler* (GP15) oder *grammatikalisch in ordnung* (GP20), die ebenfalls Bezug auf eine Strukturgemäßheit nehmen. Hierbei wird seitens der Laien allerdings selten ausgeführt, was jeweils die Extension von *grammatik* bildet und welche konkreten sprachlichen Phänomene dies umfasst, so dass die Phrase *korrekte* oder *richtige grammatik* zumeist allgemeinen Charakter besitzt. Dabei wird häufig seitens der Laien der Anspruch formuliert, dass vor allem die Grammatik – vor weiteren Eigenschaften, durch die sich eine normkonforme Sprache auszeichnet – richtig bzw. korrekt zu sein habe:

```
GP118:   ja also einhaltung von grammatikregeln ohne es
         jetzt genau auf einzelne regeln runterzubrechen
         (...)
         aber wenn ich formuliere was ist gutes deutsch
         dann gehört das absolut dazu dass sprachregeln
         eingehalten sind
```

So stellt eine grammatische Strukturgemäßheit für die Laien ein zentrales Kriterium einer normkonformen Sprache dar, was sich zum einen darin äußert, dass eine der ersten spontanen Antworten auf die Einstiegsfrage des Interviewteils *Was ist für Sie gutes Deutsch?* ist, dass gutes Deutsch sich durch die Eigenschaft einer grammatikalischen Korrektheit/Richtigkeit auszeichne, auch wenn größtenteils unklar bleibt, welche sprachstrukturelle(n) Ebene(n) oder sprachlichen Phänome gemeint sind. Zum anderen wird grammatische Strukturgemäßheit auch als *das* zentrale Kriterium – vor weiteren – angesehen:

EX: was ist für sie gutes deutsch?
GP75: gutes deutsch ist wenn es grammatikalisch richtig ist
EX: mhm
GP75: und ähm
((7.4s))
ja das ist glaube ich das oberkriterium grammatikalisch soll es schon richtig sein

Auch andere GPn äußern sich hierzu ähnlich: *gutes deutsch ist für mich zuallererst einmal ein korrektes deutsch* (GP16), *zunächst mal sollte es grammatikalisch richtig sein* (GP27), *korrekte grammatik (...) bitte bitte bitte korrekte grammatik* (GP63), *insgesamt grammatikalisch richtiges deutsch* (GP66), *generell grammatikalisch richtig* (GP68), *erstmal grammatikalisch richtig* (GP70), *auf jeden fall grammatikalisch korrekt* (GP80). Die Frage, die sich hier wiederum stellt, ist: Was bildet den Maßstab, anhand dessen entschieden werden kann, wann eine konkrete Form, ein ganzes grammatisches System oder eine Sprachstruktur richtig/korrekt ist? Dieser Maßstab wird in den Interviews selten transparent gemacht und lässt sich zumeist nur indirekt erschließen, so zum Teil aus dem engeren Kontext der Aussage oder auch dem Gesamtkontext des Interviewteils:

EX: was ist für sie gutes deutsch?
GP24: ((5.6s))
ja also wenn die grammatik stimmt im satz ja also nicht wie beim saarländer halt die person nicht zum konjugierten verb passt

Von der GP werden Besonderheiten im verbalen Flexionssystem diatopischer Varietäten – hier vermutlich des Rhein-/Moselfränkischen – angesprochen und als nicht-strukturgemäß und nicht normkonform klassifiziert.[141] In linguistischer Terminologie ausgedrückt, ist also die syntagmatische Relation der Kongruenz von Subjekt und Prädikat hinsichtlich der grammatischen Kategorie *Person* gemeint. Um welches konkrete Phänomen es sich handelt, wird von der

---

141 Wie dem Interviewausschnitt zu entnehmen ist, bezieht die GP eine grammatische (Un)Stimmigkeit auf ein Phänomen, das sich (linguistisch) dem Bezugsbereich (Morpho)Syntax zuordnen lässt. Da dieses Phänomen für die GP aber einen Teil der *grammatik* bildet, wird dieser Beleg hier diskutiert.

GP nicht weiter spezifiziert und auch kein Beispiel genannt. In Frage käme hier – so lässt sich vermuten – die fehlende Formen-/Personendifferenzierung oder Personenneutralisation im Plural einiger diatopischer Varietäten des Deutschen. Die Frage hier ist nun, welcher Maßstab von der GP zugrunde gelegt wird, so dass das o.g. Phänomen als Abweichung benannt werden kann und somit *die person nicht zum konjugierten verb passt*. So kann vermutet werden, dass diese – im Gegensatz zu einem standardsprachlichen Bezugssystem – nicht vorhandene Differenzierung (aus Sicht der GP) zu Inkongruenz führt und als nicht normkonform zu bewerten ist. Auch bei anderen GPn finden sich diesbezügliche Aussagen, die grammatische Strukturen von diatopischen Varietäten als defizitär bewerten und eine Strukturgemäßheit anhand eines standardsprachlichen Bezugssystems bewerten:

EX:	was ist für dich gutes deutsch?
GP04:	hochdeutsch
EX:	mhm
GP04:	eigentlich ja grammatikalisch richtig
EX:	also ähm dann genau meine anschlussfrage woran erkennst du dass jemand hochdeutscht? also für dich gutes deutsch spricht? (...)
GP04:	also dass wirklich die wörter kommen korrekt ausgesprochen werden und auch von der grammatik wirklich richtig sind und dass es (...) im dialekt sind ja manchmal die grammatiken bisschen falsch

Unklar bleibt, auf welche konkrete sprachstrukturelle Ebene die GP die Aussage *im dialekt sind ja manchmal die grammatiken bisschen falsch* bezieht, so dass angenommen werden kann, dass die grammatisch-strukturellen Eigenschaften diatopischer Varietäten gemeint sind, die *falsch* sind. Richtigkeit impliziert also im Umkehrschluss die Einhaltung bestimmter (standardsprachlicher) Normen, die bei diatopischer Variation verletzt werden. So wird von GP04 nicht nur eine grammatische Richtigkeit als ein wesentliches Kriterium bestimmt, sondern auch ein Maßstab – *ex negativo* – benannt: Während sich aus der Sicht von GP04 *hochdeutsch* dadurch auszeichnet, dass diese Sprache *grammatikalisch richtig* ist, zeichnen sich diatopische Varietäten dadurch aus, dass *manchmal die grammatiken bisschen falsch* sind. Es zeigt sich, dass die GP04 zwar diatopischen Varietäten und einer (standardnahen) Varietät, die sie als *hochdeutsch* bezeichnet, diskrete grammatische Strukturen zugesteht, allerdings die grammatischen Strukturen diatopischer Varietäten als defizitär gegenüber den standardsprachlichen angesehen werden. Grammatische Richtigkeit wird bei der Beurteilung von sprachlicher Variation mittels eines Maßstabs gemessen, der sich als standardsprachliche Strukturgemäßheit identifizieren lässt. Angenommen werden kann also, dass sich eine grammatische Richtigkeit dadurch auszeichnet, dass den (grammatischen aber auch lautlichen) Strukturen einer Standardvarietät entsprochen wird, so dass sich eine Reflexion über die grammatische Richtigkeit diatopischer Varietäten aus einer standardsprachlich konzeptualisierten Größe ableitet. Die grammatische Strukturgemäßheit diatopischer Varietäten wird somit daran gemessen, inwiefern diatopische Phänomene mit Phänomenen einer Standardsprache, die als Maßstab fungieren, konvergieren; divergieren diese hingegen hiervon, werden sie als Abweichungen angesehen und als Fehler bewertet. Dies ist auch im folgenden Interview der Fall:

```
EX:      woran erkennen sie dass jemand gutes deutsch
         spricht?
GP136:   ((7.2s))
         ja vor allem auch an der grammatik
EX:      mhm okay
         gibt es also ich habe jetzt gutes deutsch immer
         in tüddelchen gesetzt gibt es dafür noch anderen
         begrifflichkeiten die man synonym einsetzen könn-
         te?
GP136:   hochdeutsch
EX:      okay
         ((1.7s))
         kann lustenauerisch auch gutes deutsch sein?
         provokant gefragt?
GP136:   nein
EX:      warum nicht
GP136:   weil es eine ganz andere grammatik hat
```

Bezugsgröße der Bewertung ist somit das sprachstrukturelle System einer anderen Varietät, deren sprachstrukturell-grammatische Strukturen als Maßstab dienen und so kann angenommen werden, dass dieses System in den meisten Fällen ein standardsprachliches ist. Sofern Extensionen von *grammatik* transparent gemacht werden, zeigt sich, dass unterschiedliche sprachstrukturelle Ebenen bzw. Phänomene, die diesen zuzuordnen sind, unterschiedlichen Bewertungsstrukturen unterliegen. Während beispielsweise auf auditiv-phonetischer

Ebene Variation toleriert wird, ist auf einer allgemeinen grammatischen Ebene diese Toleranz geringer und es zeigt sich, dass bei einigen GPn eine Korrektheit sprachlicher Handlungen und Produkte nicht dadurch beeinträchtigt wird, dass diatopische Merkmale vorhanden sind, sondern diatopische Variation wird unter bestimmten Voraussetzungen bzw. in bestimmten Maßen seitens der GP toleriert:

```
EX:     was ist für sie gutes deutsch?
GP91:   gutes deutsch
EX:     mhm
GP91:   gutes deutsch sollte grammatikalisch korrekt ge-
        sprochen sein
EX:     mhm
GP91:   sollte auch genitiv verwenden und richtige tempi
EX:     okay
GP91:   ((4.8s))
        es darf ruhig mal dialektal eingefärbt sein
EX:     mhm
GP91:   das ist deswegen noch lange kein äh nicht gutes
        deutsch ja
        ((3.1s))
        das wesentliche wäre für mich wirklich dass gram-
        matikregeln beachtet werden
```

In dem obigen Interviewausschnitt zeigt sich, dass der Einfluss diatopischer Merkmale in einem (un)bestimmten Maß zwar toleriert wird: *es darf ruhig dialektal eingefärbt sein*, jedoch darf das grundlegende Kriterium der grammatischen Korrektheit nicht verletzt werden: *sollte grammatikalisch korrekt gesprochen sein*. Korrektheit bedeutet hier somit die Wahrung einer Strukturgemäßheit und die Einhaltung von *grammatikregeln*, die die GP anhand von flexionsmorphologischen Phänomenen exemplifiziert: *sollte auch genitiv verwenden und richtige tempi*. Zudem zeigt sich, dass bei der Konzeptualisierung und Bewertung diatopischer Variation vor allem auf eine lautliche Ebene Bezug genommen wird und dass dieser Bezugsbereich, sofern es um die An-/Abwesenheit diatopischer Merkmale bei einer normkonformen (Aus)Sprache geht, anderen Korrektheitsvorstellungen unterliegt und toleranter beurteilt wird als ein grammatischer Bezugsbereich: *darf ruhig dialektal eingefärbt sein*. Bei GP91 konstituiert sich diatopische Variation durch den Bezug auf lautliche Strukturen; andere grammatische Strukturen hingegen sind kein konzeptualisierter

Bestandteil. Im Gegensatz zu lautlichen Strukturen werden grammatische Strukturen also nicht als konzeptualisierter Bestandteil dieser Varietäten angesehen. Mit der Konzeptualisierung von *grammatikregeln* als eine den diatopischen Varietäten externe Struktur geht auch gleichzeitig eine Bewertung mittels eines varietätenexternen Maßstabs bei diatopischer Variation einher. Wird somit diatopische Variation auf lautlicher Ebene als eine varietäteninterne Struktur begriffen und (zumeist positiv) bewertet, wird eine Normkonformität grammatischer Strukturen hingegen mittels varietätenexterner morphologischer Kriterien erfasst und beurteilt: *sollte auch genitiv verwenden und richtige tempi*, wobei angenommen werden kann, dass der Maßstab der Beurteilung in diesem Fall ein standardsprachlicher ist. So speist sich in diesem Fall eine Korrektheit grammatischer Strukturen von diatopischen Varietäten aus der Strukturgemäßheit dieser mit jenen einer (kodifizierten) Standardvarietät, so dass *grammatikalisch korrekt* in diesem Fall die Bedeutung ‚konvergiert mit grammatischen Strukturen der Standardvarietät' zukommt. In dem obigen Interviewausschnitt werden somit unterschiedliche sprachstrukturelle Ebenen unterschiedlich tolerant bewertet. Außerdem kann angenommen werden, dass die GP als Maßstab bei der Beurteilung einer *richtigen/korrekten grammatik* auf ein standardsprachliches Bezugssystem zurückgreift, um die Normkonformität grammatischer Strukturen bei diatopischen Varietäten oder auch generell eine Grammatikalität zu beurteilen.

4.1.3 syntaktisch

Die von den Laien gemachten Aussagen zu syntaktischen Phänomenen, die in der Kategorie (413) syntaktisch kodiert wurden, lassen sich in drei unterschiedliche Bereiche einteilen: Struktur, Richtigkeit/Korrektheit und Vollständigkeit:

Tab. 6: Bezugsbereiche syntaktisch

Bezugsbereich	Belege (n)	Belege (%)
Struktur	27	62,79 %
Richtigkeit/Korrektheit	11	25,58 %
Vollständigkeit	5	11,63 %
Summe	**43**	**100 %**

Für den Bereich Struktur lässt sich feststellen, dass hier gegensätzliche Präferenzen in Bezug auf die Komplexität syntaktischer Strukturen herrschen, v.a. hinsichtlich der Variation bei Ordnung und Einbettungsgrad. Während auf der einen Seite *komplexere sätze* (GP18), *abwechslung im satzbau* (GP20), *nicht immer nur die kurzen sätze nach dem gleichen aufbau* (GP45), *abwechslungsreich vom satzbau* (GP75), *nicht so oft wiederholungen* (GP78) gefordert werden, sind auf der anderen Seite *vom satzbau her nicht zu sehr ineinander verschachtelte sätze* (GP28), *nicht zu sehr verschachtelt* (GP31), *nicht zu verschachtelt* (GP75), *nicht immer schachtelsätze sondern manchmal kurz knapp* (GP106), *sätze knapp halten nicht so kurz aber nicht elendig verkettete schachtelsätze* (GP107) entsprechende Präferenzen. Was jeweils als (nicht) komplexe Struktur aufgefasst wird, wird nur selten thematisiert und – sofern thematisiert – verbleiben die Beschreibungen auf einer allgemeinen Ebene: *klar strukturierte komplexere sätze (...) nicht nur subjekt prädikat objekt (...) vielleicht auch mal ein relativsatz dazwischen und solche sachen* (GP18), *dass man wirklich versucht abwechslungsreich zu sprechen dass man sich bemüht in den formulierungen auch dass man mal einen satz umstellt ja (...) dass man nicht immer nur mit dem subjekt anfängt* (GP89). Eine als erwünscht angesehene syntaktische Struktur zeichnet sich aus Sicht der GPn dadurch aus, dass wenig bis keine Verschachtelung und eine Reduzierung von Komplexität auf der einen Seite, jedoch Abwechslung hinsichtlich des Satzaufbaus auf der anderen Seite vorhanden ist. Bezüglich einer Länge syntaktischer Phänomene zeigt sich, dass eine Präferenz zu kurzen Sätzen herrscht: *kurze sätze* (GP11), *nicht so lange sätze, kurze knappe* (GP78), *sätze nicht ellenlang* (GP88), *sätze knapp halten* (GP107), eine Ausnahme bildet lediglich *nicht immer nur die kurzen sätze nach dem gleichen aufbau* (GP45).[142]

Aussagen bezüglich einer Richtigkeit/Korrektheit syntaktischer Phänomene sind bei den GPn eher allgemein gehalten: *grammatik stimmt im satz* (GP01), *wenn man die sätze richtig bildet ja auch nicht irgendwelche teile weglässt* (GP24), *syntax stimmt* (GP25), *korrekt her von der satzkonstruktion* (GP63), *richtige sätze formulieren* (GP64), *vom satzbau her richtig* (GP70), *man kann auch schlecht sprechen indem man keine richtigen sätze macht* (GP87), *korrekte satzstellung* (GP139). Was die einzelnen GPn jeweils unter einem richtigen/korrekten Satz(bau) verstehen, wird nur selten anhand konkreter Beispiele verdeutlicht,

---

142 Die von den GPn gemachten Äußerungen ließen sich allerdings nicht nur der Kategorie einer syntaktischen Beschaffenheit zuordnen, sondern es wäre ebenso möglich, diese als stilistische Normvorstellungen anzusehen und zu kodieren. Die hieraus resultierenden Überschneidungen mit der Kategorie (43) Stilistik-Ästhetik wurden insofern vermieden, als in letzterer Kategorie stilistisch-lexikalische Phänomene kodiert wurden.

so dass auch dieses Kriterium – wie die bereits beschriebene grammatikalische Richtigkeit – eher allgemeinen Charakter hat. Werden hingegen Beispiele genannt, wird eine normkonforme Beschaffenheit auf syntaktischer Ebene häufig in Abgrenzung von anderen Varietäten, denen keine Normkonformität auf syntaktischer Ebene zugestanden wird, vorgenommen. Im folgenden Beispiel sind es die syntaktischen Strukturen der soziolektalen Varietät *jugendsprache*:

```
GP24:     wenn man die sätze richtig bildet ja auch nicht
          irgendwelche teile weglässt aus faulheit also in
          der jugendsprache wird das oft wegfallen gelassen
```

Im Interviewverlauf bleibt allerdings eine Explikation seitens der GP aus, um welches konkrete syntaktische Phänomen es sich handelt, das *faulheit* indiziert und hier metonymischen Gehalt aufweist. Andere GPn hingegen nennen konkrete Phänomene, so beispielsweise GP91, die mit *weil/denn* eingeleitete Kausalnebensätze mit V2-Stellung thematisiert, wobei diese Konstruktion zugleich einer negativen Bewertung unterliegt:

```
GP91:     ich mag auch nicht wenn man ähm inzwischen schon
          dazu übergeht dass man keine denn sätze mehr
          macht ich habe hunger denn ich habe schon lange
          nichts mehr gegessen sagt ja jeder inzwischen ich
          habe hunger weil ich habe schon lange nichts mehr
          gegessen
EX:       hm
GP91:     korrekt wäre natürlich ich habe weil ich schon
          lange nichts mehr gegessen habe aber das sind
          natürlich auch so verschiebungen die mit der ju-
          gendsprache einhergehen
EX:       hm
GP91:     hiele leute wissen das aber schon gar nicht mehr
          inzwischen
EX:       hm
GP91:     dass das falsch ist
```

Es wird dieser syntaktischen Konstruktion von GP91 nicht nur eine Richtigkeit und Strukturgemäßheit abgesprochen, sondern GP91 verortet die Ursache für das Auftreten dieser Konstruktion auch darin, dass *jugendsprache* einen (negativen) Einfluss auf das Sprachverhalten der *leute* ausübt. So wird diese Konstruktion als negativ bewertet und als der soziolektalen Varietät *jugendsprache* zugehörig angesehen, die (in Teilen) defizitär ist und sich durch nicht normkonforme sprachstrukturelle Eigenschaften auszeichnet. Dass die Zuschreibung einer (negativ bewerteten) Gebersprache für diese Konstruktion willkürlich ist, zeigt folgendes Beispiel:

```
GP70:    dann auch vom satzbau her richtig
EX:      mhm
GP70:    ((3.0s))
         nicht so wie es relativ weit verbreitet jetzt ist
         dass man eine wortstellung beim satzbau aus dem
         englischen einfach auf das deutsche überträgt
EX:      mhm
GP70:    und damit im prinzip eine klassische der klassei-
         sche satzbau der für die deutsche sprache typisch
         ist ausgehebelt wird
EX:      haben sie da ein beispiel für mich?
GP70:    ((2.4s))
         weil wir sind
EX:      mhm
GP70:    weil wir sind da und da weil wir sind also im
         prinzip im deutschen ist es anders
EX:      ja
GP70:    von der von der und das ist was was sich also
         auch in den medien eigentlich überall so durch-
         setzt was mich einfach stört weil es falsch ist
```

So ist GP70 der Ansicht, dass die Konstruktion *aus dem englischen* stammt und eine 1:1-Übertragung der *wortstellung beim satzbau* stattfindet. GP70 sieht die Konstruktion weil+V2 im Kausalnebensatz als nicht normkonform für das Deutsche an, da bereits eine Konstruktion, weil+VL im Kausalnebensatz existiert und dadurch *der klassische satzbau der für die deutsche sprache typisch ist ausgehebelt wird* und nur letztere *vom satzbau her richtig* ist. Auch hier zeigt sich, dass eine Erfassung und Bewertung sprachlicher Variation – in diesem Fall syntaktische Phänomene – von bestimmten Richtigkeitsvorstellungen geprägt ist. So dient die Strukturgemäßheit einer anderen (standardsprachlichen) Varietät jeweils als Maßstab, um ein Urteil über Abweichung und Norm zu fällen und es existiert lediglich eine richtige Variante. Zusammenfassend zeigt sich für die Richtigkeit/Korrektheit syntaktischer Phänomene, dass – sofern Negativbeispiele für eine nicht normkonforme syntaktische Beschaffenheit gegeben werden – die Beurteilung einer Strukturgemäßheit jeweils in Abgrenzung von einer anderen Varietät bzw. konkreter Phänomene (in den zuvor präsentierten Interviewausschnitten allerdings nur vermeintliche Phänomene der dort angesprochenen Varietäten) vorgenommen wird.

Bei der Thematisierung einer Vollständigkeit im Hinblick auf syntaktische Phänomene finden sich ebenfalls nur wenige Belege. Diese weisen einen allgemeinen Charakter auf: *formulierung ganzer sätze (...) keine unabgeschlossenen sätze nicht mit einem satz beginnen und ihn dann in irgendeiner leeren sprachgasse enden lassen* (GP16), *ganz vollständige sätze* (GP46), *ganze sätze* (GP86), *was mich fürchterlich aufregt ist wenn sätze unvollständig sind* (GP118). Bei GP46 zeigt sich, dass eine Vollständigkeit auf syntaktischer Ebene mündlicher Äußerungen gegeben ist, wenn eine 1:1-Übertragung syntaktischer Strukturen auf medial schriftlicher Ebene auf die medial mündliche Ebene erfolgt:

```
EX:     also würden sie sagen man kann hochdeutsch und
        gutes deutsch gleichesetzen ist das das gleiche?
GP46:   ((2.6s))
        in etwas schon ja
EX:     mhm
GP46:   mhm
EX:     und ähm durch welche merkmale oder besonderheiten
        zeichnet sich das aus?
GP46:   ja weil äh
        ((9.2s))
        weil die sätze äh na woran würde äh
        ((4.6))
        immer genau also ganz vollständige sätze
        ((2.4s))
        praktisch wird genau so gesprochen wie geschrie-
        ben wird
```

Auch für andere GPn zeichnet sich eine Normkonformität bezüglich der Vollständigkeit auf syntaktischer Ebene dadurch aus, dass (mündliche) Äußerungen jeweils mit den (syntaktischen) Strukturen einer medial schriftlichen Sprache konvergieren, so dass über eine syntaktische Vollständigkeit vor dem Hintergrund einer Schriftlichkeit reflektiert wird: *möglichst ein bisschen an der schriftsprache angepasst ist (...) ganze sätze sprechen* (GP86).

4.1.4 morphologisch-morphosyntaktisch

Für die Kategorie (414) morphologisch-morphosyntaktisch zeigt sich, dass es vor allem morphosyntaktische Phänomene sind, die von den Laien bei der Beschreibung und Bewertung einer normkonformen Sprache thematisiert werden, häufig sind dies Rektion und Kongruenz (GP10; GP45; GP48; GP63; GP74; GP91; GP94; GP115; GP118), also flexionsmorphologische Phänomene: *die fälle richtig setzen (...) ab und zu höre ich das raus und es tut direkt in den ohren weh (...) wenn man sie falsch verwendet* (GP48). Darüber hinaus finden sich vereinzelt Thematisierungen, die unspezifisch gehalten sind und sich auf die (richtige) Verwendung bzw. Bildung von Tempora beziehen: *die artikel stimmen und die ähm die zeiten (...) dass ich die ja richtige zeiten verwende* (GP139), *gutes deutsch (...) sollte auch genitiv verwenden und richtige tempi* (GP91), *zeitformen deklinationen so richtig angewendet werden das finde ich schon wichtig* (GP115). Insbesondere die beiden Kasus *Dativ* und *Genitiv* werden häufig von den GPn thematisiert. Hierbei konstatieren die Laien einen Rückgang beim Gebrauch des Genitivs und dieser Rückgang wird vereinzelt negativ bewertet. Auch wird anhand dieses Phänomens zum Teil auf den derzeitigen Zustand des Deutschen geschlossen: *unsere moderne sprache geht weg ich meine wir verwenden kaum noch den genitiv (...) unsere sprache tut enorm verarmen die deutsche sprache* (GP94). Betrachtet man die Aussagen zusammenfassend, so kann in diesem Fall als Maßstab einer richtigen Fallbildung oder Verwendung der richtigen Zeitformen ebenfalls eine standardsprachliche Bezugsgröße angenommen werden, anhand derer eine strukturgemäße Beschaffenheit einzelner morphologischer Phänomene – und deren Normkonformität – beurteilt werden kann.

4.1.5 orthographisch-schriftbezogen

Die Auswertung der Kategorie (415) orthographisch-schriftbezogen zeigt, dass eine orthographiegemäße Schreibung als erwünscht angesehen wird: *dass man äh die regeln äh die vor allem die wie die rechtschreibregeln auch einhält* (GP21), *ich glaube auch dass es wichtig ist dass man vestärkt auf die rechtschreibung achtet* (GP25), *gutes deutsch wäre für mich zuerst einmal von der schrift her (...) also orthographie grammatik richtig* (GP62), *also ich orientiere mich da schon dran wie man das so eben in der schule gelernt hat dass man dann auch richtig das ausspricht auch richtig schreibt* (GP76), *gutes deutsch wo die orthographie dazu gehört* (GP94). Wie sich anhand der Beispiele zeigt, bleibt es bei den meisten GPn, die Aussagen zu orthographisch-schriftbezogenen Phänomenen machen, auf einer allgemeinen Beschreibungsebene, wobei eine normkonforme Schreibung sich durch die Beachtung statuiert-kodifizierter Normen (bzw. entsprechender Normformulierungen) auszeichnet. Werden hingegen detailliertere Aussagen zu diesem Bezugsbereich gemacht, so beziehen sich diese auf die jüngste Rechtschreibreform und die damit einhergegangenen Änderungen, die als negativ empfunden werden:

```
GP94:   ja würde ich schon so sehen und die letzte recht-
        schreibreform die halte ich für
        ((4.8s))
        weitgehend quatsch
EX:     mhm
GP94:   also ich bin nach wie vor dafür dass man telefon
        mit ph schreibt oder pharmazie
        ((11.0s))
        weil man einfach dem wort ansehen soll wo es her-
        kommt
```

Anhand des Interviews zeigt sich, dass die Autorität der normsetzenden Instanz *Kodex* und die damit einhergehende Normierung auf graphematischer Ebene, die sich am Beispiel von GP94 auch anhand konkreter Schreibungen bzw. graphematischer Prinzipien explizieren lässt, prinzipiell als legitim angesehen wird. Dies steht jedoch in Diskrepanz zu den von der GP gemachten Aussagen bezüglich der im Zuge der zuletzt durchgeführten Rechtschreibreform gemachten orthographischen Änderungen. GP94 bezieht ihre Kritik auf Änderungen, die die (orthographisch korrekte) Schreibung von in das Schriftsystem des Deutschen integrierten Fremdwörtern betreffen; konkret (angebliche) Änderungen bei der Konsonantschreibung des fremdsprachigen Digraphen <ph> bei den Gräzismen <telephon> und <pharmazie>.[143] Somit kann zwar eine prinzipielle Anerkennung des Kodex als Normautorität konstatiert werden, jedoch zeigt sich anhand dieses Beispiels, dass die (erwünschte) Beschaffenheit eines sprachlichen Standards aus Laiensicht und dessen konkrete sprachliche Phänomene nicht zwangsläufig mit der faktischen Beschaffenheit (in Form von kodifizierten Varianten) im Konsens stehen. So können bei der GP nicht nur unterschiedliche

---

[143] Bei der Schreibung von <telefon> wurde eine Verschriftlichung nach dem etymologischen Prinzip zugunsten des phonographischen Prinzips zwar aufgegeben, dies trifft allerdings nicht auf <pharmazie> zu, da diese Wortform nach wie vor mittels des Digraphen <ph> (orthographiegemäß) verschriftlicht wird.

Präferenzen bezüglich einer Schreibung der o.g. Fremdwörter im Gegensatz zur Orthographie festgestellt werden. Es zeigt sich auch eine Diskrepanz zwischen einem laienlinguitischen Wissen in Bezug auf eine als erwünscht angesehene Beschaffenheit, die sich konträr zu den statuiert-kodifizierten Normen verhält, was zugleich das nicht unproblematische Verhältnis zwischen Normautoritäten und Normsubjekten und letztlich auch statuierten und subsistenten Normen verdeutlicht.

4.2 Angemessenheit

Die Kategorie (42) Angemessenheit wurde aufgrund von Aussagen der GPn zur Beschaffenheit eines Produkts sprachlicher Tätigkeit in Verbindung mit außersprachlichen Faktoren gebildet. Betrachtet man die kodierten Textteile insgesamt, so lässt sich sagen, dass eine angemessene Sprache oder Sprechweise sich dadurch auszeichnet, dass drei spezifischen kontextuellen Faktoren bei der Realisierung der Produkte sprachlicher Tätigkeit Rechnung getragen wird. Hierbei wurden nach dem ersten Materialdurchlauf die drei Bezugsbereiche Kommunikationspartner, Gesprächsgegenstand sowie Situation induktiv aus dem Material gebildet:

Tab. 7: Bezugsbereiche Angemessenheit

Bezugsbereich	Belege (n)	Belege (%)
Kommunikationspartner	9	25,71 %
Gesprächsgegenstand	8	22,86 %
Situation	18	51,43 %
Summe	35	100 %

Bei der Zuordnung der einzelnen Aussagen zu den jeweiligen Bereichen lagen folgende Kriterien zugrunde: Dem Bereich Kommunikationspartner wurden Aussagen zugeordnet, sofern Aussagen über die Angemessenheit sprachlicher Mittel in Bezug auf Erwartungen an bestimmte soziale Rollen, die Bekanntheit bzw. Vertrautheit der Kommunikationspartner oder das Vorwissen der Kommunikationspartner gemacht wurden. Eine Zuordnung zu Gesprächsgegenstand fand statt, sofern Aussagen gemacht wurden, die die Angemessenheit sprachlicher Mittel (wie z.B. Kodewahl) in Bezug auf die Darstellung des Gegenstands der Kommunikation oder die Intention eines Sprechers betreffen. Die letzte

Subkategorie Situation ergibt sich aus der Zuordnung von Aussagen, die die Angemessenheit sprachlicher Mittel in Bezug auf Bereiche des gesellschaftlichen Lebens mit spezifisch organisierter Kommunikation betreffen.

Eine Berücksichtigung von Angemessenheitsnormen hinsichtlich der Kommunikationspartner wird von den GPn daran festgemacht, ob der (Un)Bekanntheit der jeweiligen Kommunikationspartner bei der Wahl sprachlicher Mittel Rechnung getragen wird: *ich hab beim sprechen natürlich auch entsprechend welche zielgruppe ich da vor mir sitzen habe (...) ich spreche anders wenn ich eltern habe oder schüler habe und spreche noch mal anders wenn ich vertraute menschen habe oder fremde menschen habe (...) und danach würde ich auch meine wortwahl irgendwie auswählen* (GP54), *also gutes deutsch ist für mich das wenn ich ein publikum habe (...) mit vielen verschiedenen leuten mit großer sprachlicher heterogenität (...) wenn ich da rüberkomme und mich bei allen verständlich machen kann* (GP131). Eine angemessene Sprache in Bezug auf den Gesprächsgegenstand wird von den GPn u.a. daran festgemacht, ob bei einem sachbestimmten Gespräch die Erläuterung des Gesprächsgegenstandes im Vordergrund steht und fachsprachliche Lexik verwendet wird: *wenn man über sachgebiete redet fachsprache zu verwenden* (GP 48) und sich *differenziert fachlich* (GP64) ausdrückt. GP91 hingegen sieht *dialekt* im Gegensatz zu *hochdeutsch* als geeignete Sprache an, um eine expressive/emotive Funktion innerhalb eines Gesprächs zu realisieren:

```
GP91:   sprache hat ja so viele funktionen
EX:     mhm
GP91:   sprache hat einen emotionalen wert
EX:     mhm
GP91:   natürlich weil ich mit sprachen mich verständige
EX:     ja
GP91:   muss ich ja nicht nur informationen rüberbringen
        sondern auch emotionen
EX:     mhm
GP91:   da ist dialekt was ganz wichtiges
EX:     mhm
GP91:   kann man ja viel besser im dialekt
EX:     ja
GP91:   fluchen schimpfen weinen
EX:     hm
GP91:   ((5.8s))
        aber wenn ich also was sachlich rüberbringen will
```

> eine informaion oder einen sachverhalt in irgend-
> einer wissenschaft dann ist für mich das hoch-
> deutsch unerlässlich

So ist GP91 der Ansicht, dass bestimmte sprachliche Existenzformen (*dialekt*) sich besser als andere (*hochdeutsch*) dazu eigenen, die expressive bzw. emotive Funktion von Sprache zu realisieren. Hingegen ist für GP91 die als *hochdeutsch* bezeichnete Varietät besser dazu geeignet die referentielle Funktion/Darstellungsfunktion von Sprache zu realisieren. Hinsichtlich einer Angemessenheit in Bezug auf die Situation, lässt sich konstatieren, dass einige GPn (GP24; GP32; GP37; GP41; GP43; GP70; GP106) allgemein eine situationsgerechte bzw. situationsangepasste Sprechweise als erwünscht ansehen, ohne konkrete Situationen zu spezifizieren. Bei anderen GPn wird eine Normkonformität z.B. an der Berücksichtigung des Öffentlichkeitsgrades der spezifischen Kommunikationssituation bei der Wahl der sprachlichen Mittel festgemacht. Hierbei wird von den GPn häufig als prototypische Situation das Beispiel einer Rede einer in der Öffentlichkeit stehenden Person oder einer Person einer öffentlichen Institution entworfen (GP21; GP26; GP54; GP97; GP100; GP105; GP130), wie es auch GP26 in folgendem Interviewauszug äußert:

GP26:	ein politiker der dann gut wenn er bairisch spricht glaube ich finden das die wenigsten schlimm aber wenn jetzt da jemand da auftreten würde der ähm kölsch beispielsweise spricht als politiker glaube ich dass der auch nicht wirklich ernst genommen wird
EX:	mhm
GP26:	also was ich auch eben schon mal gesagt habe ähm ich bin der auffassung so im öffentlichen leben
EX:	mhm
GP26:	wenn man vielleicht auch irgendetwas zu repräsentieren hat sollte man möglichst hochdeutsch sprechen

Neben der Aussage, dass in Situationen mit hohem Öffentlichkeitsgrad Personen, die eine Repräsentationsfunktion ausüben, möglichst *hochdeutsch* sprechen sollten, wird von der GP geäußert, welche Varietäten sich für diese Situationen ebenso eignen (*bairisch*) und welche nicht (*kölsch*). Die Verwendung einer Varietät, die GP26 hier mit *kölsch* bezeichnet, eigne sich somit nicht für eine Situation mit hohem Öffentlichkeitsgrad, da die Verwendung dieser Varietät negative soziale Auswirkungen auf den jeweiligen Sprecher haben kann und dieser als unseriös stigmatisiert wird. Dass bestimmte Varietäten (neben *hochdeutsch*) existieren, die sich aus Laiensicht besser oder schlechter für spezifische Situationen eignen, zeigt sich auch in anderen Interviews:

```
GP90:    außer hochdeutsch fällt mir jetzt nichts weiteres
         ein also ich setze gutes deutsch schon mit hoch-
         deutsch das ist bei mir ähnlich besetzt also ich
         würde gutes deutsch als hochdeutsch bezeichnen
EX:      mhm
GP90:    nicht dass dialekt jetzt schlechtes deutsch wäre
         aber ich finde es äh in ja im beruflichen kontext
         eigentlich nicht besonders angebracht dialektal
         zu sprechen
```

So wird von der GP im obigen Interview ein dialektales Sprechen im beruflichen Kontext als unangemessen bewertet. Auch wenn die GP keine nähere Erklärung dazu gibt, warum *hochdeutsch dialekt* vorzuziehen ist, kann in diesem Fall festgestellt werden, dass eine dialektale Sprechweise in öffentlichen oder offiziellen Kommunikationssituationen nicht bzw. wenig toleriert wird und nicht nur von einer fehlenden Toleranz diatopischer Variation zeugt, sondern auch von der Vorstellung eines Dialektes als Sprachbarriere.

4.3 Stilistik-Ästhetik

Aussagen, die der Kategorie (43) Stilistik-Ästhetik zugeordnet wurden, beziehen sich zumeist in allgemeiner Weise auf die produktive Seite der Sprachkompetenz, in erster Linie auf eine Wortwahl in Zusammenhang mit den Stilprinzipien der *Differenziertheit* und *Prägnanz*. Vereinzelt werden allerdings auch Aussagen zur kognitiv-passiven Sprachkompetenz im Hinblick auf eine Beschaffenheit des Wortschatzes gemacht, ohne zusätzlich die aktiv-produktive Kompetenz zu thematisieren. Zuletzt wurden in dieser Kategorie Aussagen subsumiert, die sich auf eine allgemeine Ästhetik sprachlicher Phänomene beziehen:

Tab. 8: Bezugsbereiche Stilistik-Ästehtik

Bezugsbereich	Belege (n)	Belege (%)
kognitiv-passive Sprachkompetenz	11	26,83 %
produktive Sprachkompetenz	(19)	46,34 %
Differenziertheit	16	39,02 %
Prägnanz	3	7,32 %
Ästhetik	11	26,83 %
Summe	41	100 %

Aussagen, die der Subkategorie kognitiv-passive Sprachkompetenz zugeordnet wurden, thematisieren den Wortschatz, wobei es von Seiten der Laien als erwünscht angesehen wird, wenn ein kompetenter Sprecher einen möglichst großen Wortschatz aufweist:

Tab. 9: Kommentare zur kognitiv-passiven Sprachkompetenz

GP	Kommentar
37	wortschatzreichtum
42	wenn der wortschatz groß ist
49	ausgeprägter wortschatz
67	wortvielfalt
70	vielfalt an wortschatz
79	einen großen wortschatz
86	eine vielfalt von worten gebrauchen
106	differenzierte ausdrucksfähigkeit
115	wenn ein vielfältiges vokabular verwendet wird
127	wortschatzvielfalt
129	großer wortschatz

Kompetente Sprecher folgen in Bezug auf die Wortwahl den Stilprinzipien der *Differenziertheit* und *Prägnanz*, entsprechende Aussagen beziehen sich überwiegend auf eine Wahl lexikalischer Mittel. So lässt sich im Hinblick auf eine Differenziertheit des Ausdrucks feststellen, dass bei den Laien eine stilistische Variation auf lexikalischer Ebene (anders als bei diatopischer Variation, vgl. Kap. 4.6) kein möglichst zu vermeidendes Phänomen ist, sondern im Gegenteil eine (genutzte) Vielfalt an Ausdrucksmöglichkeiten positiv gesehen wird und nicht davon ausgegangen wird, dass dies verständniserschwerend sein könne:

GP64: gutes deutsch gutes deutsch ist auch eine klare aussprache auf jeden fall es gehört dazu aber eigentlich ist es wichtiger dass man richtige sätze formulieren kann und auch über einen wortschatz verfügt um sich ein bisschen differenziert ausdrücken zu können das versuchen wir auch bei schülern
EX: mhm
GP64: hinzubekommen zum beispiel in geschichte fällt das auf ein gutes deutsch ist jemand der sich differenziert fachlich ausdrücken kann eben sine gefühle gedanken desto klarer und differenzierter desto besser ausdrücken kann

Bezüglich einer Differenziertheit finden sich in den Interviewausschnitten Begriffe und Aussagen, die die Bedienung eines bestimmten (gehobenen) Registers und eine Sachbestimmtheit der Kommunikation als Voraussetzung für ein normkonformes Sprechen ansehen:

Tab. 10: Kommentare zur stilistischen Differenziertheit

GP	Kommentar
01	*sich gewählt ausdrückt*
09	*gewählt und deutlich ausdrücken*
18	*eine gepflegte wortwahl*
30	*vom wortschatz gehobener*
45	*sich sehr gepflegt ausdrücken*
68	*dass man wirklich sachlich spricht*
73	*nicht diese saloppe redensart*
94	*gediegene stilistik*
98	*gehoben sachlich perfekt im ausdruck*
108	*sehr ordentlich sehr gewählt*
127	*sehr gewählt*

Anhand der angeführten Interviewausschnitte zeigt sich, dass gemäß der GPn ein normkonformes Sprechen ein Sprechen ist, das sich eines (gehobenen) Registers bedient und welches u.a. mittels der beiden Begriffe *gewählt* und *gepflegt* bezeichnet wird. Durch welche sprachlichen Phänomene sich eine solche *gepflegte* oder *gewählte* Sprache allerdings konstituiert, wird nur in einigen Interviews expliziert:

GP55:   ähm wenn man sich gepflegt ausdrückt würde ich mal sagen
EX: mhm
GP55:   ähm wenn man halt nicht irgendwie fäkalwörter oder sonst was dazwischen schiebt
EX: mhm
GP55:   ähm ja dass man nicht irgendwelche assi slangs oder so daziwschen wo ey alter oder so ich finde das hört sich dann einfach nicht gepflegt an sondern eh so ja so bisschen straßenghetto finde ich das einfach für mich gehört das einfach nicht zu dem gepflegten deutsch dazu

Wie sich anhand des soeben zitierten Interviewausschnittes zeigt, wird als Gegenpol zu einem *gepflegten deutsch* eine Sprechweise gesetzt, die sich zum einen durch die Anwesenheit von Pejorativa (*fäkalwörter*) auszeichnet und zum anderen sich der sprachlichen Mittel bedient, die als *assi slangs* benannt werden und sich durch die Anredeform *ey alter* auszeichnet, die gebräuchlich für ein bestimmtes soziales Milieu (*straßenghetto*) angesehen werden.

Auch wird eine stilistische Variation als erwünscht angesehen, um so unerwünschte Wiederholungen auf formaler Ebene zu vermeiden: *nicht immer dieselben verben verwenden nicht immer dieselben ähm wörter verwenden sondern also da wenn es kleine unterschiede gibt durchaus in den wörtern auch diese unterschiede zu machen* (GP45), *viele verschiedene wörter (...) ein großer also ja nicht dass immer die selben wörter in einer erzähler oder vortrag die selben wörter sich wiederholen* (GP63), *dass die wortwahl nicht so eintönig ist* (GP77), *nicht immer das gleiche sagen* (GP127). Von GP70 wird die Nutzung von Synonymen als Kohäsionsmittel zur Substitution als eine normkonforme Möglichkeit der Variation des sprachlichen Ausdrucks im Rahmen stilistischer Variation angesehen:

GP70:   ja was ist noch für mich gutes deutsch auch eine
          vielfalt ein wortschatz
EX: ja
GP70:   ((4.9s))
          dass man also auch mit synonymen arbeitet kann
          dass man für bestimmte dinge nicht nur einen be-
          griff hat und denn dann unendlich wiederholt son-
          dern eben durchaus varianten kennt

Das zweite Stilprinzip der *Prägnanz* verhält sich komplementär zu dem der *Differenziertheit*: So sind die befragten GPn nicht nur der Meinung, man solle über einen möglichst großen Wortschatz verfügen und diesen auch aktiv einsetzen, sondern es ergibt sich – aus einer funktionalistischen Perspektive – für jedes Wort ein konkreter Sachverhalt, der präzise mit diesem Wort/einer Wortwahl beschrieben werden kann:

GP14:   das heißt dass es einfach dass es eine wortwahl
          gibt die treffend ist und die das an und für sich
          ausdrückt und formuliert was ich eigentlich sagen
          möchte

Auch bei anderen GPn finden sich ähnliche Aussagen, die auf eine Prägnanz des sprachlichen Ausdrucks unter sprachökonomischen Aspekten Bezug nehmen, so dass einem Ausdruck immer nur ein konkret bestimmbarer Inhalt zugeordnet werden kann und sich keine homonymen/polysemen Strukturen ergeben. Hierbei herrscht *Eindeutigkeit* als sprachökonomisches Stilprinzip vor:

EX: was ist denn für sie gutes deutsch?
GP78:   das ist eine gute frage
          ((5.7s))
          klare wörter
EX: mhm
GP78:   was nicht zweideutig ist
EX: mhm
GP78:   zum beispiel in unserer sprache ist ja hahn der
          eine denkt an wetterhahn der andere denkt an den
          anderen hahn
EX: mhm
GP78:   also klar deutlich

Auch findet sich die Vorstellung, dass die richtige Wahl eines Ausdrucks zur Beschreibung eines bestimmten Inhalts automatisch eine erfolgreiche Kommunikation zur Folge hat und dass bei allen Teilnehmern dieses Kommunikationsereignisses eine 1:1-Übereinstimmung von Ausdruck und Inhalt herrscht, die eine 1:1-Übertragung von Ideen ermöglicht. So empfangen Sender und Empfänger die gleiche Information, da keine Unklarheit über den Nachrichteninhalt herrscht, Missverständnisse und Ambiguitäten ausgeschlossen sind, alles *klar* und *deutlich* ist. So bildet die richtige/korrekte Wortwahl den Garanten für eine optimale Kommunikation und Wörter haben eine festgelegte Bedeutung:

```
GP128:    die äh ja die richtigen wörter müssen für das
          richtige gebraucht werden man kann nicht einfach
          egal was wofür brauchen
          (...)
          das heißt eigentlich wenn ich ein wort sage dann
          muss das schon dasselbe sein also denselben be-
          griff für sie dann auch darstellen
```

Bezüglich einer Ästhetik lässt sich mit Blick auf die Daten sagen, dass ein frequent auftretendes Lexem bei der Beschreibung der (positiven) ästhetischen Qualität einer normkonformen (Aus)Sprache und auditiver Höreindrücke, das Lexem *angenehm* ist: *angenehm zum zuhören* (GP47), *zum beispiel dieses osten finde ich zum beispiel ist sagen wir mal auch deutsch aber ich finde zum beispiel nicht so angenehm für die ohren* (GP56), *eine angenehme melodie* (GP58), *muss auch angenehm sein* (GP73), *angenehm zu hören* (GP103). Betrachtet man den Interviewauszug von GP56, so zeigt sich, dass unterschiedliche Präferenzen bezüglich (positiver wie negativer) auditiver Höreindrücke bei den Laien existieren, so auch bei GP28:

```
GP28:     vom klang her finde ich wie gesagt also alles was
          eben so nördlich liegt so hart und äh dann eben
          auch vielleicht etwas abgehackt würde ich es mal
          bezeichnen ähm und auch von der sprache her ja
          mir fällt eher das gegenteil ein es ist eben
          nicht melodisch während also das was so südlich
          jetzt gerade von uns ist oder südlich des rheins
          ist das finde ich einfach melodischer angenehmer
          schmeichelhafter
```

Für GP28 (Schleiden) zeigt sich nicht nur eine Präferenz für eine von der GP benannte (sprach)geographische Region (*südlich* bzw. *südlich des rheins*) in Bezug auf positive auditiv-ästhetische Höreindrücke, die mittels der Lexeme *melodisch*, *angenehm* und *schmeichelhaft* zum Ausdrucks gebracht wird, sondern es werden ebenfalls die metaphorisch gebrauchten Ausdrücke *hart* und *abgehackt* für eine negative auditiv-ästhetische Beschreibung einer in Opposition zu dieser (sprach)geographischen Region stehenden (Sprach)Region gesetzt (*nördlich*). Auch in anderen Interviews wird teilweise das Antonym *abgehackt* genutzt, um eine nicht normkonforme Sprache in auditiv-ästhetischer Hinsicht zu beschreiben. Weiterhin kann festgestellt werden, dass eine (positive) Bewertung der auditiv-ästhetischen Eigenschaften einer normkonformen Sprache nicht nur mit dem Lexem *angenehm*, sondern auch mittels des Lexems *schön* zum Ausdruck gebracht wird: *dieses niedersächsische hochdeutsch (...) was sich einfach total schön angenehm anhört* (GP19), *bei fernsehauftritten wo (...) wirklich schön ausgesprochen wird* (GP39), *eine schöne sprache verwenden* (GP45), *die laute die wirklich schön auszusprechen (...) und wirklich ein schönes geradliniges wohlklingendes hochdeutsch zu sprechen (...) so norddeutsch vielleicht so in die richtung* (GP138).[144] Mit Blick auf die zitierten Beispiele zeigt sich zum einen, dass bei den Laien unterschiedliche Präferenzen bei einer (positiven) Bewertung der auditiv-ästhetischen Eigenschaften einer normkonformen Sprache, die teilweise in Verbindung mit einer bestimmten (Sprach)Region steht, festzustellen sind.

4.4 Verständlichkeit

Für die Kategorie (44) Verständlichkeit lässt sich vorab feststellen, dass es hier zum einen Überschneidungen mit der Kategorie (46) Variationsfreiheit gibt, da in den Interviews Verständlichkeit teilweise in Zusammenhang mit einer Variationsfreiheit thematisiert wird und einige GPn der Ansicht sind, dass eine (überregionale) Verständlichkeit nur dadurch erreicht werden kann, wenn diatopische Variation auf ein Minimum reduziert oder gänzlich abwesend ist. Zum anderen ergeben sich Überschneidungen mit der Kategorie (45) Schriftbezogenheit, da einige GPn der Ansicht sind, dass eine Verständlichkeit nur durch eine schriftnahe (Aus)Sprache vollständig gewährleistet werden kann. Dem Lexem *verständlichkeit* bzw. *verständlich* kommt in den Interviews allerdings eine zum

---

[144] Eine seltene Ausnahme bildet GP109 (Jena): *wenn es darum geht die schönste oder angenehmste oder beste sprache beste deutsch zu finden dann würde ich das wiener nehmen*.

Teil unterschiedliche Semantik zu. So kann sich Verständlichkeit auf eine (überregionale) kommunikative Reichweite beziehen: *für jeden aus dem deutschen sprachraum verständliches deutsch* (GP47), auf eine auditiv-phonetische Qualität: *dass es verständlich ist nicht nuscheln* (GP73), auf eine allgemeine semantische Interpretierbarkeit: *eine gute allgemeinverständlichkeit sowohl inhaltlich wie stilistisch* (GP52) oder aber es wird ohne Explikation gebraucht: *alles was verständlich ist* (GP72).

In Bezug auf eine (überregionale) kommunikative Reichweite kann festgestellt werden, dass die Laien einer normkonformen Sprache die kommunikative Leistungsfähigkeit zusprechen, über einen hohen kommunikativen Radius zu verfügen: *gutes deutsch ist für mich äh dass es jeder verstehen kann dass es deutlich ausgesprochen wird (...) und dass es auch in jedem bundesland hier in deutschland verstanden werden kann* (GP29). Es wird auf die Eigenschaft der überregionalen kommunikativen Reichweite einer normkonformen Sprache auch mittels einer Abgrenzung zu der eingeschränkten kommunikativen Reichweite diatopischer Varietäten Bezug genommen:

```
GP03:   ja ähm einfach sehr gut verständlich
EX:     mhm
GP03:   im vergleich zu den dialekten
EX:     mhm
GP03:   und vor allem von möglichst vielen sprechern
        ((1.0s))
        verständlich
EX:     ja
GP03:   also ein dialekt wird nur von wenigen leuten gut
        verstanden
EX:     mhm
GP03:   ein hoch ein sprecher der hochsprache wird von
        allen im deutschen sprachgebiet verstande
```

Während es für GP03 allgemein die sprachlichen Strukturen diatopischer Varietäten sind, die eine überregionale Verständlichkeit erschweren und ein Sprechen der *hochsprache* automatisch zu einer (allgemeinen) Verständlichkeit führt, sind es für GP05 die lexikalischen Strukturen diatopischer Varietäten, die eine eingeschränkte kommunikative Reichweite bedingen:

GP05:	es gibt keine
	((1.7s))
	ja sonderformen von begriffen
	[so wie wir es]
EX:	[mhm]
GP05:	im dialekt haben
	(...)
	wenn ich eine sprache verwende egal wo ich bin in welcher region
EX:	mhm
GP05:	die jeder versteht

Betrachtet man die beiden letzten Interviewausschnitte, lässt sich sagen, dass eine Beeinträchtigung der kommunikativen Reichweite von den GPn maßgeblich mit dem Vorhandensein diatopischer Merkmale erklärt wird. Verständlichkeit kann somit nur erreicht werden, indem keine diatopischen Merkmale vorhanden sind, was eine interferenzfreie Kommunikation und größtmögliche kommunikative Leistungsfähigkeit ermöglicht. Die Annahme, dass der Einfluss diatopischer Merkmale verständniserschwerend sein kann, zeigt sich auch im folgenden Interviewausschnitt:

GP54:	also wenn es gutes deutsch sein soll dass es korrekt gesprochen ist und dass eben ähm am leichtesten oder am besten verständlich ist dann muss es eben hochdeutsch sein

So existiert nicht nur ein bestimmter Maßstab bezüglich einer normkonformen Aussprache, an dem (auch) diatopische Variation gemessen wird: *dass es korrekt gesprochen ist*, sondern die beiden Superlative *am leichtesten oder am besten verständlich* zeugen zugleich von der Vorstellung, dass nur *hochdeutsch* eine interferenzfreie Kommunikation ermöglicht bzw. sich durch dessen Nutzung automatisch eine interferenzfreie Kommunikation ergibt. So ist *hochdeutsch* aus Laiensicht am effizientesten bezüglich einer Verständlichkeit, weil diatopische Merkmale – als das Verständnis erschwerende Faktoren – vermieden werden. Allerdings finden sich auch Aussagen, in denen ein (un)bestimmtes Maß an Variation toleriert wird, solange die Verständlichkeit nicht beeinträchtigt wird:

```
GP121:    also ja ein bisschen gefärbt macht mir gar nichts
          aus ich finde es schön und insofern ja für mich
          ist das auch gut wenn es soweit ist dass man sich
          doch trotzdem über alle regionen hinweg nach wie
          vor unterhalten kann
```

Mit Blick auf weitere Kodierungen der Kategorie (44) Verständlichkeit ist allerdings zu konstatieren, dass bei der überwiegenden Mehrzahl der Aussagen eine hohe (überregionale) kommunikative Reichweite nur durch Variationsfreiheit zu erreichen ist: *ein deutsch (...) das auf zu viel dialektale ausdrücke verzichten sollte das von möglichst allen muttersprachlern problemlos verstanden werden kann* (GP16), *also ein schönes hochdeutsch was man... dass man das in allen landschaften einigermaßen gut verstehen kann (...) möglichst akzentfrei* (GP22), *gut verständliches deutsch natürlich ja also was man über die dialekte hinweg gut versteht und äh was äh eigentlich äh vielleicht recht dialektneutral auch ist* (GP53), *ja wenn wirklich gut verständliches deutsch wie jetzt ohne dialekt ohne spezielle aussprache* (GP61). Neben den bereits erwähnten Überschneidungen mit der Kategorie (45) Schriftbezogenheit ergeben sich Überschneidungen mit der Kategorie (49) sprachgeographische Konzepte, da diese verständliche, schriftbezogene (und z.T. variationsfreie) Sprache regional verortbar ist: *ob das jetzt einer aus zürich ist oder aus wien oder aus passau oder aus ulm die können alle jemanden aus hannover gut verstehen weil der eben schriftdeutsch spricht* (GP132), *hochdeutsch das ist gutes deutsch (...) weil man es überall versteht (...) weil es eine schriftsprache oder weil es identisch mit der schriftsprache ist* (GP92). So sieht GP92 *hochdeutsch* nicht nur als eine Sprache an, die eine überregionale Verständlichkeit und interferenzfreie Kommunikation ermöglicht, sondern es zeigt sich ebenso, dass diese – regional verortbare – Sprache sich durch eine Schrift- und Standardnähe sowie Freiheit diatopischer Merkmale auszeichnet.

Für eine Verständlichkeit im Hinblick auf eine auditiv-phonetische Qualität lässt sich feststellen, dass eine Aussprache, die für die GPn in auditiv-phonetischer Hinsicht verständlich ist, eine (Vorlese)Aussprache darstellt, die schrift- und standardnah ist: *von der aussprache dass man die wörter so ausspricht dass sie gut zu verstehen sind (...) ja die laute so wie sie geschrieben werden* (GP24), *gutes deutsch ähm also von der aussprache her auf jeden fall ein deutsch was verständlich ist und was der schriftsprache schon nahe kommt* (GP38). Ebenso kann sich ein verständliches Sprechen auch auf eine langsame Sprechgeschwindigkeit beziehen: *nicht allzu schnell gesprochen werden (...) also die aussprache sollte verständlich sein* (GP26), *naja also es ist verständlich es wird ja meistens dann ja auch langsamer gesprochen* (GP69). Hierbei finden sich ebenfalls Assoziationen von Sprechgeschwindigkeit mit bestimmten Sprach-(raum)konzepten. So ist die folgende GP der Meinung, dass in bestimmten Sprachräumen *per se* undeutlich/unverständlich gesprochen wird:

GP119:	also für mich ist ein gutes deutsch einfach äh etwas was jeder verstehen kann dass man halt deutlich spricht
EX:	mhm
GP119:	und dass es eben jeder verstehen kann
EX:	ja und wodurch sichert man sich verständnis durch welche merkmale zeichnet sich das dann aus?
GP119:	also ähm dialekte wo man relativ schnell spricht da ist es eher weniger gutes deutsch und da würde ich jetzt mal einfach hamburg behaupten
EX:	mhm
GP119:	und diese undeutlichkeit würde ich bei sachsen raushören deutlich und relativ langsam wäre für mich gutes deutsch

Aus Sicht von GP119 (Kaufbeuren) wird Verständlichkeit durch ein *deutliches* Sprechen sichergestellt, somit zeichnet sich eine Unverständlichkeit/ein *undeutliches* Sprechen durch eine zu hohe Sprechgeschwindigkeit aus, die ein sprachinhärentes Merkmal der von ihr genannten Sprachräume *hamburg* und *sachsen* und der dort gesprochenen *dialekte* darstellt. Als hinderlich für die Verständlichkeit werden – in auditiv-phonetischer Hinsicht – weiterhin bestimmte gesprochensprachliche Phänomene wie Elisionen/Klitisierungen angesehen: *vollständige wörter spricht keine silben verschluckt damit verständlich* (GP71), *jemand der gutes deutsch spricht spricht deutlich verständlich spricht hochdeutsch verschluckt keine endungen* (GP100) oder auch die Vermeidung einer undeutlichen Artikulation wie *nuscheln*: *ja dass es verständlich ist nicht nuscheln klar also wie gesagt klar sprechen (...) dieses klare sprechen dieses hochdeutsche sprechen* (GP73), *klar deutlich (...) verständlich also nicht nuscheln oder sowas* (GP78). Wie sich anhand der zuletzt zitierten Interviewpassagen zeigt, treten häufig im Zusammenhang mit Aussagen zu einer auditiv-phonetischen Verständlichkeit die Lexeme *deutlich* und *klar* auf.[145]

---

[145] Siehe hierzu die Kapitel 5.1.4 sowie 5.1.7, in denen die Auswertung dieser beiden frequenten sprachbezogenen Begriffe erfolgt.

In Bezug auf eine allgemeine semantische Interpretierbarkeit lässt sich feststellen, dass sich ein *gutes deutsch* dadurch auszeichnet, dass – auf Rezipientenseite – eine erfolgreiche 1:1-Rekonstruktion der Sprecherintention zwangsläufig erfolgt, sofern der Sender sich einer normkonformen Sprache bedient. So ergibt sich die Verständlichkeit einer normkonformen (Aus)Sprache aus Laiensicht durch eine Einhaltung bestimmter Kriterien:

```
GP41:    ja gutes deutsch äh ist ein deutsch dass ähm beim
         zuhörer verstanden wird
EX:      mhm
GP41:    würde ich einfach sagen
EX:      und was muss man als sprecher eines guten deut-
         sches berücksichtigen damit man beim zuhörer ver-
         standen wird?
GP41:    also klare aussprache
         ((3.8s))
         klar strukturierte sätze
EX:      mhm
GP41:    ((3.1s))
         und ein angemessener wortschatz
```

Anhand des Ausschnitts von GP41 zeigt sich, dass sich eine allgemeine semantische Interpretierbarkeit aus der Beachtung der Kriterien *klare aussprache, klar strukturierte sätze* und *angemessener wortschatz* ergibt. So ergibt sich durch die Befolgung eines (unspezifisch gehaltenen) Aussprachemusters, einer (ebenfalls unspezifisch gehaltenen) Anordnung syntaktischer Konstituenten und (der Situation) angemessener lexikalischer Mittel automatisch eine interferenzfreie Kommunikation. Dies wird auch von GP56 thematisiert: *ja vielleicht wenn man sagen so ähm was man gut verstehen kann das deutsch irgendwie dass man nicht überlegen muss na was meint er jetzt oder so sondern dass man das eigentlich überall gut versteht* (GP56). In anderen Interviews hingegen werden mögliche (Aussprache)Muster einer als allgemeinverständlich angesehenen normkonformen Sprache von den Laien expliziert:

```
EX:      genau was ist für sie gutes deutsch
GP51:    ich schätze was ich so als hochdeutsch bezeichne
         ja eine klare artikulation
EX:      mhm
GP51:    dass das wort gut zu verstehen ist
```

EX:	ja
GP51:	keine verwendung von lokal gefärbten ausdrücken (...)
EX:	gibt es für sie ähm ja personen oder instanzen die bestimmen was gutes deutsch ist oder was hochdeutsch ist?
GP51:	äh eigentlich nicht nein es geht mehr um die verständlichkeit es könnte zum beispiel was ich als ähm hochdeutsch jetzt dem hannoveraner raum zugeordnet habe aber auch im norddeutschen raum wo sehr klar gesprochen wird

Auch in anderen Interviews zeigt sich als Voraussetzung einer allgemeinen semantischen Interpretierbarkeit eine Variationsfreiheit, die in Verbindung mit einem spezifischen Sprachraum steht: *dasjenige deutsch wo man akzentfrei spricht also das was geografisch vielleicht in der mitte von deutschland gesprochen wird (...) wo man äh alle teile eines wortes beziehungsweise eines satzes versteht* (GP102). An den zuletzt zitierten Beispielen zeigt sich, dass eine allgemeine semantische Interpretierbarkeit mit einem (sprach)geographischen Raum in Verbindung gebracht wird, in dem diese variations- und interferenzfreie Sprache, die eine maximale Verständlichkeit ermöglicht, gesprochen wird. So verortet auch GP104 eine solche Sprache regional:

EX:	was ist für sie gutes deutsch?
GP104:	((2.5s)) also was man so in der umgebung von hannover spricht sage ich mal was in norddeutschland gesprochen wird
EX:	mhm
GP104:	das ist für mich gutes deutsch
EX:	warum?
GP104:	es ist klar es ist nicht verschnörkelt es wird nicht gesungen es ist sehr gut verständlich
EX:	mhm
GP104:	es sind keine... ich finde kaum wörter die man jetzt auch vom inhalt nicht verstehen könnte

Anhand der zuletzt zitierten Interviewpassagen zeigt sich zudem, dass das frequent genannte Lexem *klar* eine hervorgehobene Rolle bei der Beschreibung einer normkonformen (Aus)Sprache im Hinblick auf eine Verständlichkeit spielt und in Opposition zu einer unverständlichen Sprache gesetzt wird, die *verschnörkelt* bzw. das Verständnis beeinträchtigend ist. Auch das von der GP genannte und zu vermeidende Merkmal eines Singens zeigt hier nicht nur, dass ein Singen mit Dialektalität in Verbindung gebracht wird und dass somit eine Dialektfreiheit seitens der GP als erwünscht angesehen wird, sondern dieses Merkmal kann auch als prominent bei der Beschreibung dialektalen Sprechens durch linguistische Laien angesehen werden.[146] Auch kommt einer Schriftbezogenheit der Aussprache eine hervorgehobene Rolle zu: *es ist sicher verständliches deutsch ja ein deutsch das ich verstehe (...) das möglichst ein bisschen an der schriftsprache angepasst ist* (GP86) und bildet so die Voraussetzung für Verständlichkeit. Somit ist eine wesentliche Voraussetzung für eine normkonforme verständliche Sprache, die eine allgemeine semantische Interpretierbarkeit erfüllt, die Einhaltung einer (zumeist unspezifizierten) Strukturgemäßheit, wobei auch im nächsten Fall ein Bezug zu einer Standard- bzw. Schriftsprachlichkeit nicht ausgeschlossen werden kann:

```
GP118:   die satzbildung als ganzes
         ((2.8s))
         finde ich ist was die verständlichkeit dessen was
         man da transportieren möchte sehr viel mehr an-
         geht als der klang bei der aussprache
EX:      mhm
GP118:   ((6.9s))
         korrektes deutsch ist gleichzeitig also die rich-
         tige fallbildung in den satzbestandteilen
```

Somit führt eine Einhaltung (unspezifischer) (morpho)syntaktisch-grammatischer Strukturen automatisch zu einer verständlichen Sprache bzw. ist diese eine wesentliche Voraussetzung der allgemeinen semantischen Interpretierbarkeit.

Aussagen zur Verständlichkeit ohne Explikation hingegen sind von den GPn allgemein gehalten und haben meist formelhaft-stereotypen Charakter: *wenn man es höflich formt und es verständlich ist* (GP08), *wenn das was jemand sagt für mich gut verständlich ist* (GP11), *verständlich hauptsächlich verständlich* (GP57), *das ist schon wichtig dass es verständlich ist irgendwo* (GP129). Es zeigt

---

[146] Vgl. Hundt (1996: 246; 2012: 212; 2017: 129) und Anders (2010b: 281; 2012: 308) sowie die Aussagen von GP84 (Kap. 5.2.3) und GP110 (Kap 5.1.8).

sich zudem eine Besonderheit im Hinblick auf die Anwesenheit diatopischer/idiolektaler Merkmale und deren Einfluss auf Verständlichkeit:

Tab. 11: Kommentare zur Verständlichkeit

GP	Kommentar
50	*wenn es verständlich ist (...) ein dialekt darf durchaus raushörbar sein (...) da hätte ich jetzt persönlich nichts dagegen wenn man die färbung hört wo der mensch herkommt (...) das ist ja auch eine individuelle sache*
52	*allgemeine verständlichkeit es darf durchaus auch und da denke ich das darf durchaus auch in richtung eines dialektes leicht gehen*
53	*gut verständliches deutsch natürlich (...) äh was äh eigentlich äh vielleicht recht dialektneutral auch ist (...) also wenn man nicht dialekte in der weise so heraushört*
72	*alles was verständlich ist und aber auch was seine eigenarten hat also es muss nicht perfekt sein muss aber trotzdem verständlich sein*
121	*ich finde es schon schön dass man eben so ein bisschen an der sprache durchaus erkennen kann wo jemand herkommt (...) es sollte natürlich schon vielleicht so sein dass man sich noch einigermaßen verständigen kann*
128	*wenn man verständlich spricht äh man kann ruhig seine eigene note haben sei es jetzt dieses wienerische oder dieses züricher das ist für mich auch gutes deutsch vorausgesetzt man versteht ihn*
133	*wenn man es hört woher einer kommt dann ist das nicht unsympathisch (...) solange man versteht*

So zeigt sich, dass einer normkonformen Sprache ein bestimmtes Maß an (idiolektaler und diatopischer) Variation durch die GPn zugestanden wird, sofern es dessen *eigene note* oder *eigenarten* sind und die Anwesenheit dieser Variationsmerkmale schließlich nicht zur Beeinträchtigung der Verständlichkeit führt. Somit kann eine gewisse Toleranz bezüglich der Anwesenheit von diatopischer Variation insofern angenommen werden, als auf einer phonetischen Ebene diatopische/idiolektale Variation toleriert wird, sofern das grundlegende Kriterium einer Verständlichkeit erfüllt ist bzw. nicht beeinträchtigt wird.

4.5 Schriftbezogenheit

Für die Kategorie (45) Schriftbezogenheit zeigt sich nicht nur, dass über eine sprachliche Normkonformität medial mündlicher Realisierungen von Sprache maßgeblich vor einem konzeptionell schriftlichen Hintergrund und einer inszenierten Mündlichkeit reflektiert wird, sondern auch, dass schriftbezogene Bewertungsmaßstäbe auf das mündliche Medium übertragen werden. Eine frequente Aussage in dem Material ist, dass gesprochen werden soll wie man schreibt:

Tab. 12: Kommentare zur Schriftbezogenheit

GP	Kommentar
05	*gutes deutsch ist für mich wenn man so spricht wie es geschrieben wird*
24	*die laute so wie sie geschrieben werden (...) das schriftdeutsch wenn man das spricht ist es*
39	*wenn die wörter so ausgesprochen werden wie sie geschrieben werden*
40	*gutes deutsch eben ist also möglichst schriftnahe*
45	*dass man die dinge so ausspricht wie man sie auch ähm wie man sie schreibt*
60	*gutes deutsch wäre wahrscheinlich hochdeutsch (...) das heißt wenn man wirklich nach schrift redet*
74	*ein deutsch dass sich auf alle fälle stark am hochdeutschen orientiert (...) wo schrift und sprache enhergehen*
75	*ich finde schon dass die schrift auch mit dem gesprochenen wort übereinstimmen soll*
120	*dass es so wie es geschrieben ist gesprochen wird*
122	*nah an dem wie es geschrieben wird*
134	*das ist glaube ich schon einfacher wenn man so spricht wie man es ausschreibt*

Auch zeigt sich in den Interviews, dass eine solche normkonforme Aussprache eine Aussprache ist, die sich durch eine Variationsfreiheit bzw. Freiheit von Merkmalen, die dem laienlinguistischen Konzept *dialekt* zugesprochen werden, auszeichnet. Diese Orientierung der Aussprache an der Schrift in Verbindung mit einer Abwesenheit diatopischer Merkmale führt – wie im nächsten Interview – somit zu Überschneidungen mit der Kategorie (46) Variationsfreiheit:

```
EX:     fallen ihnen vielleicht merkmale ein durch die
        sich hochdeutsch einfach auszeichnet?
GP01:   ((2.0s))
        kein dialekt
EX:     kein dia dass kein dialekt drin ist?
GP01:   dass ja die wörter wirklich so gesprochen werden
        wie sie geschrieben werden
```

```
                (...)
                das wie man es spricht leitet sich wahrschei lei-
                tet sich ab wie man es schreibt
EX:             mhm
GP01:           ähm das heißt das geschriebene ist das richtige
                deutsch
                (...)
                wie die wörter richtig geschrieben werden so wer-
                den sie auch ausgesprochen
```

Für GP01 (Eppingen) zeichnet sich eine normkonforme Sprache, die diese GP mit dem Terminus *hochdeutsch* bezeichnet, nicht nur dadurch aus, dass keine diatopischen Merkmale vorhanden sind (es soll *kein dialekt* vorhanden sein). Vielmehr ist diese medial mündlich realisierte Sprache, *das richtige deutsch*, nur dann normkonform und kompatibel mit den Korrektheitsvorstellungen der GPn, wenn sie mit den sprachlichen Strukturen einer medial schriftlich realisierten Sprache konvergiert oder sofern sich diese hinsichtlich der Aussprache an einer schriftnahen Phonetik orientiert. Die Frage, die sich in diesem Zusammenhang stellt, ist, durch welche Lautwerte sich eine solche (buchstabengetreue) Sprechweise konstituiert. Während viele Laien hierzu keine Angaben machen, lassen sich gelegentlich mögliche Modelle aus dem jeweiligen Interviewkontext ableiten, beispielsweise, wenn von den GPn Angaben gemacht wurden, welche Personen als Modellsprecher für eine solche Sprache anzusetzen sind oder auch in welcher (Sprach)Region diese gesprochen wird.[147] Ebenfalls zeigt sich, dass sich eine schriftnahe (Aus)Sprache durch besondere artikulatorische Charakteristika auszeichnet, die eine maximale Verständlichkeit und kommunikative Reichweite ermöglichen, so dass sich auch hier Überschneidungen mit der Kategorie (44) Verständlichkeit ergeben: *von der aussprache her auf jeden fall ein deutsch was verständlich ist (...) und was der schriftsprache schon nahe kommt* (GP38) und *ich finde schon dass die schrift auch dem gesprochenen wort übereinstimmen soll (...) das macht es ja denn allgemeinverständlicher* (GP75), *hochdeutsch das ist gutes deutsch (...) weil man es überall vesteht (...) weil es eine schriftsprache oder weil es identisch mit der schriftsprache ist* (GP92). Auch wird eine solche maximal verständliche, schriftbezogene und variationsfreie (Aus)Sprache von einigen GPn mit einer (sprach)geographisch verortbaren Region in Verbindung gebracht:

---

[147] Siehe hierzu im Detail Kap. 4.7.1, in dem eine Auswertung der Modellsprecher erfolgt sowie Kap. 4.9, in dem eine Auswertung der sprachgeographischen Konzepte erfolgt.

EX:	was ist für sie gutes deutsch?
GP19:	((2.0s))
	ja also dieses hochdeutsch was man in ja ich glaube hannover spricht in dieser ecke dieses niedersächsische hochdeutsch
EX:	mhm
GP19:	das ist für mich ein gutes deutsch
EX:	ja ähm woran
GP19:	das höre ich gern das ist
EX:	mhm
	woran erkennen sie das dieses hochdeutsch?
GP19:	((2.9s))
EX:	oder was für merkmale hat es vielleicht?
GP19:	keine
EX:	keine
GP19:	keine es ist das so wie man eigentlich wenn ich jetz ein buch vorlesen würde

Die von GP19 geäußerte Vorstellung einer schriftnahen, variationsfreien und regional verortbaren schriftnahen (Aus)Sprache zeigt sich auch in anderen Interviews, in denen vor einem schriftbezogenen Hintergrund über eine normkonforme (Aus)Sprache reflektiert wird: *am ehesten an leuten die aus dem bereich niedersachsen stammen zum beispiel (...) wenn man diese leute reden hört dann denke ich okay das ist astreines hochdeutsch so versteht man eigentlich jeden (...) also wo wörter wirklich so ausgesprochen werden wie man sie schreibt (...) und daran orientiere ich mich dann* (GP92). Somit existiert bei den Laien die Annahme, dass eine variationsfreie Sprache existiert, die sich durch keine diatopischen Merkmale auszeichnet und somit entregionalisiert ist (bzw. frei von salienten Merkmalen). Dieser Umstand bildet auch die Grundlage für die laienlinguistische Annahme, dass ein (Sprach)Raum existiert, in dem *die* mündliche Realisierung *der* Schriftsprache gesprochen wird.[148] Auch wird über artikulatorisch-phonetische Eigenschaften einer normkonformen Sprache vor einem schriftbezogenen Hintergrund reflektiert:

---

[148] Zu diesem Auswertungsaspekt siehe die Kategorie (49) Sprachgeographische Konzepte in Kap. 4.9.

```
GP130:    also reines deutsch richtung hannover
EX:       ja
GP130:    also wenn sie es territorial wollen
EX:       mhm
GP130:    und gutes deutsch ist halt wenn jemand nicht en-
          dungen verschluckt
EX:       ja
GP130:    wenn er es einfach der schrift nach korrekt und
          vollständig ausspricht
```

GP130 sieht nicht nur das Fehlen von Elisionen in der gesprochenen Sprache als erwünscht an und macht den schriftbezogenen Maßstab explizit: *der schrift nach korrekt und vollständig*. Diese Sprechweise wird auch einem sprachgeographischen Konzept *richtung hannover* zugeordnet und zeichnet sich durch Merkmalsfreiheit (*rein*) aus.

Es zeigt sich zusammenfassend, dass sich für die Laien eine normkonforme (Aus)Sprache zum einen dadurch auszeichnet, dass keine (diatopischen) Merkmale existieren und zum anderen, dass diese Normkonformität und Merkmalsfreiheit sich maßgeblich aus einem schriftsprachlich konzeptualisierten Ideal speist. Während in den meisten Interviewausschnitten, die dieser Kategorie zugeordnet wurden, explizit gesagt wird, dass eine normkonforme (Aus)Sprache schriftbezogen sein soll, wird dieser schriftbezogene Maßstab in anderen Interviews nur indirekt geäußert: *für mich dass das die buchstaben schon alle gesagt werden* (GP77) oder *dass es alles auch ordentlich ausgesprochen wird dass man also versucht so wie es da steht das auch rüber zu bringen ohne was zu verschlucken* (GP103). In den beiden zuletzt zitierten Belegen zeigt sich dies am Rückgriff auf Beschreibungskategorien einer Schriftlichkeit, die sich in den Äußerungen *die buchstaben schon alle gesagt* und *wie es da steht* manifestieren.

4.6 Variationsfreiheit

Betrachtet man die Ergebnisse der Kategorie (46) Variationsfreiheit lässt sich konstatieren, dass sich aus Sicht der Laien eine normkonforme Sprache größtenteils durch eine Abwesenheit von als nicht standardsprachlich bzw. normkonform angesehenen variationslinguistischen Merkmalen auszeichnet.[149] Der Abwesenheit diatopischer Merkmale kommt eine hervorgehobene Rolle zu, da eine Freiheit dieser Merkmale von den Laien häufig thematisiert und als erwünscht angesehen wird, so dass diese (standardnahe) normkonforme Sprache von den Laien als weitestgehend invariant und homogen konzeptualisiert wird. Allerdings wird nicht ausschließlich die vollständige Abwesenheit diatopischer Merkmale als erwünscht angesehen, sondern in manchen Fällen nur die Abwesenheit eines bestimmten Grades an Dialektalität. Es müssen bestimmte Voraussetzungen erfüllt sein, damit diatopische Variation toleriert wird. So tolerieren einige GPn Variation nur auf bestimmten sprachstrukturellen Ebenen (vor allem auf phonetischer Ebene) und nur unter den Voraussetzungen, dass zum einen eine grammatische Strukturgemäßheit gewährleistet ist und – dies ist das relevantere Kriterium – die (überregionale) Verständlichkeit nicht beeinträchtigt wird. Insgesamt erstrecken sich die Aussagen der GPn, die Angaben zur Variationsfreiheit gemacht haben, auf phonetische und auf lexikalische Phänomene – insbesondere Anglizismen und Dialektismen – sowie auf allgemeine Variationsfreiheit.

Aussagen zu einer Variationsfreiheit in Bezug auf phonetische Phänomene, die als nicht erwünscht angesehen werden, sind zumeist allgemein gehalten: *dass man nicht ähm bestimmte vokale äh deutlicher ausspricht (...) wenn es sich sehr neutral anhört in der gewichtung der verschiedenen laute* (GP77) oder *im mündlichen denke ich also ein klassisches gutes hochdeutsch eben das hat keine allzu starken ähm einfärbungen also vokaleinfärbungen oder abgeschwächte konsonanten oder besonders harte konsonanten* (GP115). Bei der folgenden GP hingegen erstreckt sich die Abwesenheit von Variation auf ein spezifisches phonetisches Merkmal:

```
GP98:    für mich ist das einfach wenn jemand wirklich
         klar deutsch spricht ohne das [ʁ] zu rollen ohne
         einen akzent zu haben
EX:      mhm
GP98:    so dass man einfach sich ohne weiteres normal
         ausdrückt
```

---

[149] Lediglich fünf GPn (GP32; GP68; GP79; GP109; GP126) bewerten bei der Thematisierung sprachlicher Variation den Einfluss diatopischer Merkmale uneingeschränkt und ohne zusätzliche Kriterien positiv.

Zwar zeigt sich im Interview, dass bei der Imitation des Lautes die GP das Phonem /r/ als uvularen Frikativ [ʁ] realisiert, jedoch lässt sich anhand der Aussage *ohne das [ʁ] zu rollen* annehmen, dass die GP auf die/den apikalen oder uvularen Vibrant/en ([r], [R]) Bezug nimmt. So zeugt der Kommentar *dass man einfach sich ohne weiteres normal ausdrückt* von einer Dichotomie bei der Konzeptualisierung sprachlicher Variation, die diatopische Merkmale als Abweichung bzw. *nicht normal* klassifiziert in Bezug auf eine vermutlich auf den sprachlichen Standard bezogene Aussprache. Zudem zeigt sich anhand der Interviewpassage, dass auf eine Anwesenheit (salienter) diatopischer Merkmale häufig mittels des von anderen Laien frequent gebrauchte Begriffs *akzent* Bezug genommen wird.

Betrachtet man die kodierten Aussagen zu einer Abwesenheit lexikalischer Phänomene, so zeigt sich zum einen, dass eine Variationsfreiheit auf lexikalischer Ebene bei den Laien als erwünscht im Rahmen einer normkonformen Sprache angesehen wird: *es gibt keine ja sonderformen von begriffen so wie wir es (...) im dialekt haben (...) wenn ich eine sprache verwende egal wo ich bin in welcher region (...) jeder versteht* (GP05) und *die begriffe sollen nicht nur auf die region oder auf gewisse regionen bezogen sein (...) womit man überall verstanden wird nicht nur in einem bestimmten gebiet in einem bestimmten bereich* (GP127). Zum anderen zeigt sich, dass sich diese Abwesenheit lexikalischer Variationsphänomene auf diatopische Variation bezieht, auf die teilweise dem Lexem *klar* Bezug genommen wird: *ja wenn man so klares hochdeutsch spricht und im prinzip eben wenig äh wenig regionale begriffe da drin hat* (GP12). Auch wird auf eine Anwesenheit variationslinguistischer Phänomene mittels Lexemen Bezug genommen, die sich einer Farbmetaphorik bedienen: *keine verwendung von lokal gefärbten ausdrücken* (GP51), *ein überregionales vokabular (...) welches keine regionalen färbungen im vokabular enthält (...) die also jeder versteht* (GP105). Hierbei lässt sich konstatieren, dass die GPn Variationsfreiheit als notwendige Voraussetzung dafür ansehen, die von den Laien als zentral erachtete Funktion einer überregionalen kommunikativen Reichweite einer solchen normkonformen Sprache zu gewährleisten, so dass sich Überschneidungen mit der Kategorie (44) Verständlichkeit ergeben:

```
EX:      was ist für sie gutes deutsch?
GP16:    ((1.4s))
         gutes deutsch
         ((2.4s))
         also gutes deutsch ist für mich zuallererst ein-
         mal ein korrektes deutsch
```

EX: mhm
GP16:   es für mich ein deutsch das möglichst geschliffen daher kommen sollte das auf zu viel dialektale ausdrücke verzichten sollte das von möglichst allen muttersprachlern problemlos verstanden werden kann äh das in der formulierung ganzer sätze besteht

Für GP16 zeichnet sich eine normkonforme Sprache zum einen dadurch aus, dass *dialektale ausdrücke*, die das Verständnis behindern könnten, vermieden werden und diese Sprache somit eine Sprache darstellt, die sich durch das Merkmal einer Abwesenheit diatopischer Lexik auszeichnet, auf das die GP mit dem Lexem *geschliffen* Bezug nimmt. Zum anderen muss diese normkonforme Sprache bestimmten Korrektheitsvorstellungen genügen, wobei jedoch der Maßstab, anhand dessen gemessen werden kann, wann dieses *korrekte deutsch* vorliegt, nur in Teilen und indirekt rekonstruiert werden kann. Dementsprechend stellt die Aussage *das in der formulierung ganzer sätze besteht* ein Kriterium zur Beurteilung einer normkonformen Sprache dar, das sich maßgeblich aus der Reflexion über (gesprochene) Sprache vor einem auf Schriftlichkeit bezogenen Hintergrund speist. Ferner wird eine syntaktische Vollständigkeit auf medial schriftlicher Ebene auf eine medial gesprochene Sprache übertragen und als zentral erachtet. Das Konzept einer Variationsfreiheit speist sich in diesem Fall somit nicht aus der Vorstellung der Vermeidung diatopischer Lexik, sondern es ergeben sich hier auch Überschneidungen mit der Kategorie (44) Verständlichkeit und (45) Schriftbezogenheit. Auch zeigt sich bei der Thematisierung von Variationsfreiheit bei den Laien das Phänomen, dass sprachliche Variation als klar abgrenzbar konzeptualisiert wird, bei der jedes Lexem seinen ihm vorbehaltenen Platz im Hierarchien- bzw. Variationsgefüge hat:

GP87:   und dass man den wortschatz gebraucht der üblich ist
EX: mhm
GP87:   für die sprache
EX: mhm
GP87:   also das heißt in die standardsprache nicht unbedingt dialektwörter hinein
EX: mhm
GP87:   bringen wollen
EX: ja

GP87:   man sollte sie halt suchen und sie sich einprägen die da halt wichtig sind
EX: mhm
GP87:   und wenn man möglich natürlich auch im dialekt hochsprachliche wörter vermeiden
EX: mhm
GP87:   wenn man das vermeiden kann

Betrachtet man den zuletzt zitierten Beleg, zeigt sich nicht nur, dass Varietäten als klar abgrenzbar und homogen konzeptualisiert werden, sondern auch, dass sich eine normkonforme Sprache durch eine Abwesenheit diatopischer Lexeme auszeichnet. Wenn diatopische Lexeme überhaupt genutzt werden sollen, dann ausschließlich im (sprachlichen) Kontext des Dialektsprechens; somit ausschließlich innerhalb einer (diatopischen) Varietät.

Einen Teil innerhalb der Kategorie zur Variationsfreiheit auf lexikalischer Ebene bilden weiterhin Aussagen zur Vermeidung fremdsprachlicher Lexik: *naja man sollte schon darauf achten dass da eben halt keine also nicht viele fremdwörter auch drin sind man sollte schon irgendwie dinge oder sachen mit seiner eigenen sprache beschreiben können* (GP72), vor allem Aussagen zur Vermeidung von Anglizismen. So wird – sofern Anglizismen von den GPn thematisiert werden – der Einfluss dieser als negativ empfunden:

GP25:   zum beispiel gibt es ja auch die regelung dass nur so und so viel prozent äh französische oder ausländische musik im radio gespielt werden darf damit das französisch nicht ganz verloren geht gott sei dank gibt es jetzt wieder gute deutsche musik
EX: mhm
GP25:   aber ähm also es ist schon auch gut zu sehen dass das dass es menschen gibt die sagen da ist ein einfluss auf unsere sprache der ist nicht immer gut
EX: mhm
GP25:   oder dass man zum beispiel auch anglizismen mal versucht zu vermeiden

GP25 erachtet die Vermeidung von Anglizismen als wichtig, um einem potenziellen Sprachverlust, wie am Beispiel Frankreichs skizziert, entgegenzuwirken.

GP25 hebt die Rolle der staatlichen Regulierung des Rundfunks und der Radioquote in Frankreich hervor, die nach Ansicht der GP diesen (bereits begonnenen) Sprachverlust aufhalten kann, *damit das französisch nicht ganz verloren geht*. Auch zieht die GP Parallelen zu deutschsprachiger Musik, die diesem auch in Deutschland vorfindlichen Sprachverlust entgegenwirken kann. Es wird eine drohende Ausdrucksarmut als Konsequenz der Übernahme von Anglizismen, im folgenden Beleg als *angelsächsische dominanz* bezeichnet, befürchtet, die nur passiv erduldet werden kann und sich dem Einfluss des einzelnen Sprechers entzieht:

```
GP94:    unsere sprache tut enorm verarmen die deutsche
         sprache dadurch dass wir viele anglizismen über-
         nehmen
         (...)
         da hin geht der zug der sprache
EX:      mhm
GP94:    die diphtonge werden wahrscheinlich da ist die
         angelsächsische dominanz zu groß und da passen
         wir uns an
         ((2.1s))
         ja aber das ist eine entwicklung mit der muss man
         leben
EX:      hm
GP94:    aber ich halte es für eine verkürzung
         ((3.2s))
         wenn ich es subjektiv bewerte ist es auch eine
         große verstümmelung der deutschen sprache
```

Bei GP94 zeigt sich nicht nur, dass der Einfluss von Anglizismen als negativ empfunden wird, sondern es lassen sich auch hier erneut metaphorisch gebrauchte Lexeme finden, die von einer Konzeptualisierung von *Sprache als (menschlicher) Organismus* zeugen: So kann Sprache – anthropomorphisierend – verarmen und verstümmelt werden. Insgesamt zeigt sich in den anderen Interviews, in denen Anglizismen thematisiert werden, dass der Einfluss dieser ausschließlich negativ bewertet wird: *ich finde man sollte äh wirklich auch deutsche begriffe nehmen und nicht zu sehr durch andere sprachen dann mit beeinflussen lassen* (GP28), *also ich gehöre nicht zu denen die da von den kids und sowas sprechen für mich sind das halt die kinder also ich guck da schon für mich ein stück bewusst drauf ja dass ich wenn es nicht unbedingt erforderlich ist äh fremdwörter vermeide* (GP53) oder *ich finde auch es sollten nicht zu viel anglizismen drin sein* (GP57).

Für Aussagen, die eine allgemeine Variationsfreiheit thematisieren, lassen sich unterschiedliche Toleranzen feststellen, die seitens der GPn bezüglich der Menge und Qualität diatopischer Merkmale, die (noch) als normkonform anzusehen sind, geäußert werden. So lehnen einige GPn eine diatopische Variation bei einer normkonformen (Aus)Sprache vollständig ab: *ganz klar und ohne irgendwelche regionale färbung* (GP58), *ohne dialekt ohne spezielle aussprache* (GP61), *dialektfreies deutsch* (GP69), *kein dialekt zu reden sondern nur hochdeutsch spricht* (GP80), *so dass man nirgendwo einen dialekt raushört* (GP103). Andere GPn hingegen lehnen diatopische Variation nicht gänzlich ab, sondern akzeptieren ein bestimmtes Maß an Variation: *möglichst wenig dialektale färbung* (GP03), *möglichst wenig dialekt* (GP11), *ein deutsch mit einer leichten färbung* (GP23), *darf durchaus auch in richtung eines dialektes leicht gehen* (GP52), *vielleicht recht dialektneutral* (GP53), *möglichst wenig regionale färbung (...) möglichst wenig dialekt* (GP84), *möglichst kein lokalkolorit* (GP85), *wenn man einfach ein wort objektiv vorlesen kann denke ich dass man halt wenn sie wissen was ich meine von keinem dialekt eingenommen* (GP135). Andere GPn differenzieren bezüglich unterschiedlicher sprachstruktureller Bereiche, bei denen jeweils unterschiedliche Toleranzen im Hinblick auf die An-/Abwesenheit diatopischer Merkmale existieren:

```
GP139:   und äh ja halt einfach dass ich finde es nicht
         schlimm wenn eine dialektfärbung dabei ist
EX:      mhm
GP139:   aber dass halt die satzstellung die die artikel
         stimmen
EX:      mhm
GP139:   und die ähm die zeiten
EX:      mhm okay
GP139:   ist für mich gutes deutsch
EX:      mhm
GP139:   ob ich dann heraushöre dass jemand halt nun mal
         wiener ist oder ein tiroler es stört mich nicht
```

So wird aus der oben zitierten Interviewpassage deutlich, dass nur bestimmte sprachstrukturelle Bereiche, in diesem Fall Syntax und Flexionsmorphologie, anderen bzw. strengeren Normvorstellungen unterliegen: *halt die satzstellung die die artikel stimmen und die ähm die zeiten*; andere Bereiche hingegen, wie die Phonetik, nicht: *ich finde es nicht schlimm wenn eine dialektfärbung dabei ist (...) ob ich dann heraushöre dass jemand halt nun mal ein wiener ist oder ein tiroler es stört mich nicht.* So kann zum einen konstatiert werden, dass ein bestimmtes Maß an diatopischer Variation (auf lautlicher Ebene) toleriert wird. Zum anderen wird anhand des Belegs deutlich, dass bei der GP ein Konzept von diatopischer Variation und diatopischen Varietäten existiert, bei dem diese diatopischen Varietäten sich ausschließlich aus einer sprachstrukturell-lautlichen Ebene konstituieren und keine weiteren grammatisch-sprachstrukturellen Eigenschaften angenommen (oder zumindest geäußert) werden. Vielmehr werden diese grammatischen Strukturen nicht als diesen Varietäten inhärent angesehen, sondern, sofern sich diese sprachlich manifestieren – ganz im Gegenteil – als abweichend angesehen. Die Tendenz, dass ein lautlicher Bezugsbereich toleranter bewertet wird als andere (sprachstrukturelle) Bereiche, zeigt sich auch in anderen Interviews: *ich finde das gar nicht so schlimm wenn man mit dem dialekt spricht was ganz wichtig ist ist dass die grammatik richtig verwendet wird* (GP06), *es darf ruhig dialektal eingefärbt sein (...) das ist deswegen noch lange kein äh nicht gutes deutsch (...) das wesentliche wäre für mich wirklich dass grammatikregeln beachtet werden* (GP91), *wenig regional angehaucht (...) melodie darf sein aber trotzdem die begriffe sollen nicht nur auf die region oder auf gewisse regionen bezogen sein* (GP127). Es zeigt sich, dass diatopische Variation in einigen Interviews auf einer lautlichen Ebene toleriert wird und dass dieser Bezugsbereich nicht so rigiden Normvorstellungen unterliegt wie z.B. ein lexikalischer oder ein allgemein grammatischer Bezugsbereich. Hierbei kann angenommen werden, dass der Maßstab dieser Bewertung sich aus einem schriftsprachlichen und standardnahen Bezugssystem speist und anhand dessen bestimmt werden kann, ob beispielsweise ein diatopisch-syntaktisches oder -morphologisches Phänomen eine Abweichung oder Fehler darstellt. Bei anderen GPn findet sich ebenfalls eine Abhängigkeit der Variationstoleranz von bestimmten Voraussetzungen, wie z.B. dass eine (überregionale) Verständlichkeit nicht beeinträchtigt wird:

```
GP105:    also das gute deutsch ist das deutsch welches
          möglichst ohne sprachfärbung gesprochen wird also
          wo keine regionalen einflüsse drin vorhanden sind
          die das verständnis bei anderen sprechern er-
          schweren könnten
          (...)
EX:       durch welche merkmale oder besonderheiten zeich-
          net sich denn dieses gute deutsch aus?
```

GP105: durch ein überregionales vokabular
EX: mhm
GP105: welches keine regionalen färbungen im vokabular enthält
EX: mhm
GP105: die also jeder versteht denn eine klare aussprache welche ähm nicht durch verwachsene wegfallende konsonanten in der mitte oder am ende dass vokale nicht ähm nicht nicht standardmäßig betont werden

Für GP105 zeichnet sich eine normkonforme (Aus)Sprache, die verständlich ist, nicht nur dadurch aus, dass auf lexikalischer Ebene Variation vermieden wird, die mittels des metaphorischen Begriffs *färbungen* beschrieben wird, sondern ebenso findet sich hier eine phonetisch-auditive Beschreibung mittels der metaphorisch genutzten Begriffe *verwaschen* und *klar*. Eine normkonforme, verständliche (Aus)Sprache zeichnet sich dadurch aus, dass diese nicht *verwaschen* ist bzw. *färbungen* enthält, sondern *klar* ist, dementsprechend keine diatopischen Merkmale enthält und zudem einem bestimmten Aussprachemuster folgt, das festlegt, wie *standardmäßig betont* wird. Hierbei kann davon ausgegangen werden, dass dieses Muster eine standard- und schriftnahe (Vorlese)Aussprache ist, die einer inszenierten Mündlichkeit folgt. So sieht GP105 die Anwesenheit diatopischer Merkmale als einen Faktor an, der bei einer normkonformen (Aus)Sprache verständniserschwerend ist. Welche konkreten Merkmale hiervon betroffen sind, wird zunächst nicht von der GP ausgeführt, jedoch findet sich im weiteren Interviewverlauf erneut eine Passage aus der hervorgeht, dass sich diatopische Merkmale bzw. *färbungen*, die es zu vermeiden gilt, auf eine lexikalische Ebene beziehen. Betrachtet man einige der zuletzt zitierten Interviewpassagen, so zeigt sich, dass auf diatopische Merkmale bzw. diatopische Variation häufig mittels metaphorischer Begriffe Bezug genommen wird: *dialektfärbung* (GP139), *wo kein dialekt das so sehr färbt* (GP54), *ohne sprachfärbung* (GP105), wobei eine Anwesenheit diatopischer Merkmale als Färbung bzw. *gefärbt*, eine Abwesenheit hingegen zumeist als Reinheit oder Klarheit bzw. *rein* und *klar* konzeptualisiert wird.[150]

Auch wird auf eine allgemeine Variationsfreiheit mittels der Lexeme *dialektfrei* oder *akzentfrei* Bezug genommen (bzw. werden die Lexeme *akzent* und

---

150 Siehe zu diesem Aspekt die Auswertungen der Kategorie (6) Metaphorische Modelle in Kap. 6.

dialekt dazu genutzt, um auf diatopische Merkmale Bezug zu nehmen), so dass eine (Aus)Sprache ohne diatopische Merkmale als *akzentfrei* bezeichnet wird:

```
EX:     was ist für sie gutes deutsch?
GP22:   ((11.5s))
        ja wollen sie das so irgendwie beschrieben haben?
EX:     genau
GP22:   ((5.3s))
        gutes deutsch also ein schönes hochdeutsch was
        man dass man das in allen landschaften einigerma-
        ßen gut verstehen kann
EX:     mhm
GP22:   ((2.1s))
        möglichst akzentfrei
```

Für GP22 konstituiert sich eine normkonforme Sprache nicht nur durch die Abwesenheit diatopischer Merkmale, sondern GP22 ist der Ansicht, dass die Anwesenheit solcher Merkmale eine (überregionale) Verständlichkeit beeinträchtigt. Am Beispiel des von der GP im Interview verwendeten Begriffs *akzent*, wie auch in *was ich erwarte akzentfrei und dialektfrei (...) ähm dass man es keiner region zuordnen kann* (GP30), *ein deutsch das keinen akzent hat* (GP110), zeigt sich allerdings, dass laienlinguistische Begriffe nicht ohne weiteres in wissenschaftliche Kategorien übertragen werden können. So bezieht sich *akzentfrei* nicht auf suprasegmentale Eigenschaften, sondern hat hier die Bedeutung ‚frei von diatopischen Merkmalen', wodurch gleichzeitig eine überregionale Reichweite des Gesagten ermöglicht wird. Auch verbindet sich eine variationsfreie (Aus)Sprache mit einer Korrektheitsdimension, die sich aus einer Schriftsprachlichkeit speist, so dass hier über eine normkonforme (Aus)Sprache vor einem schriftbezogenen Hintergrund reflektiert wird: *ja hochdeutsch ist gutes deutsch (...) kein dialekt (...) dass ja die wörter wirklich so gesprochen werden wie sie geschrieben werden* (GP01) sowie *also ich würde sagen hochdeutsch ist erstmal das korrekte deutsch sozusagen weil es halt einfach nicht geprägt ist von irgendwelchen ähm akzenten von irgendwelchen ähm ja regionalen unterschieden* (GP09). Zuletzt zeigt sich bei der Betrachtung der Belege, dass für die GPn eine Nicht-Zuordenbarkeit zu einer (Sprach)Region ein relevantes Merkmal ist:

GP102:	dasjenige deutsch wo man akzentfrei spricht also das was geografisch vielleicht in der mitte von deutschland gesprochen wird
EX:	mhm
GP102:	wo man äh alle teile eines wortes beziehungsweise eines satzes versteht
EX:	mhm
GP102:	und wo nicht zurückverfolgt werden kann wo man herkommt sage ich mal
EX:	okay gibt es dafür noch andere bezeichnungen?
GP102:	((8.7s)) ich habe das bisher immer als hochdeutsch bezeichnet

So sagt GP102, dass es wichtig für eine normkonforme Sprache, die sie als *hochdeutsch* bezeichnet, sei, dass *nicht zurückverfolgt werden kann wo man herkommt*, so dass eine Nicht-Lokalisierbarkeit eines Sprechers zu einer (Sprach)Region eine wünschenswerte Eigenschaft einer solchen Sprache bildet, wobei sich durch die Aussage *wo man akzentfrei spricht also das was geografisch vielleicht in der mitte von deutschland gesprochen wird* die Paradoxie ergibt, dass sich eine merkmalsfreie und entregionalisierte Sprache durch die Eigenschaft der (sprach)geographischen Verortbarkeit auszeichnet.[151] Auch in anderen Interviews ist die Nicht-Lokalisierbarkeit eines Sprechers zu einer (Sprach)Region eine erwünschte Eigenschaft einer normkonformen (Aus)Sprache: *akzentfrei und dialektfrei (...) dass man es keiner region zuordnen kann* (GP30), *gutes deutsch würde ich sagen äh beginnt dort wo man äh den einzelnen dialekt nicht mehr feststellen kann (...) ohne äh dass man als außenstehender sagen könnte der kommt jetzt von äh norden süden osten westen* (GP33), *dass man möglichst nicht auf anhieb hören könnte wo der sprecher herkommt* (GP38), *dass es eben nicht in irgendeine region gleich zugeordnet werden kann* (GP77), *wenn man dann nicht sofort rausbekommt wo er herkommt dann ist das denke ich sehr gut* (GP102), *wo man wirklich nicht sagen kann ne jetzt unmöglich zu sagen wo der herkommt dann ist es vielleicht gut* (GP122).

---

[151] Diese Paradoxie lässt sich auch in anderen Interviews feststellen. Siehe hierzu die Auswertungen der Kategorie (49) Sprachgeographische Konzepte in Kap. 4.9.

4.7 Normsetzende Instanzen

4.7.1 Modellsprecher

Da bei Modellsprechern medial mündlich realisierte Sprache im Fokus der Aufmerksamkeit steht, sind nicht statuierte Normen bzw. explizite Normfomulierungen, die – wie im Fall der Orthographie – an einem fest definierten Ort (Schule) unterrichtet werden, maßgeblich. Vielmehr ist für die Herausbildung eines Sprachnormwissens über Sprecher einer normkonformen Sprache ein weiteres soziales Umfeld anzusetzen. Mit Blick auf die unten stehende Tabelle kann festgestellt werden, dass es Berufssprecher, insbesondere Nachrichtensprecher, (in der Öffentlichkeit stehende) Politiker und Massenmedien, insbesondere das Fernsehen, sind, die aus Sicht der Laien als Modell und Multiplikator normkonformen Sprechens gelten können.

Tab. 13: Subkategorien zu Modellsprecher

Subkategorien zu Modellsprecher	Belege (n)	Belege (%)
Berufssprecher	(52)	**38,52 %**
Nachrichtensprecher	31	22,96 %
Moderatoren	7	5,19 %
Synchron-/Hörbuchsprecher	7	5,19 %
Schauspieler	7	5,19 %
Personen des öffentlichen Lebens	(35)	**25,93 %**
Politiker	29	21,48 %
P.d.ö.L. allgemein	4	2,96 %
Kulturschaffende	1	0,74 %
Sportler	1	0,74 %
Medien	(34)	**25,19 %**
Fernsehen	22	16,30 %
Radio	6	4,44 %
Medien allgemein	3	2,22 %
Hörspiele/Hörbücher	2	1,48 %
Filme	1	0,74 %
Privatpersonen	12	**8,89 %**
Journalisten	2	1,48 %
Summe	135	100 %

Wie sich anhand der Tabelle zeigt, werden häufig auf Massenmedien bezogene Modelle wie das Fernsehen und (dort auftretende) Nachrichtensprecher genannt, so dass angenommen werden kann, dass diese eine hervorgehobene Rolle bei der Rezeption einer Standardvarietät spielen und diesen der Status perzeptiver Muster zukommen kann. Dies gilt besonders, da die befragten GPn den im Fernsehen auftretenden Sprechern eine hohe kommunikative Reichweite, Verständlichkeit und teilweise auch Musterhaftigkeit für den (eigenen) Sprachgebrauch zuschreiben.

Für die Kategorien Medien und Fernsehen lässt sich feststellen, dass spezifische Formate wie Nachrichtensendungen genannt werden, mit dem Schwerpunkt auf den öffentlich-rechtlichen Sendern ARD und ZDF, wobei häufig die Tagesschau genannt wird. Auch zeigt sich, dass nicht-bundesdeutsche GPn bundesdeutsche Nachrichtenformate bzw. die dortige Sprechweise bevorzugen.[152] Negativbeispiele sind hingegen Formate privater Sender wie die Sendung *mitten im leben* (GP07), die auch GP08 als unseriös klassifiziert und die mit dem pejorativen Terminus *assi TV* versehen werden. Aber auch von anderen GPn wird den öffentlich-rechtlichen Sendern ein Vorrang gegenüber den privaten Sendern gegeben: *nachrichtensendungen jetzt nicht unbedingt auf den privaten sendern zum teil das ist ja auch eine fast andere sprache schon im vergleich zu den der öffentlich rechtlichen* (GP66). Der Einfluss der Massenmedien als ein Modell normkonformen Sprechens wird hierbei teilweise als hoch eingeschätzt: *durch die medien also fernsehen ich denke durch fernsehen wird das schon sehr bestimmt also was ich also für mich jetzt denke so was moderatoren ja wie die am fernsehen wie die sprechen äh dadurch vergleicht man dann schon* (GP19), *wir sind natürlich schon stark dadurch beeinflusst durch äh medien* (GP26), *ich würde sagen zum einen wenn ich auf öffentlich rechtlichen sendern nachrichten anschaue (...) die würde ich mir als vorbild jetzt hernehmen* (GP38). Die Begründungen seitens der Laien, woraus der Modellcharakter dieser Medienformate und der dort auftretenden Sprecher, resultiert, fallen zwar im Einzelnen weitestgehend heterogen aus, jedoch lässt sich konstatieren, dass der Modellcharakter der Sprecher sich aufgrund ihrer standardsprachlichen Kompetenz und weiteren daraus ableitbaren Merkmalen wie einer überregionalen kommunikativen Reichweite ergibt:

---

152 So GP18 (LI); GP32 (IT); GP33 (IT); GP34 (IT); GP35 (IT); GP36 (IT); GP57 (LU); GP58 (LU); GP63 (LU); GP84 (CH); GP110 (CH); GP112 (CH).

```
GP66:     aber ich denke schon dass die im öffentlich
          rechtlichen fernsehen in den tagesschausendungen
          oder den tagesinformationssendungen eigentlich
          recht gutes deutsch sprechen
EX:       mhm
GP66:     einfach auch vor dem hintergrund dass es deutsch-
          landweit verstanden werden soll
```

Neben einer allgemeinen Verständlichkeit und überregionalen kommunikativen Reichweite wird der in den Medien vorfindlichen Sprache bzw. den dort auftretenden Sprechern von den Laien auch eine Variationsfreiheit zugeschrieben, so dass sich diese Sprechweise durch die Eigenschaft *akzentfrei* auszeichnet und diese (Aus)Sprache variationsfrei ist:

```
EX:       ähm durch wen oder was wird bestimmt was gutes
          deutsch schrägstrich hochdeutsch ist?
GP22:     ja durch die medien hauptsächlich wird das be-
          stimmt
EX:       mhm
GP22:     ähm in den medien wird ja versucht akzentfrei zu
          sprechen und das ist dann sicher für viele das
          vorbild für hochdeutsch
```

Schaut man sich die Aussagen bezüglich einer erwünschten Sprechweise in den Medien und besonders im Fernsehen, an, fällt auf, dass dieses von den Laien beschriebene normkonforme Sprechen im Rahmen einer inszenierten Mündlichkeit stattfindet. Es wird zwar auf eine medial mündlich realisierte Form von Sprache Bezug genommen, diese zeichnet sich allerdings hinsichtlich ihrer Eigenschaften nicht durch Spontaneität – sondern durch Geplantheit – und eine schriftlichsprachliche Konzeption aus, da die Äußerungen in Nachrichtenformaten nicht spontan produziert werden, sondern vorher verschriftlicht wurden und vorgetragen/-gelesen werden. Somit kann eine solche normkonforme (Aus) Sprache als eine Vorleseaussprache angesehen werden.

    Werden konkrete Personen als Modellsprecher benannt, lässt sich mit Blick auf die Kodierungen der Subkategorie Berufssprecher konstatieren, dass die zuvor genannten Merkmale einer normkonformen Sprache wie überregionale kommunikative Reichweite, allgemeine Verständlichkeit, Variationsfreiheit und eine schriftsprachliche Konzeption auch auf die am häufigsten genannten Modellsprecher dieser Subkategorie zutreffen: Nachrichtensprecher. Auch hier wird eine Modellhaftigkeit in Bezug auf ein normkonformes Sprechen konstatiert: *nachrichtensprecher zum beispiel an denen orientiert man sich* (GP39), *ich glaube dass nachrichtensprecher zum beispiel da sehr großen einfluss haben weil die eben eine sehr gute sprechausbildung haben und relativ großen einfluss auf menschen haben weil sie einfach relativ häufig gehört und gesehen werden* (GP90), *nachrichtensprecher sind ja so ein bisschen eine ikone der deutschen sprache* (GP91). Gründe für die vorbildhafte Sprechweise der Nachrichtensprecher sind unter anderem in der diesen Sprecher zugeschriebenen Eigenschaft einer Freiheit diatopischer Merkmale beim Sprechen zu suchen:

GP33: naja gutes deutsch würde ich sagen äh beginnt dort wo man äh den einzelnen dialekt nicht mehr feststellen kann
EX: mhm
GP33: dann fängt das gute deutsch an was immer gut heißen mag aber so zugeordnet ja so äh hochdeutsch ohne äh dass man als außenstehender sagen könnte der kommt jetzt von äh norden süden osten westen also so wie der professionell ausgebildete nachrichtensprecher das die sprache spricht

GP33 nennt als Beispiel für eine normkonforme Sprache die Sprechweise der *nachrichtensprecher*, die sich durch eine variationsfreie (Aus)Sprache konstituiert, die es nicht erlaubt auf die regionale Herkunft des Sprechers zu schließen. Dieses Kriterium einer möglichst an Standardsprachlichkeit orientierten variationsfreien (Aus)Sprache für Modellsprecher einer normkonformen Sprache findet sich auch in weiteren Interviews: *ein tagesschausprecher im fernsehen oder so ich denke dass die ein relativ neutrales deutsch sprechen müssen wenig regional gefärbte oder geografisch gefärbte irgendwie so etwas (…) würde ich als ideal empfinden* (GP84), *nachrichtensprecher in dem radio oder so das wäre wahrscheinlich so das gute das neutrale deutsch* (GP85), *also der nachrichtensprecher das ist eben alles so es stimmt alles (…) es ist eben nie irgendwo weiter was drin* (GP103). Im Kontext von Nachrichtensprechern als Modellsprecher einer normkonformen Sprache spiegeln sich auch weitere bereits genannte Eigenschaften und so wird auch eine hohe kommunikative Reichweite bei Nachrichtensprechern als Kriterium für deren Modellhaftigkeit angegeben: *tagesschausprecherinnen sprecher (…) solche leute die äh müssen ja in der ganzen bundesrepublik und drüber hinaus (…) auch ein deutschsprachiges publikum erreichen* (GP131), *also ergibt sich denke ich eher aus den medien nachrichtensprecher und so (…) die gelten als vorbild (...) die müssen ja auch so sprechen dass möglichst viele wäre ja ganz wünschenswert aus deutschland sie verstehen* (GP03). Ferner zeigt sich, dass die Sprechweise von Nachrichtensprechern als Modellsprecher auch im Hinblick auf Strukturgemäßheit bewertet wird:

```
EX:      was ist für dich gutes deutsch?
GP07:    was ist für mich gutes deutsch?
EX:      mhm
GP07:    na hochdeutsch also wenn man alles so betont wie
         man es auch von den nachrichtensprechern hört
         [das finde]
EX:      [mhm]
GP07:    ich ist gutes deutsch wenn man das grammatika-
         lisch korrekt hat von der betonung her korrekt
         hat und von der aussprache her korrekt hat
```

So kann angenommen werden, dass sich die von GP07 angesprochene Korrektheit in Bezug auf lautliche und grammatische Struktureigenschaften hier aus einer standard- und schriftsprachlichen variationsfreien Bezugsgröße speist, anhand deren Struktur es erst möglich ist, eine *betonung*, *grammatik* oder *aussprache* als (nicht) *korrekt* zu beurteilen. Eine schriftsprachliche Orientierung zeigt sich allerdings nicht nur bei der Gruppe der Nachrichtensprecher, sondern auch bei der Berufssprechergruppe der Synchron-/Hörbuchsprecher, deren Sprechweise (im Kontext des Synchronisierens oder Vorlesens) von den GPn als ausnahmslos positiv bewertet wird: *wenn bruno ganz liest (...) zum beispiel dirk bach (...) der liest ganz toll* (GP02), *beim hörbuch hört man ja nur die sprache das war sehr beeindruckend (...) er hat mich wirklich sehr beeindruckt von seiner sprache seiner ausdrucksweise (...) wie er das vorgelesen hat* (GP63), *ansonsten würde ich wirklich sagen schauspieler (...) oder so sprecher von hörbüchern (...) ich höre ziemlich viele hörbücher daher also finde ich das angenehm* (GP114), *wenn man so filme anschaut also synchronisierte (...) und es sind einfach gute sprecher (...) die also wirklich aus dem denke ich mir aus dem raum hamburg denke ich mir kommen* (GP138). Hierbei zeigt sich zudem, dass dieser Sprechergruppe ebenfalls eine direkte Modellwirkung bei der Produktion einer normkonformen Sprache zukommen kann:

GP67: so ähm der synchronsprecher der robert de niro synchronisiert das ist angenehm das hört man ganz gerne
(...)
oder hier klassisches beispiel finde ich ist ähm der leider verstorbene synchronsprecher der zum beispiel im herrn der ringe den ian mc kellen also den darsteller von gandalf synchronisiert
(...)
naja also ist es vielleicht wirklich gar nicht so weit weg dass ich versuche tatsächlich dann mit ein beispiel daran zu nehmen ähm wie dann solche figuren sprechen

Für die Synchronsprecher als Modellsprecher gilt somit, dass deren normkonforme Sprache nicht nur teilweise anhand auditiv-ästhetischer Kriterien bewertet wird, sondern auch, dass Laien dieser medial mündlichen Sprache – die sich allerdings durch eine inszenierte Mündlichkeit bzw. (schriftnahe) Vorleseaussprache auszeichnet – eine Vorbildhaftigkeit im Hinblick auf ein normkonformes Sprechen zuschreiben. Dies trifft auch auf die Berufssprechergruppe der Schauspieler zu, die von den Laien genannt wird.

Auch bei der Modellsprechergruppe Personen des öffentlichen Lebens sehen die GPn für eine normkonforme Sprache die bereits für die Nachrichtensprecher festgestellten Eigenschaften einer allgemeinen Verständlichkeit und Unmarkiertheit in Bezug auf diatopische Merkmale als relevant an:

GP09: ganz viele berühmte persönlichkeiten die einfach hochdeutsch sprechen das ist einfach so das was ich damit verbinde also ich würde sagen hochdeutsch ist erstmal das korrekte deutsch
EX: mhm
GP09: sozusagen weil es halt einfach nicht geprägt ist von irgendwelchen ähm akzenten von irgendwelchen ähm ja regionalen unterschieden
(...)
und weil wir eben diese klare aussprache haben weil wir eben diese klare ähm ja auch erkennbarkeit haben dass es eben auch einfach zu erkennen ist dass es auch fast jeder verstehen kann

Aus dem Beispiel werden nicht nur die prototypischen Sprecher der hier mit dem Terminus *hochdeutsch* bezeichneten Varietät ersichtlich: *ganz viele berühmte persönlichkeiten die einfach hochdeutsch sprechen*, es werden zudem auch Merkmale genannt, die damit in Verbindung stehen: *weil es halt einfach nicht geprägt ist von irgendwelchen (...) regionalen unterschieden* und *dass es eben auch einfach zu erkennen ist dass es auch fast jeder verstehen kann*. So zeigt sich, dass die Freiheit (salienter) diatopischer Merkmale ein laienlinguistisches Kriterium einer normkonformen (Aus)Sprache darstellt, das allerdings – in diesem Kontext – mit Bezug auf diese Modellsprechergruppe verstanden werden muss. Zudem lässt sich zu dem obigen Interviewauszug feststellen, dass diese Sprechweise auch im Hinblick auf eine Strukturgemäßheit bewertet wird: *hochdeutsch ist erstmal das korrekte deutsch*, so dass – so kann angenommen werden – sich eine Korrektheit (dieser Varietät, die als Maßstab einer Strukturgemäßheit dienen kann) hier aus einer standardsprachlichen und variationsfreien Bezugsgröße speist.

Neben den Nachrichtensprechern lässt sich bei den Laien noch eine zweite frequent genannte Sprechergruppe feststellen, die als prototypische Modellsprecher angesehen wird: Politiker. Für diese zeigen sich ähnliche Tendenzen wie bei den Nachrichtensprechern: Hier werden zumeist bundesdeutsche Vertreter genannt, auch von nicht-bundesdeutschen GPn.[153] Sofern nicht allgemeine Aussagen zu Politikern und deren Modellcharakter gemacht wurden, sind einzelne Personen von den Laien benannt worden, u.a. Christian Wulff (GP02; GP30; GP130), Helmut Schmidt (GP16; GP122) und Angela Merkel (GP78; GP105). Negativbeispiele für Politiker als Modellsprecher sind meist süddeutsche Sprecher, insbesondere bayrische und da Politiker der Parteien CDU und CSU wie Günther Oettinger (GP78; GP129; GP130), Ilse Aigner (GP132) oder Edmund Stoiber (GP80). Auch hier zeigt sich – ähnlich wie für die Nachrichtensprecher –, dass diese Modellsprecher in ihrer Funktion als in der Öffentlichkeit stehende Personen möglichst eine Sprechweise ohne diatopische Merkmale wählen sollten.

Es lässt sich zusammenfassend konstatieren, dass seitens der Laien der medial vermittelten mündlichen Massenkommunikation, vornehmlich dem Fernsehen und den dort auftretenden (Nachrichten)Sprechern, eine Relevanz im Hinblick auf Produktion und Rezeption einer normkonformen Sprache zukommt. So sehen Laien die dort gesprochene Sprache, allen voran die der Nachrichtensprecher, als uneingeschränkt normkonform an, was in unterschiedlichen Faktoren wie der Entsprechung bestimmter laienlinguistischer Korrekt-

---

153 So GP14 (LI); GP16 (LI); GP33 (IT); GP83 (CH).

heitsvorstellungen, einer (auf einen schriftlichen und sprachlichen Standard bezogenen) Strukturgemäßheit, der Variationsfreiheit und maximalen kommunikativen Reichweite, die diesen zugesprochen wird, begründet ist. Weiterhin zeigt sich ein generelles Prestige der bundesdeutschen Standardvarietät und auch bundesdeutscher Modellsprecher (v.a. Nachrichtensprecher und Politiker) nicht nur bei bundesdeutschen GPn, sondern auch bei GPn aus Liechtenstein, Italien (Südtirol), Luxemburg, Schweiz und Österreich.[154] Auch zeigen sich vereinzelt in den Interviews bei nicht bundesdeutschen GPn Bewertungen der eigenen (diatopisch markierten) Sprechweise als defizient und so äußern nicht-bundesdeutsche GPn stellenweise ein sprachliches ‚Unterlegenheitsgefühl' gegenüber bundesdeutschen Sprechern.[155]

4.7.2 Modellschreiber/-texte

Im Gegensatz zu der Kategorie (471) Modellsprecher weist die Kategorie (472) Modellschreiber/-texte mit insgesamt 19 Nennungen eine deutlich geringere Frequenz auf. Zudem beziehen sich Aussagen zu Modelltexten zumeist auf allgemeine Angaben zu Printmedien. Im vorherigen Kapitel ist bereits auf Gründe des Modellcharakters der Modellsprecher eingegangen worden, der sich aus der seitens der Laien zugesprochenen standardsprachlichen Kompetenz und damit einhergehender Merkmale wie Variationsfreiheit, überregionale kommunikative Reichweite oder Schriftbezogenheit ergibt. Bei der Bewertung geschriebener Sprache und Modellschreibern hingegen zeigen sich andere Bewertungskriterien, die eine Modellhaftigkeit konstituieren.

Als Beispiele für Modellschreiber und Modelltexte werden in erster Linie Zeitungen wie der Standard (Österreich), die Welt, die Süddeutsche Zeitung, die Zeit, Neue Zürcher Zeitung (Schweiz) und die Frankfurter Allgemeine Zeitung genannt sowie Bücher/Literatur im Allgemeinen. Von 19 GPn, die Aussagen zu Modellschreibern und -texten gemacht haben, nennen 7 GPn Zeitungen als Modelltexte für gutes Deutsch. Weitere Nennungen in der Kategorie lassen sich einzelnen Schriftstellern oder Autoren zuordnen, wobei hier teilweise kontemporäre Autoren wie Bastian Sick, Frank Schätzing und Cornelia Funke genannt werden. Darüber hinaus werden Max Frisch, Friedrich Dürrenmatt, Johann

---

[154] Siehe hierzu auch die Ausführungen zur Monozentrik und dem Plurizentrizitätskonzept in Kap. 7.2.
[155] So GP14 (LI); GP16 (LI); GP17 (LI); GP34 (IT); GP57 (LU); GP63 (LU); GP110 (CH); GP136 (AT); GP138 (AT).

Wolfgang von Goethe, Thomas Mann, Günter Grass, Franz Kafka sowie Immanuel Kant, G.W.F. Hegel, Friedrich Nietzsche, Martin Luther und Martin Heidegger genannt. Den Schreibern und Texten wird von den Laien zwar eine Vorbildwirkung zugestanden, konkrete sprachliche Phänomene, die die Modellhaftigkeit der genannten Schreiber und Texte jeweils konstituieren, werden seitens der GPn allerdings nur selten genannt, und verbleiben – sofern thematisiert – ähnlich unspezifisch wie bei folgendem Beispiel:

GP52:   naja ich würde mich orientiere mich an zeitungen im grunde genommen also da geht es dann um stil da geht es um sprache ein stück weit ja schon

Allerdings sehen die GPn teilweise in der geschriebenen Sprache bzw. in den Modelltexten ein Modell bezüglich einer normkonformen (Aus)Sprache:

EX: und gibt es deiner meinung nach institutionen oder werke autoren wen auch immer an denen man sich orientieren kann wenn man selber bemüht ist sich so ein gutes deutsch anzueignen?
GP119: also ich denke dass es viele texte gibt die einfach in hochdeutsch halt geschrieben sind und wenn man versucht sich das so vorzulesen wie das einfach da steht dann denke ich kann man das recht gut übertragen auf seine eigene sprache

Auch in anderen Interviews zeigt sich eine positive Evaluation einer aus einem schriftsprachlichen Ideal abgeleiteten normkonformen (Aus)Sprache bzw. wird über eine (positive) Evaluation vor einem schriftbezogenen Hintergrund reflektiert: *ich denke dass man gut deutsch spricht wenn man so literatisch deutsch spricht so auf jeden fall das ist so gehoben das ist von früher irgendwie ja halt so gut einfach so in den büchern stand* (GP123) und *schriftdeutsch (...) und gutes deutsch sind identisch (...) und zwar immer bei solchen bezogen eben auf äh literatur gute literatur (...) die eben die also für mich diesbezüglich das vorbild ist* (GP40), so dass diese Sprache auch in Zusammenhang mit (positiv besetzten) kulturellen Werten gebracht wird.

4.7.3 Kodizes

Sofern die GPn zu der normsetzenden Instanz eines *Kodex* Aussagen gemacht haben, wurden diese innerhalb der Kategorie (473) Kodizes kodiert, für die sich zeigt, dass vornehmlich der Duden als normsetzende Instanz genannt und wahrgenommen wird.[156] Zusammenfassend lässt sich für den Großteil der befragten GPn feststellen, dass diese den Duden als eine Autorität in Sprachfragen wahrnehmen, überwiegend wenn es um den – aus Laiensicht – korrekten (vorwiegend schriftlichen, aber auch teilweise mündlichen) Gebrauch von Wörtern und eine orthographiegemäße Schreibung geht. Ebenso dient der Duden als Orientierungshilfe bei der Klassifizierung von Lexemen hinsichtlich deren (Nicht)Zugehörigkeit zum *hochdeutschen* und gibt Auskunft darüber, ob Lexeme beispielsweise als umgangssprachlich, regional o.ä. zu klassifizieren sind (GP10; GP12; GP16; GP18; GP24; GP28; GP31; GP53; GP126). Insbesondere wird der Duden von den GPn zur Unterstützung bei der Korrektur von Texten und der Orientierung bei der Produktion von Texten im öffentlichen oder beruflichen (schriftsprachlichen) Kontext genutzt (GP14; GP18; GP35; GP41; GP45; GP54; GP66; GP90; GP91; GP103; GP111; GP124).

Dem Duden wird allerdings seitens der GPn auch eine kontextübergreifende präskriptive Autorität zugestanden, so dass die dort kodifizierten kontextabhängigen Normformulierungen von den Laien nicht ausschließlich mit Bezug zu formellen/schriftlichen Kontexten interpretiert werden. So zeigt sich vielmehr, dass eine Autorität auch außerhalb dieser Kontexte angenommen wird bzw. werden Normformulierungen medial schriftlicher Sprache von den GPn auch auf gesprochensprachliche Kontexte übertragen. So wird im folgenden Interview über den präskriptiven Modellcharakter der Kodizes gesprochen, zudem in Verbindung mit einer vor einem standard- bzw. schriftsprachlichen Hintergrund stattfindenden Reflexion über eine (medial mündliche) normkonforme Sprache, die einer (auf eine Schriftlichkeit) bezogenen Strukturgemäßheit genügen sollte:

GP01: das geschriebene ist das richtige deutsch und derjenige der das geschriebene vorgibt sind die rechtschreibungen oder das ähm ich will jetzt nicht den duden nennen aber so in die richtung wird es gehen

---

[156] Von insgesamt 139 GPn erwähnen 36 GPn (25,9 %) den Duden als Instanz.

So dient im Fall von GP01 ein schriftsprachliches Ideal als Maßstab einer Strukturgemäßheit, wobei die Grundlage für dieses *die rechtschreibungen* bilden. So wird seitens der GP eine Strukturgemäßheit einer (auch medial mündlich realisierten) Sprachform mit diesem auf die Schrift bezogenen Maßstab gemessen. Demnach wird seitens der GP Kodizes präskriptive Autorität nicht nur für medial schriftliche Kontexte, sondern auch für gesprochene Sprache zugeschrieben. So zeigt sich, dass, wenn seitens der GPn darüber reflektiert wird, was sprachlich als normgemäß gilt bzw. zu gelten hat, dieses zum Teil vor einem schriftbezogenen Hintergrund geschieht. Dabei konstituieren Kodizes aus Laiensicht – allen voran der der Duden – die (Übereinstimmung mit dieser) Schriftlichkeit, anhand derer eine Strukturgemäßheit eines sprachlichen Produkts gemessen werden kann, mit, wie es folgende GP formuliert: *letztendlich kann man es einfach definieren richtig ist was im duden steht* (GP16). Auch im nächsten Interview zeigt sich, dass mediale Mündlichkeit mit Maßstäben konzeptioneller Schriftlichkeit gemessen wird, die sich (auch) aus der Rezeption von Kodizes ergibt, was sich bei GP99 in der Bildung einer Derivation des Substantives *duden* niederschlägt:

```
EX:     was ist für sie gutes deutsch?
GP99:   ((4.3s))
        gutes deutsch ist was man eben so wie es gespro-
        chen ist aufnehmen könnte und könnte das sozusa-
        gen mit einem spracherkennungsprogramm wiederge-
        ben und sofort also dann auch dudenmäßig korrekt
        auch wiedergeben
```

So wird auch von GP99 über die Strukturgemäßheit einer medial mündlich realisierten Sprachform vor einem auf Schriftlichkeit bezogenen Hintergrund reflektiert und es zeichnet sich aus Sicht der GP diese normkonforme Sprache dadurch aus, dass diese – um als normkonform zu gelten – eine Strukturgemäßheit mit den Strukturen einer (medial wie konzeptionell) schriftlichen Sprache aufweisen muss.

4.7.4 Sprachnormautoritäten

Bei den in dieser Arbeit untersuchen GPn zeigt sich für die Kategorie (474) Sprachnormautoritäten, dass es in erster Linie die Institution Schule ist, die genannt wird, was die Festlegung und Durchsetzung sprachlicher Normen betrifft. Konkret werden Lehrer als Sprachnormautoritäten genannt, insbesondere bilden Deutschlehrer für die in der Untersuchung befragten Schüler eine relevante normsetzende Instanz: *ich denke auch einfach dass (...) lehrer gute sprache vermitteln sollten und das auch meiner meinung nach gut tun* (GP08), *die orientierung habe ich eigentlich hier in der schule (...) weil man da ja auch beigebracht bekommt wie man zu sprechen hat* (GP29), *ich orientiere mich da schon dran wie man das so eben in der schule gelernt hat dass man dann auch richtig das ausspricht auch richtig schreibt* (GP76). Ferner werden von den GPn allgemein Universitäten bzw. dort tätige Sprachwissenschaftler genannt. Weitere Nennungen entfallen auf das nähere soziale Umfeld oder die Gesellschaft insgesamt. Zuletzt lassen sich vereinzelte, heterogene Nennungen wie *institut für deutsche sprache* (GP12), *rat der deutschen sprache* (GP13), *verband deutsche sprache* (GP20), *gesellschaft für deutsche sprache* (GP25), *rechtschreiberat* (GP89), *goetheinstitut* (GP121) finden, die aber nicht näher erläutert werden.

4.8 Bezeichnungskonventionen

Die Beantwortung der Frage(n) *Wie würden Sie gutes Deutsch noch benennen? Haben Sie einen anderen Namen für gutes Deutsch?* war für die GPn spontan und problemlos möglich. Am häufigsten wurde von den GPn im Laufe des Gesprächs der Terminus *hochdeutsch* gebraucht, um auf eine normkonforme Sprache Bezug zu nehmen. Weitere frequente alternative Bezeichnungen sind u.a. *deutsch* (mit Attribuierungen), *schriftdeutsch*, *sprache* (mit Attribuierungen), *hochsprache*, *standardsprache*. Da manche GPn im Laufe des Interviews nicht durchgängig nur eine einzige Bezeichnung nutzten, sondern neben dem frequenten *hochdeutsch* auch andere Termini gebraucht wurden, wird in der nachfolgenden Tabelle eine Gesamtübersicht der Bezeichnungen für eine normkonforme Sprache gegeben.[157]

---

[157] Tauchte eine Bezeichnung in einem Interview in gleicher Form mehrmals auf, wurde nur der erste Beleg gezählt, bei gleichem Lexem mit unterschiedlicher Attribuierung wurde der Beleg hingegen separat gezählt.

Tab. 14: Bezeichnungen für eine normkonforme Sprache

Bezeichnungen für eine normkonforme Sprache	Belege (n)	Belege (%)
hochdeutsch	105	51,72 %
deutsch	43	21,18 %
schriftdeutsch	9	4,43 %
sprache	9	4,43 %
hochsprache	6	2,96 %
standardsprache	4	1,97 %
norddeutsch	3	1,48 %
sprechen	3	1,48 %
schriftsprache	2	0,99 %
sprechweise	2	0,99 %
standard	2	0,99 %
standarddeutsch	2	0,99 %
bühnendeutsch	1	0,49 %
bühnenhochdeutsch	1	0,49 %
fernsehdeutsch	1	0,49 %
guter ausdruck	1	0,49 %
hannoveranerisch	1	0,49 %
hannoverdeutsch	1	0,49 %
kunstsprache	1	0,49 %
norm	1	0,49 %
politikersprache	1	0,49 %
schauspielerdeutsch	1	0,49 %
theaterdeutsch	1	0,49 %
universalsprache	1	0,49 %
verkehrssprache	1	0,49 %
Summe	**203**	**100 %**

Bei den beiden am häufigsten verwendeten Bezeichnungen *hochdeutsch* und *deutsch* treten auch am häufigsten Attribuierungen auf, die auf unterschiedliche (qualitative) Eigenschaften einer normkonformen Sprache verweisen: so u.a. *klares hochdeutsch* (GP12), *reines hochdeutsch* (GP111) oder *dialektfreies hochdeutsch* (GP114), die auf eine Freiheit (salienter) diatopischer Merkmale Bezug nehmen. Weiterhin *niedersächsisches hochdeutsch* (GP19) oder *göttinger hochdeutsch* (GP57), die als toponymische Attribuierungen auf eine Modellhaftigkeit einer (sprach)geographischen Region Bezug nehmen. Darüber hinaus finden sich auch Attribuierungen, die auf eine Allgemeinverständlichkeit bzw. semantische Interpretierbarkeit wie *verständliches deutsch* (GP48) oder auch auf ästhetisch-stilistische Aspekte Bezug nehmen wie *schönes hochdeutsch* (GP22) oder *gepflegtes deutsch* (GP05). Auch finden sich häufig Attribuierungen wie *korrektes deutsch* (GP09), *korrektes hochdeutsch* (GP17), *richtiges deutsch* (GP10) und *richtiges hochdeutsch* (GP121), die auf eine Strukturgemäßheit Bezug nehmen, so dass konstatiert werden kann, dass sich auch auf lexikalischer Ebene bei der Bezeichnung einer normkonformen Sprache weitere zuvor festgestellte Kriterien wie beispielsweise *Schriftbezogenheit* widerspiegeln: *das schriftdeutsch wenn man das spricht ist es ja (...) gutes deutsch* (GP24), *hochdeutsch (...) zu hause eigentlich früher haben wir glaube ich immer gesagt schriftdeutsch (...) weil es einfach so halt gesprochen wird wie es geschrieben wird* (GP39), *ich würde sagen schriftdeutsch (...) und gutes deutsch sind identisch* (GP40). Darüber hinaus lassen sich aus einzelnen alternativen Bezeichnungen weitere Bezüge zu Modellen einer normkonformen Sprache feststellen: *theaterdeutsch* (GP02), *norddeutsch* (GP03), *hannoveranerisch* (GP52), *hannoverdeutsch* (GP53), *politikersprache* (GP76), *bühnenhochdeutsch* (GP112), *bühnendeutsch* (GP114), *fernsehdeutsch* (GP136). In den folgenden Abschnitten soll nun eine detailliertere Analyse der beiden frequent genannten Bezeichnungen *hochdeutsch* und *deutsch* sowie deren Attribuierungen erfolgen; auch wird vereinzelt auf andere alternative Bezeichnungen eingegangen.

Für den Terminus *Hochdeutsch* innerhalb der Sprachwissenschaft lässt sich feststellen, dass diesem hinsichtlich seiner Extension eine sprachgeographische und eine sprachsoziologische Bedeutung zukommt: Er wird zum einen taxonomisch als Hyperonym für eine Menge hochdeutscher Varietäten genutzt, bei denen vollständig oder teilweise die zweite Lautverschiebung durchgeführt wurde, also ober- und mitteldeutsche Varietäten. Zum anderen kann dieser – sprachsoziologisch betrachtet – als prestigebesetzte Varietät höherer gesellschaftlicher Schichten angesehen werden und wird zuweilen mit der (kodifizierten) Standardvarietät gleichgesetzt.[158] Betrachtet man hingegen das laienlinguistische Konzept, so fällt auf, dass dem Determinativkompositum *hochdeutsch* ebenfalls eine sprachgeographische Bedeutung zukommt, die allerdings genau entgegengesetzt zur sprachwissenschaftlichen taxonomischen Klassifizierung verläuft. So wird mit dem laienlinguistischen Terminus *hochdeutsch* eine Sprache bezeichnet, die sich aus Sicht der Laien dem niederdeutschen Sprachraum zuordnen lässt, was nicht zuletzt an den toponymischen Attribuierungen *nie-*

---

158 Vgl. hierzu u.a. Ammon (1986) und Löffler (2005).

dersächsisches hochdeutsch (GP19), *göttinger hochdeutsch* (GP57) oder *hannoveranische hochdeutsch* (GP105) deutlich wird, sich somit eine geographische Lokalisierbarkeit dieser Sprache auf den Norden der Bundesrepublik Deutschland erstreckt.[159] Auch wird dieser Sprachraum von den Laien aufgrund sprachstruktureller Eigenschaften abgegrenzt, um diesen bzw. die dort gesprochene(n) Sprache(en) von allen als nicht dem *hochdeutschen* zugehörigen Sprachen und Sprachräumen zu unterscheiden. Dieser zeichnet sich durch die (sprachstrukturelle) Eigenschaft aus, dass dort keine (salienten) diatopischen Merkmale vorhanden sind. Für eine als *hochdeutsch* bezeichnete Sprache zeigen sich auch weitere allgemeine Legtimationskriterien, die schon zuvor festgestellt wurden, wie eine (lautliche wie allgemein grammatische) Strukturgemäßheit, eine allgemeine semantische Interpretierbarkeit, eine überregionale kommunikative Reichweite und/oder Freiheit diatopischer Merkmale:

```
EX:      gibt es noch eine andere bezeichnung für gutes
         deutsch?
GP127:   ((5.2s))
         für mich ist hochdeutsch wie gesagt ähm
         ((2.8s))
         das
         ((2.9s))
         das deutsch
EX:      mhm
GP127:   ((1.8s))
         womit man überall verstanden wird nicht nur in
         einem bestimmten gebiet in einem bestimmten be-
         reich
EX:      ja
GP127:   wo man wieder dazukommen äh das ist nicht regio-
         nal koloriert sein darf
EX:      ist denn gutes deutsch gleich hochdeutsch?
GP127:   für mich ja
```

---

159 Die toponymisch modifizierenden Attribuierungen *niedersächsisches* hochdeutsch, *göttinger* hochdeutsch oder *hannoveranerisches* hochdeutsch sind allerdings Einzelnennungen, die hier nicht weiter thematisiert werden. Hierzu erfolgt in Kap. 4.9 eine Auswertung, wie auch weiterer sprachgeographischer bzw. toponymischer Bezeichnungen wie die Determinativkomposita *norddeutsch* (GP03) oder *hannoverdeutsch* (GP53) mit deren toponymischen Determinantien *nord* bzw. *hannover*.

Auch wird von den GPn *hochdeutsch* nicht nur in Verbindung mit einer allgemeinen Verständlichkeit und überregionalen kommunikativen Reichweite, sondern auch mit einer schriftsprachlichen Strukturgemäßheit gebracht (GP39; GP60; GP92; GP98; GP115), so dass sich *hochdeutsch* – und als Synonym hierzu auch *schriftdeutsch* – als eine (medial mündlich) realisierte schriftgemäße (Aus) Sprache konstituiert:

```
GP132:   ein schriftdeutsch oder ein hochdeutsch ich sage
         immer schrift oder hochdeutsch weil ich jetzt
         nicht genau wie sagt man denn schriftdeutsch kann
         man sagen
EX:      ja klar
GP132:   schriftdeutsch da keine einfärbungen oder
EX:      mhm
GP132:   da drin steckt und es jeder der deutsch spricht
         verstehen kann
EX:      mhm
GP132:   ob das jetzt einer aus zürich ist oder aus passau
         oder aus ulm die können alle jemanden aus hanno-
         ver gut verstehen weil der eben schriftdeutsch
         spricht
```

Neben einer überregionalen kommunikativen Reichweite und Schriftbezogenheit kommt aus Sicht von GP132 *schriftdeutsch* bzw. *hochdeutsch*, das sich in/um *hannover* sprachgeographisch verorten lässt, ebenfalls die Eigenschaft einer Freiheit (salienter) diatopischer Merkmale zu. Diese Eigenschaft leitet sich aus einer Schriftbezogenheit der (Aus)Sprache ab, die wiederum die Voraussetzung für die von der GP angesprochene überregionale kommunikative Reichweite bildet. Die häufig erwähnte Freiheit diatopischer Merkmale ist hierbei eine von den Laien oft thematisierte relevante Eigenschaft, die *hochdeutsch* zu einer normkonformen Sprache macht: *wenn man so klares hochdeutsch spricht und im prinzip eben wenig äh wenig regionale begriffe da drin hat* (GP12), *gutes deutsch muss man eben so definieren dass generell grammatikalisch so richtig (...) so am meisten ohne akzent ist das hochdeutsche* (GP68), *hochdeutsch das ist ja einfach für mich dass man dialektfrei (...) doch spricht eine klar sprache klare aussprache hat* (GP70), *also dürfte sie keine schnörkel und keine eigenheiten haben sie müsste also sauber sein (...) das ist würde ich sagen was ich unter hochdeutsch verstehe* (GP125). Ebenfalls zeigt sich in den Interviewausschnitten bei der Bezeichnung *klares hochdeutsch*, dass das Lexem *klar* hier auf eine Abwesenheit diatopischer Merkmale Bezug nimmt, so dass man *klar* die Bedeutung ‚frei von (lexikalischer) Variation' zuschreiben kann bzw. das Qualitätsmerkmal *Klarheit* auf die Variationsfreiheit (bzw. Freiheit von diatopischen Varianten) Bezug nimmt.[160]

Auch für die Attribuierung *rein* zeigt sich eine ähnliche Bedeutung, die auf eine Abwesenheit diatopischer Variation abzielt. Dieses Lexem hat zudem den lautlichen Bezugsbereich *aussprache*. Interessant sind in diesem Zusammenhang auch die von den GPn gemachten Aussagen bezüglich einer An-/Abwesenheit diatopischer Merkmale mittels metaphorisch gebrauchter Lexeme: Ein *reines hochdeutsch* ist *farblos*, so dass sprachliche Variation mittels einer Farbmetaphorik erfasst und konzeptualisiert wird, wie es in den vorherigen Interviewauszügen *das ist nicht regional ähm koloriert sein darf* (GP127) und *da keine einfärbungen (...) da drin steckt* (GP132) festgestellt wurde. So kann hier eine Dichotomie einer reinen/farblosen Sprache vs. einer unreinen/gefärbten Sprache im Hinblick auf die Konzeptualisierung sprachlicher Variation angenommen werden. Zudem wird *hochdeutsch* zwar in ästhethischer Hinsicht negativer gegenüber anderen (nicht weiter genannten) Sprachen beurteilt, bezüglich seiner Strukturgemäßheit allerdings positiver. Ferner nutzen einige GPn zur Attribuierung von *hochdeutsch* ebenfalls das Adjektiv *rein*, allerdings wird dieses durch die GPn nochmals mittels affixoider Gradpartikel wie *ast* kompariert, so dass dies einen besonders hohen Grad an Reinheit ausdrückt: *astreines hochdeutsch* (GP92) oder aber wird *rein* mittels des Affixoids *lupen* kompariert: *lupenrein* (GP02). So zeigt sich zusammenfassend durch die Verwendung von Attribuierungen wie *klar* oder *rein* für die Bezeichnung *hochdeutsch*, dass bei den untersuchten Laien eine Variationsfreiheit als erwünscht angesehen wird, sofern eine Sprache mit dem Terminus *hochdeutsch* bezeichnet wird.

Neben den Attribuierungen *rein* und *klar*, die vornehmlich eine Freiheit (salienter) diatopischer Merkmale ausdrücken, wird *hochdeutsch* auch mittels der Attribuierungen *richtig* oder *korrekt* modifiziert, die eine bestimmte Strukturgemäßheit ausdrücken und ebenfalls auf den privilegierten Status dieser Sprache in sprachstruktureller Hinsicht verweisen. Zwei Fragen, die sich in diesem Zusammenhang stellen, sind, auf welchen Maßstab Attribute wie *richtig* und *korrekt* verweisen und welche sprachlichen Bezugsbereiche bzw. welche konkreten sprachlichen Phänomene dies betrifft. GP17 sieht ein *korrektes hochdeutsch* dadurch ausgezeichnet, dass einerseits *die regeln* eingehalten werden und auf eine lautliche Strukturgemäßheit geachtet wird:

---

160 Siehe hierzu auch Kap. 5.1.4, in dem eine Auswertung des sprachbezogenen Begriffs *klar* erfolgt sowie Kap. 5.1.11 für das Lexem *rein*.

GP17:   gutes deutsch also hochdeutsch
EX: ist für sie hochdeutsch gutes deutsch?
GP17:   also ja nein nein hochdeutsch ist für mich ein-
        fach die regeln einhalten des deutschen oder
EX: mhm
GP17:   aber ein gutes hochdeutsch ich würde ein gutes
        hochdeutsch reden ein korrektes hochdeutsch
EX: mhm
GP17:   was eben auch aussprache anbelangt und intonation

An dieser Stelle bleibt allerdings unklar, um welche Regeln es sich handelt und auf welchen Maßstab für *aussprache und intonation* sich die Gewährsperson mit dieser Aussage bezieht. Im Interviewverlauf werden allerdings allgemeine Aussagen zur Modellhaftigkeit einer Sprechergruppe gemacht, die man als Bühnenschauspieler (*ja wenn diese regeln eingehalten werden also auf der bühne zum beispiel*) identifizieren kann, so dass es sich bei einem *korrekten hochdeutsch* um eine (Aus)Sprache handelt, die sich an einer (standardnahen) Bühnen(aus)sprache orientiert. In weiteren Interviews finden sich ebenfalls für die als *hochdeutsch* bezeichnete normkonforme Sprache ähnliche Modellsprecher: *na hochdeutsch also wenn man alles so betont wie man es auch von den nachrichtensprechern hört* (GP07). Auch bei GP96 lässt sich ein Modell für die Aussprache von *hochdeutsch* finden:

GP96:   aber ähm gutes deutsch wäre letztendlich das
        richtig betonte hochdeutsch würde ich sagen
        mhm
EX: durch welche merkmale oder besonderheiten zeich-
        net sich denn das hochdeutsche aus?
GP96:   gegenüber zu den anderen dialekten?
EX: zum beispiel
GP96:   ich würde sagen das ist halt weil man das so
        deutlich spricht kann man es auch eigentlich wie
        man spricht schreiben

Eine richtige Betonung/(Aus)Sprache zeichnet sich somit durch eine möglichst schriftnahe (Aus)Sprache aus, die eine problemlose Überführung sprachlicher Produkte von einem mündlichen in ein schriftliches Medium ermöglicht. Die Modellhaftigkeit von *hochdeutsch* konstituiert sich also durch eine Standard- und Schriftnähe, die für die (Aus)Sprache von *hochdeutsch* das Modell liefert.

Für den zweiten frequent genannten Terminus für eine normkonforme Sprache – *deutsch* – zeigen sich bei dessen Attribuierungen ähnliche Tendenzen wie für *hochdeutsch*. Wie auch schon bei *hochdeutsch* treten bei *deutsch* häufig Attribuierungen wie *korrekt* und *richtig* auf, mittels derer eine bestimmte Strukturgemäßheit zum Ausdruck gebracht wird: *das deutsch welches möglichst ohne sprachfärbung gesprochen wird also wo keine regionalen einflüsse drin vorhanden sind die das verständnis bei anderen sprechern erschweren könnten (...) das denke ich mal ist ein gutes korrektes deutsch* (GP105), *korrektes deutsch ist gleichzeitig also die richtige fallbildung in den satzbestandteilen (...) ja also einhaltung von grammatikregeln ohne es jetzt genau auf einzelne regeln runterzubrechen* (GP118). Ebenso finden sich auch auf eine Schriftlichkeit, Variationsfreiheit und ästhetisch-stilistische Aspekte bezogene Attribuierungen, die auch teilweise in Verbindung mit einem (sprach)geographischen Konzept stehen: *nahe an der schriftsprache (...) wie man halt da eben teilweise in niedersachsen spricht man ein gepflegtes deutsch* (GP05), *reines deutsch richtung hannover* (GP130) und ebenso auf eine allgemeine semantische Interpretierbarkeit bzw. überregionale kommunikative Reichweite bezogene Attribuierungen: *ein verständliches deutsch das nach möglichkeit begriffe benutzt die in allen regionen benutzt werden oder in allen regionen bekannt sind* (GP99).

Zusammenfassend zeigt sich, dass eine normkonforme Sprache vor allem mit den laienlinguistischen Termini *hochdeutsch* und *deutsch* (mit Attribuierungen) bezeichnet wird. Diese Sprache zeichnet sich durch eine privilegierte Position gegenüber anderen sprachbezogenen Konzepten – allen voran *dialekt* – aus, wobei Variationsfreiheit, Strukturgemäßheit und Schriftbezogenheit aus Laiensicht zentrale Kriterien darstellen, die sich auch in entsprechenden Attribuierungen manifestieren. Zudem hat sich gezeigt, dass eine vorbildliche (Aus)Sprache aus Laiensicht regional zu verorten ist: So wird zumeist aus dem Gesamtinterviewkontext und einzelnen toponymischen Attribuierungen deutlich, dass diese Aussprache im Norden der Bundesrepublik Deutschland existiert (siehe hierzu auch die Ausführungen im nächsten Kap.) und für Laien eine Orientierungsfunktion im Hinblick auf eine normkonforme (Aus)Sprache bzw. die medial mündliche und variationsfreie Realisierung der Schrift bildet.

4.9 Sprachgeographische Konzepte

Die geographische Verortung einer normkonformen Sprache, die mit dem Terminus *hochdeutsch* bezeichnet wird, findet schwerpunktmäßig im Norden des bundesdeutschen Sprachraumes statt. Dies zeigt sich zum Teil auch anhand von Bezeichnungen, die toponymische Attribuierungen aufweisen: *niedersäch-*

sisches hochdeutsch (GP19), *göttinger hochdeutsch* (GP57) oder *hannoveranische hochdeutsch* (GP105). Auch zeigt sich dies anhand toponymischer Determinantien bei Determinativkomposita: *norddeutsch* (GP03) oder *hannoverdeutsch* (GP53). Hierbei werden von den Laien häufig Bezüge zur Stadt Hannover und zu den umliegenden Regionen hergestellt:

Tab. 15: Geographische Verortung einer normkonformen Sprache

Geographische Verortung einer normkonformen Sprache	Belege (n)	Belege (%)
Hannover	16	32,65 %
Norddeutschland	15	30,61 %
Berlin	3	6,12 %
Mitteldeutschland	3	6,12 %
Niedersachsen	3	6,12 %
Hamburg	2	4,08 %
Essen	1	2,04 %
Flensburg	1	2,04 %
Frankfurt	1	2,04 %
Göttingen	1	2,04 %
Kiel	1	2,04 %
Münster	1	2,04 %
Süddeutschland	1	2,04 %
Summe	**49**	**100 %**

Wenn seitens der Laien über mögliche Kriterien einer normkonformen Sprache reflektiert wird, zeigt sich, dass bei den Begründungen häufig auf eine Freiheit diatopischer Merkmale und eine Schrifbezogenheit bzw. eine an der Schrift orientierte Aussprache Bezug genommen wird:

```
GP05:    ein gutes deutsch ist für mich wenn man so
         spricht wie es geschrieben wird
EX:      mhm
GP05:    ja
EX:      ist das ähm
GP05:    und das ist für mich hochdeutsch
EX:      ah genau darauf käme ich jetzt auch zu sprechen
```

	wie nennen sie das das
GP05:	das ist für mich hochdeutsch
EX:	also so wie sie da zum beispiel das in den sprachproben hatten sie ja auch gesagt das ist nahe an der schrift
GP05:	nahe an der schriftsprache
	[so wie]
EX:	[ja]
GP05:	wie man halt da eben teilweise in niedersachsen spricht

Es lassen sich aus den Aussagen von GP05 zwar Kriterien für die dort gesprochene Sprache, die sie mit dem Terminus *hochdeutsch* bezeichnet, gewinnen (wie die Freiheit diatopischer Merkmale und eine schriftnahe Aussprache), konkrete sprachliche Phänomene einer normkonformen Sprache in dieser Region werden allerdings von dieser GP und auch allgemein von anderen GPn selten genannt. Die Merkmale einer Schriftbezogenheit, Variationsfreiheit und auch Strukturgemäßheit finden sich auch in weiteren Interviews: So zeichnet sich die im *norden* gesprochene Sprache nach Ansicht von GP03 durch eine Freiheit (salienter) diatopischer Merkmale aus:

EX:	ja ähm haben sie noch andere begriffe für diesen für diese paraphrasierung gutes deutsch?
GP03:	((1.6s))
	hochdeutsch norddeutsch
EX:	mhm
GP03:	obwohl norddeutsch ja nicht das nicht bedeuten muss aber das ist für mich hochdeutsch
EX:	mhm
GP03:	und ich bin auch der meinung je weiter nach norden desto reiner
EX:	ja
GP03:	ist das deutsch hochdeutsch norddeutsch hochsprache

Gefragt nach einem Begriff für *gutes Deutsch*, gibt GP03 als Terminus das Determinativkompositum *norddeutsch* an, wobei zum einen das toponymische Determinans *nord* eine (sprach)geographische Lokalisierung anzeigt und zum anderen von der GP zusätzlich eine qualifizierende Angabe zum Reinheitsgrad sprachlicher Variation in Abhängigkeit von geographischen Faktoren gemacht wird. So findet nicht nur eine Gleichsetzung von *hochdeutsch = norddeutsch* (= *hochsprache*) statt, sondern es zeigen sich bei dieser GP zwei unterschiedliche metaphorische Modelle bezüglich der Konzeptualisierung sprachlicher Heterogenität. Zum einen zeigt sich, dass die GP mittels der adjektivischen Attribuierung *rein* bzw. dessen Komparativ *reiner* mittels Metaphorisierungsprozess in Form einer ontologischen Metapher sprachliche Variation als Substanz konzeptualisiert, so dass die Metapher dem Metaphernbereich *Sprache als Substanz* zugeordnet werden kann. Dem Adjektiv *rein* kommt hier die Bedeutung ‚geringe bis keine (areale) Variation' zu und die GP konzeptualisiert sprachliche Variation hier als eine relativ klare abgrenzbare Substanz, wobei der Reinheitsgrad proportional zur geographischen Lage Richtung Norden steigt. Dass mit zunehmender nördlicher topographischer Lage eine abnehmende (diatopische) Variation der Sprache einhergeht, würde im Umkehrschluss bedeuten, dass, je weiter südlich man sich bewegt, die Sprache entsprechend unrein(er) wird, i.e. mehr diatopische Merkmale zeigt. Zum anderen wird von der GP eine Taxonomie sprachlicher Reinheit in Form einer Orientierungsmetapher[161] konzeptualisiert: *je weiter nach norden desto reiner*. Sprachliche Variation wird also nicht nur mittels einer räumlichen oben-unten-Relation erfasst, sondern es findet ebenso eine Klassifikation hinsichtlich des Reinheitsgrades der Pole dieser Relation statt. Somit wären bei der Verortung einer normkonformen Sprache im Fall von GP03 zwei alltagslogische Schlussverfahren denkbar: Nach dem Gegensatzschluss wäre der logische Schluss *Wenn x gilt, kann nicht das Gegenteil von x gelten*, wenn also der Norden *rein* spricht, kann im Süden nicht *rein* gesprochen werden. Denkbar wäre auch ein Umkehr-/Vergleichsschluss: Wenn mit zunehmender nördlicher geographischer Lage umso reiner gesprochen wird, dann wird mit zunehmender südlicher Lage umso unreiner gesprochen.

Auch in anderen Interviews werden Aussagen zum Reinheitsgrad in Verbindung mit einem (sprach)geographischen Konzept (und teilweise einem auf die Schrift bezogenen Maßstab) gemacht: *also gutes deutsch habe ich ja schon gesagt also reines deutsch richtung hannover (...) wenn er es einfach der schrift nach korrekt und vollständig ausspricht* (GP130). So verortet GP130 eine normkonforme Sprache, die als *reines deutsch* bezeichnet wird, nicht nur sprachgeographisch, sondern es wird auch ein Maßstab zur Messung des Reinheitsgrades

---

161 Bei der Orientierungsmetapher wird nicht nur ein einzelnes Konzept, sondern ein ganzes Konzept-System mit den jeweiligen Beziehungen der Konzepte zueinander organisiert. Insbesondere spielen räumliche Relationen/Konzepte eine hervorgehobene Rolle (vgl. Lakoff/Johnson 2007: 22–31). Siehe hierzu auch die Ausführungen in Kap. 6.

dieser Sprache geäußert: die Strukturgemäßheit einer medial mündlichen (Aus)Sprache mit *der schrift* bzw. eine schriftnahe Aussprache. Auch zeigt sich, dass bei der Bewertung der Strukturgemäßheit sprachlicher Phänomene und somit einer normkonformen (Aus)Sprache – nachfolgend bei einem lautlichen Bezugsbereich – eine Orientierung an einem (norddeutschen) sprachgeographischen Konzept erfolgt: *vielleicht im norden von deutschland ein bisschen weil ja die spitzen steine und so eigentlich korrekt ausgesprochen werden* (GP04).

Ein weiteres sprachgeographisches Konzept liegt am Beispiel von GP19 vor, da bei dieser GP das toponymische attributive Adjektiv *niedersächsisch* in *niedersächsisches hochdeutsch* auf eine konkrete sprachgeographische Lokalisierung hinweist und zudem auch eine Verortung anhand der Stadt *hannover* vorgenommen wird: *ja also dieses hochdeutsch was man in ja ich glaube hannover spricht in dieser ecke dieses niedersächsische hochdeutsch* (GP19), so dass auch hier eine sprachgeographische Lokalisierung einer normkonformen (Aus)Sprache ähnlich ausfällt. Teilweise wird das Konzept *hochdeutsch* auch von benachbarten Konzepten wie *norddeutsch* abgegrenzt:

```
EX:      was ist für dich gutes deutsch?
GP102:   ((4.3s))
         dasjenige deutsch wo man akzentfrei spricht also
         das was geografisch vielleicht in der mitte von
         deutschland gesprochen wird
EX:      mhm
GP102:   wo man äh alle teile eines wortes beziehungsweise
         eines satzes versteht
EX:      mhm
GP102:   und wo nicht zurückverfolgt werden kann wo man
         herkommt sage ich mal
EX:      okay
         gibt es für dich noch andere bezeichnungen?
GP102:   ((8.7s))
         ich habe das bisher immer als hochdeutsch be-
         zeichnet kann man vielleicht als hochdeutsch be-
         zeichnen sollte aber wie gesagt von dem norddeut-
         schen abgegrenzt werden weil eigentlich sagt man
         ja hannover ist so der bereich wo das hochdeutsch
         ist
```

Während sich somit *norddeutsch* von *hochdeutsch* dadurch unterscheidet, dass Sprecher des *norddeutschen* noch eine bestimmte Menge (salienter) diatopischer Merkmale in ihrer Sprache aufweisen, anhand derer man ihre geographische Herkunft identifizieren kann, zeichnet sich das in der *mitte von deutschland* gesprochene *hochdeutsch* dadurch aus, dass hier keine diatopischen Merkmale vorhanden sind, die eine Identifizierung zulassen und es nach Ansicht der GP frei von diatopischer Variation und – in laienlinguistischer Begrifflichkeit – *akzentfrei* ist. Auch bei GP104 lässt sich eine Freiheit diatopischer Merkmale als Eigenschaft einer normkonformen Sprache ausmachen, worauf hier u.a. mittels des Lexems *klar* Bezug genommen wird:

```
EX:      was ist für sie gutes deutsch?
GP104:   ((2.5s))
         also was man so in der umgebung von hannover
         spricht ich sage mal was in norddeutschland ge-
         sprochen wird
EX:      mhm
GP104:   das ist für mich gutes deutsch
EX:      warum?
GP104:   es ist klar es ist nicht verschnörkelt es wird
         nicht gesungen es ist sehr gut verständlich
EX:      mhm
GP104:   es sind keine ich finde kaum wörter die man jetzt
         auch vom inhalt nicht verstehen könnte weil sie
         da ein völlig neues erfunden haben in der sprache
         (...)
         ich finde die diese sprache finde ich schön die
         norddeutsche sprache
EX:      ich habe das jetzt hier in meinem fragebogen
         steht gutes deutsch in anführungszeichen haben
         sie da noch einen anderen begriff statt gutes
         deutsch?
GP104:   hochdeutsch
```

So stellt sich für GP104 eine normkonforme *in der umgebung von hannover* bzw. *in norddeutschland* gesprochene Sprache, die die GP als *norddeutsch* und *hochdeutsch* bezeichnet, als eine Sprache dar, die zum einen frei von diatopischer Variation auf lautlich-prosodischer Ebene, *es wird nicht gesungen*, und lexikalischer Ebene, *ich finde kaum wörter die man jetzt auch vom inhalt nicht verstehen könnte*, ist, wodurch sich eine allgemeine Verständlichkeit dieser Sprache ergibt und diese Sprache für die GP auch in ästhetischer Hinsicht positiver evaluiert wird: *diese sprache finde ich schön die norddeutsche sprache*.

Es zeigt sich zusammenfassend, dass eine normkonforme Sprache, die zumeist mit dem Terminus *hochdeutsch* bezeichet wird, einen (sprach)geographischen Schwerpunkt in Norddeutschland, respektive Niedersachsen hat, vereinzelt auch konzentriert auf die Stadt Hannover. Ebenso folgt eine Konzeptualisierung einem monozentrischen Modell, wonach es eine eindeutig in Norddeutschland geographisch lokalisierbare normkonforme Sprache gibt, die als Modell einer Strukturgemäßheit und normkonformen schriftnahen (Aus)Sprechens angesehen werden kann. Von dieser weichen zumeist andere (diatopische) Varietäten ab, so dass in dieser Region – wie es GP31 überspitzt formuliert – *am schönsten und am besten gesprochen wird* (GP31). Hierdurch zeigt sich ebenfalls, dass strukturelle und evaluativ-affektive Bewertungsdimensionen für Laien auch eine geographische Dimension besitzen

4.10 Zusammenfassung

Zusammenfassend zeigt sich für die Kategorie (4) Sprachnormwissen, dass linguistische Laien eine normkonforme Sprache überwiegend mit dem Terminus *hochdeutsch* bezeichnen und diese Sprache im Norden der Bundesrepublik Deutschland regional verorten, mit Schwerpunkt auf dem Bundesland Niedersachsen und der Stadt Hannover. Diese medial mündlich realisierte und als invariant konzeptualisierte Sprache zeichnet sich aus Sicht der Laien nicht nur durch die Eigenschaften einer Freiheit (salienter) diatopischer Merkmale aus, sondern auch durch die relevante Eigenschaft einer sprachstrukturellen *Homogenität*. Diese Freiheit ist bei den dieser normkonformen Sprache dichotom entgegengesetzten sprachbezogenen Konzepten, die nahezu ausschließlich mittels des Terminus *dialekt* bezeichnet werden, hingegen nicht vorhanden. Nicht alle Laien sehen allerdings eine Anwesenheit diatopischer Merkmale zwangsläufig als nicht normkonform an. So wird diatopische Variation toleriert, sofern eine (auf standard- bzw. schriftsprachliche Strukturen bezogene) grammatische Strukturgemäßheit und/oder eine allgemeine Verständlichkeit nicht beeinträchtigt wird. Auf diese An-/Abwesenheit diatopischer Merkmale nehmen die Laien mittels unterschiedlicher sprachlicher Ausdrucksmöglichkeiten wie *rein*, *klar* oder *gefärbt* Bezug, so dass sich ebenfalls ein metaphorischer Gebrauch von Lexemen bei der Beschreibung und Bewertung sprachlicher Variation feststellen lässt. Darüber hinaus kommen den Eigenschaften einer allgemeinen semantischen Interpretierbarkeit und damit einhergehend auch einer überregionalen kommunikativen Reichweite, die zum Teil von den Laien aus der Freiheit diatopischer Merkmale abgeleitet wird, Relevanz zu, da eine normkonforme, variationsfreie und teilweise auch schriftnahe (Aus)Sprache diese in besonderem Maße gewährleistet und in funktionaler Hinsicht eine hohe Leistungsfähigkeit bzw. Zweckmäßigkeit (gegenüber den kommunikativ stark eingeschränkten *dialekten*) im Hinblick auf ein überregionales und verständliches Sprechen und Verstandenwerden besitzt. Auch kommt der Eigenschaft einer allgemeinen und insbesondere grammatischen und lautlichen Strukturgemäßheit eine hohe Relevanz zu, was sich zum einen an der frequenten Attribuierung mittels der Lexeme *korrekt* und *richtig* zeigt und zum anderen an der häufigen Zuordnung von Aussagen zu diesen Bezugsbereichen.

Als Maßstab dieser auf eine Korrektheit bzw. Richtigkeit Bezug nehmenden Lexeme konnte ein standard- und schriftsprachlich konzeptualisiertes Ideal festgestellt werden. Auf dieses Ideal wird bei der Beurteilung der Normkonformität sprachstruktureller Eigenschaften insofern Bezug genommen, als dieses den Maßstab für die Strukturgemäßheit sprachlicher Phänomene auf unterschiedlichen sprachstrukturellen Ebenen bildet. In ihrer medial mündlichen Realisationsform bildet dieses Ideal *die* strukturgemäße bzw. buchstabengetreue Realisierung *der* Schrift, woraus sich – betrachtet man die bisherigen Ausführungen zusammenfassend – das laienlinguistische Kriterium einer *Schriftbezogenheit* ableiten lässt. Eine Orientierung der Laien an einem schrift- und standardsprachlich konzeptualisierten Ideal lässt sich ebenfalls mit Blick auf die Modellsprecher dieser normkonformen Sprache feststellen: Es lassen sich bei den Laien fast ausschließlich Modellsprecher finden, deren Sprechweise sich durch eine standardsprachliche Orientierung auszeichnet. Neben den frequent genannten Nachrichtensprechern werden ebenfalls Medien, allen voran das Fernsehen, als modellgebend beurteilt, da diese aus Sicht der Laien die als erwünscht angesehenen Eigenschaften wie Freiheit diatopischer Merkmale, überregionale kommunikative Reichweite und Strukturgemäßheit in besonderem Maße erfüllen. Es zeigt sich nicht nur, dass über die normkonforme Sprache der Modellsprecher vor einem auf den sprachlichen Standard bezogenen Hintergrund reflektiert wird, sondern auch, dass diese – zwar medial mündlich realisierte, aber konzeptionell schriftliche – Sprache als Maßstab der Beurteilung einer Normkonformität sprachlicher Handlungen und Produkte gilt.

Somit kann festgestellt werden, dass von den Laien eine (buchstabengetreue und entregionalisierte) (Vorlese)(Aus)Sprache, die sich an einer inszenierten Mündlichkeit und konzeptionellen Schriftlichkeit orientiert, für eine normkonforme Sprache als modellgebend angesehen wird. Hierauf verweisen auch die Aussagen der Laien, dass geschriebene Sprache bzw. Modelltexte und auch

Kodizes zum einen als Modelle einer normkonformen (Vorlese)(Aus)Sprache und zum anderen als Maßstab zur Beurteilung einer Strukturgemäßheit von (medial mündlicher) Sprache herangezogen werden können. Diese wird zudem von den Laien mit einem überwiegend norddeutschen (sprach)geographischen Raum in Verbindung gebracht, da nach Ansicht der Laien in diesem keine diatopischen Merkmale existieren und Sprecher in dieser Region über eine schriftnahe (Aus)Sprache verfügen, was in Teilen auch als normkonformes lautliches Muster gelten kann. Somit kommt einer Freiheit diatopischer Merkmale und somit auch einer normkonformen entregionalisierten Sprache paradoxerweise ebenfalls eine sprachgeographische Dimension zu: So kann eine regionale Verortung dieser Sprechweise und Sprecher aufgrund der Tatsache vorgenommen werden, dass – aus Laiensicht – die in dieser Region gesprochene (entregionalisierte) Sprache keine diatopischen Merkmale aufweist. Dieser Sprachraum macht sich erst durch die Eigenschaft der Unverortbarkeit der dort lebenden Sprecher bzw. Sprache verortbar, da sich diese bzw. deren Sprechweise durch eine Freiheit (salienter) diatopischer Merkmale auszeichnen.

5 Sprachbezogene Begriffe

Neben der Erhebung und Auswertung direkter Kommentare zu Sprache bzw. sprachlichen Themen, die im Modell von Preston (2004) als der *Metalanguage 1* zugehörig angesehen werden, standen die formalen Strukturen dieser Laienmetasprache, die terminologisch als *Metalanguage 2* bezeichnet wurde (vgl. Kap. 2.1.1), im Fokus. Während also erstere Analyseperspektive auf den semantisch-propositionalen Gehalt der Laienäußerungen, also die sprachlichen Themen, ausgerichtet ist, bietet die Analyse laienlinguistischer sprachbezogener Begriffe nicht eine inhaltliche, sondern eine formale Perspektive auf das Sprechen über Sprache. Diese Laien(meta)sprache bietet eine zusätzliche Analyseperspektive, so dass nicht nur gezeigt werden kann, *was* Laien über eine normkonforme Sprache sprechen, sondern auch *wie* Laien über eine normkonforme Sprache sprechen. Hierzu werden nachfolgend die lexikalisch-semantischen Strukturen der Laienäußerungen analysiert, was vor allem frequent auftretende Lexeme betrifft.

Mit Blick auf die Auswertungsergebnisse der Kategorie (5) Sprachbezogene Begriffe lässt sich konstatieren, dass eine Vielzahl sprachlicher Ausdrucksmöglichkeiten existiert, um auf sprachliche Phänomene und deren unterschiedliche (normkonforme) Qualitäten Bezug zu nehmen. Insgesamt gesehen sind die Nennungen in dieser Kategorie sehr zahlreich und heterogen, wobei (quantitative) Schwerpunkte hinsichtlich der Frequenz einzelner Begriffe existieren, die einer laienlinguistischen Beschreibung, Kategorisierung und Organisation sprachlicher Heterogenität dienen. Zudem fällt auf, dass linguistische Laien in metasprachlichen Kommentaren häufig auf metaphorisch gebrauchte Begriffe zurückgreifen, um eine normkonforme Sprache, Sprachhandlung oder ein sprachliches Produkt zu beschreiben. Für das untersuchte Korpus konnten insgesamt 118 Lexeme (570 tokens) ermittelt werden, die ein(e) normkonforme(s) Sprache/Sprechen beschreiben. Diese sind in der nachfolgenden Tabelle aufgeführt:

Tab. 16: Übersicht sprachbezogene Begriffe

Lexem(cluster)	Belege (n)	Belege (%)
richtig	51	8,95 %
korrekt	50	8,77 %
verständlich	44	7,72 %
klar	33	5,79 %

https://doi.org/10.1515/9783110647433-005

Lexem(cluster)	Belege (n)	Belege (%)
schön	33	5,79 %
gut	31	5,44 %
deutlich	29	5,09 %
angenehm	20	3,51 %
gepflegt	16	2,81 %
ordentlich	13	2,28 %
rein	11	1,93 %
Summe Einzellexeme	**331**	**58,07 %**
Lexemcluster *Stil*	105	18,42 %
Lexemcluster *Variationsfreiheit*	50	8,77 %
Lexemcluster *Lautung*	30	5,26 %
Lexemcluster *Ästhetik*	25	4,39 %
Lexemcluster *Struktur*	16	2,81 %
Lexemcluster *Semantik*	13	2,28 %
Summe Lexemcluster	**239**	**41,93 %**
Summe	**570**	**100 %**

Bevor auf die Ergebnisse der Auswertung ausführlicher eingegangen wird, sind einige Erläuterungen der oben stehenden Tabelle notwendig: In der Tabelle wurden Lexeme, die eine ähnliche Semantik aufweisen, jeweils unter einem Lexemcluster subsumiert, da eine vollständige Auflistung aller Lexeme an dieser Stelle die Übersichtlichkeit der oben stehenden Tabelle beeinträchtigt hätte und nicht jedem Lexem ein eigenes Kapitel gewidmet werden konnte.[162] Vor allem aber hat die Zusammenfassung von Lexemen zu Clustern den Grund, dass bei vielen Lexemen, insbesondere bei Einzelnennungen, die Semantik aus dem Interviewkontext nicht erschlossen werden konnte und eine Auflistung und Thematisierung dieser Lexeme in einer bloßen linearen Auflistung dieser münden würde. Hierbei kommt es zudem vor, dass einzelne Lexeme mehreren Clustern zugeordnet wurden, da diese eine kontextabhängige Semantik aufweisen. Um Lexeme einem Cluster zuordnen zu können, wurde bei der Interpretation

---

[162] Die zu einem Lexemcluster gehörigen Lexeme und deren Frequenzen finden sich in den nachfolgenden Kapiteln zu den einzelnen Clustern. Eine Gesamtübersicht aller Lexeme und deren Frequenzen findet sich im Anhang.

eine Zuordnung zu einem Cluster stellenweise allein aufgrund der alltagssprachlichen bzw. lexikalisch-denotativen Bedeutung vorgenommen, sofern keine Explikation seitens der GPn aus dem Interviewkontext erfolgte. Im Rahmen der folgenden Analyse findet somit keine erschöpfende und detaillierte Analyse aller Lexeme des Korpus statt. Vielmehr liegt ein Schwerpunkt auf der Analyse von ausgewählten und frequent auftretenden Lexemen, denen aufgrund ihrer hohen Frequenz eine Relevanz bei der Beschreibung, Bewertung und Kategorisierung einer normkonformen Sprache zugestanden werden kann und die aufgrund des vorhandenen Interviewkontextes auch hinsichtlich ihrer Bedeutung interpretiert werden konnten. Allerdings werden in den folgenden Kapiteln nicht alle Belege der jeweiligen Lexeme aus den zuvor genannten Gründen dargestellt und/oder ausführlich thematisiert. Dennoch sollen einige der in der Tabelle im Anhang aufgelisteten Lexeme bzw. einzelne Lexeme der jeweiligen Lexemcluster in den folgenden Ausführungen berücksichtigt werden, sofern sich ihre Semantik aus dem Kontext erschließen lässt und sie somit einen Mehrwert für die Analyse haben oder als exemplarische Beispiele für das jeweilige Cluster angesehen werden können. Zusätzlich sei angemerkt, dass auch die frequent auftretenden Lexeme, denen jeweils ein eigenes (Unter)Kapitel gewidmet wurde, aufgrund ihrer Semantik den einzelnen Clustern zugeordnet werden können. So kann z.B. *klar* mehreren Clustern zugeordnet werden, da *klar* zum einen dazu verwendet wird, um auf eine Variationsfreiheit Bezug zu nehmen und zum anderen zur Beschreibung artikulatorisch-phonetischer Eigenschaften genutzt wird. Die Semantik einzelner Lexeme wurde bisher zwar in den Kategorien – sofern es für die Interpretation der Textstellen notwendig war – erläutert, jedoch wurde das gesamte Bedeutungsspektrum dieser Lexeme bisher nicht systematisch erfasst und dargestellt, was nun geschehen soll.

5.1 Einzellexeme

5.1.1 *richtig*

Für das Lexem *richtig* zeigt sich, dass dies in Zusammenhang mit der Thematisierung auditiv-phonetischer sowie allgemein grammatischer Phänomene auftritt. Auch hier stellt sich ebenfalls die Frage nach dem Maßstab, anhand dessen eine Richtigkeit bzw. Strukturgemäßheit bestimmt werden kann. Und so soll nachfolgend – sofern expliziert bzw. dem Interviewkontext entnehmbar – nicht nur dargelegt werden, wie eine Sprache, sprachliche Handlung oder ein sprachliches Produkt jeweils beschaffen sein muss, um als *richtig* zu gelten, sondern ebenso was jeweils den Maßstab für diese Strukturgemäßheit bildet. In den folgenden Ausführungen stehen die Bezugsbereiche syntaktisch, grammatisch und auditiv-phonetisch im Vordergrund, da diese häufige Zuordnungen aufweisen. Die weniger frequenten Bezugsbereiche konnten aufgrund des fehlenden Kontextes bezüglich ihrer Bedeutung und ihres Maßstabs leider nicht ausreichend expliziert werden.

Tab. 17: Bezugsbereiche für das Lexem *richtig*

Bezugsbereich	Belege (n)	Belege (%)
grammatisch	19	37,25 %
auditiv-phonetisch	16	31,37 %
syntaktisch	6	11,76 %
lexikalisch	5	9,80 %
unspezifisch	4	7,84 %
orthographisch	1	1,96 %
Summe	**51**	**100 %**

Eine Richtigkeit in Bezug auf syntaktische Phänomene wird von den GPn, die hierzu Aussagen gemacht haben, zum einen in einer allgemeinen Weise beschrieben: *dass man richtige sätze formulieren kann* (GP64), *ja so vom satzbau her würde ich sagen also (...) da kann man eher erkennen ob es nun richtig ist oder falsch* (GP76), *sie muss im sprachbau korrekt sein (...) also man kann auch schlecht sprechen indem man keine richtigen sätze macht* (GP87). Zum anderen thematisieren einige GPn eine Richtigkeit anhand *ex-negativo*-Beispielen, so bestimmte Varietäten und/oder syntaktische Phänomene, die hinsichtlich einer Strukturgemäßheit nicht normkonform sind: *wenn man die sätze richtig bildet ja auch nicht irgendwelche teile weglässt aus faulheit also in der jugendsprache wird das oft wegfallen gelassen* (GP24). Auch werden vereinzelt von den GPn konkrete syntaktische Phänomene genannt, nachfolgend die (negativ bewertete) Varianz modaler Vergleichskonjunktionen bei irrealen Vergleichssätzen:

```
GP57:    zum beispiel sagen wir luxemburger wie wenn
         ((2.0))
         mir kam es vor wie wenn würde ich sagen das ist
         aber nicht richtiges deutsch richtiges deutsche
         wäre als ob
EX:      mhm
```

```
GP57:    es kam mir so vor als ob er zu spät kam
EX:      ja
GP57:    und ich sag wie wenn er zu spät kam
EX:      ja
GP57:    das ist auch nicht sehr sauber
EX:      ja
GP57:    das sind dann so typische luxemburger fehler
```

So sieht GP57 den syntaktischen Anschluss mittels der modalen Vergleichskonjunktion *wie wenn* gegenüber der strukturell äquivalenten Variante *als ob* als nicht normkonform an bzw. bezeichnet diese Variante als *fehler* und als strukturell zugehörig zu einer Varietät, die in Luxemburg (und auch von ihr selbst, da die GP aus Luxemburg stammt) gesprochen wird. Eine (sprachbezogene) Begründung, warum die Variante *als ob* der Variante *wie wenn* vorzuziehen ist, wird von der GP nicht explizit gegeben, lediglich die Aussage: *das ist auch nicht sehr sauber*. Hierzu kann allerdings festgestellt werden, dass in diesem Fall mittels *sauber* sprachliche Variation als Substanz konzeptualisiert wird, so dass das Metaphernlexem *sauber* auf ein Metaphorisierungsprozess in Form einer ontologischen Metapher hinweist. *Sprache als Substanz* (die sich auch in anderen Interviews findet) zeugt nicht nur von einer Konzeptualisierung sprachlicher Variation als eine relativ klar abgrenzbare Substanz; fragt man im Umkehrschluss was das *ex negativo* definierte Pendant einer sauberen Sprache bildet, so zeigt sich, dass sprachliche Variation, in diesem Fall bestimmte (syntaktische) Phänomene, als unsauber und unerwünscht angesehen wird. Hierbei verweist die Vorstellung, dass es nur eine richtige Variante gäbe, die unmarkiert ist, und andere (diatopische) Varianten, die markiert sind und als Fehler angesehen werden, auf ein Reinheits- und Homogenitätstopos. So zeigt sich nicht zuletzt an der Wahl des Metaphernlexems, dass (diatopische) Varianten Abweichungen von einem (bundesdeutschen) einheitlichen standardsprachlichen Maßstab darstellen – da diese in Bezug auf diesen Maßstabs nicht strukturgemäß sind – und als Fehler zu werten sind.

Auf eine Richtigkeit in Bezug auf Grammatik wird zumeist mittels der Phrase *grammatik(alisch) richtig* Bezug genommen, zudem finden sich für diesen Bezugsbereich die meisten Nennungen des Lexems *richtig*. Eine Richtigkeit wird allerdings selten expliziert, sondern die Aussagen hierzu bleiben zumeist formelhaft: *gutes deutsch macht eine richtige grammatik* (GP24), *zunächst mal sollte es grammatikalisch richtig sein* (GP27), *grammatik richtig* (GP62), *insgesamt grammatikalisch richtiges deutsch* (GP66), *generell grammatikalisch so richtig* (GP68), *erstmal grammatikalisch richtig (...) das ist für mich wichtig* (GP70), *dass die grammatik richtig ist* (GP77), *gutes deutsch ist für mich äh zunächst mal natürlich die richtige grammatik* (GP89), *auf grammatikalische richtigkeit achtet* (GP90), *natürlich richtigkeit (...) grammatikalische richtigkeit* (GP97). Allerdings spielt – wie den soeben zitierten Beispielen zu entnehmen ist – die Thematisierung einer Richtigkeit in Bezug auf Grammatik insofern eine hervorgehobene Rolle, als dieses Kriterium häufig entweder als erste spontane Antwort auf die Eingangsfrage genannt wird oder von den GPn als ein wesentliches Kriterium (vor allen anderen), dem eine normkonforme (Aus)Sprache genügen muss, hervorgehoben wird.

So kann als erstes konstatiert werden, dass dem Kriterium der *grammatischen Richtigkeit* eine hervorgehobene Rolle bei den untersuchten Laien zukommt, wobei in den meisten Fällen unklar bleibt, auf welche konkreten grammatischen Phänomene sich diese Thematisierungen beziehen. Einige GPn thematisieren in diesem Zusammenhang eine richtige Verwendung bzw. eine richtige Wahl des Tempus: *richtige tempi* (GP91), *zeitformen deklinationen so richtig angewendet* (GP115), *richtige zeiten verwende* (GP139), aber auch Genusalternanz: *grammatikalische richtigkeit (...) unrichtigkeit würde mir auffallen aufstoßen obwohl ich manchmal auch selbst als muttersprachler überlege der joghurt das joghurt oder das meter der meter solche geschichten* (GP97). Eine weitere Frage, die sich in diesem Zusammenhang stellt, ist, anhand welchen Maßstabs überhaupt eine grammatische Richtigkeit bestimmt werden kann. Hierzu sei folgender Interviewauszug angeführt, in dem GP06 als wesentliches Kriterium einer normkonformen Sprache eine grammatische Richtigkeit nennt und indirekt auch eine Bezugsgröße nennt:

```
EX:     was ist für dich gutes deutsch?
GP06:   gutes deutsch ähm also ich finde das gar nicht so
        schlimm wenn man mit dem dialekt spricht was ganz
        wichtig ist ist dass die grammatik richtig ver-
        wendet wird
EX:     mhm
GP06:   und dass man keine also wenn man schon wörter
        einbaut die es nicht gibt dann sollte man wenigs-
        tens darauf achten dass dadurch die grammatik
        nicht zu schaden kommt
```

So wird diatopische Variation beim Sprechen seitens der GP toleriert, jedoch bezieht sich diese Toleranz – so kann vermutet werden – lediglich auf phonetische Aspekte bzw. auf einen lautlichen Bezugsbereich, der anderen Normvorstellungen unterliegt als ein grammatischer (und auch lexikalischer) Bezugsbereich. Während diatopische Variation im lautlichen Bereich somit toleriert wird bzw. hierzu keine expliziten Richtigkeitsvorstellungen seitens der GP genannt werden, unterliegt eine Normkonformität hinsichtlich des Bezugsbereichs *grammatik* spezifischen Richtigkeitsvorstellungen, die auf eine bestimmte (grammatische) Strukturgemäßheit abzielen, und die durch eine Verwendung diatopischer lexikalischer Varianten negativ beeinträchtigt wird. Welche (grammatischen) Strukturen hierbei als strukturgemäß bzw. normkonform gelten können, deren Einhaltung auch bei der Verwendung diatopischer Varietäten zu berücksichtigen sind, wird von GP06 allerdings nicht explizit genannt. In anderen Interviews hingegen finden sich Hinweise auf diesen Maßstab. So wird nicht nur eine grammatische Richtigkeit als ein wesentliches Kriterium bestimmt, sondern auch ein Maßstab: Es zeigt sich, dass eine grammatische Richtigkeit bei der Beurteilung sprachlicher Variation mittels eines Maßstabs gemessen wird, der sich in diesem Fall als standardsprachliche Strukturgemäßheit identifizieren lässt. Angenommen werden kann also in diesem Fall, dass sich eine grammatische Richtigkeit dadurch auszeichnet, dass den grammatischen Strukturen einer Standardvarietät entsprochen wird.

Auf eine auditiv-phonetische Richtigkeit wird zumeist mit allgemein gehaltenen Aussagen Bezug genommen. Hierbei bezieht sich ein Großteil der Aussagen auf das – so kann angenommen werden – suprasegmentale Merkmal Betonung: *wenn man die wörter richtig ausspricht* (GP01), *gutes deutsch ist für mich dass man äh die silben voll und ganz richtig betont* (GP21), *dass er eben mehr so zum beispiel mehr wert auf die richtige betonung legt* (GP61), *richtige ähm betonung von den einzelnen silben (...) dass man dann auch richtig das ausspricht* (GP76), *richtig sprechen* (GP78), *ordentliche betonung richtige betonung* (GP101), *die richtige betonung immer zu haben* (GP107). Die Frage, die sich stellt, ist, anhand welchen Maßstabs bestimmt werden kann, wann beispielsweise ein Wort richtig ausgesprochen, eine Silbe richtig betont oder – allgemeiner – eine Betonung richtig ist. Diese Frage nach der Bezugsgröße einer strukturgemäßen bzw. normkonformen (Aus)Sprache wird von den GPn unterschiedlich beantwortet: *das geschriebene ist das richtige deutsch und derjenige der das geschriebene vorgibt sind die rechtschreibungen (...) wie die wörter richtig geschrieben werden so werden sie auch gesprochen* (GP01). So sieht GP01 eine normkonforme (Aus)Sprache darin begründet, dass man *die wörter richtig ausspricht* und expliziert zugleich auch die Bezugsgröße einer richtigen Aussprache: *wie die wörter richtig geschrieben werden so werden sie auch gesprochen*. Richtig ist eine (Aus)Sprache in auditiv-phonetischer Hinsicht für GP01, sofern diese eine standard- bzw. schriftnahe (Aus)Sprache ist, so dass für GP01 konstatiert werden kann, dass eine Reflexion über eine Strukturgemäßheit vor einem schriftbezogenen Hintergrund stattfindet und das Urteil über eine Normkonformität abhängig gemacht wird von der Konvergenz dieser (Aus)Sprache mit einem schriftsprachlichen Ideal. Dem Lexem *richtig* in Bezug auf einen auditiv-phonetischen Bezugsbereich kommt in diesem Fall somit die Bedeutung ‚schriftnah' zu, da ein Urteil über eine Normkonformität sich aus einer auf die Schrift bezogenen Reflexion speist. Auch in anderen Interviews findet sich eine Reflexion über eine normkonforme (Aus)Sprache in auditiv-phonetischer Hinsicht, die standard- bzw. schriftbezogen ist:

```
EX:      was ist für dich gutes deutsch?
GP93:    ja gutes deutsch ich würde sagen wenn man halt
         keine also wenn man halt hochdeutsch redet also
         richtig ohne dass man irgendwie [ʔɛbɐ:] oder
         [mɛ:] sagt oder [dɛ] dass man halt [ʔa:bɐ] und
         [deɐ] richtig ausspricht also dass man auch so
         kleine wörter gut betont und richtig ausspricht
```

Eine normkonforme Aussprache sollte sich nach Ansicht von GP93 an einem bestimmten Aussprachemuster orientieren, das in diesem Interviewausschnitt als ein standardnahes und nicht diatopisch geprägtes verstanden werden kann. So wird als Negativbeispiel einer nicht strukturgemäßen Aussprache eine rheinfränkische Artikulation gegenüber einer normkonformen Aussprache angeführt. Somit bedeutet *richtig* in diesem Fall – bezogen auf einen auditiv-phonetischen Bezugsbereich – ‚standardnah' bzw. ist eine richtige Aussprache eine standardnahe Aussprache, die keine diatopischen Merkmale enthält. Die Verwendung des Lexems *richtig* in dieser Bedeutung und in Bezug auf einen auditiv-phonetischen Bezugsbereich findet sich auch in weiteren Interviews:

```
EX:      woran erkennst du dass jemand gutes deutsch
         spricht?
GP61:    dass er eben mehr so zum beispiel wert auf die
         richtige betonung legt dass er auch dialektfrei
         spricht
```

So kann in diesem Fall davon ausgegangen werden, dass sich eine *richtige betonung* dadurch konstituiert, dass diese zum einen standardnah ist, da ein bestimmtes Betonungs-Muster aus Sicht der GP existiert, nach dem man strukturgemäß sprechen kann. Und zum anderen zeichnet sich diese normkonforme

(Aus)Sprache dadurch aus, dass diese *dialektfrei* ist, also frei von diatopischen Merkmalen. So kann als weitere (Teil)Bedeutung von *richtig* neben ‚standardnah' auch ‚variationsfrei' angesehen werden. Auch verbinden sich Urteile über eine Strukturgemäßheit im Hinblick auf einen auditiv-phonetischen Bezugsbereich nicht nur mit einer standardnahen und entregionalisierten Aussprache, sondern eine normkonforme (Aus)Sprache wird ebenfalls anhand eines bestimmten (Sprach)Raums bestimmt. Die lautlichen Eigenschaften der dort gesprochenen Varietäten können als Aussprachemuster und als strukturgemäße Realisationen für sprachliche Phänomene eines auditiv-phonetischen Bezugsbereichs angesehen werden:

```
EX:      was ist für dich gutes deutsch?
         (...)
GP135:   okay also auf jeden fall mal hochdeutsch wie es
         im bereich wo haben das jetzt gehört? Halt im
         norden von deutschland gesprochen wird
EX:      ja
GP135:   das ist für mich einfach richtiges deutsch
```

Hierbei beschreibt die GP die *im norden von deutschland* gesprochene Sprache, die die GP mit dem Terminus *hochdeutsch* bezeichnet, als eine Sprache, welche sich hinsichtlich ihrer auditiv-phonetischen Eigenschaften als strukturgemäß beurteilen lässt, so dass sich diesbezügliche Urteile über eine Strukturgemäßheit auch mit einer (sprach)geographischen Dimensionen verbinden. So kann sich unter Umständen eine Strukturgemäßheit aus den lautlichen Strukturen der in diesem (Sprach)Raum vorfindlichen Varietäten speisen, die dann als Maßstab für eine Beurteilung dienen und eine Richtigkeit somit auch eine sprachgeographische Dimension besitzt.

5.1.2 *korrekt*

Für das Lexem *korrekt* zeigt sich, – ähnlich wie auch für das Lexem *richtig* – dass dies häufig in Zusammenhang mit der Thematisierung auditiv-phonetischer und allgemein grammatischer Phänomene genannt, aber auch ohne weitere Spezifizierung genutzt wird. Sofern Aussagen zu einer Korrektheit einer sprachlichen Handlung oder eines sprachlichen Produkts von den GPn gemacht werden, stellt sich in diesem Zusammenhang die Frage nach dem Maßstab, anhand dessen eine korrekte Beschaffenheit dieser Handlung oder dieses Produkts beurteilt werden kann. So soll im Folgenden dargelegt werden – sofern von den GPn expliziert bzw. dem Interviewkontext entnehmbar –, wie eine Sprache, sprachliche Handlung oder ein sprachliches Produkt jeweils beschaffen sein muss, um als korrekt zu gelten und was jeweils den Maßstab für diese Korrektheit bildet. Hierbei werden nur die drei Bezugsbereiche unspezifisch, grammatisch und auditiv-phonetisch berücksichtigt, da weitere Aussagen bezüglich einer Korrektheit, die den unten aufgeführten Bezugsbereichen zugeordnet wurden, – bedingt durch ihre geringe Frequenz und aufgrund fehlenden Kontextes – nicht weiter expliziert werden konnten.

Tab. 18: Bezugsbereiche für das Lexem *korrekt*

Bezugsbereich	Belege (n)	Belege (%)
auditiv-phonetisch	18	36,00 %
grammatisch	12	24,00 %
unspezifisch	10	20,00 %
syntaktisch	5	10,00 %
lexikalisch	4	8,00 %
orthographisch	1	2,00 %
Summe	50	100 %

Unspezifisch gehaltene Aussagen zu einer Korrektheit lassen sich keinem eindeutigen Bezugsbereich zuordnen und betreffen eine allgemeine Korrektheit, die allerdings in einigen Interviews anhand eines Modells exemplifiziert wird: *korrektes deutsch da kann man glaube ich den duden heranziehen* (GP45), *die katholische kirche (...) verwendet immer ein deutsch das korrekt ist* (GP48). Ferner geht eine Korrektheit teilweise auch einher mit einer Freiheit diatopischer Merkmale, so dass dem Lexem *korrekt* die Bedeutung ‚frei von diatopischen Merkmalen' zukommen kann: *und für mich ist da ein gutes deutsch ein deutsch das äh das äh ja das sprachlich korrekt ist das äh nicht zu sehr von dialekten beeinflusst respektive nicht vom dialekt diktiert wird* (GP16). Hierbei zeigt sich, dass die Bezugsgröße anhand derer sprachliche Variation bewertet wird, eine standardsprachliche Strukturgemäßheit ist, bei dem von einem standardsprachlichen Ideal als Norm (im metonymischen Sinn) ausgegangen wird und diatopische Variation als Abweichung konzeptualisiert und in Teilen auch als nicht strukturgemäß bzw. als inkorrekt beurteilt wird. In anderen Interviews spielt zudem ein schriftbezogener Hintergrund bei Bewertung sprachlicher Variation eine weitere Rolle:

GP83:	und dann finde ich eigentlich das deutsch in deutschland also ja wenn es nicht irgendwie einen speziellen dialekt oder so finde ich am korrektesten
EX:	mhm
GP83:	so wie wir es auch irgendwie in büchern lesen

Auch bei GP83 (Luzern) zeigt sich nicht nur, dass eine Freiheit diatopischer Merkmale eine Voraussetzung für die Beurteilung einer Sprache als *korrekt* darstellt, sondern dass sich die Korrektheit sprachlicher Phänomene auch aus einer schriftsprachlichen Bezugsgröße speist. So kommt *korrekt* nicht nur die Bedeutung ‚frei von diatopischen Merkmalen' zu, sondern zudem die Bedeutung ‚schriftbezogen', wobei die aus der Schweiz stammende GP hinsichtlich des Maßstabs dieser Korrektheit und Schriftnähe auf – so kann angenommen werden – die bundesdeutsche Standardvarietät Bezug nimmt. Auch in dem folgenden Interviewausschnitt speist sich die Vorstellung einer Korrektheit aus einem schriftbezogenen und standardsprachlichen Ideal: *wenn man alles so betont wie man es auch von den nachrichtensprechern hört (...) wenn man das grammatikalisch korrekt hat von der betonung her korrekt hat und von der aussprache her korrekt hat* (GP07). So benennt GP07 als Modellsprecher *nachrichtensprecher*, die ihrer Ansicht nach über eine normkonforme (Aus)Sprache verfügen, die hinsichtlich der Bezugsbereiche *grammatik*, *betonung* und *aussprache* eine Korrektheit aufweisen und somit strukturgemäß sind. So leitet sich die Strukturgemäßheit aus einer Bezugsgröße ab, die die GP mit dem Terminus *hochdeutsch* bezeichnet und die – wie bereits erwähnt – *nachrichtensprecher* als Modellsprecher vorsieht. Bezieht man diesen Umstand mit ein, so kann angenommen werden, dass diese Sprache eine standardnahe ist und dass sich somit eine Strukturgemäßheit in den von der GP benannten Bezugsbereichen aus einer inszenierten Mündlichkeit speist, bei der zwar eine medial mündliche Realisationsform von Sprache vorliegt, die aber hinsichtlich ihrer Produktionsbedingungen sich nicht durch Spontaneität, sondern durch Geplantheit auszeichnet und die hinsichtlich ihrer Konzeption schriftlich ist. Somit leitet sich eine Korrektheit der oben genannten medial mündlichen Struktur- bzw. Bezugsbereiche aus einer konzeptionell schriftlichen und standardnahen Bezugsgröße ab.

Bezüglich einer grammatischen Korrektheit zeigen sich in den Interviews teilweise ähnliche Muster beim Antwortverhalten und der Thematisierung sprachlicher Variation: Zum einen ist auf die Frage *Was ist für Sie gutes Deutsch?* zumeist die erste spontane Antwort der Laien, dass sich diese Sprache durch eine korrekte Grammatik auszeichne und generell ist eine Korrektheit in

Bezug auf Grammatik bei den befragten GPn ein häufig anzutreffendes Kriterium, das eine normkonforme Sprache erfüllen muss: *wenn man das grammatikalisch korrekt hat* (GP07), *korrekte grammatik* (GP51), *bitte bitte bitte korrekte grammatik* (GP63), *in erster linie wirklich grammatikalisch korrekt* (GP66), *auf jeden fall grammatikalisch korrekt* (GP80). Auch in dem folgenden Interviewausschnitt spielt eine grammatische Strukturgemäßheit eine hervorgehobene Rolle:

```
GP118:     korrektes deutsch ist gleichzeitig also die
           richtige fallbildung in den satzbestandteilen
EX:        mhm
GP118:     ((3.8s))
           ja also einhaltung von grammatikregeln ohne es
           jetzt genau auf einzelne regeln runterzubrechen
           (...)
           aber wenn ich formuliere was ist gutes deutsch
           dann gehört das absolut dazu dass sprachregeln
           eingehalten sind
```

Betrachtet man den obigen Interviewausschnitt, so kann die Frage gestellt werden, hinsichtlich welchen Maßstabs eine grammatische Korrektheit bestimmt werden kann, also um welche spezifischen *grammatikregeln* (welcher Bezugsgröße) es sich handelt. Von den GPn wird zumeist im direkten Äußerungszusammenhang kein eindeutiger Maßstab benannt und auch keine spezifische Regeln formuliert, bis auf die Thematisierung von in erster Linie flexionsmorphologischen Phänomenen wie Kasusmarkierung: *bitte bitte bitte korrekte grammatik ähm ja also gutes deutsch ja ist an allererster stelle also bitte nicht dativ und genitiv verwechseln* (GP63), *gutes deutsch sollte grammatikalisch korrekt gesprochen sein (...) sollte auch genitiv verwenden* (GP91). In einigen Interviews lässt sich jedoch eine Bezugsgröße anhand des Kontextes erschließen:

```
EX:        was ist für sie gutes deutsch?
           ((6.7s))
GP92:      hochdeutsch das ist gutes deutsch
EX:        mhm
GP92:      weil man es überall versteht
EX:        ja
GP92:      weil es eine schriftsprache oder weil es iden-
           tisch mit der schriftsprache ist und ähm ja
           also das finde ich ist gutes deutsch
```

EX:	mhm
	ja sie haben ja die merkmale schon genannt was es ausmacht also ist für sie gutes deutsch gleichzusetzen mit hochdeutsch?
GP92:	ja also auch eine korrekte verwendung von grammatik
EX:	ja
GP92:	finde ich gehört eben dazu

Für GP92 kann angenommen werden, dass sich eine *korrekte verwendung von grammatik* dadurch auszeichnet, dass bei einer normkonformen Sprache, die hier mit dem Terminus *hochdeutsch* bezeichnet wird, eine Strukturgemäßheit vorliegt, sofern diese hinsichtlich ihrer grammatischen Strukturen mit den Strukturen eines schriftsprachlichen und standardsprachlichen Ideals konvergiert. Grammatische Korrektheit meint somit in diesem Fall standardsprachliche Strukturkonvergenz.

Eine Korrektheit hinsichtlich des auditiv-phonetischen Bezugsbereichs speist sich in den Interviews aus verschiedenen Bezugsgrößen: So werden zum einen verschiedene Modelle genannt, die eine korrekte (Aus)Sprache in auditiv-phonetischer Hinsicht darstellen bzw. sich durch das Sprechen dieser auszeichnen, wie z.B. eine spezifische Varietät: *ich würde ein gutes hochdeutsch reden ein korrektes hochdeutsch (...) was eben auch aussprache anbelangt und intonation* (GP17). Als Modell für eine Korrektheit in auditiv-phonetischer Hinsicht wird von den GPn häufig *hochdeutsch* genannt, da sich diese Varietät durch inhärente normkonforme sprachliche Phänomene für eine korrekte (Aus)Sprache auszeichnet, wie es in dem folgenden Interviewausschnitt von GP111 beschrieben wird:

GP111:	hochdeutsch klingt einfach irgendwie so ein bisschen man kann nicht mal sagen schöner aber man hat den eindruck es sei korrekter
	(...)
EX:	ja die aussprache also woran würden sie sich orientieren?
GP111:	ich denke das ist einfach dass de laute korrekt ausgesprochen sind

Für GP111 existiert somit ein sprachliches Modell, das als Bezugsgröße für eine korrekte Aussprache in artikulatorisch-phonetischer Hinsicht dient und dass mit dem Terminus *hochdeutsch* benannt wird. So kann dieses Modell für eine korrekte (Aus)Sprache in auditiv-phonetischer Hinsicht auch eine Modelllandschaft darstellen, die ein Muster für eine normkonforme Aussprache bildet: *im norden von deutschland ein bisschen weil ja die spitzen steine und so eigentlich korrekt ausgesprochen werden* (GP04), was Korrektheit – ähnlich wie auch Richtigkeit – ebenfalls eine sprachgeographische Dimension verleiht. Oder dieses Modell kann auch schriftbezogen sein, zum Teil auch in Verbindung mit einem (sprach)geographischen Modell:

```
GP130:   also gutes deutsch habe ich ja schon gesagt als
         reines deutsch richtung hannover
         also wenn sie es territorial wollen
EX:      mhm
GP130:   und gutes deutsch ist halt wenn jemand nicht
         endungen verschluckt
EX:      ja
GP130:   wenn er es einfach der schrift nach korrekt und
         vollständig ausspricht
EX:      ja
GP130:   das ist für mich gutes deutsch
```

Bei GP130 zeigt sich, dass eine Reflexion darüber, was eine normkonforme (Aus) Sprache konstituiert, vor einem schriftbezogenen Hintergrund geschieht. So wird von GP130 eine auditiv-phonetische Korrektheit nicht nur anhand einer konkreten (Sprach)Region verortet: *richtung hannover*, sondern es zeigt sich ebenfalls, dass sich eine korrekte Artikulation zudem aus einem schriftlichen Ideal speist: *wenn er es einfach der schrift nach korrekt und vollständig ausspricht*, das eine vollständige, d.h. buchstabengetreue Aussprache als angestrebte Realisierung vorsieht: *nicht endungen verschluckt (...) vollständig ausspricht*, die sich auch in anderen Interviews findet: *naja korrekt korrekte sprechweise (...) vollständige sprechweise* (GP71).

5.1.3 *verständlich*

Dem Lexem *verständlich* kommt bei den GPn ein ähnliches Bedeutungsspektrum zu, wie auch den in den nachfolgenden Ausführungen behandelten Lexemen *klar* und *deutlich*, zudem tritt im Kontext von *verständlich* bei einigen GPn ebenfalls das Lexem *klar* auf. Hauptsächlich wird *verständlich* genutzt, um auf eine allgemeine semantische Interpretierbarkeit Bezug zu nehmen, wobei teilweise im Zusammenhang mit diesem Lexem in dieser Bedeutung auch eine Freiheit diatopischer Merkmale thematisiert wird, die als Voraussetzung dieser semantischen Interpretierbarkeit angesehen wird. Eine weitere Bedeutung für *verständlich* ist ‚(überregionale) kommunikative Reichweite'. Diese Bedeutung zeigt sich in Zusammenhang mit einer Orientierung an einem schriftsprachlichen Ideal. Bei Aussagen zur Orientierung an diesem schriftsprachlichen Ideal zeigt sich zudem für *verständlich* eine Verwendung, die Bezug auf bestimmte phonetisch-artikulatorische Qualitäten nimmt. Zuletzt wird *verständlich* ohne weitere Explikation genannt bzw. lässt sich eine eindeutige Semantik nicht aus dem Kontext erschließen.

Tab. 19: Bedeutungsübersicht des Lexems *verständlich*

(Teil)Bedeutung	Belege (n)	Belege (%)
Phonetik/Artikulation	11	25,00 %
komm. Reichweite	12	27,27 %
Interpretierbarkeit	13	29,55 %
unspezifisch	8	18,18 %
Summe	**44**	**100 %**

Bezüglich einer phonetisch-artikulatorischen Qualität tritt *verständlich* vor allem im Kontext einer (langsamen) Sprechgeschwindigkeit und Qualität der Artikulation auf: *langsam verständlich betont* (GP02), *naja also es ist verständlich es wird ja meistens dann ja auch langsamer gesprochen* (GP69), *also klar deutlich nicht zu schnell nicht zu langsam (...) verständlich also nicht nuscheln oder sowas* (GP78). Auch zeigt sich für *verständlich*, dass sich eine phonetisch-artikulatorische Qualität auch aus einem schriftsprachlichen Ideal ableitet bzw. eine aus der Schrift ableitbare Aussprache die Grundlage für eine Verständlichkeit bildet:

GP75: hochdeutsch soll so sein dass es überall verstanden werden kann von der phonetik auch eben allgmeingültig ist das heißt bestimmte laute sollen nicht so gezogen werden so dass das verändert wird und ich finde schon dass die schrift auch dem gesprochenen wort übereinstimmen soll

EX: mhm
GP75: das macht es ja dann allgemeinverständlicher das wäre das für mich das ist was für mich gute sprache ausmacht

Hierbei kann sich allerdings nicht nur die Qualität, sondern auch die Bewertung der Qualität dieser schriftnahen gesprochenen Sprache aus Kriterien ableiten, die ebenfalls schriftbezogen sind:

EX: was ist für sie gutes deutsch?
GP90: gutes deutsch
EX: mhm
GP90: verständliches deutsch so ähnlich wie dieser helmstädter ganz am anfang gesprochen hat dass man alles relativ sauber ausspricht die einzelnen wörter schön voneinander trennt so ein bisschen
EX: ja
GP90: langsam spricht nicht zu schnell nicht zu viel verschleift
EX: mhm
GP90: und aber auch auf grammatikalische richtigkeit achtet

Zudem zeigt sich, dass sofern eine Thematisierung artikulatorisch-phonetischer Eigenschaften mittels des Lexems *verständlich* erfolgt, in diesem Kontext auch das Lexem *klar*, für das eine ähnliche Bedeutung festgestellt werden kann, auftritt: *wenn man klar und deutlich spricht (...) verständlich (...) auch vollständige wörter spricht keine silben verschluckt (...) damit verständlich* (GP71), *ja dass es verständlich ist nicht nuscheln klar (...) also wie gesagt klar sprechen (...) verständlichkeit muss erkennbar sein* (GP73), wobei anhand des letzten Beispiels *klar sprechen* bzw. Klarheit als Voraussetzung für Verständlichkeit, im Sinne einer semantischen Interpretierbarkeit, angesehen werden kann. Und auch für *deutlich* lässt sich dies feststellen: *ich würde sagen das ist halt weil man das so deutlich spricht kann man es auch eigentlich wie man spricht schreiben (...) und das finde ich eigentlich auch ganz gut (...) also verständlich* (GP96). Eine Verständlichkeit im Sinne einer semantischen Interpretierbarkeit ist also nur gegeben, sofern die Aussprache *deutlich* ist, d.h. wenn diese Aussprache schriftnah ist.

In der Bedeutung einer kommunikativen Reichweite bezieht sich *verständlich* auf semantisch-auditive Aspekte des Verstehens in Verbindung mit einer (sprach)geographischen Dimension. So sollte eine *verständliche* (Aus)Sprache von möglichst vielen Personen über eine bestimmte (Sprach)Region hinaus verstanden werden, so dass eine größtmögliche überregionale kommunikative Reichweite gegeben ist: *gutes deutsch also äh für jeden aus dem deutschen sprachraum verständliches deutsch* (GP47), *dass es verständlich ist auch für menschen die aus anderen gegenden kommen das wäre für mich eigentlich das hauptmerkmal* (GP50), *ja wenn wirklich gut verständliches deutsch wie jetzt ohne dialekt ohne spezielle aussprache* (GP61). Auch finden sich für das Lexem *verständlich* Aussagen, die eine Verständlichkeit nicht nur mit einer überregionalen kommunikativen Reichweite in Verbindung bringen, sondern auch mit einer (partiellen) Abwesenheit diatopischer Merkmale, die eine Voraussetzung für eine überregionale Verständlichkeit bildet. Es zeigt sich ebenfalls, dass bei den Laien in Bezug auf (Un)Verständlichkeit spezifische (sprach)geographische Konzepte existieren, so dass es Sprachräume und dort gesprochene Varietäten gibt, die per se (un)verständlich sind:

```
GP57:    nicht nur für die leute die in der region auf-
         gewachsen sind sondern ja ein ausländer sollte
         das auch verstehen
         [können]
EX:      [ja]
         ja
GP57:    wie es eigentlich klingt ist egal aber es muss
         verständlich sein
EX       mhm
GP57:    ob es jetzt eher so wie das schwizzerdütsch ist
         oder aber das ist zum beispiel nicht verständ-
         lich für jedermann
EX:      mhm
GP57:    genauso wie das österreicher deutsch genauso
         wie das sächsische
         ((1.6s))
         ja wie das sächsische also ja ist nicht für
         jedermann verständlich aber jetzt das göttinger
         hochdeutsch das ist für jedermann
EX:      mhm
GP57:    verständlich
```

Für GP57 existieren zum einen somit die prototypischen Varietäten *das schwizerdütsch, das österreicher deutsch, das sächsische,* die unverständlich sind und als Negativbeispiele gelten können. Zum anderen existieren (sprach)geographisch lokalisierbare Varietäten wie beispielsweise *göttinger hochdeutsch,* die uneingeschränkt überregional verständlich sind. Auch in anderen Interviews findet sich die Verknüpfung einer (Un)Verständlichkeit in der Bedeutung ‚(überregionale) kommunikative Reichweite' mit einer Freiheit diatopischer Merkmale und einem spezifischen Sprachraum(konzept): *gut verständliches deutsch natürlich ja also was man über die dialekte hinweg gut versteht und äh was äh eigentlich äh vielleicht recht dialektneutral auch ist (...) wobei man natürlich jetzt äh ja ein stück festgelegt ist aus dem äh wie sich die hochsprache entwickelt hat und wo man meint dass die auch so gesprochen wird also ich denke schon ja hannover* (GP53).

Hinsichtlich einer allgemeinen semantischen Interpretierbarkeit zeigt sich für das Lexem *verständlich* zum einen, dass eine Sprache verständlich ist, sofern auf Rezipientenseite eine erfolgreiche und möglichst einfache Rekonstruktion der Sprecherintention bzw. des semantisch-propositionalen Gehalts erfolgt:

```
GP131:   also gutes deutsch ist für mich dass wenn ich
         ein publikum habe
EX:      mhm
GP131:   mit vielen verschiedenen leuten mit großer
         sprachlicher heterogenität
EX:      ja
GP131:   wenn ich da rüberkomme und mich bei allen ver-
         ständlich machen kann
EX:      mhm
GP131:   wenn da der universitätsprofessor und lieschen
         müller von nebenan
EX:      mhm
GP131:   drinne sitzen und die verstehen mich
```

Darüber hinaus zeichnet sich eine verständliche Sprache dadurch aus, dass aus Sicht der Laien bei der Wahl der sprachlichen – vor allem lexikalischen – Mittel das adressatenspezifische Wissen berücksichtigt wird: *ich denke auch verständlich im prinzip (...) also nicht irgendwelche phrasen floskeln fachbegriffe um sich schmeißen sondern die schon auch verständlich* (GP66), *es ist sehr gut verständlich (...) es sind keine... ich finde kaum wörter die man jetzt auch vom inhalt nicht verstehen könnte* (GP104), bzw. bei der Wahl des Registers möglichst fach- oder domänenspezifische Lexik vermieden wird:

GP76: naja sowas so typische politikersprache das ist ja auch immer ein bisschen so man liest sich das durch und es klingt alles toll aber manchmal versteht man eben doch nicht alles
EX: ja
GP76: und das ist dann vielleicht zu gehoben würde ich sagen
((1.9s))
vielleicht verständliches deutsch würde ich einfach sagen

Diatopische Variation wird nicht als eine Beeinträchtigung der Verständlichkeit und somit semantischen Interpretierbarkeit durch diatopische Merkmale angesehen, sondern in einem (unspezifisch gehaltenen) Maß akzeptiert, so lange die allgemeine semantische Interpretierbarkeit gewährleistet ist. So spielt im Zweifel semantische Interpretierbarkeit eine übergeordnete Rolle zu diatopischer Variation: *eine gute allgemeinverständlichkeit sowohl inhaltlich wie stilistisch (...) allgemeine verständlichkeit es darf durchaus auch und da denke ich das darf durchaus auch in richtung eines dialektes leicht gehen* (GP52). Hierbei findet sich bei folgender GP – am Beispiel des *royal english* – die Auffassung, dass der Gebrauch einer bestimmten Varietät zwangsläufig Verständlichkeit nach sich zieht:

GP16: also und wobei ich hier eben auch klarer sage als früher ich mache das auch am beispiel des englisches fest wobei mir auch hier das royal english am nächsten liegt und empfinde es auch als am schönsten weil es eben ein klares englisch ist und weil es verständlich ist und von allen auch wirklich begriffen wird und das halte ich für ein wesentliches kriterium

So muss man – aus Sicht der GP – nur die richtige Varietät wählen, um eine allgemeine Verständlichkeit zu erreichen.

Nennungen von *verständlich* ohne weitere Explikation bilden die Aussagen *wenn das was jemand sagt für mich gut verständlich ist* (GP11), *alles was ver-*

ständlich ist (GP72), *ein verständliches deutsch würden ich sagen* (GP88), *es ist klar (...) gut verständlich also nicht eben übertrieben aber es ist gut verständlich* (GP114), *gutes deutsch ist für mich ähm wenn man korrekt ne wenn man verständlich spricht* (GP128), *das ist schon wichtig dass es verständlich ist irgendwo (...) dass man sich verständigen kann* (GP129).

5.1.4 *klar*

Für das Lexem *klar* zeigt sich, dass dies – ähnlich wie das nachfolgend behandelte Lexem *rein* – genutzt wird, um auf eine Freiheit diatopischer Merkmale Bezug zu nehmen, wie am Beispiel *klare aussprache und keine komischen verfärbungen von den vokalen* (GP105) deutlich wird. Andere Verwendungen von *klar* nehmen Bezug auf eine allgemeine phonetisch-artikulatorische Qualität, eine allgemeine semantische Interpretierbarkeit oder *klar* wird ohne weitere Explikation gebraucht bzw. lässt sich eine eindeutige Semantik nicht aus dem Kontext erschließen.

Tab. 20: Bedeutungsübersicht des Lexems *klar*

(Teil)Bedeutung	Belege (n)	Belege (%)
Phonetik/Artikulation	12	36,36 %
Interpretierbarkeit	7	21,21 %
Variationsfreiheit	6	18,18 %
unspezifisch	8	24,24 %
Summe	**33**	**100 %**

So kommt *klar* in der folgenden Verwendung die Bedeutung einer Variationsfreiheit zu: *wenn man so klares hochdeutsch spricht und im prinzip eben wenig äh wenig regionale begriffe da drin hat* (GP12) und *ich denke äh man muss klar sein dass man da eben abstriche machen muss vom dialekt* (GP131). Im zuerst genannten Beispiel von GP12 zeigt sich, dass mit *klar* eine Abwesenheit diatopischer Lexik gemeint ist, im zweiten Beispiel von GP131 meint dies eine Abwesenheit diatopischer Merkmale. Darüber hinaus beziehen sich andere Teilbedeutungen von *klar* in der Bedeutung ‚frei von diatopischen Merkmalen' auf eine zumeist nicht weiter spezifizierte phonetisch-artikulatorische Beschaffenheit:

GP105: natürlich sollte der nachrichtensprecher einer staatlichen fernsehanstalt
EX: mhm
GP105: ein möglichst klares hochdeutsch sprechen
EX: mhm
GP105: weil er natürlich ein angebot für ganz deutschland präsentiert deswegen sollte er dann schon hochdeutsch sprechen und jetzt nicht mit einer kölner hamburger oder berliner mundart auffahren

Bei einigen GPn finden sich in den Aussagen dazu wie man (nicht) *klar* spricht allerdings auch Beispiele für konkrete artikulatorisch-phonetische Phänomene: *für mich ist das einfach wenn jemand wirklich klar deutsch spricht ohne das [ʁ] zu rollen ohne einen akzent zu haben* (GP98). Auch zeigen sich für *klar* bzw. *klarheit* Überschneidungen mit *deutlich*, so dass beide Lexeme nahezu synonym gebraucht werden und auch in Teilen als Paarformel *klar und deutlich* auftreten:

GP114: und ähm und ich weiß da ist halt die aussprache muss dann sehr deutlich sein sehr klar
        (...)
        einfach von dieser klarheit und quasi dass nicht reinmuddelt
EX: ja
GP114: von irgendwelchen dialekten sondern wirklich so ein das ist für mich hochdeutsch

So kann bei dem soeben zitierten Beleg davon ausgegangen werden, dass *deutlich* eine ähnliche Semantik wie *klar* aufweist: *dass nichts reinmuddelt (...) von irgendwelchen dialekten* verweist auf eine als erwünscht angesehene Freiheit diatopischer Merkmale, die für eine normkonforme (Aus)Sprache bzw. *Klarheit* notwendig sind. Ebenfalls zeigt sich in den Interviews, dass *klar* bzw. das Konzept *Klarheit*, ähnlich wie auch *Reinheit*, über eine (sprach)geographische Dimension verfügt:

```
GP51:    ich schätze was ich so als hochdeutsch bezeich-
         ne ja eine klare artikulation
EX:      mhm
GP51:    dass das wort gut zu verstehen ist
EX:      ja
GP51:    keine verwendung von lokal gefärbten ausdrücken
         (...)
         es geht mehr um die verständlichkeit es könnte
         zum beispiel was ich als ähm hochdeutsch jetzt
         den hannoverarner raum zugeordnet habe aber
         auch im norddeutschen raum wo sehr klar gespro-
         chen wird
```

So verbindet sich *klar* nicht nur mit bestimmten phonetisch-artikulatorischen Eigenschaften, die der Varietät *hochdeutsch* zugeordnet werden, und eine optimale Verständigung ermöglichen, sondern es wird auch ein konkreter (Sprach)Raum benannt (*hannoveraner raum, norddeutschen raum*), in dem diese Sprechweise gesprochen wird. Somit kann davon ausgegangen werden, dass *klar* nicht nur auf eine Merkmalsfreiheit verweist, zudem kann auch davon ausgegangen werden, dass diese als *hochdeutsch* bezeichnete Sprechweise, die *klar* ist, eine standardnahe (möglicherweise norddeutsch geprägte) Sprechweise darstellt.

Neben der Variationsfreiheit wird *klar* in den Interviews auch dazu genutzt, um auf eine (nicht näher spezifizierte) normkonforme artikulatorisch-phonetische Beschaffenheit Bezug zu nehmen. So findet sich in den Interviews *klar* häufig als Attribut des Lexems *aussprache*: *klare aussprache* (GP09), *klare aussprache* (GP11), *klare aussprache* (GP41), *klare aussprache* (GP64) und es finden sich auch in Bezug auf eine klare Artikulation bzw. eine Normkonformität hinsichtlich artikulatorisch-phonetischer Eigenschaften vereinzelt Explikationen wie man (nicht) *klar* spricht: *ja wenn sie halt klar sprechen wenn sie (...) keine wörter zusammenziehen oder so wenn sie keine wörter verschlucken* (GP07), *ja es soll klar und deutlich und nicht so irgendwie genuschelt abgehackt oder sowas sein (...) ja nicht dass man die wortendungen so schluckt (...) sondern wirklich ganz ausgesprochen (...) ohne eben die regionalen besonderheiten* (GP58), *wenn man klar und deutlich spricht (...) auch vollständige wörter spricht keine silben verschluckt* (GP71), *ja dass es verständlich ist nicht nuscheln klar also wie gesagt klar sprechen* (GP73), *also für mich dass es schon einmal klar artikuliert ist (...) das heißt dass nichts verschluckt wird* (GP126). In den zuletzt zitierten Interviewausschnitten zeigt sich zum einen, dass als Gegensatz zu *klar* in artikulatorisch-phonetischer Hinsicht die Lexeme *verschlucken*, *abgehackt* oder *nuscheln* gesetzt werden und zum anderen zeugen die soeben genannten Lexeme und Aussagen wie *vollständige wörter oder ganz ausgesprochen* davon, dass es bei einer klaren Aussprache darum geht, vollständig zu sprechen, d.h. eine vollständige (buchstabengetreue) Aussprache zu realisieren, die sich auf einem schriftsprachlichen Modell gründet und frei von diatopischen Merkmalen ist. Einige GPn nennen hinsichtlich der artikulatorisch-phonetischen Beschaffenheit dieser Aussprache vereinzelt auch konkretere Merkmale: *eine klare aussprache welche ähm nicht durch verwaschene wegfallende konsonanten in der mitte oder am ende dass vokale nicht ähm nicht nicht standardmäßig betont werden* (GP105) und auch GP116 benennt konkrete lautliche Merkmale:

```
GP116:    also keine kratzlaute ja klare aussprache
          ((2.9s))
          und keine komischen verfärbungen von den voka-
          len
EX:       mhm
GP116:    plötzlich ein umlaut oder irgendwie die äs ös
EX:       mhm
GP116:    das sind ja umlaute meine so diphtonge wie sagt
          man da auch keine diphtonge aus einzelnen buch-
          staben wie das einer da jetzt gemacht hat aus
          ulm und so
```

So zeichnet sich eine *klare aussprache* bei GP105 und GP116 durch die Abwesenheit bestimmter Konsonanten (*verwaschen, wegfallend, kratzlaute*) und Vokale (*nicht standardmäßig betont, komische verfärbungen, umlaut*) aus. Der metaphorische Gehalt der einzelnen Lexeme – bei GP105 wird als Antonym zu *klar* das Lexem *verwaschen* gesetzt und bei GP116 ist das Antonym von *klar verfärbungen* – verweist hierbei, wie auch schon bei *rein*, auf eine metaphorische Konzeptualisierung von Sprache. So wird sprachliche Variation mittels einer ontologischen Metapher erfasst, die Sprache als Substanz konzeptualisiert, die eben *klar* oder *verfärbt* sein kann. Zum anderen lassen sich anhand dieses Gegensatzpaares auch Hinweise auf ein bei den GPn vorfindbaren Reinheits- bzw. Klarheitstopos finden, da eine normkonforme, reine Sprache in Gegensatz zu einer nicht normkonformen, unreinen Sprache gesetzt wird. Der Maßstab, der sich für diese *klare/reine* Sprache finden lässt und anhand dessen bestimmt werden kann, wann eine (größtmögliche) Klar-/Reinheit vorliegt, leitet sich aus einer Größe ab, die im Interview (indirekt) in folgenden Aussagen benannt wird: *dass vokale nicht ähm nicht nicht standardmäßig betont werden* (GP105) und *keine diphthonge aus einzelnen buchstaben* (GP116). Hierbei bezieht sich die aus Zürich stammende GP116 – so kann angenommen werden – auf Diphthongierungsphänomene des Ulm umgebenden schwäbischen Dialektraums (die GP bezieht sich auf die Ratespiel-Hörprobe aus Ulm des Untersuchungssettings), die als Abweichungen benannt werden.[163] So zeugen die Aussagen, dass eine standardmäßige Betonung (von Buchstaben) existiere, der es zu folgen gilt, von der Reflexion *über* und der Bewertung *von* gesprochener Sprache vor einem schriftbezogenen Hintergrund und so ist der Maßstab für eine Klarheit ein geschriebener und standardsprachlicher.

Neben den beiden zuletzt festgestellten Bedeutungen von *klar* kommt noch eine dritte hinzu, bei der *klar* in der Bedeutung einer semantischen Interpretierbarkeit genutzt wird: *klare wörter (...) was nicht zweideutig ist* (GP78). So bezieht sich bei GP78 *klar* als Attribut für *wörter* auf eine semantische Interpretierbarkeit insofern, als ein klares Wort semantisch eindeutig ist und keine polysemen/homonymen Strukturen aufweist. In diesem Fall ist also seitens der GP erwünscht, dass eine höhere Transparenz bei der Rekonstruktion der Bedeutung herrscht, so dass *klar* hier – informationsökonomisch – eine Eindeutigkeit und bessere Zugänglichkeit von Informationen bedeutet, die ebenfalls als Komplexitätsreduktion bewertet werden kann.[164] Auch bei GP31 wird *klar* in der Paarformel *klar und deutlich* in diesem Sinne verwendet:

```
GP31:    vom satzgefüge her vernünftig strukturiert und
         äh klar und deutlich
EX:      mhm
GP31:    nicht zu sehr verschachtelt
```

So bezeichnet *klar* hier – in Bezug auf syntaktische Komplexität – eine von der GP als erwünscht angesehene bestimmte linear-syntaktische Ordnung (*vom satzgefüge her vernünftig strukturiert*), die *nicht zu sehr verschachtelt* ist und durch diese Beschaffenheit bzw. *Klarheit* eine Komplexitätsreduktion bietet, durch die auch hier wieder eine informationsökonomische Voraussetzung zur besseren Zugänglichkeit von Informationen geschaffen wird. Und auch in ande-

---

163 Infrage kämen hier für diesen Dialektraum – ungeachtet des Bezugs der GP auf die Sprachprobe aus Ulm – beispielsweise die Diphthongierungsphänomene /o:/ zu /au/ oder auch /e:/ zu /ai/ (vgl. Schwarz 2015: 249–276) sowie /e:/ zu /ea/ oder /ɛa/ (vgl. Schwarz 2015: 293) oder aber – und dies mit Bezug zur Sprachprobe – die Öffnung von /e:/ zu /æ/ (vgl. Spiekermann 2008: 145) oder die Nasalierung/Rundung von [ɔ̃] zu [ɛ].
164 Weiter gedacht wäre das Prinzip 1 Ausdruck = 1 Inhalt natürlich alles andere als sprachökonomisch.

ren Interviews kann *klar* in Bezug auf eine semantische Interpretierbarkeit auch eine sprachökonomische Bedeutung zugeschrieben werden, indem Ambiguität vermieden und Eindeutigkeit hergestellt wird:

```
GP111:    es muss meiner meinung klar und verständlich
          sein
EX:       mhm
          ((2.0s))
GP111:    unmissverständlich
EX:       ja
GP111:    ((2.3s))
          und nicht zu überschwänglich also man kann et-
          was mit kurzen und klaren worten sagen klar und
          deutlich man kann aber auch umschweifungen ma-
          chen dann finde ich es nicht so gut
```

Die letzte Verwendungsweise von *klar* zeichnet sich dadurch aus, dass die Bedeutung hier unspezifisch gehalten ist und aus dem Kontext nicht eindeutig erschlossen werden konnte, auf welche (sprachlichen) Phänomene sich das Lexem *klar* bezieht. Beispiele hierfür sind: *oder ein tagesschausprecher die sprechen ein klares deutliches äh gutes deutsch* (GP18), *ja vielleicht also bei fernsehauftritten (...) wo wirklich schön gesprochen wird (...) wo man sagt der spricht ein klares deutsch* (GP39), *so klar wie möglich zu sein* (GP48), *eine klare sprache (...) direkt gesprochen* (GP65), *es ist klar es ist nicht verschnörkelt es wird nicht gesungen es ist sehr gut verständlich* (GP104), *erstens ist es immer sehr klar sehr intellektuell* (GP117), *also zuerst mal wie gesagt äh klar (...) reden deutlich reden und guten sprachgebrauch* (GP124), *äh frank der steinmeier spricht auch finde ich sehr klares deutsch* (GP130).

5.1.5 *schön*

Neben allgemeinen Beschreibungen mittels des Lexems *schön* wie *schriftsteller die eine schöne sprache verwenden* (GP45), *goethe schreibt auch ein schönes deutsch* (GP94), *gutes deutsch ist auch ein schön gesprochener akzent* (GP97), *schöne grammatik* (GP138) zeigt sich, dass über eine normkonforme (Aus)Sprache, die mittels des Lexems *schön* beschrieben wird, in erster Linie in auditiv-ästhetischer Hinsicht geurteilt wird. Hierbei zeigt sich auch, dass sich ästhesche metasprachliche Urteile über eine medial mündliche (Aus)Sprache in Teilen auch aus einer Variationsfreiheit und Standardnähe speisen:

```
GP138:    ja schöne aussprache im sinne von auch [s] [t]
          und nicht [ʃt] wie bei uns jetzt
          ((8.3s))
          ja auch die laute die wirklich schön auszuspre-
          chen bei uns äh ja gibt es einfach viele ext-
          remlaute
          (...)
          und einfach ja von diesen lauten wegzukommen
          und wirklich ein schönes geradliniges wohlklin-
          gendes hochdeutsch zu sprechen
```

Von GP138 (Lustenau) wird hier über eine normkonforme (Aus)Sprache in auditiv-ästhethischer Hinsicht reflektiert, indem phonetische Variation bzw. bestimmte (diatopische) Varianten als nicht normkonform angesehen werden, da das auditiv-ästhetische Urteil über diese negativ ausfällt. Diese sind somit zu vermeiden und es ist den Varianten einer als *hochdeutsch* bezeichneten Sprache Vorzug zu geben. Es kann davon ausgegangen werden, dass einer standardnahen Aussprache Vorzug gegeben wird, so dass die GP ein Urteil über eine auditiv-ästhetische Qualität abhängig macht von einer Freiheit diatopischer Variation und somit (standard)sprachstruktureller Homogenität. Und auch in anderen Interviews findet sich im Kontext von *schön* die Thematisierung einer Variationsfreiheit: *ein schönes hochdeutsch was man dass man das in allen landschaften einigermaßen gut verstehen kann (...) möglichst akzentfrei* (GP22). So kann konstatiert werden, dass für GP22 eine Reflexion über eine normkonforme Sprache in auditiv-ästhetischer Hinsicht, die mittels des Lexems *schön* zum Ausdruck gebracht wird, in Teilen durch eine Standardsprachlichkeit und Variationsfreiheit geprägt ist. Bei anderen GPn zeigt sich auch, dass es in Teilen standardsprachliche Kontexte und Sprechweisen sind, über die mittels des Lexems *schön* (positiv) geurteilt wird:

```
GP39:     ja vielleicht also bei fernsehauftritten wo bei
          referaten wo wirklich schön gesprochen wird
EX:       ja
GP39:     wo man sagt der spricht ein klares deutsch oder
          ein schönes deutsch
```

Weitere Beispiele hierfür sind: *auf der bühne zum beispiel es gibt ein superschönes deutsch* (GP17), *also wenn man das deutsch hört das die nachrichtensprecher sprechen so dann würd ja man schon annehmen dass das das gute schöne deutsch ist* (GP110), *ich meine dass natürlich ein nachrichtensprecher geschult wird rhetorisch und auch dementsprechend schön ausspricht ist klar* (GP139). Somit lässt sich auch hier konstatieren, dass ein (positives) ästhetisches Urteil vor dem Hintergrund einer Standardsprachlichkeit gefällt wird, die zwar medial mündlich, aber hinsichtlich ihrer Konzeption schriftlich ist und sich ferner durch eine inszenierte Mündlichkeit auszeichnet. Ebenso kann sich eine Reflexion über eine normkonforme (Aus)Sprache in auditiv-ästhetischer Hinsicht mit einer (sprach)geografischen Dimension verbinden: *ich finde die diese sprache finde ich schön die norddeutsche sprache* (GP104) und auch GP31 verortet eine schöne Sprache regional:

```
GP31:    ja gutes deutsch ist äh
         ((4.9s))
         einmal von äh so ja ich denke hochdeutsch
EX:      mhm
GP31:    ((3.4s))
         dann denke ich auch dass in hannover so am
         schönsten und am besten gesprochen wird
```

So verortet GP31 diese Sprache nicht nur regional und fällt ein ästhetisches Urteil über diese mittels des Superlativs *am schönsten*, die GP urteilt ebenfalls evaluativ.

5.1.6 *gut*

Für das Lexem *gut*, mittels dessen eine positive Evaluation der Qualität(en) einer normkonformen Sprache vorgenommen wird, lassen sich zum einen bei den untersuchten Laien unterschiedliche (Teil)Bedeutungen finden, zum anderen wird es in Zusammenhang mit unterschiedlichen Bezugsbereichen genutzt. So findet sich das Lexem *gut* im Kontext der Beschreibung und Bewertung lautlicher Phänomene, stilistischer Phänomene (auch in Zusammenhang mit der

Thematisierung semantischer Aspekte) und zuletzt der Thematisierung variationslinguistischer Phänomene.[165]

Überwiegend wird das Lexem *gut* genutzt, um auf Phänomene, die sich einem lautlichen Bezugsbereich zuordnen lassen, Bezug zu nehmen und hier eine bestimmte (positive) Qualität eines sprachlichen Ausdrucks, einer Sprechweise oder allgemein auditiv-phonetische Charakteristika zu beschreiben: *naja gute aussprache also deutliche aussprache* (GP20), *die höreindrücke gut sind* (GP22), *gute betonung der wörter* (GP67), *gut artikulieren* (GP70), *betont ordentlich oder gut* (GP100), wobei allerdings bei den zitierten Interviewpassagen offen bleibt, wie eine (Aus)Sprache konkret beschaffen sein muss, um mittels des Lexems *gut* positiv evaluiert zu werden. Hierbei können vereinzelt Maßstäbe bzw. Modelle aus den Interviews rekonstruiert werden, die verdeutlichen, wie eine *gute aussprache* beschaffen sein muss, um als solche positiv evaluiert zu werden. So dient *gut* nicht nur als Attribut zu dem Lexem *aussprache*, sondern wird auch in Zusammenhang mit der Thematisierung und (positiven) Evaluation einer (normkonformen) (Aus)Sprache von Modellsprechern genutzt:

```
GP18:   gut auch eine gute aussprache natürlich dazu
        entsprechende rhetorik im hintergrund
EX:     mhm
GP18:   ((2.7s))
EX:     also haben sie da konkrete merkmale? Oder kön-
        nen sie sagen woran sie gutes deutsch erkennen?
        Oder einen sprecher der gutes deutsch spricht?
GP18:   ((2.0s))
        na zum beispiel ein nachrichtensprecher
EX:     mhm
GP18:   oder ein tagesschausprecher
```

Und auch in anderen Interviews werden auf Massenmedien bezogene Modellsprecher thematisiert, sofern es um eine positive Evaluation einer (Aus)Sprache mittels des Lexems *gut* geht: *also wer meines erachtens nach so ganz gut*

---

[165] Zu berücksichtigen war bei der Auswertung dieser Kategorie, dass das frequente Auftreten des Lexems *gut* bedingt sein kann durch den konkreten Interaktions- bzw. Gesprächszusammenhang von GP und EX, da in den Fragen der EX an die GP dieses Lexem häufig auftritt und GP diese Fragen auch teilweise wiederholen. Somit kann *gut* der Status einer Echoform zukommen, so dass dessen frequentes Auftreten zwangsläufig aus dem Interviewkontext resultiert. Siehe zur Illustration das weiter unten folgende Beispiel von GP09.

spricht ist der seibert der jetzt ähm bundes ähm äh sprecher ist für die bundesregierung (...) oder wir nehmen mal insgesamt die nachrichtensprecher (GP11), *durch die medien könnte ich mir vorstellen also natürlich durch durch wen wird das bestimmt (...) einfach was gute aussprache anbelangt* (GP17*), also wenn man das deutsch hört das die nachrichtensprecher sprechen so dann würd ja man schon annehmen dass das das gute schöne deutsch ist* (GP110). So kann angesichts der zitierten Interviewausschnitte konstatiert werden, dass eine (Aus)Sprache, die mittels des Lexems *gut* attribuiert wird, auf eine (Aus)Sprache referiert, die standardnah ist. Zudem wird das Lexem *gut* in Verbindung mit einem lautlichen Bezugsbereich dazu genutzt, um auf eine Freiheit diatopischer Merkmale Bezug zu nehmen: *also richtig gutes hochdeutsch was gut artikuliert ist was nicht verschliffen ist und wo keine... kein dialekt das so sehr färbt* (GP54). Bei der Thematisierung und Bewertung stilistischer Phänomene wird *gut* vor allem als Attribut in Zusammenhang mit den Lexemen *ausdruck* genutzt: *guter ausdruck* (GP64), *guten ausdruck verwendet* (GP76) *gute ausdrücke zu finden* (GP89), bzw. wird es adverbial bei dem Lexem *ausdrücken* genutzt, um eine (positiv evaluierte) Qualität zu beschreiben:

```
GP15:    die wortwahl finde ich ist auch wichtig
EX:      mhm
GP15:    also wenn man sich gut ausdrücken kann wenn man
         die richtigen worte findet als wie wenn man
         immer alles umschreiben muss
```

So zeigt sich, dass sich die von GP15 angesprochene Kompetenz *sich gut ausdrücken* auf die Wortwahl bzw. auf die Verwendung eines (treffenden) Ausdrucks bezieht, der die eigene Intention – möglichst sprachökonomisch – eindeutig und interferenzfrei ausdrückt. Eine ähnliche Verwendung findet sich für das Lexem *gut* auch bei der Beschreibung einer (positiv bewerteten) (Sprach)Kompetenz eines Sprechers, indem ein Ausdruck im Hinblick auf einen (unbestimmt gehaltenen) stilistischen Maßstab normkonform genutzt wird: *dass man sich gut ausdrücken kann (...) einfach dass man wirklich sich gewählt und äh deutlich ausdrücken kann und sagen kann was man will (...) und was man denkt und was man möchte* (GP09). Bei GP09 kommt somit dem Lexem *gut* eine ähnliche Bedeutung wie *gewählt* und *deutlich* zu. So stellt die Kompetenz des Sich-Gut-Ausdrückens nicht nur die (stilistische) Kompetenz dar, bei der Wahl eines bestimmten (stilistischen) Ausdrucks diesen normkonform in Abhängigkeit von einem (unbestimmt gehaltenen) stilistischen Maßstab zu nutzen, sondern ebenso die Kompetenz, durch diese Wahl die (eigene) Sprecherintention bzw. die eigenen Gedanken in eine möglichst enge Korrespondenz mit den in sprachlich-symbolische Zeichen kodierten Wissensrepräsentationen dieser zu bringen. Diese Vorstellung findet sich ebenfalls bei GP27:

```
GP27:     also ich denke schon dass
          ((1.4s))
          es damit zusammenhängt dass man ja versucht das
          was man denken kann in worte zu fassen
EX:       mhm
GP27:     wenn ich das was ich denke fühlen kann treffend
          beschreiben kann dann wäre das schon ein merk-
          mal dafür dass die sprache eben treffend oder
          gut oder ähm ja oder des lernens sich lohnt
```

Es zeigt sich bei den zuletzt zitierten Interviewausschnitten, dass bei den untersuchten Laien die Vorstellung existiert, die Wahl eines bestimmten (richtigen) sprachlichen Codes und entsprechender (richtiger) Varianten führe automatisch zu einer 1:1-Entsprechung von Zeicheninhalt und Zeichenausdruck.

In Bezug auf einen schriftsprachlichen Ausdruck werden von den GPn (überregionale) Tageszeitungen genannt, bei denen sich ein guter Ausdruck bzw. eine gute Formulierung – vor allem auf formalsprachlicher Ebene – finden lässt: *in österreich ist für mich der standard gut formuliert (...) die süddeutsche zeitung kaufe ich mir öfter (...) das finde ich gut formuliert* (GP14), *also bestimmte tageszeitungen zeitschriften (...) wo sehr gut meiner meinung nach sehr gut geschrieben wird (...) also jetzt abgesehen vom inhalt aber rein die präsentation die formulierungen* (GP41).

5.1.7 *deutlich*

Zu dem Lexem *deutlich* lässt sich feststellen, dass es ähnlich wie *klar* genutzt wird und überwiegend auf artikulatorisch-phonetische Phänomene Bezug nimmt und zudem ein häufiges Attribut zu *aussprache* bildet: *deutliche aussprache* (GP02), *gute aussprache also deutliche aussprache also was wir jetzt hier hatten die betonung* (GP20), *deutliche aussprache (...) die wörter werden nicht verschluckt oder in die länge gezogen* (GP85). Auch tritt *deutlich* häufig in bestimmten Kontexten mit *klar* als Paarformel auf: *tagesschausprecher die sprechen ein klares deutliches äh gutes deutsch* (GP18), *klar und deutlich* (GP31), *klar und deutlich und nicht so irgendwie genuschelt abgehackt oder sowas* (GP58), *wenn man klar und deutlich spricht* (GP71), *also klar deutlich* (GP78), *man kann etwas mit kurzen und klaren worten sagen klar und deutlich* (GP111), *wie gesagt äh klar (...) reden deutlich reden* (GP124). Es zeigt sich, dass *klar und deutlich* zum einen auf artikulatorisch-phonetische Eigenschaften Bezug nehmen kann: *nicht so irgendwie genuschelt abgehackt*, aber auch im Hinblick auf Quantität, Relevanz und Modalität des Gesagten: *mit kurzen und klaren worten sagen klar und deutlich.* Es finden sich auch antonyme Ableitungen von *deutlich* wie *undeutlich* oder *undeutlichkeit*: *was nicht gutes deutsch ist (...) ist wenn es undeutlich gesprochen wird* (GP117) und *diese undeutlichkeit würde ich bei sachsen raushören* (GP119). Auch hinsichtlich der unterschiedlichen Bedeutungen ergeben sich für *deutlich* Ähnlichkeiten mit *klar*: Neben dem überwiegenden Bezug auf artikulatorisch-phonetische Phänomene findet sich für *deutlich* auch die Verwendung, um auf eine Freiheit diatopischer Merkmale Bezug zu nehmen, dies teilweise auch in Verbindung mit artikulatorisch-phonetischen Qualitäten. Weiterhin wird *deutlich* ohne weitere Explikation gebraucht und zuletzt zeigt sich für *deutlich* auch eine Bedeutung, die man – ähnlich wie bei *klar* – als ‚semantische Interpretierbarkeit' beschreiben kann.

Tab. 21: Bedeutungsübersicht des Lexems *deutlich*

(Teil)Bedeutung	Belege (n)	Belege (%)
Phonetik/Artikulation	16	55,17 %
Interpretierbarkeit	5	17,24 %
Variationsfreiheit	2	6,90 %
unspezifisch	6	20,69 %
Summe	29	100 %

Aussagen, in denen mittels des Lexems *deutlich* auf artikulatorisch-phonetische Phänomene Bezug genommen wird, beziehen sich zumeist allgemein auf eine artikulatorisch-phonetische Qualität: *dass es deutlich ausgesprochen wird* (GP29), *gutes deutsch (...) wird deutlich ausgesprochen* (GP67), *eine ziemlich gute ausgeglichene spannung so im mund und lippenbereich ein gutes mittelmaß in der aussprache die natürlich aber doch deutlich ist* (GP106), *was nicht gutes deutsch ist egal ob das akzent hat oder dialektgefärbt ist ist wenn es undeutlich gesprochen wird das ist für mich ungutes deutsch* (GP117), oder auch auf eine (langsame) Sprechgeschwindigkeit: *deutlich sprechen (...) nicht zu schnell sprechen (...) und auch nicht zu hart* (GP86). Auch beziehen die GPn sich in ihren Aussagen auf sehr spezifische artikulatorisch-phonetische Phänomene, um eine normkonforme (Aus)Sprache, die sich durch *Deutlichkeit* auszeichnet, zu beschreiben, so die Vermeidung von Interjektionen in der gesprochenen Sprache: *ja und auch ähm gutes deutsch dass ja dass man eben deutlich spricht und nicht viele ähms und äh und ebenso reinbringt so ähm (...) so gedankenwörter sage ich mal so* (GP21). Eine deutliche Artikulation zeichnet sich auch dadurch aus, dass bestimmte Phänomene der gesprochenen Sprache, hier Elisionen/Klitisierungen, vermieden werden: *und die wörter auch äh artikuliert damit man also dass die deutlich ausgesprochen werden (...) dass nicht irgendwie endungen verschwinden (...) oder aber die wörter in die länge gezogen werden* (GP45). Und auch in anderen Interviews zeigt sich, dass *deutlich* im Kontext der Thematisierung von Elisionen/Klitisierungen auftritt: *gutes deutsch wenn einer ähm deutlich artikulieren kann (...) die endungen ausspricht (...) nicht weglässt* (GP79), *jemand der gutes deutsch spricht spricht deutlich verständlich spricht hochdeutsch (...) verschluckt keine endungen betont ordentlich* (GP100). So zeugt *betont ordentlich* von einem bei den Laien vorherrschenden Modell einer lautlichen Strukturgemäßtheit, das eine normkonforme (standardnahe) Aussprache konstituiert, der es zu folgen gilt. Ferner zeigt sich in einigen Interviews bei der Beschreibung mittels *deutlich*, dass eine (Un)Deutlichkeit im Hinblick auf artikulatorisch-phonetische Eigenschaften häufig mit diatopischer Variation in Verbindung gebracht wird:

```
GP77:    dass man die endungen ausspricht
EX:      mhm
GP77:    aber dass man nicht ähm
         ((5.9s))
         bestimmte vokale äh deutlicher ausspricht
EX:      mhm
GP77:    also sofern das für uns das verständnis bedürf-
         tig ist schon aber sonst dass es eben nicht in
         irgendeine region gleich zugeordnet werden kann
```

So wird von GP77 nicht nur eine die Vermeidung von Elisionen/Klitisierungen und eine bestimmte Ausgewogenheit bei der (vokalischen) Artikulation als erwünscht angesehen, sondern *deutlich* wird hier ebenfalls mit der Vermeidung diatopischer Merkmale in Verbindung gebracht, die eine (sprach)geographische Lokalisierung ermöglichen. Und auch GP95 sieht eine undeutliche Aussprache in Verbindung mit einer regionalen Sprechweise:

GP95:   ja dass man vielleicht erstmal darauf achtet
        wenn man so ein bisschen in seinem dialekt drin
        dann nuschelt man ja gerne glaube ich
EX: mhm
GP95:   das auch so hin und wenn man versucht ein biss-
        chen deutlicher zu sprechen dass man dann da so
        ein bisschen besser auch von weg kommt viel-
        leicht automatisc

So zeichnet sich nach Ansicht der GP eine Aussprache, die diatopische Merkmale enthält, dadurch aus, dass die Qualität der Artikulation beeinträchtigt ist (*dann nuschelt man*) und diese somit nicht *deutlich* ist, so dass eine standardnähere Sprechweise automatisch zu einer deutlicheren Artikulation führt. Auch wird eine undeutliche Sprechweise als ein inhärentes Merkmal einer regionalen Sprechweise angesehen. Zudem steht diese deutliche Aussprache in Verbindung mit einem schriftsprachlichen Ideal: *ich würde sagen das ist halt weil man das so deutlich spricht kann man es auch eigentlich wie man spricht schreiben (...) letztendlich das deutliche sprechen und für mich ist das deutliche sprechen dann auch hochdeutsch* (GP96). Und auch GP119 sieht eine (Un)Deutlichkeit im Hinblick auf artikulatorisch-phonetische Phänomene als ein sprachinhärentes Merkmal an: *also für mich ist ein gutes deutsch einfach äh etwas was jeder verstehen kann dass man halt deutlich spricht (...) und diese undeutlichkeit würde ich bei sachsen raushören* (GP119).

Für das Lexem *deutlich* zeigt sich zudem – wie auch schon für *klar* – die Bedeutung einer semantischen Interpretierbarkeit: *einfach dass man wirklich sich gewählt und äh deutlich ausdrücken kann und sagen kann was man will (...) und was man denkt und was man möchte* (GP09), so dass *deutlich* hier die Bedeutung zukommt, die (eigene) Sprecherintention für den Rezipienten möglichst unmissverständlich und einfach nachvollziehbar zum Ausdruck zu bringen. Zudem steht diese semantische Interpretierbarkeit auch in Verbindung mit einer Freiheit diatopischer Merkmale, um so eine größtmögliche überregionale kommunikative Reichweite zu erzielen: *naja man mit den medien muss man sich auf eine mundart einigen die deutlich ist die alle verstehen und die wird dann eben auch verbreitet über medien* (GP64).

5.1.8 *angenehm*

Neben dem Lexem *schön* wird am zweithäufigsten das Lexem *angenehm* von den GPn benutzt, um in einer allgemeinen Weise auditiv-ästhetische Höreindrücke einer normkonformen (Aus)Sprache zu beschreiben: *auch mit dem klang ihrer stimme ob die jetzt eine angenehme stimme haben* (GP19), *angenehm zum zuhören* (GP47), *das ist angenehm das hört man ganz gerne* (GP67), *muss auch angenehm sein gehört ja auch die stimmlage dazu* (GP73), *es ist angenehm zu hören ohne dass jetzt irgendwo was überbetont wird* (GP103), *ein gutes mittelmaß in der aussprache die natürlich aber doch deutlich ist (...) das ist so das was ich sagen könnte das ist angenehm und wäre ein gutes deutsch* (GP106), *die aussprache muss irgendwie sitzen muss auch irgendwie äh angenehm sein* (GP128). Dieses tritt zumeist auch im Zusammenhang mit anderen Lexemen auf, die eine normkonforme (Aus)Sprache in auditiv-ästhetischer Hinsicht beschreiben, wie z.B. *melodisch, schmeichelhaft, nicht so irgendwie genuschelt abgehackt oder sowas sein es soll eine angenehme melodie und ja klar und deutlich sein* (GP58). Und auch in anderen Interviews werden metaphorische Ausdrücke genutzt, um auf eine normkonforme (Aus)Sprache hinsichtlich auditiv-ästhetischer Eigenschaften Bezug zu nehmen:

GP110:   ja also wenn es gut fliest schon aber wenn es eben zu wenn es irgendwie so zu fest singen oder zu fest so stockend ist dann empfinde ich es nicht als ein angenehmes gutes deutsch

So bezieht sich im Fall von GP110 ein auditiv-ästhetisches Urteil über eine angenehme Sprache auf prosodische Eigenschaften, auf die hier mittels des Lexems *fließt* Bezug genommen wird. Zudem wird hier eine Dichotomie von *fließen* vs. *singen* konstruiert.[166] Darüber hinaus finden sich vereinzelt GPn, die das Lexem im Kontext einer Beschreibung der Aussprache professioneller Sprecher nutzen: *so ähm der synchronsprecher der robert de niro synchronisiert das ist angenehm das hört man ganz gerne* (GP67), *ich höre ziemlich viele hörbücher daher also finde ich das angenehm aber ich denke wirklich ich würde es in die ecke der geschulten sprecher* (GP114).

---

166 Siehe hierzu auch GP84 (Kap. 5.2.3) sowie GP104 (Kap. 4.4).

5.1.9 gepflegt

Auch für das dritthäufigste Lexem *gepflegt*, das zur Beschreibung ästhetischer Qualitäten einer normkonformen (Aus)Sprache genutzt wird, zeigt sich, dass sich ein ästhetisches Urteil auch hier aus einer Schriftbezogenheit speist: *nahe an der schriftsprache (...) wie man halt da eben teilweise in niedersachsen spricht man ein gepflegtes deutsch* (GP05). So zeigt sich bei GP05, dass ein ästhetisches Urteil über ein *gepflegtes deutsch* nicht nur vor dem Hintergrund einer Schriftbezogenheit gefällt wird, sondern ebenfalls, dass sich eine ästhetische Bewertungsdimension auch mit einer (sprach)geographischen Dimension verbindet. So benennt GP05 nicht nur die erwünschten Eigenschaften einer gepflegten Sprache: Schriftnähe und Orientierung an einer norddeutschen Phonetik. Es zeigt sich auch – invertiert man die von der GP gegebenen Definitionskriterien – dass der Gegensatz zu dieser gepflegten Sprache eine Sprache ist, die sich durch (primäre) Mündlichkeit und das Vorhandensein von diatopischen sprachlichen Merkmalen auszeichnet. Hier wird also eine Dichotomie konstruiert, die sich – in linguistischen Termini ausgedrückt – als *Standard* vs. *Non-Standard* beschreiben lässt. Darüber hinaus wird *gepflegt* von den GPn in einer nicht näher spezifizierten Weise verwendet: *eine gepflegte sprache irgendwie* (GP70), *sie können sich sehr gepflegt ausdrücken* (GP132) oder dient zumeist zum einen zur Beschreibung artikulatorischer Phänomene bzw. deren Qualität: *gepflegte aussprache* (GP02), *wie gepflegt man spricht die aussprache* (GP44) und zum anderen bezieht sich das Lexem auf stilistische Phänomene: *gepflegte wortwahl (...) es kommt halt auch auf den inhalt drauf an (...) oder was man... was man sagt dann wird das deutsch auf einmal sehr viel gepflegter* (GP18), *oder auch im fernsehen gibt es einige die sich sehr gepflegt ausdrücken* (GP45) und einen gehobenen Stil: *wenn man sich gepflegt ausdrückt würde ich mal sagen (...) wenn man halt nicht irgendwelche fäkalwörter oder sonst was dazwischen schiebt (...) ja dass man nicht irgendwelche assi slangs oder so dazwischen wo ey alter oder so ich finde das hört sich dann einfach nicht gepflegt an sondern eher so ja so bisschen straßenghetto* (GP55).

5.1.10 ordentlich

Dem Lexem *ordentlich* kommt bei den untersuchten Laien die Bedeutung ‚einer bestimmten Struktur entsprechend' bzw. ‚strukturgemäß' zu, wobei sich bei einigen Belegen dieses Lexems das Problem ergibt, dass eine Explikation der Bedeutung lediglich anhand einer alltagssprachlichen Bedeutung von *or-*

dentlich erfolgte. So ließ der Interviewkontext keine nähere Explikation zu und auch die Struktur, der entsprochen werden soll, wurde nicht näher erläutert: *achtet eigentlich auch darauf wie er spricht (...) und ich glaube durch die vielen auftritte hat sich das bei ihm schon so eingeprägt dass er immer ordentlich spricht* (GP72), *ja ich sage mal das sind eigentlich für mich hier bei uns hier in der schule die deutschlehrer (...) die eben ein vernünftiges ordentliches deutsch sprechen* (GP78). In einigen Interviews hingegen, in denen *ordentlich* die Bedeutung ‚einer bestimmten Struktur entsprechend' zukommt, wird die Frage nach der Struktur, der entsprochen werden soll, beantwortet:

```
EX:      was ist für sie gutes deutsch?
GP100:   ((10.7s))
         jemand der gutes deutsch spricht spricht deut-
         lich verständlich spricht hochdeutsch
EX:      mhm
GP100:   verschluckt keine endungen betont ordentlich
         oder gut
         (...)
         ich denke mal nachrichtensprecher in radio und
         fernsehen
EX:      mhm
GP100:   die haben ein ordentliches deutsch drauf das
         heißt egal wo die nun zuhause sind haben die so
         ein sprechen gelernt dass das hlt als hoch-
         deutsch gelten wird
```

In der Bedeutung ‚einer bestimmten Struktur entsprechend' wird das Lexem *ordentlich* von GP100 dazu verwendet, um auf eine Strukturgemäßheit mit den (lautlich-prosodischen) Strukturen einer zwar medial mündlichen, aber konzeptionell schriftlichen und standardnahen Sprechweise Bezug zu nehmen. Diese lässt sich als eine inszenierte Mündlichkeit beschreiben, deren prototypische (Modell)Sprecher *nachrichtensprecher* sind und die von der GP mit dem Terminus *hochdeutsch* bezeichnet wird. Auch in dem nächsten Interviewauszug kommt *ordentlich* ebenfalls diese Bedeutung zu, zumal die GP im gleichen Kontext in Bezug auf prosodische Eigenschaften das Lexem *richtig* nennt:

```
EX:      was ist für sie gutes deutsch?
GP101:   ((3.3s))
         wenn es ohne besonderheiten läuft verschlucken
         ordentliche betonung richtige betonung kein
         verschlucken von endungen kein nuscheln
```

Eine *ordentliche betonung* bzw. ein Sprechen, das einer bestimmten Struktur entspricht, kann hier als ein Sprechen gelten, das im Rahmen einer inszenierten Mündlichkeit stattfindet, bei dem keine Phänomene spontansprachlichen Sprechens wie z.B. Elisionen oder Klitisierungen auftreten und dass in diesem Fall somit als ein standard- und schriftnahes Sprechen angesehen werden kann. Somit leitet sich eine Strukturgemäßheit bei dem Lexem *ordentlich* aus einem standard- und schriftnahen Ideal bzw. dessen medial mündlicher Realisierung ab, wie auch bei folgendem Interviewauszug:

```
GP103:   also beim sprechen dass du dann an die endungen
         denkst und dass es alles auch ordentlich ausge-
         sprochen wird dass man also versucht so wie es
         da steht
EX:      mhm
GP103:   das auch rüber zu bringen ohne was zu verschlu-
         cken ohne was zu dehnen
```

Von GP103 werden ähnliche Phänomene wie schon von GP101 thematisiert: Vermeidung von Elisionen/Klitisierungen. Hierbei wird die bei GP101 thematisierte Bedeutung von *ordentlich* bei GP103 noch deutlicher: So meint *ordentlich* nicht nur ‚strukturgemäß', sondern ‚den Strukturen einer standard- und schriftnahen (Aus)Sprache folgend', wenn die GP sagt, *dass man also versucht so wie es da steht (...) das auch rüber zu bringen.* So stellt eine strukturgemäße bzw. ordentliche (Aus)Sprache eine Vorleseaussprache dar. Angesichts dessen kann konstatiert werden, dass eine Reflexion über eine normkonforme (Aus)Sprache hier ebenfalls vor dem Hintergrund einer inszenierten Mündlichkeit erfolgt.

Bei den untersuchten Laien zeigt sich somit die Vorstellung einer sich durch eine diskrete Struktur auszeichnenden standard- bzw. schriftnahen Sprache, die einer bestimmten Ordnung folgt und demnach als *ordentlich* bezeichnet werden kann. In diesem Zusammenhang kann die (Gegen)Frage gestellt werden, wie eine (nicht) normkonforme (Aus)Sprache beschaffen ist, die z.B. mittels des Antonyms *unordentlich* bezeichnet werden kann. So findet sich bei GP108 die Dichotomie von einer ordentlichen gegenüber einer unordentlichen

Sprache: *es gibt halt ordentliches und unordentliches deutsch (...) so unordentliches sind dann halt die dialekte die nicht jeder verstehen kann (...) jetzt würde ich sagen hochdeutsch und das würde ich schon als relativ ordentlich bezeichnen* (GP108). Diese offenbart die Vorstellung, dass eine Standardsprache eine Ordnung aufweist, Dialekte hingegen keine und somit struktur- sowie regellos sind.

5.1.11 *rein*

Das Lexem *rein*, wie auch dessen beide im Korpus belegte Derivate *astrein* und *lupenrein*, tritt zumeist im Kontext des Lexems *hochdeutsch* auf und dient als Attribut: *lupenreines hochdeutsch* (GP02), *reines hochdeutsch* (GP82), *astreines hochdeutsch* (GP92), *reinen hochdeutsch* (GP111). So wird das Lexem genutzt, um auf eine Freiheit diatopischer Merkmale Bezug zu nehmen, woraus sich nicht nur ein metaphorisches Modell von Sprache, das *Sprache als Substanz* konzeptualisiert, ableiten lässt, vielmehr ergeben sich hieraus auch Überschneidungen mit der (Teil)Bedeutung von *klar*. Im Gegensatz zu dem Lexem *klar*, das ein größeres Bedeutungsspektrum als *rein* besitzt, kommt dem Lexem in den Interviews ausschließlich die Bedeutung ‚frei von diatopischen Merkmalen' zu, so dass eine reine (Aus)Sprache über keine (salienten) diatopischen Merkmale auf phonetisch-auditiver und lexikalischer Ebene verfügt. In einigen Interviews wird zudem der metaphorische Charakter dieses Lexems bei der Beschreibung einer (Aus)Sprache deutlich: *eine reinere aussprache man hat keinen dialekt drin* (GP68) oder *und das ist hier quasi farblos rein (...) ja wie klares wasser* (GP19). Ferner zeigt sich, dass das Konzept der *Reinheit* auch eine sprachgeographische Dimension umfasst: So wird eine reine (Aus)Sprache zumeist im nördlichen Teil des (bundes)deutschen Sprachgebietes vermutet: *und ich bin auch der meinung je weiter nach norden desto reiner* (GP03) oder *reines deutsch richtung hannover* (GP130), aber es finden sich auch Zuordnungen zum westmitteldeutschen (Sprach)Raum:

```
GP111:    also von dem reinen hochdeutsch ist es auch das
          was man halt da so in essen und glaube ich so
          in der gegen spricht
EX:       mhm
GP111:    das klingt halt irgendwie so perfekt also mit
          der aussprache so farblos auch ein bisschen lso
          weil es kein dialekt ist
```

Hierzu sei angemerkt, dass bei den GPn im Rahmen der vorliegenden Erhebung nicht Perzepte, sondern Konzepte erfragt/erhoben wurden, so dass bei einer Konfrontation mit regionalsprachlichen Hörproben es durchaus möglich – und im Fall von GP111 auch wahrscheinlich – ist, dass (saliente) Merkmale erkannt und benannt werden. GP111 stammt aus Zürich,und es u.U. kann davon ausgegangen werden, dass kein direktes empirisches Korrelat für den von ihr bezeichneten Sprachraum, in dem keine diatopischen Merkmale existieren, vorhanden ist. Weiterhin finden sich in den Daten auch Aussagen zu einer Nicht-Zuordenbarkeit und Nicht-Zugehörigkeit zu einem bestimmten (Sprach)Raum einer als *rein* bezeichneten (Aus)Sprache: *möglichst rein möglichst losgelöst von der geographischen region* (GP84). Auch finden sich in den Interviews Aussagen, die eine Reinheit nicht nur mit einem (Sprach)Raum in Zusammenhang bringen, sondern auch mit einer Schriftbezogenheit:

```
GP92:   am ehesten an leuten die aus dem bereich nie-
        dersachsen stammen zum beispiel
EX:     mhm
GP92:   wenn man diese leute reden hört dann denke ich
        okay das ist astreines hochdeutsch so versteht
        man eigentlich jeden
EX:     mhm
GP92:   also wo wörter so ausgesprochen werden wie man
        sie schreibt
EX:     ja
GP92:   und daran orientiere ich mich dann
```

Somit lässt sich für die Semantik von *rein* feststellen, dass sich diese nicht nur auf eine Freiheit diatopischer Merkmale bezieht, sondern auch, dass sich eine solche merkmalsfreie (Aus)Sprache – paradoxerweise – regional verorten lässt: Nach Ansicht der GP existiert ein (Sprach)Raum, in dem *rein* bzw. merkmalsfrei gesprochen wird. Das Konzept einer (*sprachlichen*) *Reinheit* steht also in Verbindung mit einer sprachgeographischen Dimension und einem (mehr oder weniger) geographisch bestimmbaren (Sprach)Raum. Diese reine (Aus)Sprache orientiert sich zumeist an einer norddeutschen/standardnahen Phonetik, die als Maßstab für diese Reinheit dient, die sich wiederum aus der Orientierung an einem schriftsprachlichen Ideal ableitet. Zusätzlich lässt sich ein Modell einer metaphorischen Konzeptualisierung von Sprache aus der Verwendung des Lexems *rein* ableiten, da in den Interviews sprachliche Variation mittels Metaphern aus dem Bereich *Sprache als Substanz* erfasst und versprachlicht wird.

5.2 Lexemcluster

5.2.1 Lexemcluster *Stil*

Das Lexemcluster *Stil* besitzt von allen Clustern die meisten types (43) sowie tokens (105) und es zeigt sich hier eine große Heterogenität bei der Beschreibung unterschiedlicher stilistischer Qualitäten einer normkonformen Sprache:

Tab. 22: Lexemcluster *Stil*

Lexem	Belege (n)	Belege (%)
angemessen	11	10,48 %
gewählt	8	7,62 %
treffend	6	5,71 %
wortschatzreich	6	5,71 %
differenziert	5	4,76 %
kurz	5	4,76 %
abwechslungsreich	4	3,81 %
stimmig	4	3,81 %
gehoben	3	2,86 %
höflich	3	2,86 %
intellektuell	3	2,86 %
interessant	3	2,86 %
prägnant	3	2,86 %
anschaulich	2	1,90 %
aussagekräftig	2	1,90 %
direkt	2	1,90 %
eloquent	2	1,90 %
gebildet	2	1,90 %
knapp	2	1,90 %
konkret	2	1,90 %
metaphorisch	2	1,90 %
sachlich	2	1,90 %

Lexem	Belege (n)	Belege (%)
variantenreich[167]	2	1,90 %
vielfältig	2	1,90 %
adäquat	1	0,95 %
anpassungsfähig	1	0,95 %
ansprechend	1	0,95 %
ausdrücklich	1	0,95 %
bedächtig	1	0,95 %
bildhaft	1	0,95 %
bildreich	1	0,95 %
blumig	1	0,95 %
bündig	1	0,95 %
empathisch	1	0,95 %
geistreich	1	0,95 %
getragen	1	0,95 %
gewandt	1	0,95 %
komplex	1	0,95 %
literarisch	1	0,95 %
normal	1	0,95 %
persönlich	1	0,95 %
situationsangepasst	1	0,95 %
situationsgerecht	1	0,95 %
Summe	**105**	**100 %**

Am häufigsten wird das Lexem *angemessen* benutzt, in den meisten Fällen allerdings ohne eine weitere Explikation bzw. ohne dass dem Interviewkontext entnommen werden kann, unter welchen Umständen etwas *angemessen* ist und in Bezug auf welchen Maßstab: *an den ähm öffentlich rechtlichen ard zdf (...) die sprechen eigentlich immer angemessenes deutsch* (GP07), *angemessene wortwahl* (GP20). Darüber hinaus wird *angemessen* verwendet, um auf die Verwendung einer normkonformen Sprache bei der Kodewahl in Abhängigkeit von der jeweiligen Kommunikationssituation Bezug zu nehmen:

---

[167] Da das Lexem an dieser Stelle ohne weiteren Kontext auch dem Lexemcluster *Variationsfreiheit* zugeordnet werden könnte, ist die Anmerkung zu machen, dass die beiden GPn, bei denen das Lexem auftritt, mit diesem auf eine stilistische Variation Bezug nehmen.

```
GP24:    man verwendet angemessene wörter
         [also]
EX:      [mhm]
GP24:    ((1.6s))
         nicht immer die umgangssprachlichen wörter die
         man häufig hört ähm sondern halt
         ((2.0s))
         schöne ähm vielleicht auch noch fachbegriffe
         oder so also wäre für mich schon gutes deutsch
         ja passt natürlich nicht zu jeder situation
```

So erachtet GP24 eine (stilistische) Variation des Ausdrucks als wichtig, wobei hinsichtlich der Stilebene eine (zu) häufige Verwendung von Ausdrücken, die von der GP als umgangssprachlich klassifiziert werden, als nicht normkonform angesehen wird und in Konsequenz zu vermeiden ist. Stattdessen sollten Ausdrücke, die sich einer (ästhetischen) Stilebene zuordnen lassen und als *schön* bezeichnet werden, verwendet werden. Zudem sollte eine fachsprachliche Lexik genutzt werden, wobei die GP allerdings konzediert, dass deren Verwendung in Teilen einer Situationsspezifik unterliegt. Eine ähnliche Bedeutung kommt auch den Lexemen *situationsangepasst, situationsgerecht* sowie *adäquat* zu, da diese ebenfalls dazu genutzt werden, um auf die normkonforme Wahl stilistischer Mittel in Abhängigkeit von der Kommunikationssituation Bezug zu nehmen: *eine sage mal adäquate ausdrucksweise (...) ähm oder situationsgerechte ausdrucksweise* (GP43), *situationsangepasste sprache würde ich da antworten (...) also gutes deutsch hat ähm im prinzip mit dem hat mit adressaten zu tun und mit der situation* (GP37).

Es zeigt sich, dass *angemessen* auch als Attribut für *wortschatz* verwendet wird: *ein angemessener wortschatz* (GP41), wobei angenommen werden kann, dass ein *angemessener wortschatz* bzw. das Lexem *wortschatz* im zuletzt zitierten Beleg weniger die Gesamtheit aller sprachlichen Ausdrucksformen im mentalen Lexikon als (deklaratives) Wissen meint, sondern – dies betrifft ebenso die Lexeme *wortschatzreich, variantenreich, vielfältig* und *differenziert* – vielmehr die (aktive/prozedurale) Kompetenz eines Sprechers, bestimmte stilistische Varianten in Abhängigkeit von der Kommunikationssituation zu gebrauchen: *für mich wäre das gute deutsch sehr variantenreich das heißt dass man einfach in der lage ist möglichst viele begriffe einzusetzen* (GP14), *gutes deutsch ist jemand der sich differenziert fachlich ausdrücken kann* (GP64), *ein deutsch dass der sache angemessen ist* (GP113), *wenn ein vielfältiges vokabular verwendet wird* (GP115), *wie gesagt die angemessene form vielleicht anpassungfähig ohne anpasslerisch zu sein also der situation und dem inhalt angemessen* (GP106). Ebenso wird das Lexem *angemessen* von GP106 auch dazu genutzt, um auf eine (stilistische) Variation auf syntaktischer Ebene Bezug zu nehmen: *angemessener satzbau (...) das heißt also nicht immer schachtelsätze sondern auch manchmal kurze knappe form* (GP106), so dass *angemessen* in diesem Fall auch eine sprachökonomische Bedeutung zukommt. Als stilistisch entgegengesetzte Qualitäten einer *variantenreichen*, *wortschatzreichen* oder *abwechslungsreichen* Sprache bzw. Sprechweise, die sich durch eine Fülle von alternativen (stilistischen) Ausdrucksmöglichkeiten auszeichnet, werden allerdings auch die Lexeme *kurz* und *knapp* genutzt, die im Hinblick auf eine Ökonomie und/oder Effizienz einer normkonformen Sprache auf eine (unter quantitativen Gesichtspunkten) geringe Komplexität sprachlicher Ausdrücke Bezug nehmen: *kurze sätze* (GP11), *bündig und kurz irgendwie* (GP48), *kurze knappe sätze aber aussagekräftige* (GP78), *man kann etwas mit kurzen und klaren worten sagen* (GP111), *also ich würde probieren die sätze möglichst knapp zu halten* (GP107).

Eine ähnliche Bedeutung wie *angemessen* kommt auch dem Lexem *gewählt* zu, das auf die (aktive) Kompetenz des Sprechers Bezug nimmt, auf Grundlage des sprachlichen Wissens unter funktionalen Gesichtspunkten eine (richtige) Auswahl im Rahmen stilistischer Variation zu treffen: *indem er sich gewählt ausdrückt (...) bewusst bewusste wörter benutzt* (GP01). Und auch *treffend* kommt eine ähnliche Bedeutung wie *gewählt* zu, da mittels dieses Lexems auf funktionelle und referentielle Aspekte Bezug genommen wird: *es eine wortwahl gibt die treffend ist und die das an und für sich ausdrückt und formuliert was ich eigentlich sagen möchte* (GP14). Auch hier zeigt sich die Vorstellung, dass für eine interferenzfreie Kommunikation lediglich eine (richtige) Auswahl aus einer bestimmten Menge stilistischer Varianten getroffen werden muss, um die Sprecherintention transparent und unmissverständlich zum Ausdruck zu bringen, wobei dieser Aspekt bei der GP auch eine sprachökonomische Komponente beinhaltet.

5.2.2 Lexemcluster *Variationsfreiheit*

Neben den bereits thematisierten Lexemen *korrekt*, *klar*, *gut*, *rein*, bei denen die (Teil)Bedeutungen ‚Freiheit diatopischer Merkmale' und ‚Schriftbezogenheit' festgestellt werden konnten, zeichnen sich die 15 Lexeme des Lexemclusters

Variationsfreiheit[168] ebenso dadurch aus, dass diese dazu verwendet werden, um auf eine Merkmalsfreiheit diatopischer und medialer Variation Bezug zu nehmen: *ein deutsch das möglichst geschliffen daher kommen sollte das auf zu viel dialektale ausdrücke verzichten sollte* (GP16), *gutes deutsch ist eigentlich das deutsch dass (…) das für mich irgendwie das neutralste also das dialektloseste ist* (GP83), *die politiker können es am besten (…) die reden wie die bücher wie die wasserfälle wie geschliffen druckreif* (GP132).

Tab. 23: Lexemcluster *Variationsfreiheit*

Lexem	Belege (n)	Belege (%)
neutral	10	20,00 %
sauber	8	16,00 %
geschliffen	7	14,00 %
akzentfrei	4	8,00 %
perfekt	4	8,00 %
gefärbt	3	6,00 %
farblos	3	6,00 %
normal	3	6,00 %
akzentlos	2	4,00 %
druckreif	1	2,00 %
flexibel	1	2,00 %
kräftig	1	2,00 %
nordisch	1	2,00 %
schriftnah	1	2,00 %
schriftreif	1	2,00 %
Summe	**50**	**100 %**

Hierbei wird im Kontext der Verwendung dieser Lexeme häufig eine Dichotomie erzeugt, bei der die *farblose*, *neutrale*, *saubere* oder *normale* Sprache diejenige ist, die standardnah, schriftbezogen und zumeist auch normkonform gegenüber einer dialektalen Sprache ist, die *gefärbt* ist. Allerdings ist für die Laien eine gefärbte (Aus)Sprache nicht zwangsläufig auch eine nicht-normkonforme

---

168 In diesem Cluster werden ausschließlich Lexeme berücksichtigt, die sich auf mediale oder diatopische Variation beziehen, Lexeme die auf eine stilistische Variation Bezug nehmen finden sich im vorherigen Kapitel.

(Aus)Sprache. Betrachtet man weitere Lexeme des Clusters, so fällt auf, dass hier metaphorisch gebrauchte Lexeme wie *sauber, gefärbt, farblos* gebraucht werden. Zudem wird im Rückgriff auf diese eine Dichotomie konstruiert, bei der über eine normkonforme (variationsfreie) (Aus)Sprache vor einem schriftbezogenen Hintergrund inszenierter Mündlichkeit reflektiert wird. Ein solch schriftsprachlicher Bezug findet sich anhand der Verwendung von Lexemen wie *schriftreif* und *schriftnahe*:

```
GP40:    gutes deutsch eben ist also möglichst schrift-
         nahe
EX:      ja
GP40:    möglichst nahe an dem was man zu lesen kriegt
EX:      mhm woran orientieren sie sich wenn sie selber
         gutes deutsch ähm sprechen wollen?
GP40:    ähm daran eben ob ich das dann so äh direkt
         immer äh runterschreiben könnte und formulieren
         könnte
EX:      ja
GP40:    ob es schriftreif ist
```

Ein Schriftbezug zeigt sich auch für Lexeme, deren Semantik im Hinblick auf eine Orientierung an der Schrift nicht unmittelbar transparent ist, sondern deren (metaphorischer) Gebrauch hierauf hinweist, wie im folgenden Beispiel bei dem Lexem *geschliffen*: *ein deutsch das möglichst geschliffen daher kommen sollte das auf zu viel dialektale ausdrücke verzichten sollte (...) der spricht geschliffen schriftdeutsch* (GP16) sowie *die reden wie die bücher wie die wasserfälle wie geschliffen druckreif* (GP132).

5.2.3 Lexemcluster *Lautung*

Die 16 Lexeme des Clusters *Lautung* beziehen sich auf Beschreibungen auditivphonetischer Eigenschaften einer normkonformen (Aus)Sprache. Es sind hier Lexeme zu finden, die auf artikulatorische und prosodische Eigenschaften Bezug nehmen:

Tab. 24: Lexemcluster *Lautung*

Lexem	Belege (n)	Belege (%)
langsam	7	23,33 %
flüssig	3	10,00 %
fließend	2	6,67 %
akzentuiert	2	6,67 %
betont	2	6,67 %
laut	2	6,67 %
schnell	2	6,67 %
toll	2	6,67 %
guttural	1	3,33 %
normal	1	3,33 %
offen	1	3,33 %
präzise	1	3,33 %
singend	1	3,33 %
souverän	1	3,33 %
unangestrengt	1	3,33 %
zusammenhängend	1	3,33 %
Summe	**30**	**100 %**

Es finden sich die Lexeme *langsam, flüssig, fließend, souverän* und *schnell*, die von den Laien dazu genutzt werden, um auf prosodische Aspekte einer normkonformen (Aus)Sprache, d.h. eine normkonforme Sprechgeschwindigkeit Bezug zu nehmen. Betrachtet man die beiden Lexeme *schnell* und *langsam*, zeigen sich allerdings auch gegensätzliche prosodische Qualitäten dieser (Aus)Sprache: *deutlich und relativ langsam wäre für mich gutes deutsch* (GP119), *einmal korrektes deutsch natürlich ähm fließend schnell (...) nicht singend* (GP84).[169] Zudem wird mit dem Lexem *flüssig* (auch) auf die Vermeidung von Sprechpau-

---

[169] Diese als erwünscht angesehene Eigenschaft eines schnellen Sprechens lässt sich auch bei weiteren Belegen (GP104, Kap. 4.4 sowie GP110, Kap 5.1.8) feststellen und bezieht sich – dies wird aus dem Interviewkontext deutlich – auf die Vermeidung von Sprechpausen und nicht eine möglichst schnelle Sprechgeschwindigkeit. Zudem zeugt die hier konstruierte Dichotomie von *fließend/schnell* vs. *singend* von einer (bewerteten) Dialekt-Standard Dichotomie, da insbesondere ein Singen als prominentes Merkmal bei der Beschreibung dialektaler Sprechweisen durch linguistische Laien angesehen werden kann (vgl. Hundt 1996: 246; 2012: 212; 2017: 129 sowie Anders 2010b: 281; 2012: 308).

sen Bezug genommen: *es sollte alles flüssig sein und nicht so abgehackt* (GP15), *damit keine pausen entstehen und es einfach flüssiger klingt* (GP107). Es zeigt sich allerdings auch, dass der (lautliche) Bezugsbereich einer normkonformen (Aus)Sprache bzw. deren Qualitäten, die durch ein Lexem beschrieben werden, komplexer sein kann, wie im Fall des Lexems *toll*, durch das ein Bezug auf mehr als nur eine (prosodische) Eigenschaft einer normkonformen (Aus)Sprache genommen wird:

```
EX:        axel hacke
GP122:     ja danke ja genau der war da war ich letztes
           jahr auf der lesung das ist einfach eine rich-
           tig tolle sprache die der spricht wenn man aber
           sagt das ist eine tolle sprache dann ist das
           auch so der tonfall und die frequenz glaube ich
EX:        mhm
GP122:     das gesamtpaket also nicht nur wie er die wör-
           ter ausspricht sondern einfach wie die stimme
           funktioniert so ähm aber ja wenn äh marietta
           slomka spricht so ziemlich gutes deutsch würde
           ich sagen
```

An dem oben zitierten Interviewausschnitt von GP122 zeigt sich nicht nur, dass mittels des Lexems *toll* auf bestimmte (prosodische) Qualitäten einer normkonformen (Aus)Sprache Bezug genommen wird, sondern auch, dass über eine *tolle sprache* vor einem standard- bzw. schriftbezogenen Hintergrund reflektiert wird, da die beiden von GP122 angeführten Beispiele Situationen sind, in denen jeweils vor- bzw. abgelesen wird, diese Sprechweise sich somit als inszenierte Mündlichkeit klassifizieren lässt. Auch in anderen Interviews findet sich für andere Lexeme des Clusters, wie z.B. *betont*, dieser Bezug: *langsam verständlich betont er hat es auf der schauspielschule gelernt (...) er muss es können das ist für mich gutes deutsch also zum beispiel theaterdeutsch* (GP02), *vielleicht irgendwie im theater also wenn man theater spielt dass man dann für eine aufführung natürlich auch die sprache (...) letztendlich wird ja viel darauf geachtet dass man betont und deutlich spricht* (GP96).

5.2.4 Lexemcluster *Ästhetik*

Die Lexeme des Lexemclusters *Ästhetik* haben insgesamt gemein, dass diese dazu genutzt werden, um auf ästhetische Qualitäten einer normkonformen Sprache Bezug zu nehmen und beinhalten für einige GP auch eine emotionale Komponente. Neben den in Kap. 5.1 thematisierten Lexemen *schön*, *angenehm* und *gepflegt*, die von den Laien im Rahmen ästhetischer Urteile genutzt werden, finden sich folgende Lexeme:

Tab. 25: Lexemcluster *Ästhetik*

Lexem	Belege (n)	Belege (%)
warm	3	12,00 %
spielerisch	2	8,00 %
einladend	1	4,00 %
elegant	1	4,00 %
fein	1	4,00 %
feinfühlig	1	4,00 %
geradlinig	1	4,00 %
geschmeidig	1	4,00 %
herzlich	1	4,00 %
kraftvoll	1	4,00 %
kreativ	1	4,00 %
lebendig	1	4,00 %
melodisch	1	4,00 %
menschlich	1	4,00 %
nett	1	4,00 %
nuanciert	1	4,00 %
rund	1	4,00 %
schmeichelhaft	1	4,00 %
süffisant	1	4,00 %
sympathisch	1	4,00 %
tröstend	1	4,00 %
wohlklingend	1	4,00 %
Summe	**25**	**100 %**

So findet sich bei vielen der oben genannten Lexeme dieses Clusters die Gemeinsamkeit, dass diese häufig im Interviewkontext ohne weitere Explikation seitens der Laien stehen. Ihre Semantik wurde in den meisten Fällen nur aufgrund ihrer alltagssprachlichen bzw. lexikalisch-denotativen Bedeutung erschlossen, was zur Zuordnung zu dem obigen Cluster führte.

5.2.5 Lexemcluster *Struktur*

Neben den bereits genannten Lexemen *richtig*, *korrekt* und *ordentlich* finden sich bei den Laien folgende 8 Lexeme, die auf eine Strukturgemäßheit einer normkonformen (Aus)Sprache Bezug nehmen:

Tab. 26: Lexemcluster *Struktur*

Lexem	Belege (n)	Belege (%)
vollständig	5	31,25 %
strukturiert	4	25,00 %
allgemeingültig	2	12,50 %
ausgeprägt	1	6,25 %
fehlerfrei	1	6,25 %
ideal	1	6,25 %
geordnet	1	6,25 %
vernünftig	1	6,25 %
Summe	**16**	**100 %**

So zeigt sich für das Lexem *vollständig*, dass dieses dazu genutzt wird, um auf eine Aussprache Bezug zu nehmen, die sich durch die Qualität einer Vollständigkeit auszeichnet. Dies bedeutet die Strukturgemäßheit mit einem bestimmten Maßstab, dem es *vollständig* zu entsprechen gilt, damit diese (Aus)Sprache als vollständig und somit normkonform angesehen werden kann: *auch vollständige wörter spricht keine silben verschluckt (...) vollständige sprechweise* (GP71). Die Frage, die sich in diesem Zusammenhang stellt, ist, gemäß welcher Struktur gesprochen werden sollte, damit eine (Aus)Sprache *vollständig* und normkonform ist. Bei den GPn lassen sich hier unterschiedliche Strukturen finden, denen jeweils entsprochen werden sollte. So antwortet GP46, gefragt nach Merkmalen von *gutem deutsch* bzw. *hochdeutsch*:

```
GP46:      ja weil äh
           ((9.2s))
           weil die sätze äh na woran würde ich äh
           ((4.6s))
           immer genau also ganz vollständige sätze
           ((2.4s))
           praktisch wird genauso gesprochen wie geschrie-
           ben wird
```

So kommt dem Lexem *vollständig*, wie dem Interviewausschnitt zu entnehmen ist, die Bedeutung ‚schriftgemäß' zu, so dass *vollständige sätze*, die medial mündlich realisiert sind, Sätze sind, die einer Vorleseaussprache bzw. einer konzeptionellen Schriftlichkeit entsprechen.

5.2.6 Lexemcluster *Semantik*

Neben den bereits in Kap. 5.1 genannten Lexemen *verständlich* und *deutlich* lassen sich folgende sechs Lexeme identifizieren, die auf die Qualität einer normkonformen Sprache in semantischer Hinsicht Bezug nehmen:

Tab. 27: Lexemcluster *Semantik*

Lexem	Belege (n)	Belege (%)
einfach	6	46,15 %
scharf	2	15,38 %
allgemeinverständlich	2	15,38 %
präzise	1	7,69 %
analytisch	1	7,69 %
funktionell	1	7,69 %
Summe	**13**	**100 %**

So nehmen Lexeme, die diesem Custer zugeordnet wurden, hauptsächlich Bezug auf Aspekte des Interpretierens, wie im Fall von *allgemeinverständlich* (GP75). Aus Sicht von GP75 ist eine allgemeinverständliche Sprache eine Sprache, bei der eine möglichst schriftnahe Aussprache vorliegen sollte, um eine Allgemeinverständlichkeit zu sichern. Diese Bedeutung kommt auch dem Lexem *einfach* zu, da es von den GP dazu genutzt wird, um auf eine (möglichst interferenzfreie) Rekonstruktion des semantischen Gehalts bzw. der Sprecherintention Bezug zu nehmen: *einfach einfach ist am verständlichsten (...) die kirche verwendet die katholische kirche (...) verwendet immer ein deutsch das korrekt ist und auch einfach ist (...) es sollen ja alle verstehen* (GP48), *meiner meinung nach müsste gutes deutsch einfach ja sehr einfach sein es ist gleichbedeutend (...) verständlich hauptsächlich verständlich* (GP57).

5.3 Zusammenfassung

Für die Auswertung der Kategorie (5) sprachbezogene Begriffe zeigt sich zusammenfassend, dass eine Vielzahl heterogener lexikalischer Ausdrücksmöglichkeiten existiert, um eine normkonforme (Aus)Sprache zu beschreiben. Dabei zeigen sich (quantitative) Schwerpunkte hinsichtlich einzelner Lexeme bzw. deren ermittelter Bedeutung bei der Beschreibung, Kategorisierung und Organisation sprachlicher Heterogenität/Variation.

So wird u.a. mittels der Lexeme *richtig*, *korrekt* und *ordentlich* sowie weiterer dem Lexemcluster *Struktur* zugeordneten Lexeme auf einen auditiv-phonetischen und grammatischen Bezugsbereich verwiesen und stellenweise auch eine richtig/falsch-Dichotomie mittels dieser Lexeme konstruiert. Die Frage nach dem Maßstab dieser Dichotomie – sowie allgemein einer Richtigkeit oder Korrektkeit – lässt sich wie folgt beantworten: So gilt für eine normkonforme Sprache, dass diese in Bezug auf einen grammatischen und lautlichen Bezugsbereich sprachstrukturell an einer Standard- und Schriftsprachlichkeit orientiert sein muss, um als richtig/korrekt und strukturgemäß beurteilt zu werden. *Korrekt*, *richtig* und *strukturgemäß* ist eine Sprache, wenn diese auf lautlicher und grammatischer Ebene keine (salienten) diatopischen Merkmale aufweist und sprachstrukturell einen schriftsprachlichen Bezug aufweist. So wird von den Laien eine (grammatische) Strukturgemäßheit nicht nur bemerkenswert frequent thematisiert, was sich u.a. an der Häufigkeit der Lexeme *richtig* und *korrekt* zeigt. Die grammatische Strukturgemäßheit wird von den Laien sogar zumeist als erste spontane Antwort auf die Einstiegsfrage des Interviews genannt und als relevantes Kriterium (vor weiteren) herausgestellt.

Ebenfalls hat sich gezeigt, dass nicht alle sprachstrukturellen Bezugsbereiche in gleichem Maße bewertet werden: Ein lautlicher Bezugsbereich wird zumeist toleranter bewertet als ein grammatischer. Während diatopische Variation auf lautlicher Ebene von den Laien vereinzelt toleriert oder vereinzelt gar als erwünscht angesehen wird, gilt dies nicht für diatopische Variation im Hinblick auf (weitere) grammatische Strukturen. Daraus lässt sich schließen, dass eine *grammatik* zwangsläufig *richtig* bzw. *korrekt* zu sein hat, eine *aussprache* hingegen nicht. Dies kann unter Umständen darauf zurückgeführt werden, dass bei den Laien kein Bewusstsein im Hinblick darauf existiert, dass sich diatopische Varietäten (auch) durch (weitere) sprachstrukturell-grammatische Eigenschaften konstituieren als phonetisch-prosodische. Somit können diese Varietäten (bzw. deren Strukturgemäßheit) daher auch nicht unter Rückgriff auf diese (sprachstrukturellen) Bezugssysteme bewertet werden. Hier wird also auf ein standard- bzw. schriftsprachliches Bezugssystem zurückgegriffen bzw. es liegen (zwei) unterschiedliche Maßstäbe zur Bewertung sprachlicher Variation bzw. Sprache vor. Neben dem Bezug auf ein Modell einer (eher unspezifisch gehaltenen) grammatischen Strukturgemäßheit, zeigt sich für einen auditiv-phonetischen Bezugsbereich, dass eine richtige/korrekte (Aus)Sprache teilweise eine (Aus)Sprache darstellt, die nicht nur frei von (salienten) diatopischen Varianten ist, was von den Laien u.a. mittels der Lexeme *klar* und *rein* sowie weiterer dem Lexemcluster *Variationsfreiheit* zugehörigen Lexeme ausgedrückt wird.

Betrachtet man die Aussagen zu Modellsprechern und -landschaften, zeigt sich für eine *klare*, *reine*, *verständliche* oder *deutliche* (Aus)Sprache auch, dass diese hinsichtlich ihrer Phonetik an einer norddeutschen und möglichst – aus Laiensicht hiermit synonym – schriftnahen (Vorlese)Aussprache orientiert ist und sich somit durch eine konzeptionelle Schriftlichkeit und inszenierte Mündlickeit konstituiert. Dies bildet unter anderem zusammen mit spezifischen artikulatorisch-prosodischen Eigenschaften, auf die mittels der Lexeme *verständlich*, *deutlich*, *klar* und weiteren Lexemen des Lexemclusters *Lautung* Bezug genommen wird, eine Voraussetzung für eine allgemeine semantische Interpretierbarkeit bzw. allgemeine Verständlichkeit und/oder überregionale kommunikative Reichweite. Auf diese zuletzt genannten Eigenschaften wird ebenfalls mittels der (polysemen) Lexeme *verständlich*, *deutlich* sowie weiterer dem Lexemcluster *Semantik* zugeordneter Lexeme Bezug genommen, so dass sich für einige Lexeme eine generelle und auch kontextuelle semantische Ambiguität bei der Beschreibung und Bewertung einer aus Laiensicht normkonformen Sprache ergibt. Zuletzt zeigt sich bei einer Bewertung unter Rückgriff auf Lexeme, die auf ästhetisch-stilistische Eigenschaften einer normkonformen Sprache Bezug nehmen, wie u.a. *angenehm*, *schön*, *gut*, *gepflegt* sowie weitere Lexeme des Lexemclusters *Stil* und *Ästhetik*, dass eine (Aus)Sprache, die in ästhetischer Hinsicht als normkonform gelten kann, ebenfalls eine (Aus)Sprache darstellt, die sich durch eine (teilweise) Abwesenheit diatopischer Merkmale und einen standardsprachlichen Bezug auszeichnet.

6 Metaphorische Modelle

Wie sich bereits anhand der Ergebnisse der sprachbezogenen Begriffe und der anderen ausgewerteten Kategorien gezeigt hat, lassen sich beim Sprechen über eine (normkonforme) Sprache Lexeme in der Laienmetasprache identifizieren, die metaphorische Modelle von Sprache indizieren. Hierbei lässt sich – mit Blick auf die bisherigen Ergebnisse – zwar eine Vielzahl an Lexemen finden, die auf den ersten Blick als metaphorisch gebrauchte Ausdrücke angesehen werden können (beispielsweise *klar*, *rein*, *geschliffen*, *scharf* oder *warm*). Diese lassen sich jedoch strenggenommen nur im Zusammenspiel mit ihrem Auftretenskontext als Metaphernlexeme interpretieren, sofern eine Projektion von einem Herkunftsbereich zu einem Zielbereich auch explizit versprachlicht wird.[170]

Tab. 28: Übersicht metaphorische Modelle

metaphorisches Modell	Belege (n)	Belege (%)
Sprache als Substanz	39	60,00 %
Sprache als Material	10	15,38 %
Sprache als Organismus	5	7,59 %
Sprache als Territorium	4	6,15 %
hochdeutsch ist oben; dialekt ist unten	7	10,77 %
Summe	**65**	**100 %**

Wie sich aus der obigen Tabelle ablesen lässt, werden von den Laien bei der Beschreibung und Bewertung einer normkonformen Sprache hauptsächlich Metaphernlexeme genutzt, die auf eine metaphorische Konzeptualisierung von *Sprache als Substanz* verweisen. Auf dieses Modell wird zurückgegriffen, um Sprache und einzelnen sprachbezogenen Konzepten wie *hochdeutsch* oder *dialekt* eine substanzielle Kontur zu geben, was diese diskret und untereinander abgrenzbar macht. Die Eigenschaft einer Abgrenzbarkeit und das Vorhanden-

---

[170] So konstatiert Spitzmüller (2005a: 198) mit Verweis auf Black (1996a,b), dass eine Metaphorizität nur für ganze Aussagen und nicht einzelne Lexeme angenommen werden kann, denn erst das Zusammenspiel des metaphorisierten Teils und des nicht-metaphorisierten Teils, in den das Metaphernlexem und der restliche (nicht metaphorische) Teil eingebettet sind, erzeugt diese.

sein einer Kontur teilt auch das Modell *Sprache als Material*, wobei hier allerdings von einer Konzeptualisierung als konkrete Materie oder einem Gegenstand ausgegangen wird, der sich nicht vermischen kann, dafür aber (durch externe Einflüsse) bearbeitet und in seiner (physikalischen) Struktur verändert werden kann. Bei der Konzeptualisierung mittels des Modells *Sprache als Organismus* wird Sprache nicht als Material bzw. (unbelebter) Gegenstand konzeptualisiert, sondern Sprache erscheint als ein lebendiger Organismus, der in seiner Funktion (von außen) beeinträchtigt werden kann. Auch für das letzte metaphorische Modell *Sprache als Territorium* ist konstitutiv, dass dieses Sprache als etwas Abgeschlossenes konzeptualisiert, das über eine Grenze oder Kontur verfügt und (gegenüber anderen sprachlichen Phänomenen) abgrenzbar ist.

Somit lässt sich für die Modelle konzeptübergreifend feststellen, dass diese Sprache als eine in sich geschlossene einheitliche Entität konzeptualisieren, die über eine Grenze bzw. eine (geschlossene) Kontur verfügt. Dies teilt Sprache dichotomisch in einen Innenbereich und Außenbereich, wobei je nach Modell der metaphorischen Konzeptualisierung einer (nicht normkonformen) Sprache unter Umständen dieser Sprache nicht zugehörige sprachlichen Einheiten in diese einfließen/eindringen können. So ist mit Blick auf das hier vorliegende Erkenntnisinteresse zu fragen, welche sprachlichen Erscheinungen sich in dieser Substanz, diesem Organismus oder Territorium (nicht) befinden dürfen. Ebenso wäre zu fragen, ob ein Durchdringen der Grenze dieser Sprache durch z.B. der Sprache externe oder der Sprache als nicht zugehörig angesehene sprachliche Elemente als eines die Einheitlichkeit und Integrität oder auch – im Fall von der Konzeptualisierung *Sprache als Substanz* – die Reinheit beeinträchtigendes und zu vermeidendes Ereignis angesehen wird. Darüber hinaus finden sich vereinzelt auch Orientierungsmetaphern, da Sprache und sprachliche Variation nicht nur beispielsweise als *Substanz* konzeptualisiert wird, sondern auch mittels räumlicher Relationen erfasst wird, was in Kap. 6.5 dargelegt wird.

6.1 *Sprache als Substanz*

Sprachliche Variation als bildempfangendes Feld wird von den Laien häufig mittels des bildspendenden Feldes *Substanz* in seiner Struktur und Komplexität durch den Gebrauch entsprechender Metaphernlexeme wie *klar*, *rein*, *neutral*, *sauber* oder auch *farblos* erschlossen und erklärt. Eine normkonforme Sprache wird nicht nur als eine abgrenzbare und homogene Substanz konzeptualisiert, sondern es besteht auch die Möglichkeit der Vermischung dieser Substanz, insbesondere eines *hochdeutsch* mit anderen Substanzen. Somit kann eine Sprache, bei der eine Vermischung mit anderen (ggf. als unerwünscht angesehenen) Substanzen ausbleibt, als eine qualitativ hochwertige (auch hochwertigste) Sprache angesehen werden, da diese substanziell unvermischt ist und den höchsten Grad an Homogenität und Reinheit aufweist. So greifen die GPn unter anderem auf eine Farb-Metaphorik zurück, um bei der Beschreibung einer substanziellen Qualität von Sprache eine Dichotomie von *mit/ohne Farbe/Färbung* bzw. eine Dichotomie von *Dialekt vs. Standard* zu konstruieren. Es zeigt sich bei den Laien durchgängig das Muster, dass eine Sprache, die diatopische Merkmale aufweist, stets eine Substanz ist, die nicht *rein, neutral, sauber, farblos* ist, sondern – im Gegenteil – eine Färbung enthält, wobei diese Färbung – als eine Vermischung der Substanzen – seitens der Laien unterschiedlich evaluiert wird:

Tab. 29: Evaluation *Sprache als Substanz*

Evaluation	Belege (n)	Belege (%)
negativ	27	69,23 %
positiv	9	23,08 %
neutral	3	7,69 %
Summe	**39**	**100 %**

Anhand der obigen Tabelle zeigt sich, dass im Rückgriff auf eine Substanzmetaphorik die Vermischung einer als normkonform angesehenen Sprache mit anderen Substanzen (wie der Substanz *dialekt*) größtenteils negativ evaluiert und als unerwünscht angesehen wird. Lediglich bei drei GPn findet im Rückgriff auf dieses Modell keine Evaluation statt. So konstatiert GP68 beispielsweise für das *hochdeutsche*: *es ist einfach eine reinere aussprache man hat keinen dialekt drin (...) aber es ist trotzdem egal was für ein deutsch man spricht* (GP68). Bei der Erfassung und Erklärung sprachlicher Variation lassen sich vereinzelt zudem Metaphernlexeme aus dem Farbbereich und damit einhergehend auch Farbattribute finden, die von den Laien genutzt werden. Es zeigt sich auch im nächsten Interviewausschnitt die Erschließung sprachlicher Variation mittels metaphorisch gebrauchter Ausdrücke, die sich dem Metaphernbereich *Sprache als Substanz* zuordnen lassen. Hier wird Sprache von der GP als Flüssigkeit konzeptualisiert und weitere einzelne sprachbezogene und sprachgeographische Konzepte mit Farbattributen assoziiert:

EX:	was ist für sie gutes deutsch?
GP19:	((2.0s))
	ja also dieses hochdeutsch was man in ja ich glaube hannover spricht in dieser ecke dieses niedersächsische hochdeutsch
EX:	mhm
GP19:	das ist für mich ein gutes deutsch
EX:	ja ähm woran
GP19:	das höre ich gern das ist
EX:	mhm woran erkennen sie das dieses hochdeutsch?
GP19:	((2.9s))
EX:	oder was für merkmale hat es vielleicht?
GP19:	keine
EX:	keine
GP19:	keine es ist das so wie man eigentlich wenn ich jetzt ein buch vorlesen würde
EX:	mhm
GP19:	was sich einfach total schön angenehm anhört also ohne äh und ohne also ich sag mal farblos jetzt nicht im negativen sinne wenn sie es in einer anderen aus einem anderen slang dann hat es immer so irgendwie farben ja
EX:	mhm hm
GP19:	und das ist hier quasi farblos rein
EX:	mhm
GP19:	ja wie klares wasser
EX:	ja
GP19:	so hört sich das für mich an schön angenehm halt
EX:	ja
GP19:	und das andere wenn ich es mal mit farben ausdrücken solle da wäre das kölner wäre für mich jetzt rot
EX:	mhm
GP19:	in bez rot lebenslustig so
EX:	mhm
GP19:	und ähm das berlinerisch wäre von mir aus wäre auch so eher in die ecke so rot eine warme farbe und äh das ruhrpottlerisch das wäre dann so ähm braun grau

So zeugen die Lexeme *schön* und *angenehm* nicht nur von positiven auditivästhetischen Höreindrücken, sondern die Beschreibung der (ästhethischen) Eigenschaften wird auch in den Kontext einer Freiheit diatopischer Merkmale gestellt. Betrachtet man den gesamten obigen Interviewausschnitt, fällt auf, dass eine normkonforme Sprache nicht nur mittels eines (positiven) auditivästhetischen Urteils bewertet wird, sondern dass über diese positive Eigenschaft auch vor dem Hintergrund einer Schriftbezogenheit und Vaiationsfreiheit reflektiert wird: *es ist das so wie man eigentlich wenn ich jetzt ein buch vorlesen würde*. Es zeigt sich, dass mittels einer Substanzmetaphorik sprachliche Variation begriffen und erklärt wird (*wie klares wasser*) und auch dass im Rahmen dieser Substanzmetaphorik Substanzen sich mit Farbkonzepten und sprachgeographischen Konzepten verbinden und diese mittels Farbattributen ausgestaltet werden. Hierbei wird von der GP *hochdeutsch* als eine farblose Substanz konzeptualisiert, die *rein* und *klar* ist, und die somit – übertragen auf sprachliche Verhältnisse – keine diatopischen Merkmale enthält. Zudem zeigt sich, dass das Konzept einer *Reinheit* und somit Freiheit diatopischer Merkmale in enger Verbindung zu einem schriftsprachlichen Konzept steht: *es ist das so wie man eigentlich wenn ich jetzt ein buch vorlesen würde*, so dass eine Reflexion über eine Reinheit und Merkmalsfreiheit (auch) vor einem schriftsprachlichen Hintergrund stattfindet. In Analogie dazu werden regionale Sprechweisen, die ebenfalls als Substanz konzeptualisiert werden, als gefärbt angesehen, da diese diatopische Merkmale aufweisen. In diesem Fall wäre zu klären, welche Wechselwirkungen mit anderen (außersprachlichen) Konzepten bestehen, die Assoziationen dieser Farben mit (Sprach)Regionen bzw. Sprachkonzepten ermöglichen. Dies kann im vorliegenden Fall leider aufgrund des fehlenden Interviewkontextes nicht eindeutig geklärt werden, so dass die Frage, warum ein bestimmtes Sprach(raum)konzept mit einer bestimmten Farbe assoziiert wird, in Teilen leider unbeantwortet bzw. spekulativ bleiben muss. Mögliche (spekulative) Erklärungsversuche wären z.B., dass die Assoziation von *kölner* mit der Farbe *rot* sich aus der Farbe des Stadtwappens, der Farbe des Vereinslogos des 1. FC Köln oder auch der Dominanz der Farbe im Rahmen des Kölner Karnevals speist. Dies würde die Assoziation *lebenslustig* erklären, wobei hier allerdings weitere kulturelle Stereotype, die sich in dieser Assoziationskette *rot – Köln – lebenslustig* finden, als Erklärung anzusetzen sind oder auch Assoziationen, die sich aus biologischen Konzepten speisen wie *rot – Blut – warm – Leben*.[171] Als

---

[171] Mögliche (stabile) Zuordnungen von Farben zu bestimmten Sprach(raum)konzepten und diese Zuordnungen anhand von (meta)sprachlichen Kommentaren seitens der Laien zu plausibilisieren, stellt – neben den Einzeluntersuchungen von Spiekermann (2010; 2012) – bislang

plausibler kann hingegen die Assoziation *hochdeutsch – farblos* angesehen werden, die – wie die GP selbst erklärt – aus der Abwesenheit (salienter) diatopischer Merkmale abgeleitet werden kann. Mögliche weitere Wechselwirkungen können sich auch aufgrund kommunikativer Aspekte ergeben, da *hochdeutsch* als – in linguistischer Terminologie ausgedrückt – eine Sprache der Distanz angesehen werden kann, die sich durch u.a. eine Anonymität bzw. Fremdheit der Partner und eine raumzeitliche Trennung dieser auszeichnet (was die Assoziationen der GP mit *ein buch vorlesen* erklären könnte). Sie ist somit *farblos* gegenüber *kölner* und *berlinerisch* als Sprachen der Nähe, für die u.a. eine physische Nähe, Vertrautheit der Partner, situativ-kontextuelle Einbettung, face-to-face Interaktion, Expressivität und Affektivität konstitutiv ist, was Farbassoziationen mit *warm* bzw. warmen Farben wie *rot* erklären könnte.[172]

Für die neun positiven Evaluationen lässt sich festhalten, dass bei einer positiven Evaluation zumeist auf eine Farb-Metaphorik zurückgegriffen wird, sofern eine Toleranz gegenüber diatopischer Variation bei einer normkonformen Sprache ausgedrückt wird: *da hätte ich jetzt persönlich nichts dagegen wenn man die färbung hört* (GP50), *ansonsten äh ist mir das schon wert dass man im hochdeutschen durchaus auch merken kann äh dass dass färbungen gibt* (GP53), *so ein dialektisch eingefärbtes hochdeutsch ich kann es gut verstehen ist für mich auch gutes deutsch* (GP82), *es darf ruhig dialektal eingefärbt sein* (GP91), *dialektgefärbtes deutsch ist für mich ganz sicher sehr gutes deutsch* (GP117), *ein bisschen gefärbt macht mir gar nichts* (GP121), *ich finde es nicht schlimm wenn eine dialektfärbung dabei ist (...) aber dass halt die satzstellung die die artikel stimmen* (GP139). Im Hinblick auf die zitierten Beispiele muss allerdings konstatiert werden, dass GP23 und GP121 nur einen bestimmten Grad (*leichten färbung, ein bisschen gefärbt*) an diatopischen Einflüssen als positiv erachten. GP91 und GP139 tolerieren den Einfluss diatopischer Variation nur auf einer bestimmten sprachstrukturellen Ebene (*aber dass halt die satzstellung die die artikel stimmen, dass grammatikregeln beachtet werden*) und GP53 hingegen evaluiert Einflüsse im Rahmen diatopischer Variation zwar positiv, ist allerdings einem Einfluss fremdsprachlicher Varianten negativ gegenüber eingestellt:

---

ein Desiderat dar. Siehe hierzu auch die Anmerkungen in Jakob (1992: 171), der sich ebenfalls mit der Stadt Köln und geäußerten Zuschreibungen auseinandersetzt und von einer Interdependenz von sprachlichen und nichtsprachlich-kulturellen Stereotypen ausgeht.
172 Ebenfalls zu klären wäre an dieser Stelle auch die (u.U. kulturell konventionalisierte) Assoziation *warm – rot*.

GP53:   weiß nicht ob das zunimmt oder wird es auf die andere schiene dass dann mehr internationales also englisches hereinströmt dass diese tendenz natürlich dann auch da ist ja also ich ja wäre auch schon dafür dass in der entwicklung der deutschen sprache also ja eigenständiges deutsches auch eine rolle spielt
EX: mhm
GP53:   also ich gehöre nicht zu denen die da von den kids und sowas sprechen für mich sind das halt die kinder also ich guck da schon für mich ein stück weit bewusst drauf ja dass ch wenn es nicht unbedingt erforderlich ist äh fremdwörter vermeide

So wird von der GP zwar eine positive Evaluation im Hinblick auf *färbungen* des *hochdeutschen* geäußert, jedoch zeigt der obige Interviewausschnitt, dass eine Variationstoleranz nicht für Varianten aus dem Englischen bzw. für Prozesse der Übernahme von Anglizismen beim Sprechen vorliegt. Dieser Prozess wird mittels des Metaphernlexems *hereinströmen* im Rückgriff auf eine Substanz- bzw. Flüssigkeitsmetaphorik konzeptualisiert und anschließend negativ evaluiert.

Betrachtet man die 27 negativen Evaluationen, die sich im Rahmen der Konzeptualisierung einer normkonformen Sprache als Substanz finden lassen, so zeigt sich, dass hier auch auf eine Farbmetaphorik zurückgegriffen wird: *keine verwendung von lokal gefärbten ausdrücken* (GP51), *möglichst wenig regionale färbung (...) möglichst wenig dialekt also so nordisch (...) vielleicht so ein tagesschausprecher im fernsehen oder so ich denke dass die ein relativ neutrales deutsch sprechen müssen wenig regional gefärbte oder geografisch gefärbte irgendwie so etwas* (GP84), *im mündlichen denke ich also ein klassisches gutes hochdeutsch eben das hat keine allzu starken ähm einfärbungen also vokaleinfärbungen* (GP115). Allerdings setzt sich das Konzept *Substanz* auch aus anderen heterogenen Konzepten zusammen: So findet hier unter anderem im Rückgriff auf eine Flüssigkeitsmetaphorik eine negative Evaluation des Einflusses von Anglizismen statt: *gerade im englischen bereich das ist mir zu sehr eine nivellierung und zum guten deutschen gehört auch die eigenständigkeit dazu (...) sprache sollte schon ihre eigenheiten irgendwo bewahren (...) denn die deutsche sprache wird stellenweise ein bisschen zu sehr verwässert* (GP94). Allerdings findet sich die Wassermetaphorik auch in Verbindung mit einer Farb-Metaphorik und in Bezug auf diatopische Variation:

GP105: das gute deutsch ist das deutsch welches möglichst ohne sprachfärbung gesprochen wird also wo keine regionalen einflüsse drin vorhanden sind die das verständnis bei anderen sprechern erschweren könnten
(…)
EX: woran erkennen sie dass jemand gutes deutsch spricht?
GP105: ((6.2s))
ja also ich würde sagen dass er keine regionalen einflüsse in seiner sprache dominieren lässt
(…)
welches keine regionalen fäbrungen im vokabular enthält
EX: mhm
GP105: die also jeder versteht dann eine klare aussprache welche ähm nicht durch verwaschene wegfallende konsonanten in der mitte oder am ende

Für GP105 zeichnet sich eine normkonforme Sprache dadurch aus, dass diese Substanz keine *sprachfärbungen* enthält bzw. keine *regionalen einflüsse* vorhanden sind und sich somit durch eine Abwesenheit diatopischer Variation auszeichnet. Die (aus linguistischer Sicht) sprachstrukturelle Ebene der Lexik wird mittels einer Substanzmetaphorik konzeptualisiert: *keine regionalen färbungen im vokabular*. Die sprachstrukturelle Ebene einer Phonetik wird hingegen als ein physisch-gegenständliches (textiles) Material konzeptualisiert: *verwaschene wegfallende konsonanten*. Hierbei kommt diesen im vorliegenden Fall die negative Qualitätszuschreibung *verwaschen* zu, da *verwaschene konsonanten* eine *klare aussprache* beeinträchtigen können und zu vermeiden sind. Eine Vermischung der Substanz einer normkonformen Sprache wird von der GP mit der Begründung abgelehnt, dass die als zentral erachtete Eigenschaft einer (überregionalen) kommunikativen Reichweite durch den Einfluss diatopischer Varianten *erschwert* wird und keine interferenzfreie Kommunikation mehr möglich sei.

Neben dem Rückgriff auf eine Flüssigkeitsmetaphorik zeigen sich bei der Konzeptualisierung *Sprache als Substanz* auch Bezüge zum Reinheitstopos. So lassen sich folgende Analogieverhältnisse im Hinblick auf die (qualitativen) Eigenschaften von Substanzen und Sprache feststellen: Bei einer unvermischten reinen Substanz sinkt in Analogie zu einer unvermischten Sprache der Reinheitsgrad, je mehr andere Substanzen zu dieser gegeben werden. Übertragen auf Sprache bedeutet dies, dass eine abgrenzbar konzeptualisierte Sprache, die homogen ist und über einen entsprechenden Reinheitsgrad verfügt, umso unreiner wird, je mehr varietätenfremde sprachliche Phänomene in dieser auffindbar sind. So besitzt für die Laien eine normkonforme Sprache, auf die zumeist mit dem Begriff *hochdeutsch* Bezug genommen wird, den größtmöglichen Grad an Reinheit, sofern sich keine anderen sprachlichen Varianten, die sich der Substanz *dialekt* zuordnen lassen, sich in dieser befinden.[173] Durch den Gebrauch entsprechender Metaphernlexeme bedeutet dies somit – übertragen auf sprachliche Variation – nicht nur die erwünschte Eigenschaft einer Homogenität, sondern auch eine Freiheit von diatopischen Merkmalen. Ein *hochdeutsch* ist also umso *reiner*, *klarer* oder *sauberer*, je weniger nicht-*hochdeutsche* Varianten (bzw. sprachliche Phänomene, die als *nicht hochdeutsch* angesehen werden) vorhanden sind: *wenn man so klares hochdeutsch spricht und im prinzip eben wenig äh wenig regionale begriffe da drin hat* (GP12), *was ist für mich noch gutes deutsch eine saubere aussprache (...) also ein verzicht auf irgendwelche umgangssprachlichen wendungen* (GP70), *wenn jemand wirklich klar deutsch spricht ohne das [ʁ] zu rollen ohne einen akzent zu haben* (GP98), *ähm ich finde es aber wichtig dass eine sprache sauber gesprochen wird also eine geschriebene sprache auch sauber gesprochen wird also eben grammatikalisch wichtig* (GP115), *ich denke äh man muss klar sein dass man da eben abstriche machen muss vom dialekt (...) und man muss sich einfach auch bemühen (...) entsprechend nach der schrift (...) zu reden* (GP131). Ebenfalls zeigt sich in den beiden zuletzt zitierten Beispielen, dass über eine Reinheit ebenfalls vor einem schriftbezogenen Hintergrund reflektiert wird. Auch werden qualifizierende Angaben zu einem Reinheitsgrad in Abhängigkeit von geographischen Faktoren gemacht. So kann im folgenden Beispiel von zwei unterschiedlichen metaphorischen Modellen bezüglich der Konzeptualisierung sprachlicher Variation ausgegangen werden:

---

[173] Wobei an dieser Stelle konstatiert werden muss, dass sich dieses Ideal einer Unvermischtheit bzw. Reinheit auch vereinzelt für das Konzept *dialekt* bei den Laien finden lässt.

```
EX:       mhm möglichst wenig dialektale färbung ähm dann
          erübrigt sich fast schon die nächste frage wo-
          ran erkennen sie dass jemand gutes deutsch
          spricht?
GP03:     er spricht kein dialekt
          (…)
          und ich bin auch der meinung je weiter nach
          norden desto reiner
```

Hier zeigt sich, dass GP03 mittels des Lexems *färbung* sprachliche Variation als Substanz konzeptualisiert, bei der ein Übertragungsprozess stattfindet, bei dem eine abstrakte Entität (in diesem Fall *Sprache* bzw. *sprachliche Variation*) als eine physische Entität (in diesem Fall *Substanz*) konzeptualisiert wird. Dieser Prozess macht diese abgrenzbar, so dass hier der Metaphernbereich *Sprache als Substanz* angenommen werden kann. Hierbei wird diese Substanz unter der Zugabe von anderen Substanzen vermischt und es zeigt sich bei dieser Substanz eine *färbung*. Übertragen auf den Zielbereich *Sprache* bedeutet demnach ein Vorhandensein von diatopischen Merkmalen, auf die mittels des Ausdrucks *dialektale färbung* Bezug genommen wird, dass die (substanzielle) Farblosigkeit und Reinheit einer normkonformen Sprache durch diese beeinträchtigt wird und diatopische Merkmale zu vermeiden sind: *möglichst wenig dialektale färbung*. Zusätzlich wird mittels der adjektivischen Attribuierung *rein* bzw. dessen Komparativ *reiner* auch eine Taxonomie sprachlicher Reinheit in Form einer Orientierungsmetapher[174] konzeptualisiert. Bei dieser wird sprachliche Heterogenität nicht nur mittels räumlicher Relationen erfasst, sondern es findet gleichzeitig auch eine Klassifikation hinsichtlich des Reinheitsgrades der Pole dieser Relation statt. So wird sprachliche Variation nicht nur als eine abgrenzbare Substanz konzeptualisiert, vielmehr steigt auch der Reinheitsgrad proportional zur geographischen Lage Richtung Norden bzw. umgekehrt nimmt eine Färbung ab.

6.2 *Sprache als Material*

Bei dem Metaphernbereich *Sprache als Material* finden sich ebenfalls Gemeinsamkeiten mit den anderen Konzeptualisierungen von Sprache, die sich bei den Laien feststellen lassen: So wird auch bei diesem Modell Sprache als etwas Ab-

---

174 Siehe hierzu insbes. Kap. 6.5.

grenzbares angesehen, das über eine bestimmte Kontur verfügt und sich darüber hinaus durch einen Rohzustand sowie einen – nach einer Bearbeitung vorfindlichen – bearbeiteten (und angestrebten) Zustand auszeichnen kann. Sprache wird somit als ein konkret gegenständliches Objekt angesehen:

```
GP16:   also gutes deutsch ist für mich zuallererst
        einmal ein korrektes deutsch
EX:     mhm
GP16:   es ist für mich ein deutsch das möglichst ge-
        schliffen daher kommen sollte das auf zu viel
        dialektale ausdrücke verzichten sollte das von
        möglichst allen muttersprachlern problemlos ver-
        standen werden kann äh das in der formulierung
        ganzer sätze besteht
        ((1.1s))
        das wären also für mich die wichtigsten krite-
        rien
```

Im obigen Interviewausschnitt kommt dem metaphorisch gebrauchten Lexem *schleifen* bzw. dessen Partizipialform *geschliffen*, die Bedeutung ‚durch Bearbeitung geformt, geglättet' zu. Eine geschliffene Sprache stellt demzufolge eine Sprache dar, die in ihrem (ursprünglichen) unbearbeiteten Zustand roh war und durch den Bearbeitungsprozess des Schleifens in einen materiell höherwertigen Zustand versetzt wurde. So zeigt sich im vorliegenden Fall bei *geschliffen*, dass der Zustand nach dem Schleifen ein (Sprach)Zustand bzw. eine (gesprochene) Sprache ist, bei der a) die im Ursprungszustand ehemals vorfindlichen Dialektismen entfernt wurden: *das auf zu viel dialektale ausdrücke verzichten sollte*, b) die hinsichtlich ihrer Konzeption schriftlich ist: *das in der formulierung ganzer sätze besteht* und die somit c) in diesem bearbeiteten Zustand eine größtmögliche kommunikative Leistungsfähigkeit besitzt: *das von möglichst allen muttersprachlern problemlos verstanden werden kann*. Ähnliches findet sich auch in anderen Interviews: *interviews anschauen mit politikern aus norddeutschland (...) oder mit irgendwelchen gesellschaftlich hochgestellten persönlichkeiten die hochdeutsch sprechen die sprechen dann meistens wie gedruckt (...) die reden wie die bücher wie die wasserfälle wie geschliffen druckreif oft* (GP132). Auch die folgende GP antwortet – gefragt nach der Entstehung von *hochdeutsch* – dass diese Sprache durch einen *abschleifprozess* entstanden sei:

```
GP52:   mutmaßlich durch abschleifen von ganz vielen
        sehr individuellen dialekten
EX:     mhm heißt was?
GP52:   naja wenn jetzt zum beispiel ein oberbayer und
        ein äh norddeutscher was weiß ich hamburger
        zusammenkommen brauchen die eine weile bis die
        sich verstehen
EX:     mhm
GP52:   und dann entwickelt sich daraus etwas was dann
        für beide gangbar ist
EX:     mhm
GP52:   ich halte es mehr für einen abschleifprozess
```

Auch hier zeigt sich wieder die Vorstellung eines ursprünglichen Zustandes von Sprache, der durch Bearbeitung bzw. *durch abschleifen* von diesem (rohen) Zustand überführt wurde in einen bearbeiteten Zustand von Sprache. Dieser (metaphorische) Prozess des Abschleifens, über den die GP hier reflektiert, ließe sich – in linguistischer Terminologie – als Standardisierungsprozess beschreiben, der (auch) stilistisch-rhetorische Züge besitzt. So zeigen sich interessante Parallelen des (metaphorisch konzeptualisierten) Prozesses, den die GP hier beschreibt, mit Standardisierungsprozessen, wie sie von Haugen (1966) und Kloss (1967) bezüglich der Entstehung von Standardsprachen aus Volkssprachen theoretisch modelliert wurden: Die GP reflektiert hier nicht nur über die Varianten- bzw. Normauswahl, also einer Reduktion sprachlicher Variation, sondern ebenso über den Ausbau der kommunikativen Funktion. Dem metaphorisch genutzten Lexem *abschleifen* bzw. der – metaphorischen – Tätigkeit des Abschleifens – übertragen auf die sprachlichen Verhältnisse – kommt eine doppelte Funktion zu: Die Tätigkeit des Abschleifens dient zum einen der Entfernung von Dialektismen, zum anderen – und dies geht damit einher und kann als der wesentliche Zweck erachtet werden – mit dem Ausbau der kommunikativen Leistungsfähigkeit und Kommunikationsfunktion. Ebenso finden sich in den Interviews auch andere Derivate von *schleifen*, bei denen sich hinsichtlich der Konzeptualisierung der Tätigkeit des Schleifens (auch) eine entgegengesetzte Bedeutung zu der zuvor festgestellten finden lässt:

EX:	durch welche merkmale oder besonderheiten zeichnet sich diese sprechweise die sie gerade daran ähm charakterisiert haben was man nicht machen sollte wenn man sie spricht aus? Also quasi im positiven umgewandelt?
GP38:	okay dann würde ich sagen sie ist sehr neutral
EX:	mhm
GP38:	also so dass man möglichst nicht auf anhieb hören könnte wo der sprecher herkommt
EX:	mhm
GP38:	das heißt dass wir von der aussprach her ähm ((2.6s)) möglichst wenig verschleifungen drin haben
EX:	mhm
GP38:	möglichst immer die endungen bis zum ende ausgesprochen haben und ((1.0s)) ja einfach die mitlaute auch gut unterscheiden

Bei dieser GP zeigt sich für die Tätigkeit des Verschleifens, dass der Zustand vor der Bearbeitung ein Zustand ist, bei dem das Material als vollständig und makellos angesehen werden kann. Durch die (falsch ausgeführte) Tätigkeit des Verschleifens (den falschen Gebrauch von Sprache) ergibt sich jedoch ein defizitärer Sprachzustand und das (materielle) Endprodukt ist defizitär und konturlos. Demnach sollten möglichst *wenig verschleifungen* im erwünschten Endzustand vorliegen. Und so sollen bei der Bearbeitung bzw. (Be)Nutzung der Sprache Handlungen vermieden werden, durch die der erwünschte Zustand beeinträchtigt oder nicht erreicht wird. Auf Sprache übertragen bedeutet dies somit, dass der (erwünschte) Zustand, der sich durch eine Abwesenheit diatopische Elemente und eine möglichst standard- und schriftnahe Aussprache auszeichnet, nur erreicht werden kann, sofern beim Gebrauch der Sprache auf keine defizitären (phonetischen) Strukturen zurückgegriffen wird, die eine angestrebte hohe kommunikative Leistungsfähigkeit beeinträchtigen. Selbiges wird auch im folgenden Interviewausschnitt thematisiert:

GP54:	gutes deutsch sein soll dass es korrekt gesprochen ist und dass eben ähm am leichtesten oder am besten verständlich ist dann muss es eben hochdeutsch sein

EX: ja
GP54:   also richtig gutes hochdeutsch was gut artiku-
        liert ist was nicht verschliffen ist

Auch hier zeigt sich wieder, dass – zudem in Verbindung mit einer Substanz-Metaphorik – auf einen erwünschten (End)Zustand Bezug genommen wird, der mittels eines Schleifprozesses bearbeitet wurde und sich durch eine Abwesenheit von Verschleifungen auszeichnet. Dies alles mit dem Ziel die größtmögliche kommunikative Leistungsfähigkeit zu gewährleisten. Zudem zeigt sich hier, dass vor allem auf phonetisch-artikulatorische Phänomene, aber auch auf eine (gehobene) Stilistik betreffende Phänomene im Rückgriff auf eine Konzeptualisierung von Sprache als Material Bezug genommen wird. Ferner zeigt sich, dass der als erwünscht angesehene Zustand einer normkonformen Sprache – im Rückgriff auf dieses metaphorische Modell – ein Zustand ist, der *nach* der (erfolgreichen) Bearbeitung durch einen Schleifprozess vorliegt. So hat sich durch den Schleifprozess die Oberfläche/Kontur/Struktur dahingehend verändert, dass diese glatter, runder, ebener bzw. einheitlicher/homogener geworden ist, wie es die folgenden GPn metaphorisch ausdrücken: *ich mag ecken und kanten (...) und hochdeutsch hat keine* (GP57)[175] oder *es klingt alles ein bisschen runder als einige dialekte* (GP69). Hierbei muss allerdings auch einschränkend konstatiert werden, dass *ecken und kanten* oder ein *verschleifen* nicht per se zu einer negativen Evaluation führt. Diatopische Merkmale werden nicht generell als unerwünscht angesehen: *mir gefällt ein gewisser einschlag an dialekt sehr gut das ist aber einfach eine rein persönliche einschätzung (...) und ich finde es schon schön dass man eben so ein bisschen an der sprache durchaus erkennen kann wo jemand herkommt (...) es sollte natürlich schon vielleicht so sein dass man sich*

---

175 Auch wenn die GP hier zum Ausdruck bringt, dass *hochdeutsch* – durch das Fehlen von Ecken und Kanten – negativ evaluiert wird, lässt sich anhand des vorausgegangenen Interviewkontextes einschränkend feststellen, dass dies lediglich im Rückgriff auf emotional-evaluative Bewertungskriterien zutrifft: *hochdeutsch ist gutes deutsch auch wenn es kein sympathisches deutsch ist*. Im Rückgriff auf funktionale Bewertungskriterien, die die kommunikative Leistungsfähigkeit, insbesondere eine referentielle Funktion betreffen, wird hingegen ein (göttinger) hochdeutsch favorisiert: *ja gutes deutsch muss für jedermann verständlich sein (...) nicht nur für die leute die in der region aufgewachsen sind (...) so wie das schwizerdütsch ist oder aber das ist zum beispiel nicht verständlich für jedermann (...) genauso wie das österreicher deutsch genauso wie das ja das das sächsische (...) ist nicht für jedermann verständlich aber jetzt das göttinger hochdeutsch das ist für jedermann (...) verständlich*. Zudem zeigt sich auch, dass die tolerierten und als *ecken und kanten* bezeichneten sprachlichen Phänomene Anglizismen nicht umfassen: *ich finde auch es sollten nicht zu viel anglizismen drin sein*.

noch einigermaßen verständigen kann und der andere einen versteht (GP121). Allerdings zeigt sich an dem zuletzt zitierten Beispiel auch erneut, dass zum einen die kommunikative Funktion als dominant gesetzt wird und zum anderen, dass auch hier wieder Sprache als Einheit mit einer (materiellen) Kontur konzeptualisiert wird, die durch *einschläge* hinsichtlich der Kontur/Struktur verändert wird.

6.3 Sprache als Organismus

Auch für das Modell *Sprache als Organismus* ist konstitutiv, dass Sprache als eine Entität angesehen wird, die über eine Grenze verfügt, wodurch sich auch hier eine Innen-Außen-Dichotomie ergibt. Fremde bzw. dem Organismus externe Entitäten können ggf. von außen eindringen und ihn in seiner Beschaffenheit (Ganzheitlichkeit, Homogenität) modifizieren. Sprache wird – im Gegensatz zu Material oder Substanz – eine Belebtheit zugestanden, was sich auch anhand teilweise anthropomorphisierender Lexeme wie *pflegen, verarmen* oder *verstümmelung* zeigt: *ich glaube auch dass es wichtig ist dass man vestärkt auf die rechtschreibung achtet und ähm ähm ja und einfach sprache auch pflegt* (GP25), *ich denke mal alle autoritäten also alle offiziellen instanzen sollten nach möglichkeit sich bemühen die deutsche sprache zu pflegen* (GP74). Akzeptiert man die zugrunde liegenden Implikationen bei dem Verb *pflegen*, dann stellt ein *gepflegtes deutsch* eine Sprache dar, die sich durch Kultivierung (einer vormals ungepflegten Sprache) nun im erwünschten Zustand befindet. Es lässt sich also eine Dichotomie von gepflegtem vs. ungepflegtem bzw. einer kultivierten und unkultivierten Sprache konstruieren. Auch in anderen Interviews zeigt sich, dass im Rückgriff auf eine Organismusmetaphorik eine Beeinträchtigung des Organismus durch dem Organismus externe Entitäten, wie im vorliegenden Fall Anglizismen, angenommen wird:

GP94: unsere sprache tut enorm verarmen die deutsche sprache dadurch dass wir viele anglizismen übernehmen
(...)
das ist die angelsächsische dominanz zu groß und da passen wir uns an
((2.1s))
ja aber das ist eben eine entwicklung mit der muss man leben
EX: hm

GP94:   aber ich halte es für eine verkürzung
         ((3.2s))
         wenn ich es subjektiv bewerte ist es auch eine
         große verstümmelung der deutschen sprache

GP94 konzeptualisiert hier im Rückgriff auf Metaphernlexeme wie *verarmen* und *verstümmelung* Sprache als einen Organismus und die Nutzung dieser Metaphernlexeme impliziert zugleich die Passivität und Wehrlosigkeit des Organismus gegenüber externen Einflüssen, was zudem explizit in der Aussage *da passen wir uns an ja aber das ist eine entwicklung mit der muss man leben* ausgedrückt wird. So wird von der GP hier die Befürchtung geäußert, dass eine Übernahme von Anglizismen zu einer (Ausdrucks)Armut und schließlich zum Verlust einer (reichen) Ausdrucksfähigkeit durch *verarmen* führt bzw. wird eine Einschränkung der (Ausdrucks)Funktion von Sprache durch *verstümmelung* befürchtet, so dass die Unversehrtheit und Ganzheitlichkeit des Organismus negativ beeinträchtigt wird. Allerdings betrifft eine (negative) externe Beeinflussung des Organismus nicht ausschließlich Anglizismen. Im nächsten Interview wird nicht der Einfluss von Anglizismen kritisch beurteilt, sondern sprachliche Konstruktionen, die sich einer multiethnolektalen sprachstrukturellen Varietät bzw. dem von der GP als *kanakendeutsch* bezeichneten sprachbezogenen Konzept zuordnen lassen:

GP91:   dieses also es gibt ja so diese bezeichnung
         kanakendeutsch
EX: mhm
GP91:   ich geh aldi
EX: ja
GP91:   das empfinde ich als einen affront gegenüber
         der sprache
EX: mhm
         (...)
GP91:   wenn jemand das so kultiviert dass er nur noch
         so spricht das empfinde ich ein bisschen als
         ähm einen angriff sogar auf die sprache

Es wird im Rückgriff auf den Metaphernbereich *Sprache als Organismus* Sprache nicht nur als eine belebte organische Entität konzeptualisiert, sondern Sprache erscheint hier als konkret handelnde Person. Eine Beeinträchtigung des Organismus findet in diesem Fall durch die Nutzung der von der GP dem *kanaken-*

deutsch zugeordneten sprachlichen Konstruktion *ich geh aldi* statt. Die Konstruktion wird von der GP – durch die Verwendung einer Kriegsmetaphorik – als *angriff* bewertet und als organismusfremd bzw. als nicht normkonform angesehen.

6.4 *Sprache als Territorium*

Für das metaphorische Modell *Sprache als Territorium* ist konstitutiv, dass Laien bei der Verwendung entsprechender Metaphernlexeme eine (normkonforme) Sprache als etwas Abgeschlossenes und somit eine Einheit konzeptualisieren. Im Rahmen dieser Metaphorik können sprachliche Elemente oder sprachbezogene Konzepte als (handelnde) Entitäten auftreten, die sich bestimmten Territorien zuordnen lassen, sich territorienübergreifend bewegen und auch in anderen Territorien niederlassen können: *hochdeutsch (...) oben angesiedelt ist und breiter dialekt oder dialekt sprechen weiter unten angesiedelt ist* (GP05).[176] So zeigt sich am Beispiel von GP05, dass die sprachbezogenen Konzepte *hochdeutsch* und *dialekt* als handelnde Entitäten konzeptualisiert werden, denen ein bestimmter (physischer) Platz in einem laienlinguistischen (vertikalen) Variationsspektrum zukommt. Diese sprachbezogenen Konzepte können zudem im Rückgriff auf eine oben-unten-Dichotomie in einer (bewerteten) und räumlich konzeptualisierten Laientaxonomie verortet werden. Die Konzeptualisierung sprachlicher Variation als Territorium erstreckt sich nicht nur auf eine Einzelsprache oder Varietäten, sondern dieser Metaphernbereich lässt sich auch auf sprachliche Phänomene auf Lexemebene anwenden:

```
EX:      gibt es da bestimmte merkmale oder besonderhei-
         ten  die  das  ausmachen?  also  die  ja  gutes
         deutsch auszeichnen? oder was du sagst dieses
         norddeutsche was hat das für merkmale oder be-
         sonderheiten?
GP135:   wenn man einfach ein wort objektiv vorlesen
         kann denke ich dass man halt wenn sie wissen
         was ich meine von keinem dialekt eingenommen
EX:      mhm okay
```

---

[176] Siehe für die Auswertung dieses Beispiels und die Implikationen der oben-unten-Relation, die Ausführungen im nächsten Kapitel.

In den Interviews findet sich häufig die Konstellation, dass in das Territorium einer normkonformen (deutschen) (Standard)Sprache bzw. in das von den Laien zumeist als *hochdeutsch* bezeichnete Territorium, vor allem auf lexikalischer Ebene, sprachliche Phänomene eindringen, die aus anderen Territorien stammen:

GP70:   also ein verzicht auf irgendwelche umgangssprachlichen wendungen ich meine anglizismen kann man nicht verhindern das ist einfach so
EX: ja
GP70:   das ist auch so ein schleichender prozess dass sich bestimmte dinge einbürgern aber man muss es ja nicht forcieren und übertreiben

So bewertet die GP das Eindringen – im Rückgriff auf das Metaphernlexem *einbürgern* – umgangssprachlicher und englischer lexikalischer Ausdrücke in das Territorium einer normkonformen Sprache kritisch. Es zeigt sich für den Metaphernbereich *Sprache als Territorium*, dass dieser häufig in Zusammenhang mit der (kritischen) Thematisierung von Anglizismen anzusetzen ist:

GP89:   dass plötzlich neue begriffe reinkommen die von vielen gebraucht werden cool zum beispiel ja das ist mehr ein umgangssprachliches beispiel aber solche dinge wandern in die sprache irgendwie ein verbreiten sich

So zeigt sich anhand der beiden zuletzt zitierten Interviewpassagen nicht nur, dass eine normkonforme (deutsche) Sprache als eine abgrenzbare Einheit und als Territorium konzeptualisiert wird. Es zeigt sich ebenso, dass sprachliche Phänomene, im vorliegenden Fall Anglizismen, als einem fremden Territorium zugehörige Akteure angesehen werden, die sich territorienübergreifend bewegen können. Sie können in ein anderes Territorium eindringen und sich – wie im zuletzt zitierten Beispiel – ebenfalls dort niederlassen, verbreiten und einen negativen Einfluss ausüben.

6.5 hochdeutsch ist oben; dialekt ist unten

Wie sich bereits am Beispiel *ich bin auch der meinung je weiter nach norden desto reiner* (GP03) im vorherigen Kapitel gezeigt hat, existieren bei den Laien nicht nur ontologische Metaphern, sondern es lassen sich zudem – teilweise auch in Verbindung mit diesen – Orientierungsmetaphern finden. Bei diesen wird sprachliche Variation mittels räumlicher Relationen erfasst und die jeweiligen Beziehungen der sprachbezogenen Konzepte zueinander werden in einer vertikalen Dimension bzw. Taxonomie organisiert: *unter gutes deutsch verstehe ich hochdeutsch (...) wenn das die oberste ebene ist* (GP33), *nicht eben zu sehr äh abrutschen in irgendeinen dialekt* (GP78), *das ist schon für mich eine gehobene sprache* (GP94), *gutes deutsch ist meiner meinung nach gehoben* (GP98). So werden von den Laien Aussagen zur (räumlichen) Relation einer normkonformen Sprache (zumeist *hochdeutsch*) und *dialekt* gemacht, wobei *hochdeutsch* und *dialekt* ein Gegensatzpaar bilden, das in einer vertikalen oben-unten-Relation erfasst und konzeptualisiert wird. Aus dem Material lassen sich demnach die (in Zusammenhang stehenden) metaphorischen Konzepte *hochdeutsch ist oben; dialekt ist unten* rekonstruieren.[177] So wird im nächsten Interviewausschnitt von GP05 der (räumlich wie qualitativ) hohe Status von *hochdeutsch* erklärt, indem in einem Hierarchiegefüge bzw. einer Laientaxonomie sprachlicher Variation diese Varietät an die höchste Stelle gestellt wird:

```
GP05:    in der wertskala steht das hochdeutsch oben und
         das heißt das ist die norm so gehört sich ge-
         sprochen irgendwer wird es dann schon festlegen
         [wenn es]
EX:      [ja]
GP05:    verlangt wird dass es in der wertskala
EX:      mhm
GP05:    äh oben angesiedelt ist und breiter dialekt
         oder dialekt sprechen weiter unten angesiedelt
         ist
EX:      mhm
GP05:    ist der standard eben oben dann legt man fest
         hochdeutsch sprechen
```

---

177 Parallelen zu der laienlinguistischen vertikal organisierten Taxonomie sprachlicher Variation lassen sich auch in der (vergangenen wie gegenwärtigen) linguistischen Theoriebildung in beispielsweise Dialektologie, Variationslinguistik oder Soziolinguistik im Hinblick auf die dort vorhandenen wissenschaftlichen Konzepte wie *Hochsprache, Substandard, Hochlautung, Grunddialekt* bzw. der theoretischen Modellierung des Varietätenraumes auf vertikaler Ebene finden, vgl. (Löffler 2005). Nicht zuletzt können Metaphern – insgesamt gesehen – als konstitutiv für eine (sprach)wissenschaftliche Theoriebildung angesehen werden, vgl. hierzu die Ausführungen und Literaturhinweise in Spitzmüller (2005a: 204–206).

EX: mhm
GP05:   gehört sich gehört sich eher

Somit kann man *hochdeutsch* in diesem Kontext nicht nur eine – im Hinblick auf die Orientierungsfunktion – *oben* angesiedelte räumliche Position zuweisen und es hat eine feste (territoriale) Zugehörigkeit innerhalb einer (bewerteten) Laientaxonomie, sondern die jeweiligen Positionen innerhalb der oben-unten-Relation unterliegen auch einer spezifischen Evaluation. Die jeweiligen (vertikalen) Positionen indizieren eine Wertigkeit zwischen den beiden dichotom vertikal verorteten sprachbezogenen Konzepten *hochdeutsch* und *dialekt*, wobei eine hohe räumliche Position auch eine unter qualitativen Aspekten gesehene hohe Wertigkeit impliziert, was von der GP auch im Rückgriff auf die ontologische Metapher *Sprache als Territorium* expliziert wird, wie das Lexem *angesiedelt* indiziert. So zeigt sich nicht nur, dass sprachbezogene Konzepte als handelnde Entitäten auftreten, sondern es zeigt sich ebenso eine Bewusstheit für unterschiedliche (vertikale) Variationsspektren, denen jeweils die sprachbezogenen Konzepte zugeordnet werden können. Konkret betrifft dies die (bewertete) oben-unten-Dichotomie von *hochdeutsch* und *dialekt*, bei der den jeweiligen Varietäten ein bestimmter (physischer) Platz im Variationsspektrum zugestanden wird. Dass *hochdeutsch* ein solch hoher Status zukommt, ließe sich hierbei aus dem (hohen) sozialen Status der Sprecher dieser Varietät bzw. dem Prestige dieser Varietät und ihrer (hohen) kommunikativen Leistungsfähigkeit erklären.[178] Berücksichtigt man den Umstand, dass Orientierungsmetaphern auf physischen und kulturellen Erfahrungen des Individuums gründen (vgl. Lakoff/Johnson 2007: 22), so kann angenommen werden, dass sich die räumliche Relation *hochdeutsch ist oben; dialekt ist unten* analog zu der (ebenfalls metaphorisch konzeptualisierten) räumlichen Relation *hoher Status ist oben; niedriger Status ist unten* verhält, nicht zuletzt kann auch dem Morphem *{hoch}* eine (räumlich) übergeordnete qualitativ-evaluative Bedeutung zugesprochen werden.[179] Auch in folgendem Interviewausschnitt zeigt sich die Erfassung sprachlicher Variation mittels einer Orientierungsmetapher:

---

178 Siehe hierzu die Auswertungen der Kategorien (471) Modellsprecher sowie (44) Verständlichkeit.
179 So sehen Lakoff/Johnson (2007: 25; Hervorh. im Orig.) vor allem soziale und physische Grundlagen als bestimmend an: „Der Status eines Menschen hängt zusammen mit (gesellschaftlicher) Macht, und (physische) Macht ist OBEN".

EX:	was sie unter gutem deutsch verstehen was das für sie ist und gibt es vielleicht äh für sie oder gibt es etwa oder jemanden der ähm mehr oder weniger bestimmt was gutes deutsch ist?
GP20:	ja gut es gibt ja da verschiedene organisationen die sich um sprache bemühen
EX:	mhm
GP20:	ähm was bestimmen die die grammatik wird ja festgelegt und äh weiß ich nicht was die sonst so machen preise ausloben sich auch um veränderungen kümmern also wenn jetzt neue vokabeln auftreten also aus dem umgangssprachlichen bereich das sozusagen in das hochdeutsche erheben
EX:	mhm
GP20:	also neue vokabeln hinzufügen auch

So antwortet GP20, gefragt nach Sprachnormautoritäten und deren Rolle in Bezug auf deren normierende Tätigkeiten, dass *organisationen* existieren, die zum einen präskriptiv *die grammatik* festlegen und zum anderen die Funktion ausüben, eine lexikalische Variantenauswahl für *das hochdeutsche* vorzunehmen. Hierbei zeigt sich zum einen durch das transitive Verb *erheben*, dass im Rückgriff auf die Orientierungsmetapher *hochdeutsch ist oben* eine Taxonomie sprachlicher Variation durch die GP konzeptualisiert wird und zum anderen das metaphorisch gebrauchte Lexem *hinzufügen* in dem obigen Kontext von einer Konzeptualisierung sprachlicher Variation zeugt, bei der Varietäten klar abgrenzbare Entitäten (und in diesem Fall auch Behälter) sind, in die etwas eingefügt werden kann. So wird neben der Festlegung der *grammatik* und der Inventarisierung von *vokabeln* auch der Lexemstatus im (räumlich-evaluativen) Hierarchiegefüge sprachlicher Variation durch die (nicht näher genannten) Sprachnormautoritäten festgelegt und ein bestimmtes Lexem in einen höheren Rang eingeordnet.

6.6 Zusammenfassung

Die Auswertung der Kategorie (6) Metaphorische Modelle hat gezeigt, dass Laien bei der Konzeptualisierung einer normkonformen Sprache auf die vier unterschiedlichen metaphorischen Modelle *Spache als Substanz, Material, Organismus, Territorium* zurückgreifen, die sich als ontologische Metaphern beschreiben lassen, wobei ein weiteres Modell *hochdeutsch ist oben; dialekt ist unten* sich als Orientierungsmetapher beschreiben lässt. Diese konzeptualisieren eine normkonforme Sprache metaphorisch zumeist durch den Gebrauch unterschiedlicher Lexeme wie u.a. *rein, klar, neutral, sauber, gefärbt*, wie sie auch schon in der Kategorie (5) sprachbezogene Begriffe dargestellt wurden. Den vier metaphorischen Modellen ist gemein, dass sie eine normkonforme Sprache als etwas Abgrenzbares und Homogenes konzeptualisieren, mit einer (substanziellen) Kontur, um diese abgrenzbar gegenüber anderen sprachlichen Erscheinungen zu machen. Diese Homogenität und Abgeschlossenheit kann allerdings beeinträchtigt werden, indem etwas der Sprache Fremdes in sie eindringt oder sich mit dieser vermischen kann. Seitens der Laien wird eine Vermischung oder ein Eindringen und somit eine Beeinträchtigung der Homogenität überwiegend als negativ bewertet. So zeigt sich im Rückgriff auf eine Substanzmetaphorik, dass eine *reine, klare, neutrale, saubere* normkonforme Sprache eine Sprache darstellt, die die höchste substanzielle Qualität besitzt, sofern diese unvermischt bzw. frei von der Substanz *dialekt* ist. Laien nehmen auf eine Vermischung zumeist mittels des Lexems *färbung* Bezug und sehen diese die sprachliche Reinheit beeinträchtigende(n) Substanz(en) als unerwünscht an, so dass ein hoher Reinheitsgrad eine (gänzliche) Abwesenheit diatopischer Merkmale bedeutet. Als gleichsam negativ wird, im Rückgriff auf eine Organismusmetaphorik, der Einfluss von Anglizismen angesehen, da auch diese eine Beeinträchtigung des Organismus hinsichtlich seiner Homogenität darstellen, was auch für die Territorialmetaphorik gilt. Zuletzt zeigt sich für die Orientierungsmetapher *hochdeutsch ist oben; dialekt ist unten*, dass nicht nur eine Dichotomie von *rein/gefärbt* bei der Konzeptualisierung sprachlicher Variation durch die Laien konstruiert wird, sondern auch, dass eine bewertete oben-unten-Dichotomie existiert, bei der eine normkonforme Sprache als räumlich-taxonomisch und teilweise auch qualitativ höhergestellt angesehen wird.

7 Zusammenfassung und Interpretation der Ergebnisse

Zusammenfassend lässt sich für eine aus Laiensicht normkonforme Sprache, die zumeist mit dem Terminus *hochdeutsch* bezeichnet und im Norden der Bundesrepublik Deutschland sprachgeographisch verortet wird, festhalten, dass sich diese als eine medial mündlich, aber konzeptionell schriftlich realisierte Sprache darstellt. Diese Sprache wird zumeist als frei von diatopischen Varianten angesehen und als homogen konzeptualisiert. Zudem wird seitens der Laien eine Strukturgemäßheit als erwünscht angesehen, was sich u.a. anhand der frequent genannten Lexeme *korrekt* und *richtig* zeigt und in den frequenten Aussagen, dass eine Aussprache und/oder Grammatik richtig oder korrekt zu sein habe, zum Ausdruck kommt. Hierbei werden Urteile über eine Strukturgemäßheit überwiegend vor einem standard- und schriftbezogenen Hintergrund gefällt. So hat sich anhand der Nennungen und Beschreibungen der Sprechweise prototypischer Modellsprecher gezeigt, dass diese normkonforme (Aus)Sprache eine an der Schrift orientierte Vorleseaussprache darstellt und sich durch eine inszenierte Mündlichkeit auszeichnet. Diese Eigenschaft einer Orientierung an der Schrift sowie die dargestellten Eigenschaften einer Freiheit diatopischer Merkmale und einer strukturgemäßen Grammatik sowie Aussprache bilden auch eine wesentliche Voraussetzung für eine weitere relevante Eigenschaft, die eine solche Sprache erfüllen sollte: eine allgemeine Verständlichkeit und überregionale kommunikative Reichweite.

Aus laienlinguistischer Sicht zeigt sich das innerhalb der Sprachwissenschaft als Kontinuum konstituierte (vertikale) Varietätenspektrum als eine (teilweise bewertete) taxonomische (vertikale) Dichotomie von *hochdeutsch* und *dialekt*. Letzteres zeichnet sich zum Teil durch eine Invertierung der für das *hochdeutsch* angegebenen und als erwünscht angesehenen Eigenschaften wie Invarianz, Strukturgemäßheit oder Verständlichkeit aus. Während diatopische Variation auf lautlicher Ebene von den Laien allerdings teilweise toleriert wird, gilt dies nicht für diatopische Variation im Hinblick auf weitere (aber zumeist unspezifisch gehaltene) grammatische Strukturen, auf die mit dem laienlinguistischen Terminus *grammatik* Bezug genommen wird. Eine *grammatik* habe zwangsläufig richtig/korrekt zu sein, eine *aussprache* hingegen nicht. Auch zeigt sich vereinzelt, dass – gemessen an einer standard- bzw. schriftsprachlichen Bezugsgröße – *dialekten* aus Laiensicht keine Strukturgemäßheit zugestanden wird. Diese verfügen teilweise über keine strukturgemäße *grammatik* und/oder diese wird als fehlerhaft angesehen. Ebenfalls zeigt sich, dass es allgemein grammatische und lautliche Bezugsbereiche bzw. entsprechende Phänomene sind, die sich diesen zuordnen lassen, auf die von den Laien frequent Bezug genommen wird. Es ergeben sich in diesem Zusammenhang innerhalb der Kategorien (41) Beschaffenheit sowie (5) sprachbezogene Begriffe Schwerpunkte in Bezug auf Aussagen und Lexeme zu einer Beschaffenheit und Strukturgemäßheit auditiv-phonetischer Phänomene. Für die in der Kategorie (411) auditiv-phonetisch kodierten metasprachlichen Kommentare zeigt sich ein hoher Grad an Verfügbarkeit (*availability*) und Detailliertheit (*detail*), der auf eine ausgeprägte Sprachbewusstheit für sprachliche Phänomene auf einer auditiv-phonetischen Ebene schließen lässt. Und so kann aus der frequenten Thematisierung lautlicher Phänomene in den vorliegenden Daten und aus der hohen Verfügbarkeit und Detailliertheit dieser geschlossen werden, dass einer lautlichen Beschreibungsebene eine laienlinguistische Relevanz zukommt.

Warum lautliche Eigenschaften häufig von Laien thematisiert werden, lässt sich, so vermuten Davies/Langer (2006: 18), neben mangelndem linguistischem Wissen über (weitere) sprachstrukturelle Bereiche und mangelnden Beschreibungskategorien auch aus der unmittelbaren wahrnehmungspsychologischen Zugänglichkeit erklären:

> Lay linguists have been more likely to express themselves at length on foreign borrowings, pronunciation and orthography, perhaps because these levels of language are arguably more accessible to them than morphosyntax: judgements on the acceptability and correctness of the latter require a higher level of linguistic knowledge.[180]

Ein hoher Grad an Verfügbarkeit zeigt sich ebenfalls für eine grammatische Beschreibungsebene. Allerdings findet sich hier ein geringeres Maß an Detailliertheit, da entsprechende metasprachliche Kommentare zu grammatischen Strukturen und einer grammatischen Strukturgemäßheit zumeist allgemein gehalten sind. Weitere sprachstrukturelle Eigenschaften und sprachliche Phänomene hingegen verbleiben – sofern überhaupt verfügbar – auf einer allgemeinen Beschreibungsebene und so können in diesem Zusammenhang keine detaillierteren Erkenntnisse gewonnen werden. Hierin manifestiert sich allerdings ein

---

[180] Ähnlich sieht es auch Steinig (1980: 109), da die phonologische (und in Teilen auch morphologische) Struktur von Äußerungen kognitiv leichter zugänglich ist. Mihm (1985: 184) hingegen sieht die Erklärung für die unterschiedlichen Auffälligkeiten bestimmter sprachlicher Merkmale und die folgende Auf-/Abwertung „weniger in wahrnehmungspsychologischen Besonderheiten oder in quantitativen Differenzen des Abweichungsgrades [...] als vielmehr in der Wirksamkeit expliziter Sprachnormvermittlung".

generelles Problem bei der Elizitierung der Inhalte und Strukturen laienlinguistischen Alltagswissens, wie Spiekermann (2010: 222) darlegt:

> Tatsächlich ergibt sich aber bei der Erfassung konkreter sprachlicher Merkmale häufig das Problem, dass linguistische Laien oft nicht in der Lage sind, diese exakt zu bestimmen. Dies liegt zum einen daran, dass ihnen das notwendige Fachvokabular fehlt. Zum anderen sind sprachliche Merkmale im Hinblick auf ihre bewusste oder unbewusste Wahrnehmung als ein grundsätzliches Problem aufzufassen.

Ähnlich sieht es auch Wirrer (2014: 178), der den Laien „grobmaschige sprachtheoretische Konzeptionen und entsprechend grobmaschige terminologische Instrumentarien" attestiert, wobei im Rahmen der Erfassung und Beschreibung eines laienlinguistischen Alltagswissens allerdings zu berücksichtigen bleibt, dass „diese Grobmaschigkeit ziemlich genau die Art und Weise widerspiegelt, wie linguistische Laien Sprache wahrnehmen" (ebd.). Kondensiert man die genannten Eigenschaften, die für ein laienlinguistisches Sprechen über Sprache über die verschiedenen Kategorien hinweg festgestellt werden konnten und immer wieder in Aussagen auftauchten, so zeigt sich, dass sich eine normkonforme Sprache im Wesentlichen durch die folgenden Eigenschaften auszeichnet:

– Homogenität
– Monozentrik
– Schriftbezogenheit
– Zweckmäßigkeit

Hierbei ergeben sich Überschneidungen mit den von Gloy (1975: 66, 78) aufgestellten Legitimationskriterien *Strukturgemäßheit* und *Zweckmäßigkeit* (vgl. ebenso Kap. 2.3.2.2) insofern, als die im Rahmen dieser Arbeit festgestellten Eigenschaften einer Homogenität und Schriftbezogenheit dem Kriterium *Strukturgemäßheit* entsprechen. So ist eine normkonforme Sprache aus Laiensicht strukturgemäß, sofern diese sprachstrukturell homogen ist und sich keine als fremd bzw. nicht zugehörig angesehenen Elemente in dieser finden lassen oder (ggf. in Kombination mit dem ersten Kriterium) diese Sprache mit den Strukturen einer schriftsprachlich konzeptualisierten Bezugsgröße konvergiert. Das Kriterium der *Zweckmäßigkeit* hingegen kann von Gloy (1795: 78) so übernommen werden.

Insbesondere zeigen sich anhand der seitens der Laien als erwünscht angesehenen Eigenschaften einer normkonformen Sprache sowie anhand der laienlinguistischen Bewertungen und Konzeptualisierungen sprachlicher Variation Ideologeme einer Standardsprachenideologie, wie sie von unterschiedlicher

Stelle bereits beschrieben und festgestellt wurden.[181] Im Folgenden wird zum einen auf die oben dargestellten Eigenschaften detailliert eingegangen und diese werden in Bezug und in Kontrast zu wissenschaftlichen Erkenntnissen gesetzt und zum anderen soll aufgezeigt werden, inwiefern sich beim Sprechen über (eine normkonforme) Sprache Ideologeme einer Standardsprachenideologie finden lassen.[182]

7.1 Homogenität

Betrachtet man die Ergebnisse der einzelnen Analysen der Kategorien (41) Beschaffenheit, (46) Variationsfreiheit, (471) Modellsprecher sowie (6) Metaphorische Modelle, lässt sich feststellen, dass für Laien eine normkonforme Sprache insofern homogen ist, als diese über möglichst wenig bis gar keine diatopischen Varianten verfügt und daher invariant ist. Diatopische Variation wird bei einer normkonformen Sprache zwar größtenteils als unerwünscht angesehen, allerdings wird eine Variation auf phonetischer Ebene dennoch teilweise toleriert, sofern dies die Verständlichkeit nicht beeinträchtigt. Andere Bezugsbereiche – vor allem ein allgemein-grammatischer – unterliegen hingegen strengeren Normativitätsurteilen. Der Maßstab für die Bewertung einer grammatischen Strukturgemäßheit speist sich hierbei aus einer konzeptionellen Schriftlichkeit und

---

[181] So stellt Milroy (2001) für das Englische ebenfalls die Eigenschaften *Invarianz/Uniformität* sowie *Korrektheit/Strukturgemäßheit* fest. Vgl. ferner Blommaert (1999a), Gal (2009), Milroy/Milroy (2012) sowie für das Deutsche Maitz/Elspaß (2011a; 2012b; 2013), Maitz (2014; 2015) sowie Maitz/Foldenauer (2015).

[182] Wenn es nachfoglend um solche sprachlichen Ideologien und deren Ideologeme geht, soll an die Definition von Maitz/Foldenauer (2015: 217) angeknüpft werden, die sprachliche Ideologien wie folgt verstehen: „kulturspezifische sprachliche Norm- und Wertvorstellungen [...], die der Erklärung, Bewertung oder Rechtfertigung von sprachlichen Fakten und Praktiken dienen. Sprachliche Ideologien erfüllen [...] unterschiedliche soziale, sozialpsychologische, aber auch epistemologische Funktionen. Sie können soziale Identitäten stiften oder stabilisieren, aber auch zerstören, als Orientierungshilfen im sprachlichen Alltag fungieren, nicht zuletzt aber können sie auch dazu eingesetzt werden, die Macht bestimmter sozialer Gruppen über andere herzustellen, zu verfestigen und/oder zu legitimieren." Somit spielen Ideologien „eine zentrale Rolle in der Gestaltung nicht nur der sprachlichen, sondern auch der sozialen Wirklichkeit [...] sprachliche Ideologien [bilden] die kognitiven Fundamente einer jeden Sprachkultur. Sie bestimmen und legitimieren den Umgang einer Gesellschaft mit sprachlicher Variation und zugleich auch mit sprachlich definierbaren sozialen Gruppen" (Maitz 2015: 206). Der hier verwendete Begriff *Ideologem* soll im Rahmen dieser Arbeit verstanden werden als „standortabhängige Interpretationen von Fakten, aus deren Kombination sich Ideologien zusammensetzen" (Strasen 2013: 325).

wird auf medial mündliche Äußerungen übertragen. Ein prototypischer Sprecher einer invarianten (Aus)Sprache orientiert sich an einer inszenierten Mündlichkeit bzw. Vorleseaussprache, die sich durch Homogenität und Schriftbezogenheit auszeichnet, so dass aus Laiensicht ein prototypischer Sprecher einer normkonformen (Aus)Sprache ein Sprecher ist, der beim Sprechen keine diatopischen und auch keine konzeptionell mündlichen Merkmale produziert, was aus Laiensicht insbesondere auf Nachrichtensprecher zutrifft.

Aus linguistischer Sicht lässt sich hierzu anmerken, dass es – gemessen am Dialektalitätswert in Bezug zur orthoepischen Referenz des Duden – zwar niemanden gibt, der diese invariante (Standard)Sprache interferenzfrei beherrscht, da selbst Nachrichtensprecher nicht in der Lage sind, variationsfrei zu sprechen, jedoch bewegen sich diese nahe am orthoepischen Standard wie Lameli (2004) zeigt. Hierbei wies Lameli bei Nachrichtensprechern D-Werte von 0,025/0,029 nach, was bedeutet, dass diese in jedem 40/35. Wort ein phonetisches Segment in einem artikulatorischen Merkmal vom kodifizierten Standard des Aussprachewörterbuchs abweichen (vgl. Lameli 2004: 86). Angesichts dessen können Nachrichtensprecher nicht nur in empirischer Hinsicht – gemessen an diesen niedrigen D-Werten – und theoretischer Hinsicht – in ihrer Rolle als normsetzende Instanzen bzw. Modellsprecher einer Standardvarietät (vgl. Kap. 2.3.2.2) – von einem linguistischen Standpunkt aus als Sprecher dieser weitestgehend invarianten (oder zumindest als invariant beurteilten) Sprache gelten. Die Ergebnisse der vorliegenden Arbeit zeigen, dass dies nun auch von einem laienlinguistischen Standpunkt aus konstatiert werden kann.

Anhand der frequenten Nennungen von Nachrichtensprechern als Modellsprecher einer normkonformen Sprache zeigt sich, dass diese aus laienlinguistischer Sicht als zentral anzusehen sind, wenn es um Produktion, Prestige und Prototyp einer normkonformen variationsfreien (Aus)Sprache geht. Auch in der Studie von Schmidlin (2011) zeigen sich ähnliche Ergebnisse. So kann Schmidlin (2011: 272–275) zeigen, dass 41.9 % (n=242) der von ihr befragten Personen aus Deutschland, Österreich und der Schweiz (Σn=578) auf die Frage „*Von wem (von welchen Bevölkerungs- und Berufsgruppen) wird Ihrer Meinung nach das beste Hochdeutsch/Standarddeutsch gesprochen?*" antworten, dass dies Medienschaffende seien.[183] Hundt (2009b: 128) geht davon aus, dass die von den Nachrichtensprechern produzierten Texte und deren Sprechweise Modellstatus dadurch erhalten bzw. dieser dadurch verstärkt wird, dass dieser Gruppe Prestige anhaftet. Hierbei kann allerdings auch ein interdependentes Verhältnis insofern vorliegen, als dass nicht nur die Sprechweise der Nachrichtensprecher durch

---

[183] Ähnliche Ergebnisse zeigen sich auch für die 1990er Jahre bei Stock/Hollmach (1996).

das Prestige dieser Sprecher modellhaft wird, sondern dass sich das Prestige der Nachrichtensprecher durch die Verwendung dieser Sprechweise konstituiert. Nachrichtensprecher tragen aus Laiensicht zur Konstitution einer laienlinguistisch-orthoepischen Aussprachenorm insofern bei, als sie als Modell für eine normkonforme, variationsfreie (Aus)Sprache angesehen werden, da Nachrichtensprecher keine diatopischen Merkmale beim Sprechen produzieren. Ebenfalls finden sich bei der Beschreibung dieser Modellsprecher weitere relevante Eigenschaften, die eine normkonforme Sprache aus Laiensicht erfüllen sollte.[184] Es wäre allerdings durch weitere Untersuchungen zu ermitteln, wie viel (diatopische, diastratische, diaphasische) Variation in unterschiedlichen sprachlichen Kontexten und im Einzelfall noch als normkonform beurteilt wird und ab wann eine Äußerung nicht mehr als solche eingeschätzt wird.[185]

Es hat sich bei Anders/Palliwoda/Schröder (2014) sowie Palliwoda (2017), die auf die gleichen Daten des DFG-Projektes wie auch die vorliegende Arbeit zugegriffen haben, gezeigt, dass bei der Bewertung von Sprachproben die Sprachproben mit den niedrigsten D-Werten (jene aus dem norddeutschen Raum) – gemessen am orthoepischen Standard – am positivsten und korrektesten bewertet wurden.[186] Ebenso kann Hoffmeister (2017), der sich ebenfalls auf die gleichen Daten bezieht, in seiner Untersuchung der assoziierten Dialektmerkmale bei der Auswertung der Makrokartierungen linguistischer Laien zeigen, dass sich quantitativ wie qualitativ weniger Assoziationen und Dialekträume für einen norddeutschen Sprachraum gegenüber einem süddeutschen Sprachraum bei den Laien finden lassen. Betrachtet man die Ergebnisse des DFG-Projekts (vgl. Hundt/Palliwoda/Schröder 2017) insgesamt und die einzelnen dort herausgestellten laienlinguistischen sprachbezogenen Konzepte übergreifend, so zeigt sich, dass dem Konzept *hochdeutsch* (gegenüber anderen wie z.B. *schwäbisch*, *berlinisch* oder *sächsisch*) strukturell eine relevante Rolle im sprachbezogenen Alltagswissen zukommt, da dies frequent genannt wird und es eine Ordnungs- und Orientierungsgröße im Rahmen der Kategorisierung und Komplexitätsreduzierung sprachlicher Heterogenität spielt. Jedoch werden in Zusammenhang mit diesem Konzept – insgesamt gesehen – spezifische Wissensinhalte wie Schibboleths oder gar sprachliche Einzelmerkmale so gut wie nicht

---

184 So u.a. eine schriftnahe Aussprache und überregionale Verständlichkeit, siehe hierzu v.a. die folgenden Kapitel 7.3 und 7.4.
185 Siehe hierzu auch Deppermann/Helmer (2013), die für die Integration eines interaktionslinguistischen Ansatzes bei der Bestimmung eines (wissenschaftlichen) Standardkonzeptes plädieren.
186 Ähnliche Ergebnisse zeigen sich auch in den Untersuchungen von Lameli (2004) und Lenz (2003).

genannt. Somit kann festgestellt werden, dass sich eine normkonforme Sprache aus Laiensicht als eine Sprache darstellt, die eine sprachstrukturelle Homogenität insofern aufweist, als bei dieser (saliente)[L] diatopische Merkmale auf ein Minimum reduziert oder auch gänzlich abwesend sind. Auch zeigt sich, dass diese am sprachlichen (und schriftlichen) Standard orientiert ist. Eine normkonforme (Aus)Sprache wird umso normkonformer, je näher sich diese hinsichtlich ihrer Strukturgemäßheit an eine aus wissenschaftlicher Sicht als *Standardvarietät* beschreibbare Bezugsgröße annähert.

Kontrastiert man die aus der Analyse gewonnenen Erkenntnisse mit Arbeiten, die sich aus einer sprachhistorischen Perspektive mit Bewertungen, Bewertungskategorien und -kriterien sprachlicher Phänomene – im Kontext einer Normierung sprachlicher Variation – auseinandersetzen, aber auch Studien, die sich aus einer synchronen Perspektive dieser Thematik widmen (vgl. Kap. 2.1), zeigen sich Parallelen bzw. Kontinuitäten. Linguistische Laien sehen bei einer normkonformen Sprache Invarianz, Homogenität und Strukturgemäßheit als erwünschte Eigenschaften an, die sich sprachhistorisch als die Kriterien einer *(Sprach)Reinheit* und *(Sprach)Richtigkeit* manifestieren.[187] Es zeigen sich Parallelen zu einer allgemein sprachpuristisch motivierten Sprachreflexion (vgl. Kirkness 1975; 1984) und speziell zu der im 18. Jahrhundert von Gottsched und Adelung geforderten Reinheit/Reinigkeit (vgl. Stukenbrock 2005: 171). Diese stellt Scharloth (2005a) ebenfalls in seiner Untersuchung zur Sprachbewusstseinsgeschichte im 18. Jahrhundert fest, indem er Sprachrichtigkeit sowie Sprachreinigkeit als leitende Prinzipien bei der Begründung und Formulierung sprachlicher Normen identifiziert. Dies lässt sich in Teilen auch für das 19. Jahrhundert fest-

---

[187] Hierzu ist allerdings einschränkend anzumerken, dass im Rahmen historischer sprachkritisch-sprachnormativer Tätigkeit je nach historischem Zeitpunkt und/oder Autor unterschiedliche Bewertungsmaßstäbe und -kategorien sowie generell unterschiedliche Bedeutungsaspekte (sprachlicher) Reinheit und Richtigkeit vorhanden sein können. Diese leiten sich jeweils aus unterschiedlichen kulturpatriotischen, aufklärerisch-emanzipatorischen, bildungs- und nationalpolitischen, sprachpädagogischen oder auch nationalistischen Motiven ab. Weiterhin können sich diese zudem auch aus widersprüchlichen kulturellen, ökonomischen, politischen, nationalen oder religiösen Maßstäben bzw. Modellen in Form einer Nation, (Sprach)Region, Stadt, bestimmten Werken und Autoren, Institutionen oder auch prestigebehafteten Sprechergruppen bzw. mit entsprechenden Sprachformen, die aus diesen Modellen abgeleitet oder diesen zugeschrieben wurden, speisen. Am deutlichsten zeigt sich diese Subjektivität sprachhistorisch am wohl ersten prominenten Streit um Sprachnormen im Rahmen der Analogie-Anomalie-Debatte. Dies betrifft freilich nicht nur historische sprachwissenschaftlich-sprachkritische, sondern auch gegenwärtige sprachwissenschaftliche Normierungsbestrebungen. Siehe hierzu vor allem Gloys (1974; 1975) gegenwartsbezogene Analyse der Legitimationskriterien und Normsetzungen.

stellen, wenn beispielsweise in Anstandsbüchern Richtigkeit (und somit Fehlerfreiheit) und Wohllautung der Aussprache gefordert wird (vgl. Linke 1996: 151–169). Hierbei erhält das Konzept einer *(sprachlichen) Reinheit* in der 2. Hälfte des 19. Jahrhunderts eine (sprach)geographisch-orthoepische Bedeutung wie Linke (1996: 159) sie konstatiert und wie sie auch hier bei den befragten Laien festgestellt werden kann, wenn Laien eine homogene Sprache sprachgeographisch verorten:

> So bezieht sich der durchgehend viel benutzte Begriff der ›Reinheit‹ im Anstandsdiskurs des 18. Jahrhunderts und auch noch zu Beginn des 19. Jahrhunderts in erster Linie auf den Klang der Stimme, auf die harmonische Qualität des sogenannten ›Sprachtons‹, während er sich in der zweiten Hälfte des 19. Jahrhunderts praktisch ausschließlich auf die Einhaltung der hochdeutschen Aussprachenorm und damit auf größtmögliche Dialektfreiheit bezieht.

Schaut man sich innerhalb unterschiedlicher Zeiträume die als erwünscht angesehenen Eigenschaften einer normkonformen Sprache an, so lässt sich zum einen konstatieren, dass sich diese maßgeblich aus der antiken Rhetorik und den Kardinaltugenden einer (sprachlichen) Reinheit (*puritas*) und Richtigkeit (*latinitas*)[188] speisen. Zum anderen kann man mit Blick auf die vorliegenden Daten in Teilen eine historische Kontinuität bei der Formulierung von als erwünscht angesehenen Eigenschaften einer normkonformen Sprache feststellen. Insbesondere zeigt sich dies in der Formulierung einer (innersprachlichen) Homogenität, wenn seitens der Laien der Anspruch formuliert wird, dass eine gute Sprache *dialektfrei, rein, richtig* oder *korrekt* zu sein habe und eine normkonforme Sprache auch mittels entsprechender metaphorischer Modelle wie *Sprache als Substanz* (vgl. Kap. 6.1) als eine homogene Einheit konzeptualisiert wird, wobei eine Vermischung dieser Substanz abgelehnt wird. Betrachtet man beispielsweise die von Faulstich (2008: 463–529) für den deutschsprachigen Sprachnormierungsdiskurs des 18. Jahrhunderts identifizierten stilistischen Kategorien, Prinzipien und Schlüsselwörter, zeigen sich ähnliche Bedeutungen und teilweise wörtliche Übereinstimmungen für die in dieser Arbeit festgestellten Kriterien *Reinheit, Verständlichkeit* oder *Richtigkeit* bzw. den Lexemen *rein, richtig, ver-*

---

[188] Aber auch Verständlichkeit, Deutlichkeit und Klarheit. Dies kann – für sprachhistorische Diskurse – sicherlich anhand der „unbestrittenen Stellung der Rhetorik im 18. Jahrhundert als dem Ort der Reflexion über Textproduktion" (Faulstich 2008: 463) erklärt werden, wobei allerdings keine 1:1-Übernahme rhetorisch-stilistischer Kategorien anzunehmen ist (vgl. Faulstich 2008: 527).

ständlich, klar, deutlich.[189] Die nachfolgende Tabelle bietet einen exemplarischen Überblick:

Tab. 30: Vergleich ling. Laien und hist. Sprachnormierungsdiskurs

ling. Laien		hist. Sprachnormierungsdiskurs	
Lexem	Bedeutung	Bedeutung	Quelle
richtig/korrekt	strukturgemäß	strukturgemäß mit dem Hochdt.; grammatik./ orthograph. Korrektheit	Faulstich (2008: 465)
verständlich			
	phonetisch-auditiv wahrnehmbar	hörbar/wahrnehmbar	Faulstich (2008: 485, 499)
	hoher Kommunikationsradius; variationsfrei	in allen Regionen bekannt; frei von reg. Besonderheiten	Faulstich (2008: 493)
	interpretierbar	begreifbar	Faulstich (2008: 485)
klar	interpretierbar; eindeutig	begreifbar; eindeutig	Faulstich (2008: 489)
deutlich	interpretierbar	begreifbar; verständlich	Faulstich (2008: 465, 473)
rein	variationsfrei	Vermeidung von Fremdwörtern, Provizialismen	Faulstich (2008: 465, 512)

Eine mögliche Erklärung für diese auffälligen Parallelen und letztlich Kontinuität sieht Lobin (2018: 24–29) im Fortbestand einer normativ ausgerichteten antiken Sprachauffassung, welche – kulturgeschichtlich tradiert und von der empirischen (Sprach)Wirklichkeit weitestgehend losgelöst – bis heute unser Sprach- und Grammatikverständnis prägt. So fasst Lobin (2018: 29) zusammen:

> Reine Sprachlichkeit, Regelorientierung und rationalistische Idealisierung bilden das Erbe einer Entwicklung, die mit den kommunikativen Bedürfnissen in den griechischen Stadt-

---

189 So bei der Stillehre Hallbauers von 1736, der u.a. von *richtig, rein, deutlich* und im Gegenzug von *unrichtig, unrein, unverständlich* spricht (vgl. Faulstich 2008: 464–465). Bei der Stillehre Adelungs heißt es ebenfalls *Sprachrichtigkeit, Reinigkeit, Klarheit, Deutlichkeit* (vgl. Faulstich 2008: 466). Vor allem *Deutlichkeit, Verständlichkeit* und *Klarheit* seien „Konkretisierungen der hier als Eindeutigkeits-Topos bezeichneten Forderung nach einer präzisen und eindeutigen, alles Ungewöhnliche und Extreme vermeidenden Sprache" (Faulstich 2008: 466).

staaten und dem Aufkommen der Rhetorik ihren Anfang genommen hatte. Das Bild der Sprache wird dadurch seit zweitausend Jahren bestimmt.

Schaut man sich weiterhin Untersuchungen zu gegenwärtigen Reflexionen über (eine normkonforme) Sprache in metasprachlichen Kommentaren durch linguistische Laien an, zeigen sich ebenfalls Parallelen zu der vorliegenden Arbeit: So konnte Christen (1998; 2010) u.a. zeigen, dass bei der Attribuierung von Dialektbezeichnungen, häufig auf metaphorisch gebrauchte Adjektive aus dem Stoffbereich (v.a. *rein* oder *sauber*) zurückgegriffen wird. Dies zeugt von einer Konzeptualisierung von *Sprache als Substanz*, um diese abgrenzbar gegenüber anderen sprachlichen Erscheinungen zu machen, was als Indiz für die Erfassung sprachlicher Variation mittels entsprechender metaphorischer Modelle angesehen werden kann. Ähnliche Ergebnisse zeigen sich auch in den Untersuchungen von Spitzmüller (2005a) und Tophinke/Ziegler (2014), die ebenfalls frequente Lexeme wie *klar* oder *rein* bei der Beschreibung sprachlicher Variation identifizieren. Zudem zeigt sich in diesen Untersuchungen, dass eine Vermischung unterschiedlicher Sprachen bzw. Substanzen zumeist negativ bewertet wird. Ähnliche Ergebnisse liefert auch Arendt (2010), die zeigen kann, dass einer der zentralen Topoi, der sich bei der Konzeptualisierung eines gegenwärtigen Niederdeutschen identifizieren lässt, der Reinheitstopos ist. Auch hier spielt eine Substanz- bzw. Stoffmetaphorik eine hervorgehobene Rolle bei der Konzeptualisierung, wobei eine Vermischung bzw. Beeinträchtigung von (sprachlicher) Reinheit/Homogenität ebenfalls zumeist als unerwünscht gesehen wird.

Angesichts dieser Erkenntnisse lassen sich die von den Laien geäußerten metasprachlichen Reflexionen über eine normkonforme Sprache im Speziellen und sprachliche Variation im Allgemeinen als Ideologeme einer Standardsprachenideologie und Sprachrichtigkeitsideologie interpretieren, wie sie Maitz/Foldenauer (2015: 220–221) und Maitz (2014: 13) dargestellt haben. Es konnte gezeigt werden, dass auf metasprachlicher Ebene – mal implizit und mal explizit – nicht nur eine von diatopischen Einflüssen ge*rein*igte Sprache als erwünscht und nahezu uneingeschränkt normkonform angesehen wird. Es hat sich ebenfalls gezeigt, dass diatopische Varietäten teilweise als defizient bezüglich ihrer sprachlichen Strukturen angesehen werden, gemessen an einem auf Schrift- und Standardsprachlichkeit bezogenen Maßstab. Zugleich wird diese als uneingeschränkt normkonform angesehene Sprache als ein einheitliches/homogenes Gebilde betrachtet, so dass ebenfalls von der sprachlichen Ideologie des „sprachlichen Homogenismus" (Maitz 2014: 14) ausgegangen werden kann. Derzufolge bilden Varietäten insgesamt nicht nur in sich geschlossene, diskrete Entitäten (siehe v.a. die Analyse in Kap. 6), sondern – bezogen auf die Standardvarietät – es existiert ebenfalls keine Standardvariation, wie es die aktuelle linguistische Forschung postuliert.[190]

7.2 Monozentrik

Laien greifen bei der sprachgeographischen Lokalisierung einer normkonformen Sprache vorwiegend auf ein monozentrisches Modell zurück, so dass dieser Sprache ein geographisch bestimmbarer Sprachraum zukommt, in dem diese invariante und homogene Sprache gesprochen wird.[191] Die Verortung einer normkonformen Sprache, die zumeist mit dem Terminus *hochdeutsch* bezeichnet wird, hat hierbei ihren Schwerpunkt in Norddeutschland, respektive dem Bundesland Niedersachsen, vereinzelt auch zugespitzt auf die Stadt Hannover.[192] Angesichts dieser Ergebnisse kann Elmentaler (2016: 34) zugestimmt werden, der konstatiert:

> Innerhalb Deutschlands ist die Vorstellung eines Nebeneinanders mehrerer hochdeutscher ‚Gebrauchsstandards' aber noch nicht sehr populär. Offensichtlich ist noch die Idee vorherrschend, dass es passend zu der einheitlichen Schriftsprache auch eine überregional einheitliche Sprechsprache geben müsse.

Wobei allerdings diese Vorstellung nicht nur auf Sprecher der Bundesrepublik Deutschland beschränkt ist, sondern auch bei anderen Sprechern aus nahezu

---

[190] Betrachtet man die in Kap. 7 genannten Kriterien und Ergebnisse der Analysekapitel 4, 5 und 6, zeigt sich, dass mit einer normkonformen Sprache aus Laiensicht weitestgehend das assoziiert werden kann, was sich – mit gewissen Einschränkungen – sprachwissenschaftlich als *Standardvarietät* definieren lässt, auch wenn der wissenschaftstheoretische Status dieser Varietät nach wie vor als problematisch einzustufen ist. So stellt die vergangene wie gegenwärtige Postulierung einer homogenen Bezugsgröße *Standardvarietät* eine „methodisch-theoretische Idealisierung" (Schmidt 2005b: 280) dar. Auch wurde dem Umstand, dass diese Varietät (der Gegenwart) in ihren Gebrauchsnormen u.a. national und medial variiert und nicht als homogen und invariant konzeptualisiert werden kann, in der Forschung und Kodifizierungspraxis erst relativ spät Rechnung getragen, so u.a. durch Ammon (1986, 1995). Zur Standardvariation vgl. Deppermann/Kleiner/Knöbl (2013), Schneider/Albert (2013), Dürscheid/Elspaß/Ziegler (2015), Ammon et al. (2016) sowie Schneider (2016). Zur Problematisierung des sprachwissenschaftlichen Konzepts einer (gesprochenen wie geschriebenen) *Standardvarietät*, vgl. u.a. König (2000), Elspaß (2005a,b), Löffler (2005), Berend (2005), Lameli (2006), Kleiner (2010; 2014), Schmidlin (2011), Maitz/Elspaß (2013), Kellermeier-Rehbein (2013).
[191] Ähnliches hat auch Schmidlin (2011: 287) in ihrer Untersuchung festgestellt.
[192] In der Befragung von Schmidlin (2011: 270) zeigt sich ebenfalls ein deutlicher Schwerpunkt auf Norddeutschland. So verorten 44,7 % (n=210) der Befragten GPn aus Deutschland, Österreich und der Schweiz (Σn=470) das beste Standarddeutsch dort.

dem gesamten deutschsprachigen Raum zu beobachten ist. Es lässt sich die interessante Beobachtung machen, dass dem seitens der Sprachwissenschaft verwendeten Terminus *Hochdeutsch*, der taxonomisch als Hyperonym für eine Menge hochdeutscher Varietäten genutzt wird, auch bei den Laien eine sprachgeographische Bedeutung zukommt. Diese verhält sich sprachgeographisch allerdings genau entgegengesetzt zu der sprachwissenschaftlich-taxonomischen Klassifizierung: So werden mit dem laienlinguistischen Terminus *hochdeutsch* (emische) Varietäten bezeichnet, die sich (sprachwissenschaftlich) dem niederdeutschen Sprachraum zuordnen lassen, was sich auch an toponymischen Attribuierungen (wie *göttinger* oder *niedersächsisch*) des Terminus *hochdeutsch* zeigt. Da im Hinblick auf die Normkonformität einer gesprochenen Sprache nicht – wie im Fall der Orthographie bzw. medial schriftlicher Sprache – statuierte (graphische) Normen bzw. kodifizierte Normformulierungen als (perzipierte) Modelle anzusetzen sind, die an der Herausbildung eines Sprachnormwissens beteiligt sind, sind für eine medial mündliche normkonforme Sprache Modellsprecher und -landschaften von Relevanz, die ein Sprachnormwissen über eine normkonforme (Aus)Sprache (mit)konstituieren.

Aus linguistischer Sicht ist zu den dargestellten Ergebnissen anzumerken, dass eine einheitliche und entregionalisierte Sprechweise nie empirische Realität war (und ist), da der natürliche menschliche Spracherwerb zwangsläufig auch den Erwerb diatopischer Sprachmerkmale mit sich bringt. Dass die von den Laien in dieser Studie beschriebene und angestrebte Realisierungsform eines *hochdeutschen* sich allerdings nicht auf einen transzendentalen Zustand einer Sprache bezieht, sondern auf eine medial mündliche Sprechweise einer (mehr oder weniger) konkret bestimmbaren Region (und Sprechergruppe), zeigen die regionalen Verortungen und Nennungen der Modellsprecher dieser Sprechweise in Norddeutschland. Hierbei zeichnen sich die sprachgeographische Region und dort verortete Sprecher sowie deren Sprache aus Laiensicht durch eine Abwesenheit diatopischer Merkmale aus, die eine regionale Verortung eines Sprechers zu dieser Region und die Verortung dieser Region selbst erst ermöglichen und diese Region somit zu einer entregionalisierten Region macht. Somit ergibt sich vordergründig die Paradoxie einer Verortbarkeit dieses Sprachraums aufgrund der Unverortbarkeit der Sprechweise von Sprechern, die aus diesem Sprachraum stammen bzw. erst durch seine Eigenschaft der Unverortbarkeit macht sich dieser überhaupt erst verortbar.[193] Eine (angenommene)

---

193 Hierbei zeigen sich Eigenschaften, die den (Sprach)Raum *hochdeutsch* als Heterotopie im Sinne Foucaults (2006) erscheinen lassen. Die Heterotopie stellt sich bei Foucault als real existierender und lokalisierbarer Gegenort innerhalb einer spezifischen Raumordnung dar und

Freiheit diatopischer Merkmale bildet somit nicht nur eine Eigenschaft einer als *hochdeutsch* bezeichneten Sprache (und der Sprechweise entsprechender Sprecher), sondern diese Merkmalsfreiheit bildet gleichzeitig auch das Kriterium zur Verortung dieser (unverortbaren) Sprache und Sprecher, was als Hochdeutsch-Paradoxon bezeichnet werden kann.

Die Eigenschaft einer Freiheit diatopischer Merkmale, die in Verbindung mit einem sprachgeographischen Konzept steht, kann u.U. im Rückgriff auf ein „negatives Varietätenwissen" (Hundt 2017: 125) konstruiert sein, was sich analog zu den ‚weißen Flecken' mentaler Landkarten linguistischer Laien verhält (vgl. Hundt/Anders 2010). So existiert für diesen (meta)sprachlichen weißen Fleck zwar eine Bezeichnung und ein sprachgeographisches Konzept, aber es kann keine weitere Charakterisierung vorgenommen und sprachliche Phänomene benannt werden. Zudem zeigen die Ergebnisse von Palliwoda (2017: 99), dass bei der Verortung und Bewertung von Sprechproben durch die gleichen linguistischen Laien, wie sie auch in dieser Studie untersucht wurden, auf perzeptiver Ebene ein niedriger D-Wert in Zusammenhang mit einer (sprachräumlichen) Konzeptualisierung als *hochdeutsch* oder *norddeutsch* steht und teilweise auch eine Verortung im Norden des bundesdeutschen Sprachraums erfolgt. Ähnliches zeigt sich in anderen Untersuchungen sowohl auf konzeptueller Ebene bei den Verortungen des Konzepts *hochdeutsch* durch Laien in der Untersuchung von Lameli/Purschke/Kehrein (2008: 68), als auch auf perzeptiver Ebene bei der Bezeichnung von Sprachproben, die einen geringen D-Wert aufweisen, als *Norddeutsch* und die Verortung in bzw. um die Stadt Hannover, wie Kehrein/Lameli/Purschke (2010: 370) darlegen. Zusätzlich hat Hoffmeister (2017) auf konzeptueller Ebene zeigen können, dass mit einem süddeutschen Sprachraum gegenüber einem norddeutschen quantitativ wie qualitativ mehr Merkmale assoziiert werden und auch mehr Dialektkonzepte vorliegen.

---

stellt sich der dort vorherrschenden Ordnung bzw. Struktur insofern entgegen, als er den die Heterotopie konstituierenden Abweichungen von dieser Raumordnung überhaupt erst einen Platz bietet, so dass der durch diese Abweichungen konstituierte Raum sich entfalten kann und sich zugleich auch außerhalb dieser Ordnung befindet. Übertragen auf *hochdeutsch* würde dies bedeuten, dass dieser – aus Laiensicht real existierende – (Sprach)Raum sich der sprachlich-heterogenen Raumordnung und dessen Struktur insofern entgegenstellt bzw. diese invertiert, als dieser durch seine Freiheit sprachlicher Variation ebendieses Strukturprinzip der Raumordnung unterminiert und somit außerhalb dieser Ordnung liegt, sich gleichzeitig hierdurch aber auch erst (sprach)räumlich entfalten kann. Auch zeigt sich, dass für die Laien ein grundlegendes Axiom des Verstehens und Erklärens sprachlicher Heterogenität bzw. Realität (auch) die Größe *Raum* bildet. Vgl. hierzu auch die grundlegenden Überlegungen zu Sprache und Raum in Auer (2004).

Mag aus linguistischer Sicht die Postulierung einer merkmalsfreien, homogenen und geographisch eindeutig lokalisierbaren (Standard)Sprache theoretisch problematisch und empirisch nicht haltbar sein, so ist aus Laiensicht ein empirisches Korrelat vorhanden bzw. das Konzept einer solchen Sprache durchaus prominent. Dies zeigt nicht nur die einem linguistischen Plurizentrizitätskonzept[194] widersprechende Existenz und Verortung einer solchen monozentrischen und im Norden der Bundesrepublik Deutschland gesprochenen Sprache bei den Laien, sondern auch die linguistischen Erkenntnissen widersprechende postulierte Existenz einer variationsfreien (Aus)Sprache und Region.[195] So erfolgt eine Verortung nicht nur monozentrisch mit dem Schwerpunkt auf Norddeutschland, sondern diese Sprache dient auch als Maßstab für die Beurteilung einer Strukturgemäßheit anderer Varietäten und Varianten, so dass ein strukturgemäßes Sprechen und eine strukturgemäße Grammatik ein *hochdeutsches* Sprechen bzw. eine *hochdeutsche* Grammatik ist. Hierbei kann man auch einen alltagslogischen Zirkelschluss annehmen: Diese Region/die dort gesprochene Sprache ist normkonform, da diese merkmalsfrei ist bzw. merkmalsfrei ist diese, weil sie normkonform ist. Auch besitzt sprachliche Korrektheit bzw. Strukturgemäßheit für die hier untersuchten linguistischen Laien eine (sprach)geographische Dimension wie es Preston (1989b: 352) ebenfalls für den US-amerikanischen Raum festgestellt hat: „Correctness and related affective dimensions, at least in United States English, are notions which, for nonlinguists, have geographical significance". Dies kann mit Blick auf die vorliegenden Ergebnisse auch für den deutschen Sprachraum konstatiert werden. Es kann festgehalten werden, dass sich laienlinguistische Urteile über eine Korrektheit, Merkmalsfreiheit

---

194 In diesem Zusammenhang ist die kritische Auseinandersetzung und empirische Überprüfung des linguistischen Plurizentrizitätskonzepts durch Scharloth (2005b; 2006) und Schmidlin (2013) zu erwähnen, die beide zu dem Ergebnis kommen, dass einer bundesdeutschen Standardvarietät (sowohl bei bundesdeutschen als auch Sprechern aus den nichtbundesdeutschen Ländern) ein hohes Prestige und eine nahezu uneingeschränkte Normkonformität (gegenüber anderen möglichen nationalen Standardvarietäten bzw. entsprechenden Varianten) zukommt und daher kein Plurizentrizitätsbewusstsein anzunehmen ist. Siehe hierzu auch die sprachpolitische Perspektive von Elspaß (2005b).
195 Aus linguistischer Sicht ist anzumerken, dass natürlich auch norddeutsche Sprecher in öffentlich-formellen Situationen diatopische Sprachmerkmale produzieren, die allerdings individuell qualitativ wie quantitativ unterschiedlich sind. Wenn jedoch Anzahl und Qualität diatopischer Marker eine bestimmte Salienz-Schwelle unterschreiten, wird diese „Restarealität" (Schmidt 2005b: 301) nicht mehr wahrgenommen.

und Lokalisierbarkeit einer normkonformen Sprache (auch) mit einem norddeutsch geprägten Sprach(raum)konzept verbinden.[196]

Über mögliche Ursachen und begünstigende Faktoren, die zu der oben genannten Auffassung einer invarianten und eindeutig regional verortbaren Sprache bei den Laien führen, lassen sich unterschiedliche Vermutungen anstellen. Eine mögliche Erklärung dieses/r Topos (oder auch sprachlichen Ideologie),[197] welche(n) Maitz (2014: 14; 2015: 207) mit dem Terminus *Hannoverismus* bezeichnet, kann ebenfalls wieder aus sprachhistorischer Perspektive angeführt werden: Der auf den deutschen Bühnen im 19. Jahrhundert vorgefundene Sprechstil, den von Polenz (1999: 256) wie folgt beschreibt: „ein oft gekünstelter, invarianter, langsamer, die Endsilben und Silbenfugen überdeutlich lautierender pathetischer Sprechstil", erlangte durch häufige Ortswechsel der Theater-Schauspieler nicht nur eine weite regionale Verbreitung, sondern erfreute sich auch großer Popularität im Bildungsbürgertum, wie sich in den von Linke (1996) analysierten Anstandsbüchern dieser Zeit zeigt. Bei der Forderung dieser Bücher nach einer Wohllautung der Aussprache (vgl. Linke 1996: 151–169) wird eine (sprachgeographische) Modellandschaft bestimmt, die sich an norddeutschen Lautwerten orientiert. Auch ist die Forcierung einer vereinheitlichten Aussprache und in Konsequenz Variantenreduzierung für das Sprechen auf den Bühnen durch die von Siebs bzw. der Siebs-Kommission kodifizierte Deutsche Bühnenaussprache als weiterer Einflussfaktor anzusehen (vgl. von Polenz 1999: 257–259), da hier u.a. die Maxime galt: „Die hochdeutschen Formen unserer Schriftsprache [...] werden ausgesprochen mit den einfachen niederdeutschen Lautwerten" (Siebs 1905: 5). So eignete sich die Aussprache nach Ansicht der Kommission (die wohlgemerkt zu einem großen Teil aus Personen bestand, die

---

[196] Wie bereits erwähnt, zeigt sich bei Anders/Palliwoda/Schröder (2014) sowie Palliwoda (2017), dass bei der Bewertung von Sprachproben mit unterschiedlichen D-Werten die Sprachproben mit den niedrigsten D-Werten (jene aus dem norddeutschen Raum) – gemessen am orthoepischen Standard – zumeist am positivsten und korrektesten bewertet wurden.

[197] In der Forschungsliteratur herrscht hinsichtlich der (begrifflichen wie theoretischen) Bestimmung des *Hannoverismus* Uneinigkeit: Maitz (2014: 12) und König (2011: 193) sehen diesen als sprachliche Ideologie bzw. als Teil einer sprachlichen Standardideologie. Kennetz (2010: 325) bezeichnet diesen als *urban myth*, Elmentaler (2012: 102) bezeichnet ihn als Mythos, wobei Keuch/Wirrer (2014: 68) den Gebrauch des Mythos-Begriffs bei Elmentaler (2012) wiederum kritisieren: „Allerdings handelt es sich hier nicht um einen Mythos, wie Elmentaler anzunehmen scheint, sondern um einen Inhaltstopos. Mythen zeichnen sich dadurch aus, dass sie mit einem bestimmten Plot, der in erzählerischen Varianten unterschiedlich ausgeprägt sein kann, fest verbunden sind und nicht zuletzt für die jeweilige Gesellschaft, in welcher sie zum festen Wissensbestand gehören, ein zentrales handlungsleitendes Orientierungswissen bereitstellen".

aus dem norddeutschen Raum stammten) als schriftnahe Umsetzung gesprochener Sprache zu dieser Zeit besonders. Nach Ansicht der Kommission waren bei dieser die Lautdistinktionen besser erhalten als bei vielen ober- und mitteldeutschen Mundarten, aber auch teilweise spielten rein subjektive, (national)politische oder ästhetische Kriterien eine entscheidende Rolle (vgl. von Polenz 1999: 258).[198] Dieser (sprachhistorische) Prozess ist auch im Kontext der Erlernung bzw. der Orientierung an einer (hochdeutschen) Schriftsprache[199] der Nord- bzw. Niederdeutschsprecher ab dem 16. Jahrhundert zu verorten und zu verstehen, wie König (2008: 48) anführt:

> Weil also die Niederdeutschen/Norddeutschen im 16. Jahrhundert beginnend ihre alte Sprache sukzessive zuerst in der Schriftlichkeit und dann im Mündlichen aufgegeben haben und das südliche Hochdeutsche quasi als Fremdsprache neu erlernt haben, und weil ihnen bei der Aussprache, beim Lesen dieser Schreibform nichts anderes übrig blieb, als sich an den vorhandenen Buchstaben zu orientieren, und weil eben diese buchstabengetreue Lautung damals als Ideal galt, genau deswegen bildete sich im Laufe der Zeit in Norddeutschland und auch im Süden die Meinung heraus, dass dort im Norden das beste Hochdeutsch gesprochen werde.

Daher rührt auch, wie König (2008: 48) anmerkt, die Feststellung, dass jemand *wie gedruckt* oder *nach der Schrift rede*, sofern er diese – als buchstabengetreu angesehene – Sprechweise spricht. Neben der Orientierung deutscher Theaterschauspieler an nord- bzw. niederdeutschen Lautwerten beim Sprechen auf der Bühne ist mithin für die überregionale Verbreitung und das Prestige sicherlich auch die Verknüpfung dieser Sprechweise mit extralinguistischen Werten wie Bildung und Kultur, die sich aus dem Theater- und Bühnenkontext ergibt, relevant, so dass diese bei Rezitatoren, an Schauspielschulen, in Rundfunk- und Fernsehanstalten als erstrebte mündliche Realisierung der Schrift angesehen wurde. Mit dem Aufkommen von Hörfunk und Kino am Anfang des 20. Jahrhunderts und spätestens des Fernsehens ab den 1950er Jahren gewann diese

---

198 Siehe hierzu u.a. Besch (1983; 2003), Löffler (2000) sowie die detaillierte Studie von Weithase (1961) und Ganswindt (2017). Gleichwohl ist die Rolle der Sieb'schen Orthoepie für diese und die nachfolgende Zeit nicht überzubewerten: „Die Durchsetzung der vorbildlichen Aussprache ist weniger der nachträglichen gelehrten Sprachnormung und deren Kodifizierung als elitär idealisierte ‚Bühnenaussprache' zu verdanken [...] als vielmehr den professionellen Praktikern: bedeutenden Schauspielern, Theaterleitern, Schauspielschulen, Rezitatoren (die auch an höheren Schulen gastierten), später den Redaktionsleitern und -beratern an Rundfunk- und Fernsehanstalten" (von Polenz 1999: 339).
199 Der Schwerpunkt der folgenden sprachhistorischen Ausführungen liegt hierbei auf der deutschländischen Standardvarietät, für die Situation in der Schweiz vgl. Hove (2002) und für Österreich vgl. Scheuringer (2001).

Sprechweise durch massenmediale Verbreitung weiter an kommunikativer Reichweite. So dienten (und dienen) Massenmedien als Multiplikator dieser (inszeniert mündlichen) Sprechweise(n) und üben einen Einfluss auf das „kommunikative Orientierungsbewusstsein" (Klein 2014: 225) von Sprechern aus. Dies zeigt sich in dieser Arbeit u.a. anhand frequenter Nennungen von Nachrichtensendungen sowie anhand der Nennungen konkreter Modellsprecher wie Nachrichtensprecher und in den Medien auftretenden Politikern, denen eine Vorbildwirkung und Modellhaftigkeit für das eigene Sprechen zugeschrieben wird.[200] Schmidt (2005b: 296–297; Hervorh. im Orig.) stellt unter Bezug auf Lameli (2004: 108–112) für die Wirkung der Massenmedien fest:

> Offensichtlich strebten die Sprecher der 50er Jahre die alte regionale Prestigenorm der ersten Hälfte des 20. Jahrhunderts an, während die Mainzer Stadträte der 90er Jahre sich an der neuen nationalen bundesdeutschen Oralisierungsnorm orientieren. Höchst aufschlussreich ist der soziale Faktor, mit dem sich dieser Wandel der Normorientierung in Verbindung bringen lässt. Lameli hat die Korrelationen der D-Werte aller Informanten mit allen möglichen soziodemographischen Faktoren getestet. Das eindeutige Ergebnis lautet: Die absolut klarste Korrelation ergibt sich für das Geburtsjahr. Die statistisch hochsignifikante Zäsur setzt mit dem Geburtsjahrgang 1928 ein [...]. Die geänderte Oralisierungsnorm gilt also für die Informanten, *deren Kindheit und Jugend bereits ins Rundfunkzeitalter fällt*, für die sich also überhaupt erstmals die Möglichkeit bot, ihre Makrosynchronisierungen an der norddeutsch geprägten Aussprachenorm auszurichten.

Insbesondere spielen die nationalen Staatsgrenzen nach Ansicht Schmidts (2005b: 300) in diesem Prozess eine hervorgehobene Rolle, da die Reichweite der gesprochenen Realisierungen dieser Standardvarietät durch das Sendegebiet bzw. den Kommunikationsradius der Rundunk- und Fernsehanstalten festgesetzt wurde, die zumeist mit den Staatsgrenzen zusammenfielen. Somit konstituierte sich für die Sprecher – analog zur kodifizierten Standardvarietät – ein Muster überregionalen Sprechens, basierend auf norddeutschem Gebrauch, das die Orts- und Zeitgebundenheit medial mündlicher Sprache auflöste und „die Vorbildartikulation wurde permanent in das Wohnzimmer geliefert" (Besch/Wolf 2009: 26).[201]

---

[200] Milroy/Milroy (2012: 25) sehen dies – allerdings im Hinblick auf die Sprachsituation im Englischen – kritisch. So gestehen sie Massenmedien zwar die Rolle zu, dass diese eine Bewusstheit für eine Standardsprachlichkeit schaffen, aber daraus folgt nicht zwangsläufig eine Adaption von sprachlichen Mustern dieser.
[201] Siehe hierzu auch die Überlegungen in Holly/Püschel (1993: 148–151). Allerdings ist neben diesem Einflussfaktor auch eine gesteigerte Mobilität von Sprechern ebenso zu berücksichtigen wie auch Prozesse der Wissensdistribution und der allgemeinen und wachsenden Verfügbar-

Dies mag zwar eine mögliche Erklärung dafür sein, dass diese Sprechweise mit Norddeutschland assoziiert wird, dennoch lässt sich noch eine weitere, sprachhistorische Erklärung dafür finden, warum ausgerechnet Niedersachsen bzw. Hannover von weiteren möglichen Regionen/Städten (in Norddeutschland) eine hervorgehobene Rolle spielt. Nach der Ansicht von Elmentaler (2012; 2016) und Blume (1987) sind die Gründe hierfür frühestens im 18. Jahrhundert in Norddeutschland zu suchen, da noch im 17. Jahrhundert das Obersächsische als Leitvarietät fungierte. Ab Beginn des 19. Jahrhunderts stellt sich die Situation nach Elmentaler (2016: 31) wie folgt dar:

> Doch warum ausgerechnet Hannover? Ein Grund dürfte in der vergleichsweise frühen Übernahme des Hochdeutschen im südlichen Niedersachsen zu sehen sein. In den küstennahen Gebieten Niedersachsens war das Niederdeutsche lange Zeit noch sehr dominant und entsprechend war dort auch das gesprochene Hochdeutsch noch stark durch die Dialekte geprägt. Dagegen wurden die Dialekte im südlichen Niedersachsen in bürgerlichen Kreisen schon früh zugunsten des Hochdeutschen aufgegeben.

Ebenfalls ist mit Blume (1987: 22–23) und Elmentaler (2012: 106) davon auszugehen, dass auch politisch-administrative Gründe wie die hohe Einwohnerzahl und der Status Hannovers als Residenzstadt bzw. Hauptstadt des Königreichs Hannover und später Hauptstadt der preußischen Provinz das Prestige der dortigen Sprechweise erhöhten und schließlich Hannover eine Vorrangstellung gegenüber anderen in der Region befindlichen Städte (und dem restlichen norddeutschen Raum insgesamt) einräumte, auch wenn die dortige Sprechweise ebenfalls nicht frei von Regionalismen war und ist.[202]

Die bisher gemachten Ausführungen zur Genese des *Hannoverismus* erklären allerdings noch nicht dessen nach wie vor aktuelle Vitalität. Hierzu kann festgehalten werden, dass als mögliche Ursache dieser Vitalität und permanenten (Re)Produktion zum einen seine Tradierung im medialen und alltäglichen Diskurs anzusetzen ist und zum anderen seine Rolle als Wissensinhalt im Hinblick auf seine kognitive Funktion bei der Kategorisierung und Komplexitätsreduktion der (sprachlichen) (Um)Welt. Begreift man alltagsweltliche Wissensbestände als relevant bei der Orientierung des Individuums innerhalb der (sprachlichen) (Um)Welt, dann gehört hierzu (ebenso) die (zwangsläufig regionale)

---

keit von Wissen im Rahmen einer modernen Wissensgesellschaft, insbesondere (auch) das permanente Angebot von (nationalen) Identiäten und Alteritäten.

202 Vgl. hierzu die Beispiele in Elmentaler (2012) sowie Blume (1987). Ferner sieht Blume (1987: 22) auch als einen möglichen Grund der Prestigehaftigkeit den Wechsel in der dort gebräuchlichen Schriftsprache vom Niederdeutschen zum Hochdeutschen ab dem 17. Jahrhundert.

Verortung von Sprechern einer Sprache, deren Merkmal paradoxerweise die Merkmalsfreiheit (salienter Merkmale) bildet, was zugleich die identifikatorische Funktion von Sprache bzw. den Konnex von Sprache, Sprechern und (Sprach)Raum akzentuiert. Als Ideologem einer (standard)sprachlichen Ideologie kommt diesem gesellschaftlich tradierten kulturspezifischen Wissensinhalt, der auch ohne empirisches Korrelat bzw. unmittelbare empirische Erfahrungen im Sinne eines „knowledge by acquaintance" (Russel 1910/11: 108) auskommt, allerdings nicht nur eine epistemologisch-räumliche Orientierungsfunktion zu. Er bietet Sprechern nämlich ebenso eine sprachlich-evaluative Orientierung, indem er eine Orientierung und einen Maßstab im Hinblick auf ein normkonformes Sprechen bietet und im Rückgriff auf diesen eine Dichotomie normkonformen vs. nicht normkonformen Sprechens begründet, deren Konsequenz eben (auch) eine Reduktion sprachlicher Variation ist, was zugleich homogenisierend wirkt (vgl. Maitz 2014: 14).

7.3 Schriftbezogenheit

Eine normkonforme (Aus)Sprache ist aus Laiensicht zwar medial mündlich, jedoch zeichnet sich diese hinsichtlich ihrer Konzeption durch eine Schriftsprachlichkeit aus. Entsprechend lässt sich ein normkonformes Sprechen dieser Sprache als ein Sprechen begreifen, dass sich ebenfalls durch inszenierte Mündlichkeit auszeichnet, da eine normkonforme (Aus)Sprache aus Laiensicht eine möglichst schriftnahe (Vorlese)Aussprache darstellt. Urteile über eine Strukturgemäßheit sprachlicher Phänomene werden vor allem vor einem auf eine Schriftsprachlichkeit bezogenen Hintergrund gefällt, so dass sich diese Sprache hinsichtlich ihrer sprachstrukturellen Eigenschaften in Bezug auf lautliche, allgemein grammatische und syntaktische Eigenschaften durch eine Schriftbezogenheit konstituiert.[203] Angesichts dessen können die von Fiehler (2008b: 90–91; Hervorh. im Orig.) gemachten nachfolgend zitierten Beobachtungen auch nahezu uneingeschränkt auf die vorliegende Arbeit übertragen werden:

> Infolge des ‚written language bias' werden die Verhältnisse in der geschriebenen Sprache und ihre Regeln als *Normalfall* angesehen. Dies führt zu einem Denken und *Vergleichen* aus der Perspektive der geschriebenen Sprache. Die geschriebene Sprache dient als Maß-

---

[203] Ähnliches hat auch bereits Fiehler (2008a,b) für die Beschreibung und Bewertung gesprochener Sprache festgestellt. So finden sich die in Fiehler (2008b: 91) thematisierten Phänomene wie Verschleifungen, Ellipsen, Elisionen, die – aus Laiensicht – als defizitäre Abweichungen (von der geschriebenen Sprache) klassifiziert werden, auch in den vorliegenden Interviews.

stab, relativ zu dem dann abweichende Eigenschaften der gesprochenen Sprache festgestellt werden. Diese Differenzen [...] werden als *Abweichungen* von den in der geschriebenen Sprache vorgefundenen Verhältnissen beschrieben und kategorial gefasst [...]. Darüber hinaus werden diese Abweichungen häufig nicht nur konstatiert, sondern implizit oder explizit *negativ bewertet*.

Während ein lautlicher Bezugsbereich im Hinblick auf diese Strukturgemäßheit allerdings teilweise tolerant bewertet wird, zeigen sich für einen grammatischen Bezugsbereich unterschiedliche Toleranzen und aus Laiensicht ist eine grammatische Strukturgemäßheit von zentraler Bedeutung.[204] Diese grammatische Strukturgemäßheit existiert – wie bereits erwähnt – in erster Linie in Relation zu einer Schrift- und auch Standardsprachlichkeit, da sich bei den Laien für das dem *hochdeutsch* dichotom entgegengesetzte sprachbezogene laienlinguistische Konzept *dialekt* so gut wie kein Bewusstsein im Hinblick darauf findet, dass *dialekte* über eigenständige grammatische Strukturen verfügen, anhand derer eine diatopische (grammatische) Strukturgemäßheit bewertet werden kann. So lässt sich – mit einer gewissen Vorsicht – die Vermutung anstellen, dass deren Strukturen (und Strukturgemäßheit) daher auch nicht unter Rückgriff auf dieses varietätenbezogene Wissen bzw. Bezugssystem bewertet werden (können) und eine (grammatische) Normkonformität nahezu ausschließlich in Relation zu einer schrift- und standardsprachlichen Strukturgemäßheit beurteilt wird. In diesem Zusammenhang konstatiert Bauer (1998), dass bei Sprechern die populäre Annahme existiere, dass einige Sprachen über keine Grammatik verfügen und Arendt (2011: 154) konnte bei den von ihr untersuchten Laien feststellen, dass für diese vor allem eine phonetische Ebene konstitutiv für Dialektalität ist, was ebenfalls für die mediale Darstellung und Stilisierung dieser gilt. Auch ist auf die interessante Feststellung von Bauer (1998: 83) hinzuweisen, dass diese laienlinguistische Annahme darin begründet liegen kann, dass ein wesentlicher Bestandteil eines Laienkonzepts von *Grammatik* sich aus dem Vorhandensein einer Kodifizierung bestimmter sprachstruktureller Eigenschaften speist. So wird nur Einzelsprachen oder einzelnen Varietäten, die aus Laiensicht über einen bestimmten Grad an Kodifizierung verfügen, zugestanden, über eine (eigenständige) Grammatik zu verfügen. Dies zeugt zugleich von einer Reflexion über eine Normkonformität vor dem Hintergrund einer Schriftlichkeit bzw. Kodifizierung und der Favorisierung statuierter Normen sowie der Marginalisierung subsistenter Normen, was auch Arendt (2011: 149–152) für die diskursive Konstruktion des Niederdeutschen als (eigenständige) Sprache gezeigt

---

204 Siehe hierzu die Auswertungen in Kap. 4.1, 4.5 sowie 5.1.

hat. Eine mögliche Konsequenz hieraus bringt Klein (1985: 24) zugespitzt auf den Punkt:

> Durch die explizite Kanonisierung einer Sprachform wird eine Art zu reden oder zu schreiben für richtig erklärt, die anderen für falsch. Dies führt in extremen Fällen zu Absurditäten wie beispielsweise dem Wert, dem in unserer Gesellschaft der korrekten Beherrschung der Orthographie beigemessen wird.

Klein (2018: 12–13) bringt auch die Existenz sprachlicher Zweifelsfälle in Zusammenhang mit der (phylo- und ontogenetisch bedingten) Existenz einer geschriebenen/kodifizierten Sprache und geht davon aus, dass diese Existenz aus der „binären Organisation" (Klein 2018: 13) der Schrift resultiert. So wäre angesichts der Ergebnisse dieser Arbeit die Vermutung anzustellen, dass diese Binarität nicht nur im Hinblick auf die Existenz sprachlicher Zweifelsfälle und der Entscheidung für oder gegen eine sprachliche Form objektsprachlich wirksam ist, sondern auch metasprachlich.[205]

Auch zeigt sich, dass das, was aus Laiensicht nicht als *hochdeutsch* angesehen werden kann, dem dichotom entgegengesetzten Konzept *dialekt* zugeordnet wird. Dieses zeichnet sich teilweise durch eine Invertierung der Eigenschaften von *hochdeutsch* aus. Zudem kann festgestellt werden, dass der aus Sicht der Sprachwissenschaft postulierte Bereich zwischen den Polen *hochdeutsch* und *dialekt* innerhalb des (vertikalen) Varietätenspektrums von den hier befragten Laien nicht thematisiert wird und keine laienlinguistische Relevanz bei der Organisation und Konzeptualisierung sprachlicher Variation besitzt. Die grammatische Strukturgemäßheit und Normkonformität diatopischer Varietäten wird somit daran gemessen, inwiefern diatopische Varianten mit Strukturen einer geschriebenen und standardsprachlichen Bezugsgröße, die als Maßstab dient, konvergieren; divergieren diese hingegen von der Bezugsgröße, werden sie von den Laien teilweise als Abweichungen angesehen oder als Fehler bewertet. So ist die Bezugsgröße der Bewertung das sprachstrukturelle System einer anderen Varietät, deren grammatische Strukturen als Maßstab dienen und in Relation zu diesen somit entweder richtig oder falsch gesprochen werden kann. Diese „bipolare Wertungsnorm" (Arendt 2010: 279) zeigt sich auch bei der Bewertung der Normkonformität sprachlicher Phänomene anderer Sprachen, wie Arendt (2010) in ihrer Untersuchung für das Niederdeutsche festgestellt hat. Laienlinguisti-

---

[205] Klein (2018: 25–38) sieht hierbei diese Binarität in der Wirksamkeit einer „Richtig-oder-Falsch-Ideologie" (Klein 2018: 25) begründet.

sche Urteile über eine Normkonformität fallen auch hier dichotom aus.[206] Arendt (2010: 279; Hervorh. im Orig.) erklärt dies aus dem Zusammenwirken von Einstellungskonzept und Sprachhandlungskontext:

> Die zumeist bipolare Wertungsnorm [...] lässt sich aus der handlungsvorbereitenden und somit hier spezifischen Funktion von Einstellungen erklären: Die Spracheinstellungen müssen in diesem Kommunikationsbereich eindeutige Antworten liefern, die in klaren Handlungsanweisungen bezüglich des Gebrauchs münden. Ein problematisierendes Reflektieren in Form von *sowohl als auch* wirkt in diesem Zusammenhang eher verwirrend als zielführend.

Die Fragen, die sich mit Blick auf die Ergebnisse der vorliegenden Arbeit stellen, sind, warum greifen Laien bei der Bewertung und Konzeptualisierung auf eine richtig/falsch-Dichotomie zurück? Und warum reflektieren Laien über eine normkonforme Sprache vor einem schrift- und standardsprachlichen Hintergrund?

Mögliche Antworten auf diese Fragen wären: Laien greifen bei der Bewertung von Sprache darauf zurück, weil diese Bewertungsdichotomie einen geringeren kognitiven Aufwand gegenüber einem problematisierenden Reflektieren erfordert und sich als Mittel der Kategorisierung und Komplexitätsreduktion innerhalb einer (sprachlich) komplexen (Um)Welt bewährt hat. Auch ist nicht der Umstand zu vernachlässigen, dass eine metasprachliche Reflexion über Sprache eng gekoppelt ist an eine (materielle) Schriftlichkeit. Vor allem im Rahmen institutionellen muttersprachlichen Unterrichts erfolgt eine Reflexion über (gesprochene) Sprache in Rückbindung an (formale) Beschreibungskategorien einer geschriebenen Sprache (wovon die Sprachwissenschaft freilich nicht ausgenommen ist, wie Linell 1982 gezeigt hat). So ist ein (institutionalisiertes) Reflektieren über Sprache zwangsläufig gekoppelt an Schriftlichkeit, wie Villers (2009: 65–66) es darlegt:

> Die epistemologische Relevanz der Schriftlichkeit [...] ergibt sich ja daraus, dass es der Medienwechsel von mündlicher zu geschriebener Sprache ist, der die Bedingung der Möglichkeit und der Notwendigkeit jeder systematischen Reflexion über Sprache darstellt und damit das Entstehen von Grammatik und Logik erklärbar macht: Jede entwickeltere metasprachliche Reflexion ist an das Medium der Schriftlichkeit zurückgebunden [...]. Denn im Gegensatz zur naturgegebenen Flüchtigkeit und Vergänglichkeit der sprachlichen Äußerung, die als solche nur im Moment ihrer stimmlich-lautlichen Artikulation existiert, erlangt die verschriftete Sprache durch ihre materielle Fixierung Dauerhaftigkeit. Diese Dauerhaftigkeit bildet nun die Grundvoraussetzung für jeden formalen Umgang mit Sprache,

---

[206] Im Rahmen linguistischer Sprachberatung zeigt sich dies noch deutlicher, siehe hierzu den Sammelband von Biere/Hoberg (1995) und Wermke (2005).

weil erst in seiner verschrifteten Form das natürlicherweise fluktuierende und fluide Sprechen [...] fest-gestellt wird, wodurch erst die identifizierbaren und re-identifizierbaren Gegenstände geschaffen werden, ohne die es weder eine grammatische noch eine logische Reflexion geben könnte.

Zu diesem institutionalisierten (schriftbasierten) Reflektieren kommt schließlich ein sprachlicher Kodex hinzu, so dass folglich eine Bewertungsdimension existiert, die es erlaubt, Sprache bzw. sprachliche Phänomene (im Rückgriff auf diesen) zu erfassen und mittels einer richtig/falsch-Dichotomie zu bewerten. So kann die Frage der Relation *Richtig bzw. falsch in Bezug auf welchen Maßstab?* angesichts der Kopplung von Schriftlichkeit und Standardsprache beantwortet werden mit: richtig bzw. falsch in Bezug zu einer schriftlichen Standardsprachlichkeit. Angesichts dessen erscheint es nachvollziehbar, warum dieser somit nicht nur eine Rolle als Maßstab der Produktion und Evaluation von Sprache im Allgemeinen und gesprochener Sprache im Speziellen zukommt, sondern auch eine epistemologische Relevanz.[207]

So kann als relevante Einflussgröße und Multiplikator dieser richtig/falsch-Dichotomie der muttersprachliche Sprachunterricht und die dortige explizite Sprachnormenvermittlung angesehen werden, bei der eine Vermittlung und Interiorisierung standard- und schriftsprachlicher Normen durch Sprachnormautoritäten erfolgt, wie Deumert (2003: 39) es feststellt:

> The authoritative discourse and the ritual practices of the classroom [...] create a firm belief in and awareness of ‚right' and ‚wrong' in language use, and support the establishment of the written national standard as the authoritative and legitimate national norm.

So finden in der Schule nicht nur explizite Reflexionen des Individuums über Sprache im Allgemeinen und eine (kodifizierte/geschriebene) Standardvarietät im Speziellen statt und es erfolgt – im Kontext von Schriftlichkeit – eine explizite Vermittlung und Formung eines Konzepts dieser. Sprache wird in diesem Kontext (auch) mit Werten und Bewertungen – d.h. in Konsequenz mit Sanktion (bei sprachlicher Non-Normkonformität) und Gratifikation (bei Normkonformität) – in Verbindung gebracht. Diese (zu vermeidenden) Sanktionen und (anzustrebenden) Gratifikationen schlagen sich im muttersprachlichen Unterricht in

---

207 Vgl. hierzu auch Linell (1982), Coulmas (1982; 1985), Fiehler (2005), Stein (2018). Darüber hinaus ist ebenso die Kopplung von Standard- und Schriftsprachlichkeit an extralinguistische, kulturell positiv besetzte Werte wie Bildung als möglicher Einflussfaktor zu sehen, aus denen sich in Teilen auch das Selbstverständnis bzw. die Identität einer ganzen Gesellschaftsschicht speisen kann, wie die sprachhistorischer Perspektive gezeigt hat, vgl. hierzu Gessinger (1980), Mattheier (1991), Linke (1996), Ziegler (1998), Durrell (2000).

der Dichotomie *richtig vs. falsch* bzw. *standardsprachlich vs. nicht standardsprachlich* nieder, so dass diese Dichotomie *richtig/falsch (in Bezug auf einen sprachlichen Standard)* bei der Beurteilung der Normkonformität sprachlicher Phänomene nicht nur internalisiert wurde, sondern sich auch bewährt hat. Dies zeigt sich zudem daran, dass – wie in dieser Arbeit festgestellt – bei den untersuchten Laien nahezu kein Wissen über grammatische Strukturen und somit keine Bezugsgröße für die Beurteilung einer Strukturgemäßheit nicht-standardsprachlicher Phänomene festzustellen ist (bis auf ein Wissen zu einer standard- und schriftsprachliche Strukturgemäßheit).

Es kann angenommen werden, dass eine Standardvarietät (bzw. das laienlinguistische Konzept dieser) eine überwiegend positive Bewertung erfährt, da bereits früh in der Schule Normen mit Bezug zu dieser internalisiert und Normverstöße sanktioniert werden. Dadurch bildet sich gerade für standardsprachliche Varianten eine hohe metasprachliche Bewusstheit und positive Wertschätzung durch institutionelle Vermittlung aus (vgl. Coulmas 1985). Nicht zuletzt ist eine der anzueignenden Kompetenzen im institutionellen Bildungskontext der Erwerb und die Anwendung dieser (schriftlichen und in Teilen kodifizierten) Standardvarietät bzw. deren Varianten. Der Grad der (Nicht)Beherrschung nicht nur im Rahmen dieser Institution mittels Benotungssystem entsprechend sanktioniert oder honoriert. Auch in sozialer Hinsicht kann die (Nicht)Beherrschung der Standardvarietät (un)erwünschte soziale Folgen haben.[208]

Als Sprachnormautoritäten treten Lehrer als Vermittler und Vollstrecker (standard)sprachlicher Normen in Erscheinung und es hat sich durch Untersuchungen von Jäger (1971a), Braun (1979), Hannappel/Herold (1985), Good (1986/1987), Ammon (1996) oder Davies (2000; 2005; 2006; 2010) gezeigt, dass bei diesen teilweise Uneinigkeit und Unkenntnis darüber herrscht, welche konkreten sprachlichen Formen diesen zuzurechnen sind. Ferner hat sich in den Untersuchungen auch die Tendenz gezeigt, dass Lehrkräfte zum Teil konservativer (und in Teilen auch falsch) urteilen, wo der Kodex Varianten zulässt.[209] Dies kann, wie Davies/Langer (2006: 43) konstatieren, – obschon empirische

---

[208] Siehe hierzu die Beispiele in Maitz/Elspaß (2011a,b). Dass allerdings auch Sprecher einer standardnahen Sprache Diskriminierungen unterliegen können, zeigt Watts (1999: 84–89).

[209] Siehe hierzu auch die grundlegenden Überlegungen von Feilke (2012) sowie Henning (2012) zum Fehlerbegriff. So stellt Feilke (2012: 150; Hervorh. im Orig.) fest: „*Dass* Lehrende normierend in den Sprachgebrauch eingreifen, ist keine Frage. [...] *Wann und in welcher Form* Lehrende dies tun, ist tatsächlich eine praktisch höchst relevante und empirisch so gut wie nicht untersuchte Frage. *Warum und unter Bezug auf welche Annahmen* sie dies tun, ist meines Erachtens jedoch die vordringlich zu klärende Frage, denn davon hängen alle weiteren Fragen ab.".

Desiderate auf diesem Gebiet zu verzeichnen sind – (meta)sprachliche Konsequenzen haben:

> One must assume, although we are not aware of empirical research in the field [...] that the judgements of teachers as to what is correct or not will affect the norm awareness and norm knowledge of pupils: although a teacher may not have the power to decide whether a form actually is codified as standard German, s/he may well have the power to influence perceptions of what is standard and what isn't.

Hierbei kann mit Mihm (1985: 184) eine „Wirksamkeit expliziter Sprachnormvermittlung" angenommen werden, so dass sprachliche Stereotype oder Sprachrichtigkeitstopoi u.a. durch die Schule geprägt und tradiert werden und die Reflexion über (eine normkonforme) Sprache beeinflussen können. Auch hat sich im Rahmen linguistischer Schulbuchforschung von Maitz/Foldenauer (2015) sowie Maitz (2015) gezeigt, dass auch die von den Lehrkräften im Unterricht verwendeten Materialien einer kritischen Überprüfung zu unterziehen wären. Ebenfalls lassen sich im Hinblick auf die Kodizes in ihrer Rolle als normsetzende Instanzen einige kritische Anmerkungen machen, wenn es um die Konstitution einer Richtig-Falsch-Bewertungsdichotomie geht: So werden bei diesen – und darauf haben Wermke (2005: 30), Eisenberg (2006: 10) und Püschel (1989: 131) bereits hingewiesen – unter Umständen deskriptiv gemeinte Informationen durch die Benutzer als präskriptiv interpretiert, so dass Normformulierungen nicht kontextspezifisch ausgelegt werden, sondern eine allgemeingültige kontextübergreifende Präskriptivität der darin verzeichneten Normformulierungen und Empfehlungen erfolgt. Nach dem Motto: im Wörterbuch steht das, was richtig, gut oder erlaubt ist oder – bleiben Varianten gänzlich unerwähnt – halten Wörterbuchbenutzer im Extremfall das für falsch, was sie dort nicht verzeichnet finden. Wermke (2005: 30) ist sogar der Ansicht, dass es eine nicht-präskriptive Lesart gar nicht geben kann, da schon aufgrund der linearen Darstellung der im Kodex enthaltenen Informationen diese präskribierend wirken oder zumindest präskriptiv gelesen werden. So kann unter Umständen die zuerst genannte Variante als am korrektesten gegenüber weiteren Varianten, die genannt werden, eingeschätzt werden, oder die Kodizes weisen explizit bestimmte Varianten als normgemäßer gegenüber anderen aus, indem diese (normativ-wertend) markiert werden.[210] Zwar werden in der aktuellsten

---

210 So können die Markierungen der im Wörterbuch aufgenommenen Nonstandardformen als *umgangssprachlich*, *derb*, *veraltet*, *abwertend* bereits als umstritten und teilweise normativ-wertend angesehen werden, vgl. Ammon (2005) sowie Eisenberg (2007). Siehe in diesem Zusammenhang auch die Untersuchung von Eber/Rössler (2016) zu modalisierten Assertionen.

Auflage des Duden explizit wertende Ausdrücke vermieden, jedoch lässt sich die von Zifonun (2009: 350) gemachte Beobachtung nicht von der Hand weisen:

> Allerdings kann ich mich des Eindrucks nicht erwehren, dass nun an vielen Stellen, wo in rigideren Zeiten das Etikett ‚nicht normgerecht' bzw. ‚falsch' verpasst worden wäre, sich jetzt die Formulierung ‚nicht standardsprachlich' oder stärker ‚von der Standardsprache abweichend' bzw. ‚in der Standardsprache ausgeschlossen' findet.

Ein sprachlicher Kodex wie der Duden kann nicht nur als eine wesentliche normsetzende Instanz angesehen werden, dem eine hohe Relevanz bei der Konstituierung eines sprachlichen Standards (bzw. konkreten sprachlichen Manifestationen) zukommt. Ein Kodex kann ebenso als Einflussgröße eines (meta)sprachlichen Bewusstseins und, in Folge dessen, sprachlicher Handlungen und Produkte, aber auch Sprachbewertungen angesehen werden. Ob und inwiefern eine solche „normative Kraft deskriptiver Wörterbücher" (Wiegand 1986: 99) außerhalb der von ihren Verfassern intendierten Verwendungskontexte existiert, die eine invariante, schriftsprachliche Konzeptualisierung von Sprache bzw. sprachlicher Variation begünstigt und das Fundament für die Bewertungsdichotomie *(standardsprachlich) richtig/falsch* bildet, die zudem übergreifend wirksam ist, lässt sich an dieser Stelle empirisch freilich nicht klären und kann (nach wie vor) als Desiderat angesehen werden.

Wie bereits erwähnt, ließe sich das hohe Maß an Verbindlichkeit und Prestige, das eine kodifizierte und in Schulen unterrichtete (geschriebene) Standardvarietät und deren Varianten genießen, sich auch aus der Tatsache der Verschriftlichung und Kodifizierung dieser und der damit verbundenen Koppelung an die Schrift (und deren hohes Prestige) erklären. Somit erscheint es auch wenig überraschend, dass gerade die in den Kodizes statuierten Normformulierungen „den materialisierten invarianten Idealzustand einer Sprache" (Schmidlin 2011: 51) darstellen. Eine Kodifizierung bestimmter Varianten ist nicht nur ein Ausdruck von Interesse an der Verbindlichkeit und Durchsetzung bestimmter Normen, sondern auch – wie erwähnt – eine Möglichkeit der Einwirkung auf Sprachbewusstheit und Sprachbewusstsein, was sich in der erhöhten Verbindlichkeit und Vorbildlichkeit dieser Normen niederschlägt, wie es Scharloth (2006: 84) feststellt:

> Es sind also zuallererst kollektive Vorstellungen von Richtigkeit und Vorbildlichkeit, die Varianten zu standardsprachlichen Varianten machen. Ein Kodex schreibt diese Varianten dann fest, verleiht ihnen Dauer und wirkt durch diese Festschreibung auf die kollektiven Vorstellungen von Richtigkeit und Vorbildlichkeit. Ein Kodex ist also ein nicht zu vernachlässigender Faktor bei der Modellierung jener Prozesse, die zu standardsprachlichen Normen führen.

Welche Rolle nun ein Kodex für das von Klein (2014: 225) beschriebene „kommunikative Orientierungsbewusstsein" einer Sprachgemeinschaft bildet, kann abschließend nur schwer empirisch ermittelt werden. Es ist nicht ohne weiteres möglich, die breite Rezeption eines Kodex nachzuweisen, da es – und darauf hat Klein (2013) bereits hingewiesen – gravierende empirisch-methodologische Probleme mit sich bringt. Eine gewisse (metasprachliche) Relevanz ist allerdings nicht von der Hand zu weisen, wie Klein (2014: 225) konstatiert:

> Im Sprachkodex manifestiert sich der institutionell gefestigte Teil des kollektiven Sprachbewusstseins einer Zeit. Es wird in schriftlich-formalen Texten mit konstitutiv metasprachlichem Charakter greifbar, insbesondere insofern Sprache mit Wertungen und sozialsymbolischen Gehalten aufgeladen wird. Was schriftlich kodifiziert wurde, ist bis zu einem gewissen Grad auch in den Köpfen der Sprecher präsent. Man kann darüber hinaus ohne große Spekulation annehmen, dass der Sprachkodex nicht nur metasprachlich, sondern auch objektsprachlich relevant ist. Er wird den realen Sprachgebrauch entweder in Teilen spiegeln oder als präskriptive Folie anleiten.

Aus einer solchen sich aus diesem Kontext ergebenden binären Opposition *richtig/falsch* im Sinne *standardsprachlich vs. nicht-standardsprachlich* – so kann spekuliert werden – lässt sich auch eine Bewertung für andere Existenzformen von Sprache ableiten. Diese bildet eine einfache Möglichkeit der Bewertung von Sprache und Sprechern, zumal diese auch unter Rückgriff auf einen sozialsymbolischen Gehalt dieser Dichotomie bei der (sprachlichen) Konstruktion von Identität und Alterität produktiv gemacht werden kann.[211] Statuierten Normen als Produkte des institutionellen Diskurses kommt somit nicht nur eine gewisse Verbindlichkeit, sondern auch soziale Bedeutung zu, haben sich diese in der sprachlichen (Bewertungs)Praxis als (erfolgreicher) Maßstab bei der Evaluation sprachlicher Handlungen, Produkte und Sprechern bewährt. Interessant sind in diesem Zusammenhang die Beobachtungen von Mühlhäusler (1982: 114), der bei Tok-Pisin-Sprechern auf Papua-Neuguinea festgestellt hat, dass diese sich in ihren metasprachlichen Evaluationskategorien von Sprechern

---

[211] So sieht auch Schmidlin (2011: 47) die Entwicklung von einsprachigen Wörterbüchern als einen maßgeblichen Einfluss auf das metasprachliche Bewusstsein einer Sprachgemeinschaft an und betont darüber hinaus auch den (sozial)symbolischen Wert dieser: „Funktional gesehen bedeutet die Entwicklung einsprachiger Wörterbücher den Ausbau und die Differenzierung der metasprachlichen Ebene, welche den Sprachbenutzern zugänglich gemacht wird. [...] Aus Bildungshilfen wurden Symbole sozialen Zusammenhalts, in vielen Fällen nationale Monumente [...]. Dies hängt damit zusammen, dass andere normsetzende Instanzen – Modelltexte, Korrekturverhalten von Normautoritäten und Urteile von Sprachexperten [...] – weniger leicht zu identifizieren und weniger leicht greifbar sind als Wörterbücher."

europäischer bzw. literalisierter Gesellschaften unterscheiden. So nehmen Tok-Pisin-Sprecher im Rahmen metasprachlicher Evaluationen zwar auch auf das Kriterium einer *Zweckmäßigkeit* Bezug (vgl. das folgende Kapitel), jedoch lassen sich in dieser gering literalisierten Sprechergemeinschaft keine Evaluationskategorien finden, die eine Strukturgemäßheit bzw. Korrektheit (in Bezug zu einer anderen strukturgemäßeren Varietät) ausdrücken, was zugleich den Zusammenhang von Literalität/(schriftlicher) Standardsprachlichkeit und spezifischen evaluativen metasprachlichen Kategorien verdeutlicht, wie auch Bredel (2013) detailliert beschrieben hat.[212]

7.4 Zweckmäßigkeit

Allgemeine Verständlichkeit und überregionale kommunikative Reichweite bilden für die Laien wesentliche Eigenschaften einer normkonformen Sprache, die allerdings nur erreicht werden können, sofern keine diatopischen Merkmale und eine schriftsprachliche Orientierung vorhanden sind. Dem Kriterium einer *Zweckmäßigkeit* kommt bei der Beurteilung der Normgemäßheit sprachlicher Phänomene seitens der Laien insofern eine Rolle zu, als vor allem funktionale Kriterien für die zuvor genannten Eigenschaften anzusetzen sind. Als zweckmäßig und normkonform anzusehen ist eine Äußerung, wenn diese so beschaffen ist, dass sie problemlos und eindeutig verstanden und interpretiert werden kann, so dass eine Verständigung möglichst ökonomisch und effizient ist. Entsprechend finden sich in der Analyse auch frequent genannte Lexeme, die hinsichtlich ihrer Semantik auf diese Eigenschaft Bezug nehmen: *verständlich*, *klar*, *deutlich* (vgl. Kap. 5.1).

Kontrastiert man diese Ergebnisse wiederum mit sprachhistorischen Untersuchungen, so zeigen sich u.a. Parallelen zu der Studie von Scharloth (2005a), der *Deutlichkeit* als leitendes Prinzip in der Sprachbewusstseinsgeschichte des 18. Jahrhunderts ansetzt. Ähnliches kann auch Stukenbrock (2005) für die im 18. Jahrhundert von Adelung und Gottsched geforderte Deutlichkeit und Verständlichkeit feststellen; ebenso Faulstich (2008). Ein Aspekt von *Deutlichkeit*

---

[212] Hierzu ist allerdings anzumerken, dass die Erhebung von Mühlhäusler im Jahr 1982 durchgeführt wurde und dass zu dieser Zeit ein Übergang dieser Sprachgemeinschaft von Oralität zu Literalität stattfand, so dass sich dies u.U. nur bedingt auf den heutigen Zeitpunkt übertragen lässt. Es wäre sicher lohnend zu untersuchen, ob die Abwesenheit bestimmter metasprachlicher Evaluationskategorien wie *Korrektheit/Strukturgemäßheit* auch für andere nicht oder wenig literalisierte Gesellschaften zu konstatieren ist und wie sich diese Situation bei Tok-Pisin-Sprechern heute gestaltet.

ist, dass die Ausdrucksfunktion von Sprache als dominante Funktion gesetzt wird, so dass Gedanken in einer 1:1-Relation ausgedrückt bzw. in Sprache überführt werden können. Somit herrscht eine Eindeutigkeit im Bezug von Zeichen und Bezeichnetem vor und im Idealfall steht ein Ausdruck für ausschließlich einen Inhalt. Dieser von Faulstich (2008) im Sprachnormierungsdiskurs des 18. Jahrhunderts festgestellte Eindeutigkeits-Topos wird von ihr als zentral für den von ihr untersuchten Diskursbereich erachtet. Aus diesem leite sich die grundlegende Forderung ab, dass Sprache die Gegenstände und Sachverhalte der außersprachlichen Wirklichkeit möglichst in einem 1:1-Entsprechungsverhältnis abbilden solle. Entsprechend lassen sich auch im Diskurs stilistische Schlüsselwörter wie *deutlich, verständlich, klar, rein, richtig* finden, die mit diesem Topos in Verbindung stehen und diese qualitativen Eigenschaften einer *Verständlichkeit, Deutlichkeit* und *Klarheit*, aber darüber hinaus auch *Richtigkeit, Reinheit* und *Angemessenheit* hervorheben (vgl. Faulstich 2008: 264–266, 387).

So nehmen die stilistischen Schlüsselwörter *deutlich* und *verständlich* bzw. ihre substantivischen Ableitungen eine besondere Stellung im untersuchten Diskurs ein, da sich diese durch eine hohe Auftretenshäufigkeit und breite Zuschreibung zu sprachlichen Größen auszeichnen.[213] Ähnliches stellen auch Davies/Langer (2006: 35) unter Bezug auf die Studie von Chorley (1984) für die grammatischen Werke von J.C.A. und K.W.L Heyse fest, wenn sie konstatieren:

> The establishment of a clear one-to-one relationship between form and function or meaning was an important criterion for grammarians at that time [...]. It is related to a particular understanding of the system, and structure of a linguistic variety, i.e. that it is most efficient when ‚redundancy' is at its lowest level, and this notion of what constitutes efficiency is of course related to the notion that the primary function of language is the transmission of ideas between two or more interlocutors. The mapping of one function or meaning onto one form is seen as the optimal ways of securing mutual comprehension between as many people as possible.

So stellen Davies/Langer (2006: 35–36) unter Bezug auf die Arbeiten von Harris (1981), Dieckmann (1991) und Reichmann (1996) heraus, dass dieses Modell von Sprache bzw. Kommunikation, dessen Ursprünge im 16./17. Jahrhundert zu suchen sind, nicht nur seit der Aufklärung populär ist, sondern sich auch in gegenwärtigen laienlinguistischen Werken findet.[214] Auch in der Untersuchung

---

213 Diese können allerdings unterschiedliche Bedeutungsdimensionen umfassen, vgl. Faulstich (2008: 467–505), was ebenso für die Schlüsselwörter *rein* und *richtig* gilt, vgl. Faulstich (2008: 505–520).
214 Zudem kann Cheshire (1999) zeigen, dass auch im Rahmen einer (auf den englischen Standard bezogenen) Kodifizierungs- und Sprachstandardisierungspraxis dieser Eindeutigkeit-

von Berthele (2010b) zeigt sich anhand der Analyse von (Metaphern)Lexemen bzw. metaphorischer Attribuierungen wie *klar, schnell, regelmäßig*, dass bei der Konzeptualisierung von Sprache ein Fokus auf eine die Kommunikationsfunktion von Sprache dominierende Perspektive gelegt wird, so dass Ökonomie, Effektivität und Uniformität relevante Eigenschaften darstellen. Auch in dem Experiment von Spiekermann (2010) wurde die Standardvarietät überdurchschnittlich häufig mit Formen assoziiert, die Ordnung und Struktur symbolisieren. Ebenso finden sich in den Begründungen zu diesen Zuordnungen Lexeme wie z.B. *klar* oder *strukturiert*. In diesem Zusammenhang konstatiert Berthele (2010b: 256; Hervorh. im Orig.):

> Damit Sprache innerhalb der relevanten Sprachgemeinschaft (in der Regel die Nation) optimal als Kommunikationsmittel funktionieren kann, muss sie effektiv sein – was gut zu Attributen wie *klar, schnell* und *wortreich* passt. Sprache im rationalistischen Modell ist zudem auch uniform und normiert, damit sie die größtmögliche Allgemeinheit im Gebrauch erreichen kann und damit Einheit und Einheitlichkeit schafft – Attribute wie *regelmäßig, regelhaft* sind hier die erwartbaren Entsprechungen.

So wird aus Laiensicht die Normkonformität einer (erfolgreichen) Sprachhandlung anhand des kommunikativen Erfolgs bewertet, der daraus resultiert, ob die auf Produzentenseite beabsichtigte Intention sich mit der vom Rezipienten erschlossenen Intention deckt. Eine normkonforme Sprache wird hierbei überwiegend im Hinblick auf ihre (repräsentative illokutive) Kommunikationsfunktion konzeptualisiert, was zugleich auch die seitens der Laien genannten, als erwünscht angesehenen Eigenschaften wie *Einfachheit, Klarheit, Strukturgemäßheit, Verständlichkeit* erklärt, die diese uneingeschränkte Kommunikation gewährleisten sollen.[215] So muss aus Laiensicht – vereinfacht formuliert – lediglich die richtige Sprache verwendet werden, um quasi automatisch eine erfolgreiche interferenzfreie Kommunikation zu erreichen. Diese Sprache ist am effizientesten und zweckmäßigsten, sofern das Verständnis hemmende Faktoren wie diatopische Varianten, Anglizismen oder mehrdeutige Ausdrücke vermie-

---

stopos bedient wird, um die Reduzierung (vermeintlicher) sprachlicher Redundanzen zu legitimieren, wobei es allerdings alles andere als gesichert gilt, welche Bedeutsamkeit diesem Prinzip *de facto* zukommt.

215 Diese auf eine reine Kommunikationsfunktion konzentrierende Sicht auf Sprache lässt sich mit Geeraerts (2003) als Manifestationen des rationalen Modells der Sprachstandardisierung ansehen. So muss Sprache aus Sicht der Laien homogen sein, damit eine größtmögliche Allgemeinheit und Effizienz im Gebrauch unter sprachökonomischen Aspekten erreicht werden kann. Nur so kann sie als optimales, interferenzfreies und überregionales Kommunikationsmittel innerhalb einer Gesellschaft funktionieren.

den werden, um somit die 1:1-Übertragung von Ideen zwischen Sprecher und Hörer zu gewährleisten. Auch findet sich die Vorstellung, dass eine solche Sprache eine eindeutige 1:1-Zuordnung von Zeichen und Bezeichnetem ermöglicht, so dass es eine neutrale und transparente Sprache gäbe, die die Realität 1:1 abbilde, was Harris (1981) als *telementational model of language* bezeichnet hat. Feilke (2012: 161; Hervorh. im Orig.) sieht in dieser Erwartung einer sprachlichen Explizitheit „das apragmatische, um nicht zu sagen *antipragmatische* Motiv" verwirklicht:

> Es geht nicht um kommunikative Angemessenheit, nicht darum, so explizit wie nötig zu sein, sondern es geht darum, sprachlich so explizit wie möglich zu sein, und zwar bezogen auf jede Strukturebene der Sprache. Das ideale Telos einer so verstandenen Sprachlichkeit, also des Ideologems der Schriftform einer Sprache, ist die maximale formale, d.h. sprachstrukturelle Absicherung des Verstehens bzw. maximale Kontextunabhängigkeit für alle sprachlichen Formebenen: Wort, Satz und Text. (Feilke 2012: 161)

Auf der einen Seite werden Abweichungen von als erwünscht angesehenen Eigenschaften einer normkonformen Sprache (beispielsweise Variationsfreiheit) von den Laien in bestimmten Fällen toleriert, so lange sie sich mit der Sprecherintention des zweckrational-funktionalen Verstandenwerdens vereinbaren lassen. Auf der anderen Seite sind Laien der Ansicht, dass ein solches Verstandenwerden nur mittels einer Sprache hergestellt werden könne, die die genannten Eigenschaften besitzt. In der erwünschten Eigenschaft einer (allgemeinen) Verständlichkeit und überregionalen kommunikativen Reichweite, die im besten Fall durch Schriftnähe und Invarianz sichergestellt werden, manifestiert sich jedoch mehr als nur die Erfüllung bestimmter normativer Erwartungen (um der Normen willen) oder der Anspruch einer rein unter zweckrational-funktionalen Aspekten möglichst interferenzfreien Kommunikation. Die von den linguistischen Laien als erwünscht angesehene Reduzierung von (diatopischer) Variation, ein schriftsprachlicher Bezug und eine sprachstrukturelle Homogenität, die als Voraussetzungen für die laienlinguistisch relevanten Eigenschaften eines (überregionalen und allgemeinen) Verstandenwerdens gelten können, bilden – sowie diese Eigenschaften selbst – das Fundament eines grundlegende(re)n (kommunikativen) Handlungsprinzips: Kooperation. Eine sprachliche Handlung als Form gesellschaftlichen Handelns ist somit dann als erwünscht anzusehen, sofern mit dieser der verfolgte (gesellschaftliche) Handlungszweck, also das (metakommunikative) Ziel einer geteilten Intentionalität und des geteilten Verstehens (bzw. der Erreichung von als geteilt geglaubten Handlungszielen) als Form der Kooperativität erreicht ist. Da eine Verständigung – als Form der Kooperation – das Handlungsziel bildet, das nur mit anderen zusammen erreicht werden kann, erscheint somit auch der Anspruch der Laien plausibel, die kommunikative Funktion von Sprache als dominant zu setzen und diese zweckmäßig unter funktionalen Aspekten zu beurteilen, da – aus Laiensicht – dies der effektivste, ökonomischste und optimale Weg ist, diese Kooperation herzustellen.

8 Fazit: Gutes Deutsch aus der Sicht linguistischer Laien

Das Anliegen der vorliegenden Arbeit war eine Erhebung, Analyse, Interpretation und in Folge dessen Rekonstruktion der Inhalte und Strukturen eines laienlinguistischen Sprachnormwissens, das zugleich einen Teil des (sprachbezogenen) Alltagswissens bildet. Die gewonnenen Erkenntnisse sollten Auskunft darüber geben, welche Inhalte und Strukturen eines laienlinguistischen Sprachnormwissens sich aus dem Sprechen über eine normkonforme Sprache in Form metasprachlicher Kommentare rekonstruieren lassen. Dieses wurde anhand der Analyse der materiell-manifesten Externalisierungen dieses Sprachnormwissens bzw. dessen Repräsentationsformat in Gestalt sprachlich-symbolischer Zeichen rekonstruiert und im Rahmen des interpretativen Vorgehens eines Fremdverstehens im Rückgriff auf die qualitativ-hermeneutische Methode einer qualitativen Inhaltsanalyse erschlossen. So hat diese Arbeit nicht nur das Ziel verfolgt, im Rahmen einer empirisch begründeten Sprachnormenforschung die Strukturen und Inhalte eines Sprachnormwissens zu ergründen, sondern auch in Rückbindung an dieses alltagsweltliche Kategorien zu ermitteln, denen im Hinblick auf ihre Ordnungs- und Orientierungsfunktion in der Lebenswelt des Alltags bzw. im Raum sprachlicher Heterogenität eine Relevanz zukommt. Insbesondere stand im Fokus der Analyse, welche Bezugsbereiche, konkreten sprachlichen Phänomene, die sich diesen zuordnen lassen, welche Bewertungskriterien und Bewertungsmaßstäbe bei den Laien im Rahmen von metasprachlichen Kommentaren bzw. Urteilen über eine Normkonformität existieren. Hierdurch sollten nicht nur Einblicke in grundlegende Wissens- und Kategorisierungsstrukturen im Umgang mit sprachlicher Heterogenität gegeben werden, sondern ebenso sollten Antworten auf die Frage „*Was ist gutes Deutsch?*" Erkenntnisse darüber liefern, wie ein (handlungsleitendes) Sprachnormwissen und diesbezügliche sprachliche Normen in ihrer Funktion als „Institutionen im Reich der Gedanken" (Gloy 1997: 22) sprachlich-kommunikative (Erwartens)Erwartungen und somit Evaluationen, Beschaffenheit sowie Gebrauch von Sprache beeinflussen (können). Hieraus kann die Konsequenz gezogen werden, dass – im Rückgriff auf dieses Wissen – positiv evaluierte sprachliche Produkte und Handlungen in einer Weise verbindlich und ebenfalls als handlungsleitend anzusehen sind, so dass Sprachwandelprozesse vor dem Hintergrund eines Normenwandels interpretiert werden können. Dies kann geschehen durch eine Fokussierung auf die handlungs- und wahrnehmungsleitenden „Teilnehmerkategorien" (Gloy 2010: 36), wie sie in dieser Arbeit festgestellt wurden, denn nicht zuletzt hängt nicht nur die Verwendung einzelner sprachlicher Varianten, sondern u.U. ebenso sprachliche Evolution (auch) von Bewertung und Kategorisierung einer Variante oder Varietät ab, wie Arendt (2010) für das Niederdeutsche gezeigt hat.

In dieser Arbeit hat sich anhand der Kontrastierung eines wissenschaftlichen mit einem laienlinguistischen (Standard)Sprachkonzepts gezeigt, dass Divergenzen zwischen alltagsweltlichem und sprachwissenschaftlichem Metasprachdiskurs existieren. Dies gilt vor allem hinsichtlich der seitens der Laien als erwünscht angesehenen Eigenschaften einer sprachstrukturellen Homogenität, eines standard- und schriftsprachlichen Bezugs, der als Maßstab der Bewertung einer Strukturgemäßheit und somit Normkonformität dient, sowie der Dominantsetzung der repräsentativen kommunikativen Funktion. Insofern kann Spitzmüllers (2005a: 366) Frage, inwiefern sich eine Inkompatibilität zwischen Öffentlichkeit und Wissenschaft, die sich für den von ihm untersuchten Diskursausschnitt gezeigt hat, auch für weitere Diskursausschnitte zeigt, nicht nur auch für das Sprechen über eine normkonforme Sprache gestellt werden, sondern – wie sich an der Gegenüberstellung sprachwissenschaftlicher und laienlinguistischer Reflexionen in dieser Arbeit gezeigt hat – auch in gleicher Weise für diese Arbeit beantwortet werden.

Es hat sich gezeigt, dass linguistische Laien nicht nur sprachliche Varietäten insgesamt, sondern auch die aus linguistischer Sicht als *Standardvarietät* bezeichnete sprachliche Größe als relativ klar abgrenzbar, invariant und homogen konzeptualisieren, so dass als ein wesentliches Merkmal einer normkonformen Sprache *Homogenität* anzusetzen ist (vgl. Kap. 7.1). Weiterhin wurde die aus Laiensicht mit dem Terminus *hochdeutsch* bezeichnete Sprache, die ein in einer (bewerteten) Laientaxonomie dichotom entgegengesetztes sprachliches Konzept zu *dialekt* bildet, dominant (sprach)geographisch im Norden des bundesdeutschen Sprachraumes, insbesondere dem Bundesland Niedersachsen und der Stadt Hannover, verortet, so dass als weitere relevante Eigenschaft dieser Sprache *Monozentrik* anzunehmen ist (vgl. Kap. 7.2). Eine normkonforme Sprache zeichnet sich nicht nur durch die – dem *dialekt* fehlende – Eigenschaft einer Kopplung an das Medium *Schrift* aus, woraus zugleich die weitere laienlinguistisch relevante Eigenschaft *Schriftbezogenheit* resultiert, sondern es erfolgt auch eine Reflexion *über* sowie eine Beurteilung *von* Strukturgemäßheit und schließlich Normkonformität sprachlicher Varianten und Varietäten vor dem Hintergrund einer Konvergenz mit einer Schriftsprachlichkeit (vgl. Kap. 7.3). So zeichnet sich eine normkonforme Sprache durch die Anwesenheit grammatischer Strukturen aus, ein *dialekt* hingegen zeichnet sich durch eine Abwesenheit dieser aus. Auch konstituiert sich eine Dialektalität aus Laiensicht nahezu ausschließlich durch Lautlichkeit. Sprachliche Modelle bzw. kompetente Modellsprecher, die von den Laien genannt werden und die dieser Sprache am nächsten kommen oder mit dieser gleichzusetzen sind, sind mehrheitlich den Berufssprechern zuzuordnen. Insbesondere wird Nachrichtensprechern und (überregionalen) massenmedialen Formaten wie Nachrichtensendungen eine Vorbildwirkung für den eigenen Sprachgebrauch zugestanden. Die Eigenschaft einer schriftsprachlichen Konzeption beim medial mündlichen Sprachgebrauch – im Rahmen einer inszenierten Mündlichkeit – bildet die Voraussetzung für die von den Laien als am relevantesten angesehene Eigenschaft einer solche Sprache: *Zweckmäßigkeit* (vgl. Kap. 7.4).

Eine solche zweckmäßige Sprache sollte eine große (überregionale) kommunikative Reichweite und Allgemeinverständlichkeit besitzen, die aus den genannten Kriterien einer *Invarianz* bzw. *Homogenität* und *Schriftbezogenheit* resultiert. Der Abwesenheit diatopischer Merkmale und einer Schriftbezogenheit kommen hierbei eine besondere Relevanz im Hinblick auf diese angestrebte Zweckmäßigkeit zu, da diese Sprache aus Laiensicht nur in ihrer homogenen und invarianten Form innerhalb der Sprachgemeinschaft als optimales, interferenzfreies, überregionales und allgemeinverständliches Kommunikationsmittel funktionieren kann. Diese im Rahmen dieser Arbeit festgestellten und seitens der Laien als erwünscht angesehenen Eigenschaften lassen sich als *Standardismus* bzw. Ideologeme einer Standardsprachenideologie interpretieren, wie sie u.a. durch Maitz (2014; 2015) sowie Maitz/Elspaß (2011) beschrieben wurden. Neben einer *Sprachrichtigkeit*, dem *Homogenismus* und dem *Hannoverismus*, die als Bestandteile dieser Ideologie angesehen werden können, und in den Interviews im Rahmen metasprachlicher Kommentare implizit wie explizit geäußert werden, ließe sich angesichts der Ergebnisse dieser Arbeit, die eine hohe Standard- und Schriftaffinität bei den Laien offenbaren, ein weiteres Ideologem formulieren: der *(laienlinguistische) Skriptizismus*.

Antworten auf die Frage „*Was ist gutes Deutsch?*" können hierbei nicht nur als Teil eines Metasprach(standardisierungs)diskurses angesehen werden, der ein Sprechen über (eine normkonforme) Sprache ist, sondern die Antworten zeigen ebenso, dass dieser Diskurs auch das (gegenwärtige) Standardisierungsstadium der Standardvarietät metasprachlich reflektiert. Es zeigt sich, dass die von Milroy/Milroy (2012: 22) als „maintenance" bezeichnete Phase der Sprachstandardisierung[216] sich im metasprachlichen Laiendiskurs insofern manifestiert

---

216 „Linguistic change is not unconstrained, and adequate accounts of change must, amongst other things, consider the social factors that resist change and maintain norms. We shall call this latter tendency *maintenance*, and begin by postulating that *maintenance* is the converse of

und der (privilegierte) Status der Standardvarietät insofern metasprachlich reflektiert wird, als die der Standardvarietät zugeschriebenen unterschiedlichen sprachstrukturellen Phänomene und Eigenschaften (Invarianz, Ausbau der kommunikativen Funktion, Kopplung an Schrift) sich weitestgehend mit jenen decken, die sich auch aus einer linguistischen Perspektive identifizieren lassen. Auch werden diese als positiv bewertet und erwünscht angesehen, was (auch) als Indikator für die „acceptance by the community" (Haugen 1966: 933) des sprachlichen Standards angesehen werden kann.[217] Ebenfalls hat sich gezeigt, dass sich in diesem metasprachlichen Diskurs frequent auftretende Muster des Sprechens über Sprache finden lassen, wie beispielsweise die Konzeptualisierung und Forderung sprachlicher Homogenität und Korrektheit bzw. Strukturgemäßheit, die sich mit einer ausgeprägten Standard- und Schriftaffinität verbinden und sich in metaphorischen Modellen und auf formalsprachlicher Ebene beim Sprechen über (eine normkonforme) Sprache manifestieren. Ferner zeigt sich ein frequenter Bezug auf eine lautliche Beschreibungs- und Bewertungsebene und eine Dominantsetzung der Darstellungsfunktion, die schon in anderen (gegenwärtigen wie sprachhistorisch ausgerichteten) Untersuchungen aufgezeigt wurden, so dass angesichts der herausgestellten Erkenntnisse „Traditionen des Sprechens über Sprache" (Tophinke/Ziegler 2014: 238) konstatiert werden können.

Ein Sprechen *über* und ein Bewerten *von* Sprache (im Rückgriff auf ein entsprechendes Sprachnormwissen) ist nicht nur eine (metasprachliche) Reflexion aktueller sprachlicher Verhältnisse, die (inter)individuelle Interpretationsmodelle sozialer Wirklichkeit und Ordnungsstrategien sprachlicher Heterogenität offenbart. Dieses Sprechen konstituiert zugleich einen Metasprach(standardisierungs)diskurs, der nicht nur abbildet, sondern auch die sprachlichen Verhältnisse aktiv mitgestaltet, wobei sich diese Verhältnisse angesichts der vorliegen-

---

change. There are social mechanisms that encourage change (e.g. the overt or covert prestige attached to certain pronunciations), and other social mechanisms that seek to stabilise a language or dialect, and in so doing impede or prevent linguistic change" (Milroy/Milroy 2012: 49; Hervorh. im Orig.).

217 Diese deckt sich zum Teil mit den von Haugen (1966) als *implementation* und *elaboration* bezeichneten Phasen der Sprachstandardisierung. Davies/Langer (2006: 155) sehen zudem als Indikator für diese Akzeptanz die Tatsache an, dass Sprecher bereit sind (und in der Vergangenheit waren) Werke zum richtigen/guten Deutsch – oder zumindest das, was von den Autoren dieser Werke dafür gehalten wird – zu kaufen. Auch Deppermann/Helmer (2013: 112) sehen diese Ratgeber als Reflex auf die normative Regulierung sprachlichen Handelns und dem Wunsch der Sprecher dieser in ihrem Sprachhandeln zu genügen.

den Erkenntnisse als *standard language culture* (vgl. Durrell 1999; Milroy 2001; Gal 2009, Maitz/Elspaß 2012b) interpretieren lassen.

9 Ausblick: Perspektiven, Grenzen und Konsequenzen der Untersuchung laienlinguistischen Wissens

In theoretischer und empirischer Hinsicht lassen sich aus der Rekonstruktion der Inhalte und Strukturen eines laienlinguistischen Sprachnormwissens unterschiedliche Konsequenzen ziehen. So hat sich gezeigt, dass Laien mit einer normkonformen Sprache bzw. einem *guten deutsch*, zumeist als *hochdeutsch* bezeichnet, weitestgehend das assoziieren, was sprachwissenschaftlich als *Standardvarietät* beschrieben werden kann. Auch wenn sich interindividuell einige grundlegende gemeinsame Merkmale feststellen lassen (vgl. Kap. 7), lässt sich für die in dieser Arbeit erbrachten Ergebnisse Ähnliches feststellen, was Hundt (2017: 123) bereits in Bezug auf Struktur und Komplexität eines linguistischen Laienwissens formuliert hat: Linguistisches Laienwissen ist sehr heterogen, nur bedingt generalisierbar und Laien greifen jeweils in unterschiedlichem Grad auf die eigenen Wissensbestände zu. Demnach kann nicht von einem intra- wie interindividuell stabilen, jederzeit problemlos zugänglichen Wissen ausgegangen werden.

Neben der kodifizierten bzw. durch normsetzende Instanzen konstituierten und im Sprachgebrauch feststellbaren Varietät eines sprachlichen Standards sollte als eine dritte ontologische Entität im Rahmen der Konstituierung eines sprachlichen Standards ebenso ein laienlinguistisches Konzept dieses sprachlichen Standards theoretisch wie empirisch reflektiert und in eine Modellierung integriert werden. So sollte die Kritik Hundts (2009b: 117) an Ammons Modell des sozialen Kräftefeldes der Standardvarietät (vgl. Ammon 1995: 73–82; 2003; 2005) im Hinblick auf die Rolle der Sprecher als normsetzende Instanz bzw. integraler Bestandteil eines Sprachstandardisierungs- und Sprachnormierungsdiskurses ernst genommen und dieser konsequent als relevante Größe einbezogen werden. Ebenfalls kann die konsequente Einbeziehung eines laienlinguistischen (Sprachnorm)Wissens auch als Einlösung der bereits innerhalb der Varietätenlinguistik (vgl. Auer 1986; Schmidt 2005a; Krefeld/Pustka 2010; Purschke 2011), Soziolinguistik (vgl. Maitz 2010a; Scharloth 2005b) oder Wahrnehmungsdialektologie (vgl. Anders 2010a) aufgestellten Forderung nach einer Integration kognitiver Komponenten des Sprachwissens der Sprecher in eine variations- oder soziolinguistische Theorie gelten. Zudem hält das empirische Material dieser Arbeit Potenzial zur Befriedigung weiterer Forschungsfragen, Thesen und Erkenntnisinteressen bereit, als im Rahmen dieser Arbeit abgedeckt werden konnte.[218]

In methodischer Hinsicht ist zu konstatieren, dass sich die Elizitierung und Analyse der Inhalte und Strukturen eines laienlinguistischen Sprachnormwissens als nicht gänzlich unproblematisch gestaltet hat. Dies ist zum einen im Gegenstand selbst begründet, der sich als komplex, heterogen und beeinflusst von seinem Elizitierungskontext und Repräsentationsformat zeigt. Zum anderen liegt der Grund hierfür in dem methodischen Zugriff auf diesen. So hat sich bei der Analyse das praktische und generelle Problem eines mangelnden Kontextes bzw. einer nicht vorhandenen Explikation laienlinguistischer sprachbezogener Begriffe zur Disambiguierung und somit Erfassung der Intensionen und Extension gezeigt. Das Resultat einer Rekonstruktion der Inhalte und Strukturen laienlinguistischen Wissens bildet stellenweise eine rein formale Darstellung dieser Begriffe. Hier sollte in künftigen Untersuchungen darauf geachtet werden, dass durch gezielte Nach- bzw. Rückfragen Explikanda einer Disambiguierung bzw. Explikation unterzogen werden, um Explikate für eine wissenschaftliche Analyse fruchtbar zu machen, wobei sich hier die Frage nach der konkreten forschungspraktischen Umsetzung stellt. Auch lassen sich für künftige Untersuchungen einige Erkenntnisse dieser Arbeit für weitere Analysen forschungspraktisch operationalisieren: So konnte festgestellt werden, dass bestimmten metasprachlichen Evaluationskriterien und -kategorien wie *Strukturgemäßheit*, *Homogenität* oder *Schriftbezogen*heit, aber auch Lexemen wie *richtig*, *korrekt* oder *rein* laienlinguistische Relevanz zukommt. Künftige Studien könnten diese Kriterien/Kategorien bei der Konstruktion des Untersuchungsdesigns und schließlich bei der Elizitierung insofern berücksichtigen, als hieraus beispielsweise entsprechende Indikatoren/Variablen für eine (differenzierte) statistische Auswertung gewonnen werden könnten. So könnte zum einen der in Kap. 3.4 gemachten Kritik an der Qualität, Form und schließlich auch Auswertung der Daten insofern Rechnung getragen werden, als bei künftigen Untersuchungsdesigns und der konkreten Erhebung Indikatoren bzw. Variablen genutzt werden, die beispielsweise eine metrische Skalierung zulassen. Hierbei könnte, wie soeben angedeutet, eine Einschätzung seitens der GP vorgenommen werden (beispielsweise mittels Intervallskala), wie wichtig für diese eine (vorgefertige)

---

218 Anknüpfungspunkte, die das Material bietet, wären z.B. (detailliertere) Wortbildungsanalysen in der Laienmetasprache, Argumentationsanalysen laienlinguistischer metasprachlicher Urteile oder auch Gesprächs- bzw. Interaktionsanalysen.

Variable wie beispielsweise *korrekte/richtige Grammatik* ist, die sich in dieser Untersuchung als relevantes Kriterium herausgestellt hat.[219]

Weiterhin sind – und dies kann ebenfalls als methodische Kritik an dieser Untersuchung gelten – die in dieser Arbeit gewählten Erhebungs- und Analysemethoden nicht frei von Verzerrungen. Es kann nicht nur eine Beeinflussung des Antwortverhaltens durch den Interviewkontext angenommen werden – was sich allerdings für jede künstlich herbeigeführte Interview-/Erhebungssituation zwangsläufig ergibt –, sondern auch grundlegende Bewertungskategorien, die in dieser Arbeit bei den Laien festgestellt wurden, können aus einem Bias, begründet im Untersuchungssetting, resultieren. So kann unter Umständen die von den Laien häufig thematisierte und als erwünscht angesehene Strukturgemäßheit, die sich bei den Laien auf sprachlicher Ebene anhand der Lexeme *richtig* und *korrekt* zeigt, darin begründet liegen, dass durch die im Erhebungssetting dem Interview vorgeschaltete Erhebungsmethode des Ratespiels[220] und der dort gestellten Frage an die GPn „*Wie sprachlich korrekt/richtig empfinden Sie diese Sprechprobe?*" zum einen die frequente Thematisierung einer sprachlichen Korrektheit/Richtigkeit resultiert und zum anderen aufgrund der Tonproben als Stimulus in erster Linie über lautliche Phänomene reflektiert wird. Vor allem ist Hundt (2018: 112) zuzustimmen, wenn dieser konstatiert, dass sich eine Methodenkombination bei der Elizitierung laienlinguistischen Wissens nicht nur bewährt hat, sondern auch für künftige Untersuchungen angesetzt werden sollte, wie es beispielsweise in Teilen der Sozialwissenschaft/Soziologie im Rahmen von *mixed-methods* und Triangulation praktiziert wird.[221] Dies nicht nur in Anbetracht der Komplexität dieses Wissens, sondern auch in Anbetracht vielversprechender innovativer Ergebnisse durch beispielsweise die Studien bzw. die darin verwendeten Methoden durch Berthele (2006; 2010b) oder Spiekermann (2010; 2012). Zuletzt sei das bereits in Kap. 2.1.2 und von Hundt (2018: 110–111) formulierte Desiderat einer theoretischen wie empirischen Klärung des zentralen Konzepts *linguistischer Laie*, das auch in der vorliegenden Untersuchung zum Tragen kam aber nicht befriedigend geklärt werden konnte, aufgegriffen. Hierbei hat sich anhand der Ergebnisse dieser Studie und auch der Stu-

---

219 Denkbar wäre auch – angelehnt an eine idiolektische Gesprächsführung –, dass bei der Konstruktion des Interview-Leitfadens berücksichtigt wird, dass spontan eine Skalierung von im Interview geäußerten Kategorien, die ad-hoc als Variablen transformiert werden, vorgenommen werden kann. Oder aber, dass die im Laufe des Interviews genannten relevanten Kategorien/Kriterien am Ende des Interviews durch die GP in eine bestimmte hierarchische Reihenfolge gebracht werden.
220 Hierzu sowie zu den Ergebnissen Palliwoda (2017).
221 Siehe hierzu Kuckartz (2014), Burzan (2016), Flick (2012; 2018) sowie Kelle (2019).

die von Hundt (2017) gezeigt, dass es einer Analyse der Inhalte und Strukturen eines komplexen, heterogenen und situationsbezogenen sprachbezogenen Alltagswissens zuträglich sein kann, interaktionale und situative Aspekte bei der Analyse zu berücksichtigen. Dies kann hilfreich sein, um vermeintliche Inkonsistenzen, Widersprüche oder Inkohärenzen, die sich vordergründig ergeben – die aber als konstitutiv für ein interaktional-diskursiv konstruiertes Wissen angesehen werden können –, aufzulösen.

Es ergeben sich auch aus sprachpolitischer Sicht Konsequenzen: Geht man davon aus, dass sprachliche Ungleichheit – z.B. durch sprachlich-soziale Diskriminierung aufgrund bestimmter sprachlicher Muster – zu sozialer Ungleichheit und Benachteiligung führen, so sollte es die Aufgabe einer sozial und sprachpolitisch verantwortungsbewussten Linguistik sein, solche Probleme zu thematisieren und mögliche Lösungsansätze bereitzustellen (vgl. hierzu v.a. Maitz/Elspaß 2011a).[222] So kann sich diese Arbeit auch als ein Beitrag dazu verstehen, problematische Sprachnormvorstellungen von Laien zu thematisieren, wie die hier teilweise festgestellten Vorstellungen von defizitären (oder nicht vorhandenen) grammatischen Strukturen diatopischer Varietäten, deren Stigmatisierung hinsichtlich der Verwendung in öffentlichen Kontexten, der Beurteilung der Normkonformität dieser (wie auch medial/konzeptionell mündlicher Äußerungen) mittels eines auf eine Standard- und (konzeptionelle) Schriftsprachlichkeit bezogenen Bewertungsmaßstabs. Dies betrifft gleichsam die Vorstellung eines homogenen, entregionalisierten, eindeutig sprachgeographisch verortbaren und uneingeschränkt funktionalen sprachlichen Standards. Diese von einer Standardspracheideologie geprägten sprachliche Praktiken, Vorstellungen und soziale Handlungen erfordern von der Linguistik Konsequenzen, wie Maitz/Elspaß (2011a: 234) betonen:

> LinguistInnen sollten nicht müde werden, darauf hinzuweisen, dass es kein einheitliches Standarddeutsch gibt bzw. aufgrund der auch arealen Heterogenität nicht geben kann – und dass entsprechende Vorstellungen auf die Homogenismus-Ideologie zurückgehen. In der Aussprache der Lexik und der Grammatik des Deutschen herrscht – wie in anderen westlichen Kultursprachen – eine national und innerhalb der Nationalstaaten wiederum regional ausgeprägte Standardvariation. [...] Als Experten müssen LinguistInnen darauf aufmerksam machen, dass es kein akzentfreies Deutsch gibt (und schon gar nicht, dass ein solches in Hannover gesprochen würde), sondern nur verschiedene mehr oder weniger stark gefärbte regionale Gebrauchsstandards.

---

[222] Natürlich wäre auch die umgekehrte Richtung denkbar, so dass sozial diskriminierte Sprecher/Gruppen eine weitere, auf ihre Sprache bezogene Diskriminierung erfahren.

Auch sollte angesichts der bei den Laien festgestellten Standardaffinität und starken schriftsprachlichen Orientierung die Rolle und das Verhältnis der normsetzenden Instanzen einer kritischen Prüfung unterzogen werden. Insbesondere ist angesichts der von Maitz (2015) sowie Maitz/Foldenauer (2015) im Rahmen einer kritischen Schulbuchforschung erbrachten Ergebnisse zum „sprachlichen Standardismus" (Maitz/Foldenauer 2015: 231) die Rolle der Verlage im diskursiven Beziehungsgefüge normsetzender Instanzen und deren normsetzende Funktion zu hinterfragen, worauf schon Gloy (1998: 400) hingewiesen hat:

> Verlage verfolgen privatwirtschaftliche Interessen: Kapitalakkumulation und die damit verbundene Sicherung von Absatzchancen, was v.a. durch die kultusministerielle Genehmigung der von ihnen produzierten Schulbücher erreicht werden kann. Ihr Einfluß auf die Bestimmung der N.en [=Normen] (durch Mitarbeit in staatlichen Planungsgruppen und durch eine didaktische Konkretisierung ministerieller Rahmenordnungen) [...] ist wegen dieser Interessenlage problematisch.

Allerdings ist nicht nur auf die Rolle der Schulbuchverlage, sondern auch auf die weitere zentrale normsetzende Instanz der Kodizes bzw. der Verlage hinter diesen hinzuweisen. Ebenso ist ihre Interessenslage und normsetzende Wirkung kritisch zu hinterfragen, so dass von Polenz (1973: 152) schon früh zu Recht die Frage gestellt hat, „ob es richtig ist, daß der größte Einfluß auf die Sprachnormung im Deutschen einem privatwirtschaftlichen Unternehmen wie dem Verlag der Duden-Bücher unkontrolliert überlassen bleibt". Hierzu muss allerdings einschränkend festgestellt werden, dass – wie die Untersuchung von Davies/Langer (2006) in Einzelfällen gezeigt hat – der Einfluss der Kodizes und statuierter Normen in Bezug auf die Herausbildung oder Veränderung subsistenter Normen auch nicht überzubewerten ist. Nicht nur angesichts des komplexen multidimensionalen diskursiven Verhältnisses der normsetzenden Instanzen untereinander, sondern auch angesichts der in diesem Zusammenhang zu konstatierenden (theoretischen wie empirischen) Desiderate ergibt sich viel Potenzial für künftige Forschungen. So wäre in Anbetracht der hier erbrachten Ergebnisse zu überprüfen, inwiefern sich Wechselwirkungen und Konsequenzen nicht nur im Hinblick auf Normierungsprozesse der Instanzen untereinander ergeben, sondern auch im Hinblick auf deren Einfluss auf Inhalte und Strukturen eines sprachbezogenen Alltagswissens. Auch sollte die Rolle und die (metasprachliche) Wirksamkeit von „ideology brokers" (Blommaert 1999b: 9) im Hinblick auf die (Re)Produktion sprachlicher Ideologien näher beleuchtet werden.[223]

---

[223] Siehe hierzu beispielsweise die Studie von Johnson (2005) zur Rechtschreibreform.

Angesichts dieser Feststellungen, die sich aus einer sprachpolitischen Perspektive machen lassen, ergeben sich anschließend auch Konsequenzen im Rahmen einer Sprachdidaktik: Blickt man auf die in dieser Arbeit festgestellten Kategorisierungs- und Bewertungsprozesse im Umgang mit Sprache, sprachlicher Variation und Sprechern, so ist zu vermuten, dass sich diese (auch) aus dem Umgang mit Sprache und sprachlicher Variation im muttersprachlichen Unterricht bzw. der Vermittlung durch die normsetzenden Instanzen speisen. So stellt Ziegler (2011: 70) fest:

> Die ‚Frage des Standards' scheint in der Sprachdidaktik noch nicht angekommen zu sein. Denn im Zentrum des Deutschunterrichts steht nach wie vor die Vermittlung der statuierten, präskriptiven Normen, nicht aber die Behandlung der subsistenten, deskriptiven Normen. Hintergrund dieser Praxis ist, dass die subsistenten, d.h. allgemein gebräuchlichen Sprachformen primär als Abweichungen von der Standardnorm wahrgenommen und als Indikatoren dafür angesehen werden, dass die statuierten Normen zunehmend weniger ernst genommen werden.

Gründe liegen laut Ziegler (2011: 71–72) u.a. in der Übertragung von grammatischen und konzeptionellen Eigenschaften medialer Schriftlichkeit bei der Reflexion über und Bewertung von medialer Mündlichkeit, der Vernachlässigung situativer und kommunikativ-pragmatischer Faktoren und der Annahme einer (mündlichen wie schriftlichen) Homogenität des sprachlichen Standards. Dies lässt sich mit Blick auf die Ergebnisse dieser Untersuchung auch für einen Großteil der untersuchten Laien feststellen. Eine Konsequenz aus diesen Befunden wäre ein reflektierter(er) Umgang mit (impliziten) Sprachbewertungen, eine auf Machtaspekte bezogene Thematisierung sprachlicher Ungleichheit und ein differenzierter(er) Umgang mit (und die Thematisierung der Relativität) von Sprachnormen. Dies würde nicht nur eine wesentliche Voraussetzung für die Sensibilisierung im Umgang mit medialer, diastratischer oder auch diatopischer Variation bilden, sondern auch im Umgang *mit* und der Einsicht *in* die Existenz unterschiedlicher varietätenbezogener Normen (und sprachstruktureller Eigenschaften). Insbesondere kann das im Rahmen der Institution Schule verwendete und anzueignende Register einer Schulsprache nicht nur als objektsprachliche Größe, sondern (auch) als „das institutionale soziale Dispositiv sprachbezogener Erwartungen" (Feilke 2012: 60) angesehen werden. Betrachtet man die hier vorliegenden Ergebnisse, so lässt sich konstatieren, dass man diesem Dispositiv eine kontextentgrenzte Wirksamkeit zugestehen kann. Hier sind weiterhin die linguistische Sprachkritik und Sprachdidaktik gefordert: Die Schule ist der Ort, der einen maßgeblichen Anteil an der (standard)sprachlichen Sozialisation der Normsubjekte durch Sprachnormautoritäten hat. Lehrer sind befugt, das Sprachverhalten der Normsubjekte zu korrigieren und zu sanktionieren und daher sollte bei der universitären Ausbildung von angehenden Lehrern als künftige Sprachnormvermittler und Sprachnormautoritäten Wert auf eine Reflexion sprachlicher Normen und die Ausbildung eines kritischen Sprach(normen)bewusstseins gelegt werden.[224] Ein Ziel könnte es demnach sein, eine solche Reflexion aus ihrer Implizitheit herauszuholen, um so eine Bewusstmachung der Relativität, sozialen und kontextuellen Bedingtheit und Diskursivität von sprachlichen Normen zu erreichen (vgl. Kilian 2014b). Da es (nicht ausschließlich, aber maßgeblich) die Bildungsinstitution Schule ist, in der eine explizite Sprachnormvermittlung erfolgt, sollte diese nicht nur eine Rolle im Hinblick auf die Ausbildung der objektsprachlichen Größe einer Standardvarietät spielen, sondern gleichzeitig eine Rolle bei der Ausbildung eines sprachkritischen metasprachlichen Bewusstseins *über* diese.

---

224 Ansätze und grundlegende Überlegungen hierzu in Ingendahl (1999a), Felder (2003), Neuland (2000; 2003; 2006), Dürscheid (2011; 2012), Köpcke/Ziegler (2011), Feilke (2012), Kilian (2014a,b), Kilian/Niehr/Schiewe (2016)

Literaturverzeichnis

Abele, Andrea E./Gendolla, Guido H. E. (2002): Die Theorie der Laienepistemologie und weitere Modelle motivierten Denkens. In: Frey, Dieter/Irle, Martin (Hg.): Theorien der Sozialpsychologie. Bern u. a.: Huber. 312–333.

Adler, Astrid et al. (2016): Status und Gebrauch des Niederdeutschen 2016. Erste Ergebnisse einer repräsentativen Erhebung. Mannheim: Institut für Deutsche Sprache.

Ágel, Vilmos (1990): Bemerkungen zu typischen umgangssprachlichen Reflexionen über die „unlogische Sprache". In: Zeitschrift für Germanistik 11. 289–302.

Albrecht, Jörn (2003): Die Standardsprache innerhalb der Architektur europäischer Einzelsprachen. In: Sociolinguistica 17. 11–30.

Ammon, Ulrich (1972): Dialekt, soziale Ungleichheit und Schule. Weinheim: Basel.

Ammon, Ulrich (1983): Soziale Bewertung des Dialektsprechers. Vor- und Nachteile in Schule, Beruf und Gesellschaft. In: Besch, Werner et al. (Hg.): Dialektologie. Ein Handbuch zur deutschen und allgemeinen Dialektforschung. 2. Teilband. Berlin/New York: de Gruyter. 1499–1509.

Ammon, Ulrich (1986): Explikation der Begriffe Standardvarietät und Standardsprache auf normtheoretischer Grundlage. In: Holtus, Günter/Radtke, Edgar (Hg.): Sprachlicher Substandard. Tübingen: Niemeyer. 1–63.

Ammon, Ulrich (1995): Die deutsche Sprache in Deutschland, Österreich und der Schweiz. Das Problem der nationalen Varietäten. Berlin/New York: de Gruyter.

Ammon, Ulrich (1996): Die nationalen Varietäten des Deutschen im Spannungsfeld von Dialekt und gesamtsprachlichem Standard. In: Muttersprache 106. 243–249.

Ammon, Ulrich (2003): On the social forces that determine what is standard in a language and on conditions of successful implementation. In: Sociolinguistica 17. 1–10.

Ammon, Ulrich (2005): Standard und Variation: Norm, Autorität, Legitimation. In: Eichinger, Ludwig M./Kallmeyer, Werner (Hg.): Standardvariation. Wie viel Variation verträgt die deutsche Sprache? Berlin/New York: de Gruyter. 28–40.

Ammon, Ulrich et al. (2016): Variantenwörterbuch des Deutschen: die Standardsprache in Österreich, der Schweiz, Deutschland, Liechtenstein, Luxemburg, Ostbelgien und Südtirol sowie Rumänien, Namibia und Mennonitensiedlungen. Berlin/Boston: de Gruyter.

Anders, Christina A. (2008): Mental Maps linguistischer Laien zum Obersächsischen. In: Christen, Helen/Ziegler, Evelyn (Hg.): Sprechen, Schreiben, Hören. Zur Produktion und Perzeption von Dialekt und Standardsprache zu Beginn des 21. Jahrhunderts. Wien: Praesens. 203–229.

Anders, Christina A. (2010a): Wahrnehmungsdialektologie. Das Obersächsische im Alltagsverständnis von Laien. Berlin/New York: de Gruyter.

Anders, Christina A. (2010b): Die wahrnehmungsdialektologische Rekodierung von laienlinguistischem Alltagswissen. In: dies./Hundt, Markus/Lasch, Alexander (Hg.): Perceptual Dialectology. Neue Wege der Dialektologie. Berlin/New York: de Gruyter. 67–87.

Anders, Christina A. (2012): Wie nehmen die Sachsen ihre Dialekte wahr? Ein Forschungsbericht zu den repräsentierten Merkmalen des Sächsischen vom Vogtland bis zur Oberlausitz. In: Hünecke, Rainer/Jakob, Karlheinz (Hg.): Die obersächsische Sprachlandschaft in Geschichte und Gegenwart. Heidelberg: Winter. 289–314.

Anders, Christina A./Palliwoda, Nicole/Schröder, Saskia (2014): „in dem moment wo ich es dann erkenne dann ist es auch gleich wieder weg" – Salienzeffkte in der Sprachperzeption. In: Linguistik online 66/4. 51–70.
Andersson, Lars/Trudgill, Peter (1992): Bad Language. Harmondsworth: Penguin.
Anderwald, Lieselotte (Hg.) (2012): Sprachmythen. Fiktion oder Wirklichkeit? Frankfurt a.M. u.a.: Lang.
Andresen, Helga (1985): Schriftspracherwerb und die Entstehung von Sprachbewusstheit. Opladen: Westdt. Verlag.
Andresen, Helga/Funke, Reinold (2003): Entwicklung sprachlichen Wissens und sprachlicher Bewusstheit. In: Bredel, Ursula et al. (Hg.): Didaktik der deutschen Sprache. Band 1. Paderborn: Schöningh. 438–451.
Antos, Gerd (1996): Laien-Linguistik. Studien zu Sprach- und Kommunikationsproblemen im Alltag am Beispiel von Sprachratgebern und Kommunikationstrainings. Tübingen: Niemeyer.
Antos, Gerd (1999): Struktur- und Funktionswandel in der alltagsweltlichen Sprachreflexion. In: Döring, Brigitte/Feine, Angelika/Schellenberg, Wilhelm (Hg.): Über Sprachhandeln im Spannungsfeld von Reflektieren und Benennen. Frankfurt a.M. u.a.: Lang. 11–24.
Arendt, Birte (2010): Niederdeutschdiskurse. Spracheinstellungen im Kontext von Laien, Printmedien und Politik. Berlin: Schmidt.
Arendt, Birte (2011): Laientheoretische Konzeptionen von Sprache und Dialekt am Beispiel des Niederdeutschen. Eine kontextsensitive Analyse von Spracheinstellungsäußerungen sowie ihre methodologische Fundierung. In: Niederdeutsches Wort 51. 133–162.
Arendt, Birte (2012): „deswegen hab ich mich auch nich getr!AU!t zu sprechen". Spracheinstellungsmuster und Sprachgebrauch Jugendlicher bezüglich des Niederdeutschen im sozialen Netzwerk »Plattdüütschkring«. In: Muttersprache 122/1. 1–25.
Arendt, Birte/Kiesendahl, Jana (2013): Funktionale Angemessenheit. Gesprächs- und lehrwerksanalytische Perspektiven. In: Kilian, Jörg/Niehr, Thomas/Schiewe, Jürgen (Hg): Sprachkritik. Göttingen: V&R. 336–355.
Auer, Peter (1986): Konversationelle Standard/Dialekt-Kontinua (Code-Shifting). In: Deutsche Sprache 14. 97–124.
Auer, Peter (1998): Hamburger Phonologie: Eine variationslinguistische Skizze zur Stadtsprache der Hansestadt heute. In: Zeitschrift für Dialektologie und Linguistik 65/2. 179–197.
Auer, Peter (2004): Sprache, Grenze, Raum. In: Zeitschrift für Sprachwissenschaft 23. 149–179.
Auer, Peter (2014): Anmerkungen zum Salienzbegriff in der Soziolinguistik. In: Linguistik Online 66/4. 7–20.
Backhaus, Klaus et al. (2018): Multivariate Analysemethoden. Eine anwendungsorientierte Einführung. Berlin/Heidelberg: Springer Gabler.
Barden, Birgit/Großkopf, Beate (1998): Sprachliche Akkommodation und soziale Integration. Sächsische Übersiedler und Übersiedlerinnen im rhein-moselfränkischen und alemannischen Sprachraum. Tübingen: Niemeyer.
Barth, Erhard (1971): Linguale und soziale Regeln: In: Hyldgaard-Jensen, Karl (Hg.): Linguistik 1971. Referate des 6. Linguistischen Kolloquiums 11.-14. August in Kopenhagen. Frankfurt a.M.: Athenäum. 307–319.
Bartsch, Renate (1987): Sprachnormen: Theorie und Praxis. Tübingen: Niemeyer.
Battistella, Edwin L. (2005): Bad Language. Are some words better than others? Oxford/New York: Oxford University Press.
Bauer, Laurie/Trudgill, Peter (Hg.) (1998): Language Myths. London: Penguin.

Bauer, Winifred (1998): Some Languages Have No Grammar. In: Bauer, Laurie/Trudgill, Peter (Hg.): Language Myths. London: Penguin. 77–84.
Berend, Nina (1998): Sprachliche Anpassung. Eine soziolinguistisch-dialektologische Untersuchung zum Rußlanddeutschen. Tübingen: Narr.
Berend, Nina (2005): Regionale Gebrauchsstandards – Gibt es sie und wie kann man sie beschreiben? In: Eichinger, Ludwig M./Kallmeyer, Werner (Hg.): Standardvariation. Wie viel Variation verträgt die deutsche Sprache? Berlin/New York: de Gruyter. 143–170.
Berger, Peter L./Luckmann, Thomas (2010): Die gesellschaftliche Konstruktion der Wirklichkeit. Frankfurt a.M.: Fischer.
Berthele, Raphael (2001): A Tool, a Bond, or a Territory: Language Ideologies in the US and in Switzerland. In: LAUD Series A: General & Theoretical Papers. Essen: LAUD. Paper No. 533. 1–26.
Berthele, Raphael (2006): Wie sieht das Berndeutsche so ungefähr aus? Über den Nutzen von Visualisierungen für die kognitive Laienlinguistik. In: Klausmann, Hubert (Hg.): Raumstrukturen im Alemannischen. Beiträge der 15. Arbeitstagung zur alemannischen Dialektologie, Schloss Hofen, Lochau (Vorarlberg) vom 19.-21.9.2005. Graz-Feldkirch: Neugebauer. 163–176.
Berthele, Raphael (2010a): Investigations into the folk's mental models of linguistic varieties. In: Geeraerts, Dirk/Kristiansen, Gitte/Peirsman, Yves (Hg.): Advances in cognitive Sociolinguistics. Berlin/New York: de Gruyter. 265–290.
Berthele, Raphael (2010b): Der Laienblick auf sprachliche Varietäten. Metalinguistische Vorstellungswelten in den Köpfen der Deutschschweizerinnen und Deutschschweizer. In: Anders, Christina A./Hundt, Markus/Lasch, Alexander (Hg.): Perceptual Dialectology. Neue Wege der Dialektologie. Berlin/New York: de Gruyter. 245–267.
Besch, Werner (1983): Dialekt, Schreibdialekt, Schriftsprache, Standardsprache. Exemplarische Skizze ihrer historischen Ausprägung im Deutschen. In: ders. et al. (Hg.): Dialektologie: ein Handbuch zur deutschen und allgemeinen Dialektforschung. 2. Teilband. Berlin/New York: de Gruyter. 961–990.
Besch, Werner (2003): Aussprache-Standardisierung am grünen Tisch? Der „Siebs" nach 100 Jahren. In: Androutsopoulos, Jannis/Ziegler, Evelyn (Hg.): Standardfragen: soziolinguistische, kontaktlinguistische, sprachhistorische Perspektiven. Frankfurt a.M.: Lang. 1–21.
Besch, Werner/Wolf, Norbert R. (2009): Geschichte der deutschen Sprache. Längsschnitte – Zeitstufen – Linguistische Studien. Berlin: Schmidt.
Besch, Werner et al. (Hg.) (1981): Sprachverhalten in ländlichen Gemeinden. Ansätze zur Theorie und Methode. Forschungsbericht Erp-Projekt. Band 1. Berlin: Schmidt.
Beuge, Patrick (2014): Was ist gutes Deutsch aus Sicht linguistischer Laien? In: Zeitschrift für Dialektologie und Linguistik 81/2. 129–150.
Beuge, Patrick (2016): Präskription durch Deskription? Zur normativen Kraft der Kodizes. In: Klein, Wolf Peter/Staffeldt, Sven (Hg.): Die Kodifizierung der Sprache. Strukturen, Funktionen, Konsequenzen. Würzburg: Würzburger elektronische sprachwissenschaftliche Arbeiten. 138–148.
Beuge, Patrick (2017): Laienlinguistisches Sprachnormwissen. In: Hundt, Markus/Palliwoda, Nicole/Schröder, Saskia (Hg.): Der deutsche Sprachraum aus der Sicht linguistischer Laien. Ergebnisse des Kieler DFG-Projekts. Berlin/New York: de Gruyter. 161–182.
Bex, Tony/Watts, Richard J. (Hg.) (1999): Standard English. The widening debate. London/New York: Routledge.

Biere, Bernd Ulrich/Hoberg, Rudolf (Hg.) (1995): Bewertungskriterien in der Sprachberatung. Tübingen: Narr.
Black, Max (1996a): Die Metapher. In: Haverkamp, Anselm (Hg.): Theorie der Metapher. Darmstadt: WBG. 55–79.
Black, Max (1996b): Mehr über die Metapher. In: Haverkamp, Anselm (Hg.): Theorie der Metapher. Darmstadt: WBG. 379–413.
Blommaert, Jan (1999b): The debate is open. In: ders. (Hg.): Language ideological debates. Berlin/New York: de Gruyter. 1–38.
Blommaert, Jan (Hg.) (1999a): Language ideological debates. Berlin/New York: de Gruyter.
Blume, Herbert (1987): Gesprochenes Hochdeutsch in Braunschweig und Hannover. Zum Wandel ostfälischer Stadtsprachen vom 18. bis ins 20. Jahrhundert. In: Braunschweigische Heimat 73/1. 21–32.
Braun, Peter (1979): Beobachtungen zum Normverhalten bei Studenten und Lehrern. In: ders. (Hg.): Deutsche Gegenwartssprache. Entwicklungen, Entwürfe, Diskussionen. München: Fink. 149–155.
Braun, Wilhelm (1981): Laie. In: Welskopf, Elisabeth C. (Hg.): Das Fortleben altgriechischer sozialer Typenbegriffe in der deutschen Sprache. Berlin: Akademie-Verlag. 235–261.
Bredel, Ursula (2013): Sprachbetrachtung und Grammatikunterricht. Paderborn: Schöningh.
Brekle, Herbert E. (1985): Volkslinguistik: ein Gegenstand der Sprachwissenschaft bzw. ihrer Historiographie? In: Januschek, Franz (Hg.): Politische Sprachwissenschaft. Zur Analyse von Sprache als kultureller Praxis. Opladen: Westdt.-Verl. 145–156.
Brekle, Herbert E. (1986): Einige neuere Überlegungen zum Thema Volkslinguistik. In: ders./Maas, Utz (Hg.): Sprachwissenschaft und Volkskunde. Perspektiven einer kulturanalytischen Sprachbetrachtung. Opladen: Westdt.-Verlag. 70–76.
Burkhardt, Armin (2007): Sprachkritik und „gutes Deutsch". In: ders. (Hg.): Was ist gutes Deutsch? Studien und Meinungen zum gepflegten Sprachgebrauch. Mannheim u.a.: Dudenverlag. 9–16.
Bucher, Hans-Jürgen/Fritz, Gerd (1989): Sprachtheorie, Kommunikationsanalyse, Inhaltsanalyse. In: Baacke, Dieter/Kübler, Hans-Dieter (Hg.): Qualitative Medienforschung: Konzepte und Erprobungen. Tübingen: Niemeyer. 135–160.
Bürkli, Beatrice (1999): Sprachvariation in einem Großbetrieb. Eine individuenzentrierte Analyse anhand sprachlicher Tagesläufe. Tübingen/Basel: Francke.
Burzan, Nicole (2016): Methodenplurale Forschung. Chancen und Probleme von Mixed Methods. Weinheim: Beltz.
Cameron, Deborah (2012): Verbal Hygiene. London: Routledge.
Casper, Klaudia (2002): Spracheinstellungen. Theorie und Messung. Norderstedt: Books on demand.
Cheshire, Jenny (1999): Spoken standard English. In: Bex, Tony/Watts, Richard (Hg.): Standard English: The widening debate. London/New York: Routledge. 129–148.
Christen, Helen (1998): Dialekt im Alltag. Eine empirische Untersuchung zu lokalen Komponenten heutiger schweizerdeutscher Varietäten. Tübingen: Niemeyer.
Christen, Helen (2010): Was Dialektbezeichnungen und Dialektattribuierungen über alltagsweltliche Konzeptualisierungen sprachlicher Heterogenität verraten. In: Anders, Christina A./Hundt, Markus/Lasch, Alexander (Hg.): Perceptual Dialectology. Neue Wege der Dialektologie. Berlin/New York: de Gruyter. 269–290.

Chorley, Julie Ann (1984): J.C.A. Heyse (1764-1829) and K.W.L. Heyse (1797-1855) and German School Grammar in the first Half of the Nineteenth Century. Dissertationsschrift: Universität Oxford.
Crystal, David (2006): The Fight for English. Oxford: Oxford University Press.
Coseriu, Eugenio (1979): System, Norm und Rede. In: ders.: Sprache – Strukturen und Funktionen. 12 Aufsätze zur allgemeinen und romanischen Sprachwissenschaft. Tübingen: Narr. 45–59.
Coseriu, Eugenio (1988a): Sprachkompetenz. Grundzüge der Theorie des Sprechens. Tübingen: Narr.
Coseriu, Eugenio (1988b): Die Ebenen des sprachlichen Wissens. Der Ort des „Korrekten" in der Bewertungsskala des Gesprochenen. In: Albrecht, Jörn/Lüdtke, Jens/Thun, Harald (Hg.): Energeia und Ergon. Sprachliche Variation, Sprachgeschichte, Sprachtypologie. Band 1. Tübingen: Narr. 327–364.
Coulmas, Florian (1982): Über Schrift. Frankfurt a.M.: Suhrkamp.
Coulmas, Florian (1985): Reden ist Silber, Schreiben ist Gold. In: Zeitschrift für Literaturwissenschaft und Linguistik 59. 94–112.
Cuonz, Christina (2010): Gibt es hässliche Sprachen? Laiensprachbetrachtung zwischen Tabuisierung und Konzeptualisierung. In: Bulletin VALS-ASLA 91. 123–140.
Cuonz, Christina (2014): Sprachliche Werturteile von Laien: eine sozio-kognitive Analyse. Tübingen: Francke.
Cuonz, Christina/Studler, Rebekka (Hg.) (2014): Sprechen über Sprache. Perspektiven und neue Methoden der Spracheinstellungsforschung. Tübingen: Stauffenburg.
Dailey-O'Cain, Jennifer (1999): The perception of post-unification German regional speech. In: Preston, Dennis R. (Hg.): Handbook of perceptual dialectology. Volume 1. Amsterdam/Philadelphia: Benjamins. 227–242.
Davies, Winifred (1995): Linguistic variation and language attitudes in Mannheim-Neckarau. Stuttgart: Steiner.
Davies, Winifred (2000): Linguistic norms at school: a survey of secondary-school teachers in a central german dialect area. In: Zeitschrift für Dialektologie und Linguistik 67/2. 129–147.
Davies, Winifred (2005): Deutschlehrer und Deutschlehrerinnen (in Deutschland) als Geber und Vermittler von sprachlichen Normen. In: DAAD (Hg.) Germanistentreffen Deutschland – Großbritannien, Irland. 30.09.-3.10.2004. Dresden. Dokumentation der Tagungsbeiträge. 323–339.
Davies, Winifred (2006): Normbewusstsein, Normkenntnis und Normtoleranz von Deutschlehrkräften. In: Neuland, Eva (Hg.): Variation im heutigen Deutsch: Perspektiven für den Unterricht. Frankfurt a.M.: Lang. 483–492.
Davies, Winifred (2010): Die Rolle (laien-)linguistischer Mythen bei der Reproduktion (sozio-) linguistischer Normen. In: Anders, Christina A./Hundt, Markus/Lasch, Alexander (Hg.): Perceptual Dialectology. Neue Wege der Dialektologie. Berlin/New York: de Gruyter. 385–408.
Davies, Winifred/Langer, Nils (2006): The Making of Bad Language: Lay Linguistic Stigmatizations in German: Past and Present. Frankfurt a. M.: Lang.
Debus, Friedhelm/Hellmann, Manfred W./Schlosser, Horst D. (1986): Sprachliche Normen und Normierungsfolgen in der DDR. Hildesheim u.a.: Olms.
Deppermann, Arnulf (2008): Gespräche analysieren. Eine Einführung. Wiesbaden: Springer.

Deppermann, Arnulf (2014): Das Forschungsinterview als soziale Interaktionspraxis. In: Mey, Günter/Mruck, Katja (Hg.): Qualitative Forschung: Analysen und Diskussionen – 10 Jahre Berliner Methodentreffen. Heidelberg: Springer. 133–150.

Deppermann, Arnulf/Helmer, Henrike (2013): Standard des gesprochenen Deutsch: Begriff, methodische Zugänge und Phänomene aus interaktionslinguistischer Sicht. In: Hagemann, Jörg/Klein, Wolf P./Staffeldt, Sven (Hg.): Pragmatischer Standard. Tübingen: Stauffenburg. 111–141.

Deppermann, Arnulf/Kleiner, Stefan/Knöbl, Ralf (2013): Standard usage: Towards a realistic conception of spoken standard German. In: Auer, Peter/Reina, Javier C./Kaufmann, Göz (Hg.): Language Variation – European Perspectives IV. Selected papers from the Sixth International Conference on Language Variation in Europe (ICLaVE 6), Freiburg, June 2011. Amsterdam/Philadelphia: Benjamins. 83–116.

Deumert, Ana (2003): Standard Language as civic rituals: theory and examples. In: Sociolinguistica 17. 31–51.

Dieckmann, Walter (1991): Sprachwissenschaft und öffentliche Sprachdiskussion. Wurzeln ihres problematischen Verhältnisses. In: Wimmer, Rainer (Hg.): Das 19. Jahrhundert. Sprachgeschichtliche Wurzeln des heutigen Deutsch. Berlin/New York: de Gruyter. 355–373.

Dittmar, Norbert/Schlobinski, Peter/Wachs, Inge (1986): Berlinisch: Studien zum Lexikon, zur Spracheinstellung und zum Stilrepertoire. Berlin: Spitz.

Dovalil, Vít (2006): Sprachnormenwandel im geschriebenen Deutsch an der Schwelle zum 21. Jahrhundert. Die Entwicklung in ausgesuchten Bereichen der Grammatik. Frankfurt am Main u.a.: Lang.

Dovalil, Vít (2011): Sprachnormen im Schulunterricht: Eine Untersuchung aus soziolinguistischer Perspektive. In: Lejsková, Alena/Valdrová, Jana (Hg.): Die Grammatik, Semantik und Pragmatik des Wortes. Ihre Erforschung und Vermittlung. Augsburg: Wißner. 65–88.

Dovalil, Vít (2013a): Zur Normativität als Problembereich der quantitativen und qualitativen Methodologie. In: Kratochvílová, Iva/Wolf, Norbert R. (Hg.): Grundlagen einer sprachwissenschaftlichen Quellenkunde. Tübingen: Narr. 259–269.

Dovalil, Vít (2013b): Zur Auffassung der Standardvarietät als Prozess und Produkt von Sprachmanagement. In: Hagemann, Jörg/Klein, Wolf-Peter/Staffeldt, Sven (Hg.): Pragmatischer Standard. Tübingen: Stauffenburg. 163–176.

Dovalil, Vít (2013c): Soziales Kräftefeld einer Standardvarietät als methodologischer Impuls für die Debatte über die Standardnormen. In: Schneider-Wiejowski, Karina/Kellermeier-Rehbein, Birte/Haselhuber, Jakob (Hg.): Vielfalt, Variation und Stellung der deutschen Sprache. Berlin/Boston: de Gruyter. 65–78.

Durrell, Martin (1999): Standardsprache in England und Deutschland. In: Zeitschrift für germanistische Linguistik 27/3. 285–308.

Durrell, Martin (2000): Standard Language and the Creation of National Myths in Nineteenth-Century-Germany. In: Barkhoff, Jürgen/Carr, Gilbert/Paulin, Roger (Hg.): Das schwierige neunzehnte Jahrhundert. Tübingen: Niemeyer. 15–26.

Dürscheid, Christa (2011): Schreib nicht, wie Du sprichst. Ein Thema für den Deutschunterricht. In: Rothstein, Björn (Hg.): Sprachvergleich in der Schule. Baltmannsweiler: Schneider Hohengehren. 89–109.

Dürscheid, Christa (2012): Reich der Regeln, Reich der Freiheit: System, Norm und Normenreflexion in der Schule. In: Günthner, Susanne et al. (Hg.): Kommunikation und Öffentlich-

keit: Sprachwissenschaftliche Potenziale zwischen Empirie und Norm. Berlin/New York: de Gruyter. 105–120.
Dürscheid, Christa/Elspaß, Stephan/Ziegler, Arne (2015): Variantengrammatik des Standarddeutschen. Konzeption, methodische Fragen, Fallanalysen. In: Lenz, Alexandra N./Glauninger, Manfred (Hg.): Standarddeutsch im 21. Jahrhundert –Theoretische und empirische Ansätze mit einem Fokus auf Österreich. Göttingen: V&R. 207–235.
Eber, Franziska/Rössler, Paul (2016): Modalisierte Assertionen in Kodizes. Zu Formulierungsstrategien im Duden-Band 9 „Richtiges und gutes Deutsch". In: Klein, Wolf P./Staffeldt, Sven (Hg.): Die Kodifizierung der Sprache. Strukturen, Funktionen, Konsequenzen. Würzburg: Würzburger elektronische sprachwissenschaftliche Arbeiten 17. 149–161
Eichhorn, Wolfgang Peter (1972): Norm. In: Klaus, Georg/Buhr, Manfred (Hg.): Marxistisch-leninistisches Wörterbuch der Philosophie. Reinbek bei Hamburg: Rowohlt. 792–796.
Eichinger, Ludwig M. (2010): Kann man der Selbsteinschätzung von Sprechern trauen? In: Anders, Christina A./Hundt, Markus/Lasch, Alexander (Hg.): Perceptual Dialectology. Neue Wege der Dialektologie. Berlin/New York: de Gruyter. 433–449.
Eichinger, Ludwig M. et al. (2009): Aktuelle Spracheinstellungen in Deutschland. Erste Ergebnisse einer bundesweiten Repräsentativumfrage. Mannheim: Institut für Deutsche Sprache.
Eisenberg, Peter (2006): Grundriss der deutschen Grammatik. Band 1: Das Wort. Stuttgart/Weimar: Metzler.
Eisenberg, Peter (2007): Sprachliches Wissen im Wörterbuch der Zweifelsfälle. Über die Rekonstruktion einer Gebrauchsnorm. In: Aptum 3/3. 209–228.
Elmentaler, Michael (2012): In Hannover wird das beste Hochdeutsch gesprochen. In: Anderwald, Lieselotte (Hg.): Sprachmythen – Fiktion oder Wirklichkeit? Frankfurt a.M. u.a.: Lang. 101–115.
Elmentaler, Michael (2016): Was ist das beste Hochdeutsch? Aspekte einer unendlichen Diskussion. In: Japanische Gesellschaft für Germanistik (Hg.): Beiträge zur Dialektologie. Akten des 43. Linguisten-Seminars, Kyoto 2015. München: iudicum. 25–42.
Elmentaler, Michael/Gessinger Joachim/Wirrer, Jan (2010): Qualitative und quantitative Verfahren in der Ethnodialektologie am Beispiel von Salienz. In: Anders, Christina A./Hundt, Markus/Lasch, Alexander (Hg.): Perceptual Dialectology. Neue Wege der Dialektologie. Berlin/New York: de Gruyter. 111–149.
Elsen, Hilke (2016): Einführung in die Lautsymbolik. Berlin: Schmidt.
Elspaß, Stephan (2005a): Standardisierung des Deutschen. Ansichten aus der neueren Sprachgeschichte „von unten". In: Eichinger, Ludwig M./Kallmeyer, Werner (Hg.): Standardvariation: Wie viel Variation verträgt die deutsche Sprache? Berlin/New York: de Gruyter. 63–99.
Elspaß, Stephan (2005b): Zum sprachpolitischen Umgang mit regionaler Variation in der Standardsprache. In: Kilian, Jörg (Hg.): Sprache und Politik Deutsch im demokratischen Staat. Mannheim u.a.: Dudenverlag. 294–313
Ernst, Oliver/Freienstein, Jan C./Schaipp, Lina (2011): Populäre Irrtümer über Sprache. Stuttgart: Reclam.
Eroms, Werner (2000): Syntax der deutschen Sprache. Berlin/New York: de Gruyter.
Faulbaum, Frank/Prüfer, Peter/Rexroth, Margit (2009): Was ist eine gute Frage? Die systematische Evaluation der Fragenqualität. Wiesbaden: Springer.
Faulstich, Katja (2008): Konzepte des Hochdeutschen: der Sprachnormierungsdiskurs im 18. Jahrhundert. Berlin/New York: de Gruyter.

Feilke, Helmuth (2012): Schulsprache – Wie Schule Sprache macht. In: Günthner, Susanne et al. (Hg.) Kommunikation und Öffentlichkeit. Sprachwissenschaftliche Potentiale zwischen Empirie und Norm. Berlin/Boston: de Gruyter. 149–175.

Felder, Ekkehard (2003): Das Spannungsverhältnis zwischen Sprachnorm und Sprachvariation als Beitrag zu Sprach(differenz)bewusstheit. In: Wirkendes Wort. 53. 473–498.

Festinger, Leon (2012): Theorie der Kognitiven Dissonanz. Bern: Huber.

Fiehler, Reinhard (2005): Gesprochene Sprache. In: Dudenredaktion (Hg.): Duden – Die Grammatik. Mannheim u. a.: Dudenverlag. 1175–1252.

Fiehler, Reinhard (2008a): Gesprochene Sprache – ein „sperriger" Gegenstand. In: Chlosta, Christoph/Leder, Gabriela/Krischer, Barbara (Hg.): Auf neuen Wegen. Deutsch als Fremdsprache in Forschung und Praxis. Beiträge der 35. Jahrestagung DaF 2007. Göttingen: Universitätsverlag. 261–274.

Fiehler, Reinhard (2008b): Gesprochene Sprache – chaotisch und regellos? In: Denkler, Markus (Hg.): Frischwärts und unkaputtbar. Sprachverfall oder Sprachwandel im Deutschen. Münster: Aschendorff. 81–101.

Fix, Ulla (1995): Textmusterwissen und Kenntnis von Kommunikationsmaximen. Voraussetzung, Gegenstand und Ziel einer kommunikationsbezogenen Sprachberatung. In: Biere, Bernd/Hoberg, Rudolf (Hg.): Bewertungskriterien in der Sprachberatung. Tübingen: Narr. 62–73.

Fleck, Ludwik (2015): Entstehung und Entwicklung einer wissenschaftlichen Tatsache: Einführung in die Lehre vom Denkstil und Denkkollektiv. Frankfurt a.M.: Suhrkamp.

Fleischer, Helmut (1980): Über die normative Kraft im Wirklichen. In: Honneth, Axel/Jaeggi, Urs (Hg.): Arbeit, Handlung, Normativität: Theorien des Historischen Materialismus 2. Frankfurt a.M.: Suhrkamp.

Flick, Uwe (1995): Stationen des qualitativen Forschungsprozesses. In: ders./von Kardorff, Ernst/Keupp, Heiner (Hg.): Handbuch qualitative Sozialforschung: Grundlagen, Konzepte, Methoden und Anwendungen. Weinheim: Beltz. 148–173.

Flick, Uwe (2012): Triangulation in der qualitativen Forschung. In: ders./von Kardorff, Ernst/Steinke, Ines (Hg.): Qualitative Forschung. Ein Handbuch. Hamburg: Rowohlt. 309–318.

Flick, Uwe (2018): Doing triangulation and mixed methods. Los Angeles u.a.: Sage.

Foucault, Michel (2006): Von anderen Räumen. In: Dünne, Jörg/Günzel, Stephan (Hg.): Raumtheorie. Grundlagentexte aus Philosophie und Kulturwissenschaften. Frankfurt a.M.: Suhrkamp. 317–327.

Foucault, Michel (2013): Die Archäologie des Wissens. Frankfurt a.M.: Suhrkamp.

Foucault, Michel (2015): Die Ordnung der Dinge: eine Archäologie der Humanwissenschaften. Frankfurt a.M.: Suhrkamp.

Frilling, Sabine (2004): Die Sprachberatung der GfdS. Resultate einer aktuellen Untersuchung. In: Der Sprachdienst 48/2. 42–48.

Frilling, Sabine (2005): Die Sprachberatung der GfdS (II). Auswertung der Anfragen von November 2004 – Januar 2005. In: Der Sprachdienst 49/2-3. 69–77.

Furnham, Adrian F. (1988): Lay Theories. Everyday understanding of problems in the social sciences. Oxford: Pergamon Press.

Gal, Susan (2009): Migration, minorities and multilingualism: Language ideologies in Europe. In: Mar-Molinero, Clare/Stevenson, Patrick (Hg.): Language ideologies, policies and practices. Language and the future of Europe. Basinstoke: Palgrave Macmillan. 13–27.

Ganswindt, Brigitte (2017): Landschaftliches Hochdeutsch. Rekonstruktion der oralen Prestigevarietät im ausgehenden 19. Jahrhundert. Stuttgart: Steiner.
Gardt, Andreas (2002): Sprachkritik und Sprachwissenschaft. Zur Geschichte und Unumgänglichkeit einer Einflußnahme. In: Spitzmüller, Jürgen et al. (Hg.): Streitfall Sprache. Sprachkritik als angewandte Linguistik? Mit einer Auswahlbibliographie zur Sprachkritik (1990 bis Frühjahr 2002). Bremen: Hempen. 39–58.
Gardt, Andreas (2007): Linguistisches Interpretieren. Konstruktivistische Theorie und realistische Praxis. In: Hermanns, Fritz/Holly, Werner (Hg.): Linguistische Hermeneutik. Tübingen: Niemeyer. 263–280.
Garrett, Peter/Coupland, Nikolas/Willams, Angie (2003): Investigating language attitudes: social meanings of dialect, ethnicity and performance. Cardiff: University of Wales Press.
Gärtig, Anne-Kathrin/Plewnia, Albrecht/Rothe, Astrid (2010): Wie Menschen in Deutschland über Sprache denken. Ergebnisse einer bundesweiten Repräsentativerhebung zu aktuellen Spracheinstellungen. Mannheim: Institut für Deutsche Sprache.
Geeraerts, Dirk (2003): Cultural models of linguistic standardization. In: Dirven, René/Frank, Roslyn/Pütz, Martin (Hg.): Cognitive models in Language and Thought. Ideology, Metaphors and Meanings. Berlin/New York: de Gruyter. 25–68.
Gessinger, Joachim (1980): Sprache und Bürgertum: zur Sozialgeschichte sprachlicher Verkehrsformen im Deutschland des 18. Jahrhunderts. Stuttgart: Metzler.
Gessinger, Joachim (2008): Ethnodialektologie und sprachlicher Wandel. In: Stehl, Thomas (Hg.): Kenntnis und Wandel der Sprachen. Beiträge zur Potsdamer Ehrenpromotion für Helmut Lütke. Tübingen: Narr. 57–78.
Giles, Howard/Coupland, Nikolas (1991): Language: Contexts and Consequences. Milton Keynes: Open University Press.
Glaser, Barney G./Strauss, Anselm L. (2005): Grounded theory: Strategien qualitativer Forschung. Bern: Huber.
Gläser, Jochen/Laudel, Grit (2010): Experteninterviews und qualitative Inhaltsanalyse als Instrumente rekonstruierender Untersuchungen. Wiesbaden: Springer.
Gloy, Klaus (1974): Sprachnormen – Probleme ihrer Analyse und Legitimation. Konstanz: Zentrum I, Bildungsforschung, Sonderforschungsbereich 23: Universitätsdruck.
Gloy, Klaus (1975): Sprachnormen I: Linguistische und soziologische Analysen. Stuttgart/Bad Cannstatt: Frommann-Holzboog.
Gloy, Klaus (1977): Überreaktion auf Petitessen? Zur Entstehung und Verbreitung von sprachlichen Konventionen. In: Osnabrücker Beiträge zur Sprachtheorie 2. 118–135.
Gloy, Klaus (1979): Zur sozialen Funktion von Normen. In: Ermert, Karl (Hg.): Gibt es die Sprachbarriere noch? Soziolinguistik – Sprachdidaktik – Bildungspolitik. Düsseldorf: Schwann. 11–22.
Gloy, Klaus (1980): Sprachnorm. In: Althaus, Hans P./Henne, Helmut/Wiegand, Herbert E. (Hg.): Lexikon der germanistischen Linguistik. Gesamtausgabe. Tübingen: Niemeyer. 363–368.
Gloy, Klaus (1987): Norm. In: Ammon et al. (Hg.): Soziolinguistik. Ein internationales Handbuch zur Wissenschaft von Sprache und Gesellschaft. 1. Teilband. Berlin/New York: de Gruyter. 119–124.
Gloy, Klaus (1993): Sprachnormenforschung in der Sackgasse? Überlegungen zu Renate Bartsch, ‚Sprachnormen: Theorie und Praxis' In: Beiträge zur Geschichte der deutschen Sprache und Literatur 115. 30–65.

Gloy, Klaus (1995): Zur Methodologie der Sprachnormen-Forschung. In: Rostocker Beiträge zur Sprachwissenschaft 1. 73–93.
Gloy, Klaus (1997): Sprachnormen als „Institutionen im Reich der Gedanken" und die Rolle des Individuums in Sprachnormierungsprozessen. In: Mattheier, Klaus J. (Hg): Norm und Variation. Frankfurt a.M.: Lang. 27–36.
Gloy, Klaus (1998a): Sprachnormierung und Sprachkritik in ihrer gesellschaftlichen Verflechtung. In: Besch, Werner et al. (Hg.): Sprachgeschichte. Ein Handbuch zur Geschichte der deutschen Sprache und ihrer Erforschung. 1. Teilband. Berlin/New York: de Gruyter. 396–406.
Gloy, Klaus (1998b): Zur Realität von Sprachnormen. In: Der Deutschunterricht 50/3. 14–23.
Gloy, Klaus (2004): Norm. In: Ammon, Ulrich et al. (Hg.): Soziolinguistik. Ein internationales Handbuch zur Wissenschaft von Sprache und Gesellschaft. 1. Teilband. Berlin/New York: de Gruyter. 392–399.
Gloy, Klaus (2010): Varietäten in normentheoretischer Perspektive. In: Gilles, Peter/Scharloth, Joachim/Ziegler, Evelyn (Hg.): Variatio delectat. Empirische Evidenzen und theoretische Passungen sprachlicher Variation. Frankfurt a.M. u.a.: Lang. 29–43.
Gloy, Klaus (2012a): Empirie des Nichtempirischen. Sprachnormen im Dreieck von Beschreibung, Konstitution und Evaluation. In: Günthner, Susanne et al. (Hg.): Kommunikation und Öffentlichkeit. Sprachwissenschaftliche Potenziale zwischen Empirie und Norm. Berlin/New York: de Gruyter. 23–40.
Gloy, Klaus (2012b): Was ist das Normhafte einer Norm? Zur Fundierung der Normenforschung. In: Rosenberg, Katharina/Vallentin, Rita (Hg.): Norm und Normalität. Beiträge aus Linguistik, Soziologie, Literatur- und Kulturwissenschaften. Berlin: Logos. 8–26.
Gloy, Klaus/Presch, Gunter (1976): Konventionalisiertes Handeln: Bedingungen der Regelgeleitetheit von Kommunikation. In: dies. (Hg.): Sprachnormen II: Theoretische Begründungen – außerschulische Sprachnormpraxis. Stuttgart/Bad Cannstatt: Frommann-Holzboog. 9–48.
Good, Colin (1986/1987): „Du mußt deine Sprache verbessern", or: the transmission of linguistic norms. In: New German Studies 14. 1–20.
Gornik, Hildegard (1989): Metasprachliche Fähigkeiten bei Kindern. Definitionsprobleme und Forschungsergebnisse – Ein Überblick. In: Osnabrücker Beiträge zur Sprachtheorie 40. 39–57.
Gornik, Hildegard (2010): Über Sprache reflektieren: Sprachthematisierung und Sprachbewusstheit. In: Huneke, Hans-Werner (Hg.): Sprach- und Mediendidaktik. Taschenbuch des Deutschunterrichts. Band 1. Baltmannsweiler: Schneider Hohengehren. 232–249.
Gornik, Hildegard (2014): Sprachreflexion, Sprachbewusstheit, Sprachwissen, Sprachgefühl und die Kompetenz der Sprachthematisierung. In: dies. (Hg.): Sprachreflexion und Grammatikunterricht. Baltmannsweiler: Schneider Hohengehren. 41–58.
Grice, Herbert P. (1975): Logic and Conversation. In: Cole, Peter/Morgan, Jerry L. (Hg.): Syntax and Semantics. Volume 3: Speech Acts. New York: Academic Press. 41–58.
Groeben, Norbert/Rustemeyer, Ruth (1995): Inhaltsanalyse. In: König, Eckard/Zedler, Peter (Hg.): Bilanz qualitativer Forschung. Band 2: Methoden. Weinheim: Deutscher Studien Verlag. 523–554.
Haarmann, Harald (1997): Sprachstandardisierung? Eine kulturanthropologische Konstante. In: Mattheier, Klaus J./Radtke, Edgar (Hg.): Standardisierung und Destandardisierung europäischer Nationalsprachen. Frankfurt a.M. u.a.: Lang. 259–290.

Häcki Buhofer, Annelies (1994): Sprache – gesehen mit den Augen von Laien. In: Sieber, Peter/Klotz, Peter (Hg.): Vielerlei Deutsch. Umgang mit Sprachvarietäten in der Schule. Stuttgart u. a.: Klett. 204–215.
Hannappel, Hans/Herold, Theo (1985): Sprach- und Stilnormen in der Schule. In: Sprache und Literatur in Wissenschaft und Unterricht 16. 54–66.
Harris, Roy (1981): The Language Myth. London: Duckworth.
Hartung, Wolfdietrich (1977): Zum Inhalt des Normbegriffs in der Linguistik. In: ders. (Hg.): Normen in der sprachlichen Kommunikation. Berlin: Akademie-Verlag. 9–69.
Hartung, Wolfdietrich (1984): Sprachnormen und/oder kommunikative Normen? In: Deutsch als Fremdsprache 21. 270–275.
Hartung, Wolfdietrich (1986): Sprachnormen: Differenzierungen und kontroverse Bewertungen. In: Polenz, Peter von (Hg.): Sprachnormen. Lösbare und unlösbare Probleme. Kontroversen um die neuere deutsche Sprachgeschichte. Dialektologie und Soziolinguistik. Die Kontroverse um die Mundartforschung. Tübingen: Niemeyer. 3–11.
Hartung, Wolfdietrich (1987): Sprachnormen – ihr sozialer Charakter und die linguistische Begrifflichkeit. In: Zeitschrift für Phonetik, Sprachwissenschaft und Kommunikationsforschung 40. 317–335.
Haugen, Einar (1966): Language, Dialect, Nation. In: American Anthropologist 68. 922–935.
Havránek, Bohuslav (1964): Zum Problem der Norm in der heutigen Sprachwissenschaft und Sprachkultur. In: Vachek, Josef (Hg.): A Prague School Reader in Linguistics. Bloomington: Indiana University Press. 413–420
Helbig, Gerhard (1996): Deskription, Regel und Norm in der Grammatikschreibung. In: Peyer, Ann/Portmann, Paul R. (Hg): Norm, Moral und Didaktik. Die Linguistik und ihre Schmuddelkinder. Eine Aufforderung zur Diskussion. Tübingen: Niemeyer. 97–114.
Helfferich, Cornelia (2011): Die Qualität qualitativer Daten. Manual für die Durchführung qualitativer Interviews. Wiesbaden: Springer.
Henning, Mathilde (2012): Was ist ein Grammatikfehler? In: Günthner, Susanne et al. (Hg.): Kommunikation und Öffentlichkeit: Sprachwissenschaftliche Potenziale zwischen Empirie und Norm. Tübingen: Niemeyer. 121–148.
Henn-Memmesheimer, Beate (1986): Nonstandardmuster. Ihre Beschreibung in der Syntax und das Problem ihrer Arealität. Tübingen: Niemeyer
Heringer, Hans-Jürgen (1974): Eine Regel beschreiben. In: ders. (Hg.): Seminar: Der Regelbegriff in der praktischen Semantik. Frankfurt a.M.: Suhrkamp. 48–87.
Heringer, Hans-Jürgen (1982): Normen? Ja, aber meine! In: ders. (Hg.): Holzfeuer im hölzernen Ofen. Aufsätze zur politischen Sprachkritik. Tübingen: Narr. 94–105.
Herrgen, Joachim/Schmidt, Jürgen E. (1985): Systemkontrast und Hörerurteil. Zwei Dialektalitätsbegriffe und die ihnen entsprechenden Meßverfahren. In: Zeitschrift für Dialektologie und Linguistik 52. 20–42.
Hitzler, Ronald (2009): Phänomenologie. In: Buber, Renate/Holzmüller, Hartmut H. (Hg.): Qualitative Marktforschung. Konzepte – Methoden – Analysen. Wiesbaden: Gabler. 81–92.
Hjelmslev, Louis (1942): Langue et parole. In: Cahiers Ferdinand de Saussure 2. 29–44.
Hoberg, Rudolf/Eichhoff-Cyrus, Karin M./Schulz, Rüdiger (Hg.) (2008): Wie denken die Deutschen über ihre Muttersprache und über Fremdsprachen? Wiesbaden: Gesellschaft für Deutsche Sprache.

Hoenigswald, Henry M. (1966): A proposal for the study of folk-linguistics. In: Bright, William (Hg.): Sociolinguistics: proceedings of the UCLA Sociolinguistics Conference 1964. The Hague: Mouton. 16–26.

Hofer, Lorenz (1997): Sprachwandel im städtischen Dialektrepertoire. Eine variationslinguistische Untersuchung am Beispiel des Baseldeutschen. Tübingen/Basel: Francke.

Hofer, Lorenz (2004a): Spracheinstellungen aus kulturwissenschaftlicher Sicht. In: Christen, Helen (Hg.): Dialekt, Regiolekt und Standardsprache im sozialen und zeitlichen Raum. Wien: Praesens. 221–234.

Hofer, Lorenz (2004b): Sprachliche und politische Grenzen im (ehemaligen) Dialektkontinuum des Alemannischen am Beispiel der trinationalen Region Basel (Schweiz) in Karten von SprecherInnen. In: Linguistik online 20/4. 23–46.

Hofer, Lorenz/Häcki Buhofer, Annelies/Löffler, Heinrich (2002): Zur Dynamik urbanen Sprechens: Studien zu Spracheinstellungen und Dialektvariation im Stadtraum. Tübingen: Francke.

Hoffmeister, Toke (2017): Der Einfluss der regionalen Herkunft auf das Dialektwissen linguistischer Laien. In: Hundt, Markus/Palliwoda, Nicole/Schröder, Saskia (Hg.): Der deutsche Sprachraum aus der Sicht linguistischer Laien. Ergebnisse des Kieler DFG-Projekts. Berlin/New York: de Gruyter. 213–261.

Höhne, Steffen (1991): Sprachnorm und Sprachnormwandel als konstitutive Faktoren wissenschaftlicher Sprachberatung. In: Muttersprache 101. 193–217.

Hopf, Christel (2012): Qualitative Interviews – ein Überblick. In: Flick, Uwe/von Kardorff, Ernst/Steinke, Ines (Hg.): Qualitative Forschung. Ein Handbuch. Hamburg: Rowohlt. 349–360.

Hollmach, Uwe (2007): Untersuchungen zur Kodifizierung der Standardaussprache in Deutschland. Frankfurt a.M. u.a.: Lang.

Holly, Werner/Püschel, Ulrich (1993): Sprache und Fernsehen in des Bundesrepublik Deutschland. In: Biere, Bernd/Henne, Helmut (Hg.): Sprache in den Medien nach 1945. Tübingen: Niemeyer. 128–157.

Hove, Ingrid (2002): Die Aussprache der Standardsprache in der deutschen Schweiz. Tübingen: Niemeyer.

Hufschmidt, Jochen/Besch, Werner (1983): Sprachverhalten in ländlichen Gemeinden: Dialekt und Standardsprache im Sprecherurteil. Berlin: Schmidt.

Hug, Michael (2007): Sprachbewusstheit/Sprachbewusstsein – the state of the art. In: ders./Siebert-Ott, Gesa (Hg.): Sprachbewusstheit und Mehrsprachigkeit. Baltmannsweiler: Schneider Hohengehren. 10–31.

Hundt, Markus (1992): Einstellungen gegenüber dialektal gefärbter Standardsprache. Eine empirische Untersuchung zum Bairischen, Hamburgischen, Pfälzischen und Schwäbischen. Stuttgart: Steiner.

Hundt, Markus (1996): Zum Prestige gesprochener Alltagssprache: Sächsisch und Schwäbisch. In: Deutsche Sprache 24. 224–249.

Hundt, Markus (2005a): Rezension zu Dennis R. Preston (Hg.). Handbook of perceptual dialectology. Volume 1. Amsterdam/Philadelphia: Benjamins 1999. Daniel Long und Dennis R. Preston (Hg.). Handbook of perceptual dialectology. Volume 2. Amsterdam/Philadelphia: Benjamins 2002. In: Beiträge zur Geschichte der deutschen Sprache und Literatur 127. 128–143.

Hundt, Markus (2005b): Grammatikalität – Akzeptabilität – Sprachnorm. Zum Verhältnis von Korpuslinguistik und Grammatikalitätsurteilen. In: Lenz, Friedrich/Schierholz, Stefan (Hg.). Corpuslinguistik in Lexik und Grammatik. Tübingen: Stauffenburg. 15–40.
Hundt, Markus (2009a): Perceptual dialectology und ihre Anwendungsmöglichkeiten im deutschen Sprachraum. In: Henn-Memmesheimer, Beate/Franz, Joachim (Hg.): Die Ordnung des Standard und die Differenzierung der Diskurse. Akten des 41. Linguistischen Kolloquiums in Mannheim 2006. 2. Teil. Frankfurt a.M.: Lang. 465–478.
Hundt, Markus (2009b): Normverletzungen und neue Normen. In: Konopka, Marek/Stecker, Bruno (Hg.): Deutsche Grammatik – Regeln, Normen, Sprachgebrauch. Berlin: de Gruyter. 117–140.
Hundt, Markus (2010): Bastian Sick: Der Dativ ist dem Genitiv sein Tod. In: Mitteilungen des Deutschen Germanistenverbandes 75/2. 174–196.
Hundt, Markus (2011): Schöner Dialekt, hässlicher Dialekt – Theorien und Methoden der Einstellungsforschung im Bereich der Wahrnehmungsdialektologie. In: Elmentaler, Michael/Hoinkes, Ulrich (Hg.): Gute Sprache, schlechte Sprache. Sprachnorm, Sprachwandel und regionale Vielfalt. Frankfurt a.M. u.a.: Lang. 77–104.
Hundt, Markus (2012): Warum gibt es eigentlich „beliebte" und „unbeliebte" Dialekte? Theorien und Methoden der Einstellungsforschung im Bereich der Wahrnehmungsdialektologie. In: Hünecke, Rainer/Jakob, Karlheinz (Hg.). Die obersächsische Sprachlandschaft in Geschichte und Gegenwart. Heidelberg: Winter. 175–222.
Hundt, Markus (2017): Struktur und Komplexität des linguistischen Laienwissens. In: ders./Palliwoda, Nicole/Schröder, Saskia (Hg.): Der deutsche Sprachraum aus der Sicht linguistischer Laien. Ergebnisse des Kieler DFG-Projektes. Berlin/New York: de Gruyter. 121–159.
Hundt, Markus (2018): Wahrnehmungsdialektologie – quo vadis? In: Lenz, Alexandra/Plewnia, Albrecht (Hg.): Variation – Norm(en) – Identität(en). Berlin/Boston: de Gruyter. 99–126.
Hundt, Markus/Anders, Christina A. (2010a): Die deutschen Dialekträume aus der Sicht linguistischer Laien. In: Henn-Memmesheimer, Beate/Franz, Joachim (Hg.): Die Ordnung des Standard und die Differenzierung der Diskurse. Frankfurt a.M. u.a.: Lang. 479–502.
Hundt, Markus/Anders, Christina A. (2010b): Bericht über die Pilotstudie Laienlinguistische Konzeptionen deutscher Dialekte. In: dies./Lasch, Alexander (Hg.). Perceptual Dialectology. Neue Wege der Dialektologie. Berlin/New York: de Gruyter. 179–219.
Hundt, Markus/Palliwoda, Nicole/Schröder, Saskia (2015a): Der deutsche Sprachraum aus der Sicht linguistischer Laien – Das Kieler DFG-Projekt. In: ders./Elmentaler, Michael/Schmidt, Jürgen Erich (Hg.): Deutsche Dialekte. Konzepte, Probleme, Handlungsfelder. Stuttgart: Steiner. 295–322.
Hundt, Markus/Palliwoda, Nicole/Schröder, Saskia (2015b): Wahrnehmungsdialektologie – Der deutsche Sprachraum aus der Sicht linguistischer Laien. In: Kehrein, Roland/Lameli, Alfred/Rabanus, Stefan (Hg): Regionale Variation des Deutschen – Projekte und Perspektiven. Berlin/Boston: de Gruyter. 585–620.
Hundt, Markus/Palliwoda, Nicole/Schröder, Saskia (Hg.) (2017): Der deutsche Sprachraum aus der Sicht linguistischer Laien. Ergebnisse des Kieler DFG-Projekts. Berlin/New York: de Gruyter.
Husserl, Edmund (1954): Die Krisis der europäischen Wissenschaften und die transzendentale Phänomenologie. Eine Einleitung in die phänomenologische Philosophie. Den Haag: Nijhoff.

Hymes, Dell H. (1971): Competence and Performance in Linguistic Theory. In: Huxley, Renira/Ingram, Elisabeth (Hg.): Language Acquisition: Models and Methods. London u.a.: Academic Press. 3–24.
Hymes, Dell H. (1972a): On Communicative Competence. In: Pride, John B./Holmes, Janet (Hg.): Sociolinguistics: selected readings. Harmondsworth u.a.: Penguin. 269–293.
Hymes, Dell H. (1972b): Models of the interaction of language and social life. In: ders./Gumperz, John (Hg.): Directions in sociolinguistics: The ethnography of communication. New York: Holt, Rinehart & Winston. 35–71.
Hymes, Dell H. (1987): Communicative Competence. In: Ammon, Ulrich et al. (Hg.): Soziolinguistik. Ein internationales Handbuch zur Wissenschaft von Sprache und Gesellschaft. 2. Teilband. Berlin/New York: de Gruyter. 219–229.
Ingendahl, Werner (1999a): Sprachreflexion statt Grammatik. Ein didaktisches Konzept für alle Schulstufen. Tübingen: Niemeyer.
Ingendahl, Werner (1999b): Theorie der Sprachreflexion. Ein Vorschlag zur Übersicht über Aufgaben schulischer Sprachreflexion. In: Döring, Brigitte/Feine, Angelika/Schellenberg, Wilhelm (Hg.): Über Sprachhandeln im Spannungsfeld von Reflektieren und Benennen. Frankfurt a.M. u.a.: Lang. 117–143.
Irvine, Judith/Gal, Susan (2000): Language ideology and linguistic differentiation. In: Kroskrity, Paul (Hg.): Regimes of Language: Ideologies, Polities, and Identities. Santa Fe: School of American Research Press. 35–84.
Jäger, Siegried (1971a): Sprachnorm und Schülersprache. In: Sprache und Gesellschaft. Beiträge zur soziolinguistischen Beschreibung der deutschen Gegenwartssprache. Düsseldorf: Schwann. 166–233.
Jäger, Siegfried (1971b): Zum Problem der sprachlichen Norm und seiner Relevanz für die Schule. In: Muttersprache 81. 162–175
Jakob, Karlheinz (1992): Prestige und Stigma deutscher Dialektlandschaften. In: Zeitschrift für Dialektologie und Linguistik 59. 167–182.
Jakob, Karlheinz (2010): Swâben ir wörter spaltent. Ein Überblick über die Dialektbewertungen in der deutschen Sprachgeschichte. In: Anders, Christina A./Hundt, Markus/Lasch, Alexander (Hg.): Perceptual Dialectology. Neue Wege der Dialektologie. Berlin/New York: de Gruyter. 51–66.
Jaworski, Adam/Coupland, Nikolas (2004): Sociolinguistic perspectives on metalanguage: Reflexivity, evaluation and ideology. In: dies./Galasiński, Dariusz (Hg.): Metalanguage. Social and Ideological Perspectives. Berlin/New York: de Gruyter. 15–51.
Jaworski, Adam/Coupland, Nikolas/Galasiński, Dariusz (2004): Metalanguage: Why now? In: dies. (Hg.): Metalanguage. Social and Ideological Perspectives. Berlin/New York: de Gruyter. 3–8.
Jaworski, Adam/Coupland, Nikolas/Galasiński, Dariusz (Hg.) (2004): Metalanguage. Social and Ideological Perspectives. Berlin/New York: de Gruyter.
Johnson, Sally (2005): Spelling trouble? Language, ideology and the reform of German orthography. Clevedon u.a.: Multilingual Matters.
Josten, Dirk (1976): Sprachvorbild und Sprachnorm im Urteil des 16. und 17. Jahrhunderts. Sprachlandschaftliche Prioritäten, Sprachautoritäten, Sprachimmanente Argumentation. Frankfurt a.M.: Lang.
Jürgens, Carolin (2015): Niederdeutsch im Wandel. Sprachgebrauchswandel und Sprachwahrnehmung in Hamburg. Hildesheim u.a.: Olms.
Kalinowski, Georges (1972). Einführung in die Normenlogik. Frankfurt a.M.: Athenäum.

Kallmeyer, Werner (2005): Qualitative Methoden. In: Ammon, Ulrich et al. (Hg.): Soziolinguistik. Ein internationales Handbuch zur Wissenschaft von Sprache und Gesellschaft. 1. Teilband. Berlin/New York: de Gruyter. 978–992

Kehrein, Roland (2012): Wen man nicht alles für einen Sachsen hält?! Oder: Zur Aktivierung von Sprachraumkonzepten durch Vorleseaussprache. In: Hünecke, Rainer/Jakob, Karlheinz (Hg.): Die obersächsische Sprachlandschaft in Geschichte und Gegenwart. Heidelberg: Winter. 223–263

Kehrein, Roland/Lameli, Alfred/Purschke, Christoph (2010): Stimuluseffekte und Sprachraumkonzepte. In Anders, Christina A./Hundt, Markus/Lasch, Alexander (Hg.): Perceptual Dialectology. Neue Wege der Dialektologie. Berlin/New York: de Gruyter. 351–384.

Kelle, Udo (2007): Die Integration qualitativer und quantitativer Methoden in der empirischen Sozialforschung. Theoretische Grundlagen und methodologische Konzepte. Wiesbaden: Springer.

Kelle, Udo (2019): Mixed Methods. In: Baur, Nina/Blasius, Jörg (Hg.): Handbuch Methoden der empirischen Sozialforschung. Wiesbaden: Springer. 159–172.

Kelle, Udo/Erzberger, Christian (2012): Qualitative und quantitative Methoden: kein Gegensatz. In: Flick, Uwe/von Kardorff, Ernst/Steinke, Ines (Hg.): Qualitative Forschung. Ein Handbuch. Hamburg: Rowohlt. 299–309.

Keller, Reiner (2011): Wissenssoziologische Diskursanalyse. Grundlegung eines Forschungsprogramms. Wiesbaden: Springer.

Keller, Reiner (2012): Sozialkonstruktivistische Wissenssoziologie. In: (ders.) (Hg.): Das Interpretative Paradigma. Eine Einführung. Wiesbaden: Springer. 175–239.

Keller, Reiner/Knoblauch, Hubert/Reichertz, Jo (2013) (Hg.): Kommunikativer Konstruktivismus. Theoretische und empirische Arbeiten zu einem neuen wissenssoziologischen Ansatz. Wiesbaden: Springer.

Kellermeier-Rehbein, Birte (2013): Standard oder Nonstandard? Ungelöste Probleme der Abgrenzung. In: dies./Schneider-Wiejowski, Karina/Haselhuber, Jakob (Hg.): Vielfalt, Variation und Stellung der deutschen Sprache. Berlin/Boston: de Gruyter. 3–22.

Kennetz, Keith (2010): German and German Political Disunity. An Investigation into the Cognitive Patterns and Perceptions of Language in Post-Unified Germany. In: Anders, Christina A./Hundt, Markus/Lasch, Alexander (Hg.): Perceptual Dialectology. Neue Wege der Dialektologie. Berlin/New York: de Gruyter. 317–335.

Keuch, Sarah/Wirrer, Jan (2014): „Da saßen zwei so ne alte Friedrichskooger neben mir auf der Bank. Da hab ich mir gedacht: Das hast du lange nicht gehört, also wirklich so extrem breites und tiefes Plattdeutsch." Laikale metasprachliche Wissensbestände und Sprechertypologie". In: Cuonz, Christina/Studler, Rebekka (Hg.): Sprechen über Sprache. Perspektiven und neue Methoden der Spracheinstellungsforschung. Tübingen: Stauffenburg. 65–105.

Kienpointner, Manfred (2002): Sprachberatung als Bereich der Angewandten Sprachwissenschaft: Das Innsbrucker Sprachtelefon. In: Anreiter, Peter (Hg.): Namen, Sprachen und Kulturen. Festschrift für Heinz Dieter Pohl zum 60. Geburtstag. Wien: Praesens. 433–451.

Kienpointner, Manfred (2005): Dimensionen der Angemessenheit. Theoretische Fundierung und praktische Anwendung linguistischer Sprachkritik. In: Aptum 3. 193–219.

Kilian, Jörg (2014a): Sprachtheorie, sprachliches Wissen und kritische Sprachbetrachtung. Grundlagen einer didaktischen Sprachkritik in der Lehrer(fort)bildung. In: Niehr, Thomas (Hg.): Sprachwissenschaft und Sprachkritik – Perspektiven ihrer Vermittlung. Bremen: Hempen. 173–186.

Kilian, Jörg (2014b): Grammatikunterricht, Sprachreflexion und Sprachkritik. In: Gornik, Hildegard (Hg.): Sprachreflexion und Grammatikunterricht. Baltmannsweiler: Schneider Hohengehren. 326–340.

Kilian, Jörg/Niehr, Thomas/Schiewe, Jürgen (2016): Sprachkritik. Ansätze und Methoden der kritischen Sprachbetrachtung. Berlin/New York: de Gruyter.

Kindt, Walther (2001): Konventionen, Regeln und Maximen in Gesprächen. In: Brinker, Klaus et al. (Hg.): Text- und Gesprächslinguistik. Ein internationales Handbuch zeitgenössischer Forschung 2. Teilband. Berlin/New York: de Gruyter. 1178–1187.

Kirkness, Alan (1975): Zur Sprachreinigung im Deutschen 1789-1871. Eine historische Dokumentation. Tübingen: Narr.

Kirkness, Alan (1984): Das Phänomen des Purismus in der Geschichte des Deutschen. In: Besch, Werner et al. (Hg.): Sprachgeschichte. Ein Handbuch zur Geschichte der deutschen Sprache und ihrer Erforschung. 1. Teilband. Berlin/New York: de Gruyter. 290–299.

Klein, Wolfgang (1985): Gesprochene Sprache – geschriebene Sprache. In: Zeitschrift für Literaturwissenschaft und Linguistik 59. 9–35.

Klein, Wolfgang (1986). Der Wahn vom Sprachverfall und andere Mythen. In: Zeitschrift für Literaturwissenschaft und Linguistik 62. 11–28.

Klein, Wolf-Peter (2013): Warum brauchen wir einen klaren Begriff von Standardsprachlichkeit und wie könnte er gefasst werden? In: Hagemann, Jörg/ders./Staffeldt, Sven (Hg.): Pragmatischer Standard. Tübingen: Stauffenburg. 15–33.

Klein, Wolf-Peter (2014): Gibt es einen Kodex für die Grammatik des Neuhochdeutschen und, wenn ja, wie viele? Oder: Ein Plädoyer für Sprachkodexforschung. In: Plewnia, Albrecht/Witt, Andreas (Hg.): Sprachverfall? Dynamik – Wandel – Variation. Berlin/Boston: de Gruyter. 219–242.

Klein, Wolf-Peter (2018): Sprachliche Zweifelsfälle im Deutschen. Theorie, Praxis, Geschichte. Berlin/Boston: de Gruyter.

Klein, Wolf-Peter/Staffeldt, Sven (Hg.) (2016): Die Kodifizierung der Sprache. Strukturen, Funktionen, Konsequenzen. Würzburg: WespA (Würzburger elektronische sprachwissenschaftliche Arbeiten 17).

Kleiner, Stefan (2010): Aktuelle Regionalsprachforschung zum Deutschen. Das IDS-Projekt Variation des gesprochenen Deutsch. In: Germanistische Mitteilungen 71. 7–31.

Kleiner, Stefan (2014): Die Kodifikation der deutschen Standardaussprache im Spiegel der faktischen Variabilität des Gebrauchsstandards. In: Plewnia, Albrecht/Witt, Andreas (Hg.): Sprachverfall? Dynamik – Wandel – Variation. Berlin/Boston: de Gruyter. 273–298.

Kloss, Heinz (1967): Abstand Languages and Ausbau Languages. In: Anthropological Linguistics 9/7. 29–41.

Knapp, Werner (2005): Die Inhaltsanalyse aus linguistischer Sicht. In: Gläser-Zikuda, Michaela/Mayring, Philipp (Hg.): Die Praxis der Qualitativen Inhaltsanalyse. Weinheim: Beltz. 20–36.

Knoblauch, Hubert (1999): Zwischen System und Subjekt? Methodologische Unterschiede und Überschneidungen zwischen Systemtheorie und Sozialkonstruktivismus. In: Hitzler, Ronald/Reichertz, Jo/Schröer, Norbert (Hg.): Hermeneutische Wissenssoziologie. Eine methodologisch-theoretische Positionsbestimmung. Konstanz: UVK. 213–235.

Knoblauch, Hubert (2012): Grundbegriffe und Aufgaben des kommunikativen Konstruktivismus. In: ders./Keller, Reiner/Reichertz, Jo (Hg.): Kommunikativer Konstruktivismus. Theoretische und empirische Arbeiten zu einem neuen wissenssoziologischen Ansatz. Wiesbaden: Springer. 25–48.

Knoblauch, Hubert (2014a): Wissenssoziologie. Konstanz: UVK.
Knoblauch, Hubert (2014b): Qualitative Methoden am Scheideweg – Jüngere Entwicklungen der interpretativen Sozialforschung. In: Mey, Günter/Mruck, Katja (Hg.): Qualitative Forschung. Analysen und Diskussionen – 10 Jahre Berliner Methodentreffen. Wiesbaden: Springer. 73–82.
Knoblauch, Hubert/Schnettler, Bernt (2006): Konstruktivismus. In: Buber, Renate/Holzmüller, Hartmut (Hg.): Qualitative Marktforschung. Konzepte – Methoden– Analysen. Wiesbaden: Gabler. 127–137.
Köberl, Johann (1995): Alltagswissen über Sprache. Eine Interviewstudie in der schottischen Stadt Paisley. Frankfurt a.M.: Lang.
Koch, Peter (1988): Norm und Sprache. In: Albrecht, Jörn/Lüdtke, Jens/Thun, Harald (Hg.): Energeia und Ergon. Sprachliche Variation, Sprachgeschichte, Sprachtypologie. Band 2. Tübingen: Narr. 327–354.
Köhler, Wolfgang (1933): Psychologische Probleme. Berlin: Springer.
Köller, Wilhelm (2007): Narrative Formen der Sprachreflexion. Interpretationen zu Geschichten über Sprache von der Antike bis zur Gegenwart. Berlin/New York: de Gruyter.
Konerding, Klaus-Peter (2014): Sprache und Wissen. In: Felder, Ekkehard/Gardt, Andreas (Hg.): Handbuch Sprache und Wissen. Berlin/Boston: de Gruyter. 57–80.
König, Katharina (2014): Spracheinstellungen und Identitätskonstruktionen. Eine gesprächsanalytische Untersuchung sprachbiographischer Interviews mit Deutsch-Vietnamesen. Berlin: Akademie-Verlag.
König, Werner (2000): Wenn sich Theorien ihre Wirklichkeit selbst schaffen: Zu einigen Normen deutscher Aussprachewörterbücher. In: Häcki Buhofer, Annelies (Hg.): Vom Umgang mit sprachlicher Variation. Soziolinguistik, Dialektologie, Methoden und Wissenschaftsgeschichte. Tübingen/Basel: Francke. 87–98.
König, Werner (2008): Spricht man in Norddeutschland ein besseres Hochdeutsch? In: Waseda Blätter 15. 45–64.
König, Werner (2011): Wir können alles. Außer Norddeutsch. In: Schönere Heimat 100/3. 188–198.
Köpcke, Klaus-Michael/Ziegler, Arne (Hg.) (2011): Grammatik – Lehren, Lernen, Verstehen. Zugänge zur Grammatik des Gegenwartsdeutschen an der Schnittstelle von Fachwissenschaft und Fachdidaktik. Berlin/New York: de Gruyter.
Krämer, Sybille (1996): Bewußtsein als theoretische Fiktion und als Prinzip des Personenverstehens. In: dies. (Hg.): Bewußtsein. Philosophische Beiträge. Frankfurt a.M.: Suhrkamp. 36–53.
Krefeld, Thomas/Pustka, Elissa (2010): Für eine perzeptive Varietätenlinguistik. In: dies. (Hg.): Perzeptive Varietätenlinguistik. Frankfurt a.M. u.a.: Lang. 9–28
Kremer, Ludger (1999): The Netherlands-German National Border as a Subjective Dialect Boundary. In: Preston, Dennis (Hg.): Handbook of Perceptual Dialectology. Volume 1. Amsterdam/Philadelphia: Benjamins. 31–36.
Kruglanski, Arie W. (1989): Lay epistemics and human knowledge. New York/London: Plenum Press.
Kruglanski, Arie W./Baldwin, Mark W./Towson, Shelagh M. J. (1993): Die Theorie der Laienepistemologie. In: Frey, Dieter/Irle, Martin. (Hg.): Theorien der Sozialpsychologie, Band 3: Motivations- und Informationsverarbeitungstheorien. Bern u.a.: Huber. 293–314.
Küchler, Raimund/Jäger, Siegfried (1976): Zur Sanktionierung von Sprachnormverstößen. In: Gloy, Klaus/Presch, Gunter (Hg.) (1976): Sprachnormen II: Theoretische Begründungen –

außerschulische Sprachnormpraxis. Stuttgart/Bad Cannstatt: Frommann-Holzboog. 125–139.
Kuckartz, Udo (2010): Einführung in die computergestützte Analyse qualitativer Daten. Wiesbaden: Springer.
Kuckartz, Udo (2014): Mixed Methods: Methodologie, Forschugnsdesigns und Analyseverfahren. Wiesbaden: Springer.
Kuckartz, Udo (2016): Qualitative Inhaltsanalyse: Methoden, Praxis, Computerunterstützung. Weinheim u.a.: Beltz.
Kuhn, Thomas (2009): Die Struktur wissenschaftlicher Revolutionen. Frankfurt a.M.: Suhrkamp.
Labov, William (1970): The logic of non-standard English. In: Alatis, James E. (Hg.): Report of the Twentieth Annual Round Table Meeting on Linguistics and Language Studies. Washington: Georgetown University Press. 1–43.
Labov, William (1972): Language in the Inner City: Studies in the Black English Vernacular. Philadelphia: University of Pennsylvania Press.
Labov, William (1994/2001/2010): Principles of Linguistic Change. Volume 1: Internal Factors. Volume 2: Social Factors. Volume 3: Cognitive and Cultural Factors. Oxford: Blackwell.
Lakoff, George/Johnson, Mark (2007): Leben in Metaphern: Konstruktion und Gebrauch von Sprachbildern. Heidelberg: Auer.
Lameli, Alfred (2004): Standard und Substandard. Regionalismen im diachronen Längsschnitt. Wiesbaden/Stuttgart: Steiner.
Lameli, Alfred (2006): Zur Historizität und Variabilität der deutschen Standardsprechsprache. In: Gessinger, Joachim/Voeste, Anja (Hg.): Dialekt im Wandel. Perspektiven einer neuen Dialektologie. Duisburg: Gilles und Franke. 53–80.
Lameli, Alfred/Purschke, Christoph/Kehrein, Roland (2008): Stimulus und Kognition. Zur Aktivierung mentaler Raumbilder. In: Linguistik Online 35/3. 55–86.
Langer, Nils (2001): Linguistic Purism in Action. How auxiliary tun was stigmatised in Early New High German. Berlin/New York: de Gruyter.
Lautmann, Rüdiger (1969): Wert und Norm. Begriffsanalysen für die Soziologie. Köln: Opladen.
Law, Claudia (2007): Sprachratgeber und Stillehren in Deutschland. Ein Vergleich der Sprach- und Stilauffassung in vier politischen Systemen. Berlin/New York: de Gruyter.
Lehr, Andrea (2002): Sprachbezogenes Wissen in der Lebenswelt des Alltags. Tübingen: Niemeyer.
Leibniz, Gottfried Wilhelm (1996): Philosophische Schriften. Frankfurt a.M.: Suhrkamp.
Lenz, Alexandra N. (2003): Struktur und Dynamik des Substandards. Eine Studie zum Westmitteldeutschen (Wittlich/Eifel). Stuttgart: Steiner.
Lerchner, Gotthard (1973): Sprachnorm als linguistische und soziologische Kategorie. In: Linguistische Studien A/3. 108–122.
Leuenberger, Petra (1999): Ortsloyalität als verhaltens- und sprachsteuernder Faktor. Eine empirische Untersuchung. Tübingen/Basel: Francke.
Liebert, Wolf-Andreas (1992): Metaphernbereiche der deutschen Alltagssprache. Kognitive Linguistik und die Perspektiven einer Kognitiven Lexikographie. Frankfurt a.M. u.a.: Lang.
Liebscher, G./Dailey-O'Cain J. (2009) Language attitudes in interaction. In: Journal of Sociolinguistics 13/2. 195–222
Linell, Per (1982): The Written Language Bias in Linguistics. Linköping: Department of Communication Studies.

Linke, Angelika (1996): Sprachkultur und Bürgertum: zur Mentalitätsgeschichte des 19. Jahrhunderts. Stuttgart: Metzler.
Lisch, Ralf/Kriz, Jürgen (1978): Grundlagen und Modelle der Inhaltsanalyse. Bestandsaufnahme und Kritik. Reinbek bei Hamburg: Rowohlt.
Lobin, Henning (2018): Digital und vernetzt. Das neue Bild der Sprache. Stuttgart: Metzler.
Löffler, Heinrich (1986): Sind Soziolekte neue Dialekte? Um Aufgabenfeld einer nachsoziolinguistischen Dialektologie. In: Schöne, Albrecht (Hg.): Kontroversen, alte und neue. Tübingen: Niemeyer. 232–239.
Löffler, Heinrich (2000): Gesprochenes und geschriebenes Deutsch bis zur Mitte des 20. Jahrhunderts. In: Besch, Werner et al. (Hg.): Sprachgeschichte. Ein Handbuch zur Geschichte der deutschen Sprache und ihrer Erforschung. 2. Teilband. Berlin/New York: de Gruyter. 1967–1979.
Löffler, Heinrich (2005): Wie viel Variation verträgt die deutsche Standardsprache? Begriffsklärung: Standard und Gegenbegriffe. In: Eichinger, Ludwig M./Kallmeyer, Werner (Hg.): Standardvariation. Wie viel Variation verträgt die deutsche Sprache? Berlin u.a.: de Gruyter. 7–27.
Löffler, Heinrich (2010): Zu den Wurzeln der Perceptual Dialectology in dertraditionellen Dialektologie. Eine Spurensuche. In: Anders, Christina A./Hundt, Markus/Lasch, Alexander (Hg.): Perceptual Dialectology. Neue Wege der Dialektologie. Berlin/New York: de Gruyter. 31–49.
Long, Daniel/Preston, Dennis R. (Hg.) (2002): Handbook of perceptual dialectology. Vol. 2. Amsterdam/Philadelphia: Benjamins.
Luckmann, Thomas (1989): Zum Verhältnis von Alltagswissen und Wissenschaft. In: Rebel, Karlheinz (Hg.): Wissenschaftstransfer in der Weiterbildung. Der Beitrag der Wissenssoziologie. Basel: Weinheim. 28–35.
Luckmann, Thomas (1999): Wirklichkeiten: individuelle Konstitution und gesellschaftliche Konstruktion. In: Hitzler, Ronald/Reichertz, Jo/Schröer, Norbert (Hg.): Hermeneutische Wissenssoziologie: Standpunkte zur Theorie der Interpretation. Konstanz: UVK. 17–28.
Luckmann, Thomas (2006): Die kommunikative Konstruktion der Wirklichkeit. In: Tänzler, Dirk/Knoblauch, Hubert/Soeffner, Hans-Georg (Hg.): Neue Perspektiven der Wissenssoziologie. Konstanz: UVK. 15–26.
Luhmann, Niklas (1969): Normen in soziologischer Perspektive. In: Soziale Welt 20/1. 28–48.
Luhmann, Niklas (2008): Rechtssoziologie. Wiesbaden: Springer.
Macha, Jürgen (1991): Der flexible Sprecher. Untersuchungen zu Sprache und Sprachbewußtsein rheinischer Handwerksmeister. Köln u.a.: Böhlau.
Macha, Jürgen (2010): Sprache als Faktor der Raumbildung? Anmerkungen zu Westfalen. In: Suntrup, Rudolf et al. (Hg.). Usbekisch-deutsche Studien III. Sprache – Literatur – Kultur – Didaktik. Teilband 1: Begegnung von Orient und Okzident in der Literatur Linguistik und Varietäten. Berlin: de Gruyter. 305–329.
Macha, Jürgen/Weger, Thomas (1983): Mundart im Bewußtsein ihrer Sprecher. Eine explorative Studie am Beispiel des Bonner Raumes. In: Rheinische Vierteljahresblätter 47. 265–301.
Maitz, Péter (2010a): Sprachvariation zwischen Alltagswahrnehmung und linguistischer Bewertung. Sprachtheoretische und wissenschaftsmethodologische Überlegungen zur Erforschung sprachlicher Variation. In: Gilles, Peter/Scharloth, Joachim/Ziegler, Evelyn (Hg.): Variatio delectat. Empirische Evidenzen und theoretische Passungen sprachlicher Variation. Frankfurt a.M. u.a.: Lang. 59–80.

Maitz, Péter (2010b): Sprachpflege als Mythenwerkstatt und Diskriminierungspraktik. In: Aptum 6/1. 1–19.
Maitz, Péter (2014): Kann – soll – darf die Linguistik der Öffentlichkeit geben, was die Öffentlichkeit will? In: Niehr, Thomas (Hg.): Sprachwissenschaft und Sprachkritik. Perspektiven ihrer Vermittlung. Bremen: Hempen. 9–26.
Maitz, Péter (2015): Sprachvariation, sprachliche Ideologien und Schule. In: Zeitschrift für Dialektologie und Linguistik 82/2. 206–227.
Maitz, Péter/Elspaß, Stephan (2007): Warum der „Zwiebelfisch" nicht in den Deutschunterricht gehört. In: Informationen Deutsch als Fremdsprache 34/5. 515–526.
Maitz, Péter/Elspaß, Stephan (2009): Sprache, Sprachwissenschaft und soziale Verantwortung – wi(e)der Sick. In: Informationen Deutsch als Fremdsprache 36/1. 53–75.
Maitz, Péter/Elspaß, Stephan (2011a): Zur sozialen und sprachpolitischen Verantwortung der Variationslinguistik. In: Glaser, Elvira/Schmidt, Jürgen E./Frey, Natascha (Hg.): Dynamik des Dialekts – Wandel und Variation. Stuttgart: Steiner. 221–240.
Maitz, Péter/Elspaß, Stephan (2011b): „Dialektfreies Sprechen – leicht gemacht!" Sprachliche Diskriminierung von deutschen Muttersprachlern in Deutschland. In: dies. (Hg.): Sprache und Diskriminierung. Seelze: Friedrich. 7–17
Maitz, Péter/Elspaß, Stephan (2012a): New language norm authorities in Germany. Ideological roots and social consequences. In: Schröder, Anne/Busse, Ulrich/Schneider, Ralf (Hg.): Codification, Canons, and Curricula. Description and Prescription in Language and Literature. Bielefeld: Aisthesis. 195–208.
Maitz, Péter/Elspaß, Stephan (2012b): Pluralismus oder Assimilation? Zum Umgang mit Norm und arealer Variation in Deutschland und anderswo. In: Günthner, Susanne et al. (Hg.): Kommunikation und Öffentlichkeit: Sprachwissenschaftliche Potenziale zwischen Empirie und Norm. Berlin/Boston: de Gruyter. 43–60.
Maitz, Péter/Elspaß, Stephan (2013): Zur Ideologie des „Gesprochenen Standarddeutsch" In: Klein, Wolf P./Hagemann, Jörg/Staffeldt, Sven (Hg.): Pragmatischer Standard. Tübingen: Stauffenburg. 35–48.
Maitz, Péter/Foldenauer, Monika (2015): Sprachliche Ideologien im Schulbuch. In: Kiesendahl, Jana/Ott, Christine (Hg.): Linguistik und Schulbuchforschung. Gegenstände, Methoden, Perspektiven. Göttingen: V&R. 217–234.
Malkiel, Yakov (1989): Wörterbücher und Normativität. In: Hausmann, Franz J. et al. (Hg.): Wörterbücher. Ein internationales Handbuch zur Lexikographie. 1. Teilband. Berlin/New York: de Gruyter. 63–70.
Mattheier, Klaus J. (1985): Dialektologie der Dialektsprecher – Überlegungen zu einem interpretativen Ansatz in der Dialektologie. In: Germanistische Mitteilungen 21. 47–67.
Mattheier, Klaus J. (1991): Standardsprache als Sozialsymbol. Über kommunikative Folgen gesellschaftlichen Wandels. In: Wimmer, Rainer (Hg.): Das 19. Jahrhundert. Sprachgeschichtliche Wurzeln des heutigen Deutsch. Berlin/New York: de Gruyter. 41–72.
Mattheier, Klaus J. (1994): Varietätenzensus. Über die Möglichkeit, die Verbreitung und Verwendung von Sprachvarietäten in Deutschland festzustellen. In: ders./Wiesinger, Peter (Hg.): Dialektologie des Deutschen. Forschungsstand und Entwicklungstendenzen. Tübingen: Niemeyer. 413–443.
Mattheier, Klaus J. (Hg.) (1994): Norm und Variation. Frankfurt a.M. u.a.: Lang.
Mayring, Philipp (2002): Einführung in die qualitative Sozialforschung: eine Anleitung zu qualitativem Denken. Weinheim/Basel: Beltz.

Mayring, Philipp (2005): Neuere Entwicklungen in der qualitativen Forschung und der Qualitativen Inhaltsanalyse. In: ders./Gläser-Zikuda, Michaela (Hg.): Die Praxis der Qualitativen Inhaltsanalyse. Weinheim: Beltz. 7–19.
Mayring, Philipp (2010): Qualitative Inhaltsanalyse: Grundlagen und Techniken. Weinheim/Basel: Beltz.
McKenzie, Robert/Osthus, Dietmar (2011): That which We Call a Rose by any Other Name Would Sound as Sweet. Folk perceptions, status and language variation. In: AILA Review 24. 100–115.
Meindl, Claudia (2011): Methodik für Linguisten. Eine Einführung in Statistik und Versuchsplanung. Tübingen: Narr.
Meinefeld, Werner (2012): Hypothesen und Vorwissen in der qualitativen Sozialforschung. In: Flick, Uwe/von Kardorff, Ernst/Steinke, Ines (Hg.): Qualitative Forschung. Ein Handbuch. Hamburg: Rowohlt. 265–275.
Meinunger, André (2008): Sick of Sick? Ein Streifzug durch die Sprache als Antwort auf den Zwiebelfisch. Berlin: Kadmos.
Miebach, Bernhard (2014): Soziologische Handlungstheorie. Eine Einführung. Wiesbaden: Springer.
Mihm, Arend (1985): Prestige und Stigma des Substandards. Zur Bewertung des Ruhrdeutschen im Ruhrgebiet. In: ders. (Hg.): Sprache an Rhein und Ruhr. Dialektologische und soziolinguistische Studien zur sprachlichen Situation im Rhein Ruhr Gebiet und ihrer Geschichte. Stuttgart: Steiner. 163–193.
Milroy, James (2001): Language ideologies and the consequences of standardization. In: Journal of Sociolinguistics 5/4. 530–555.
Milroy, Lesley/Milroy, James (2012): Authority in Language. London/New York: Routledge.
Mühlhäusler, Peter (1982): Language and Communicational Efficiency: The Case of Tok Pisin. In: Language and Communication 2/2. 105–121.
Muhr, Rudolf (2003): Die plurizentrischen Sprachen Europas: ein Überblick. In: Gugenberger, Eva/Blumberg, Mechthild (Hg.): Vielsprachiges Europa. Zur Situation der regionalen Sprachen von der iberischen Halbinsel bis zum Kaukasus. Frankfurt a.M./Wien: Lang. 191–231.
Napoli, Donna J. (2003): Language Matters. A guide to everyday thinking about language. Oxford/New York: Oxford University Press.
Nerius, Dieter (1967): Untersuchungen zur Herausbildung einer nationalen Norm der deutschen Literatursprache im 18. Jahrhundert. Halle: Niemeyer.
Nerius, Dieter (1973): Zur Sprachnorm im gegenwärtigen Deutschen. In: Linguistische Studien A/3. 83–107.
Nerius, Dieter (1979a): Norm und Entwicklung in der Schreibung der deutschen Gegenwartssprache. In: Fleischer, Wolfgang (Hg.): Wort, Satz und Text. Aktuelle Probleme der grammatischen und lexikologischen Beschreibung der deutschen Sprache der Gegenwart Berlin: Akademie der Wissenschaften der DDR. 44–66.
Nerius, Dieter (1979b): Thesen zur Bestimmung und Differenzierung der sprachlichen Norm. In: Fleischer, Wolfgang (Hg.): Sprachnormen, Stil und Sprachkultur. Berlin: Akademie der Wissenschaften der DDR. 17–24.
Nerius, Dieter (1980): Zur Bestimmung der sprachlichen Norm. In: Zeitschrift für Phonetik, Sprachwissenschaft und Kommunikationsforschung 33. 365–370.
Neuland, Eva (1993): Sprachgefühl, Spracheinstellungen, Sprachbewußtsein. Zur Relevanz „subjektiver Faktoren" für Sprachvariation und Sprachwandel. In: Mattheier, Klaus J. et al. (Hg.): Vielfalt des Deutschen. Frankfurt a.M.: Lang. 699–722.

Neuland, Eva (1996): Sprachkritiker sind wir doch alle! Formen öffentlichen Sprachbewusstseins. Perspektiven kritischer Deutung und einige Folgen. In: Böke, Karin/Jung, Matthias/Wengeler, Martin (Hg.): Öffentlicher Sprachgebrauch. Praktische, theoretische und historische Perspektiven. Opladen: Westdt.-Verlag. 110–120.

Neuland, Eva (2000): Vielfältiges Deutsch – Chance zum reflektierten Umgang mit Normierungen. In: Kühn, Ingrid (Hg.): Deutsch in Europa: Muttersprache und Fremdsprache. Frankfurt a.M.: Lang. 37–50.

Neuland, Eva (2002): Sprachbewusstsein – eine zentrale Kategorie für den Sprachunterricht. In: Der Deutschunterricht 54/3. 4–10.

Neuland, Eva (2003): Sprachvarietäten – Fachsprachen – Sprachnormen. In: Bredel, Ursula et al. (Hg.) Didaktik der deutschen Sprache. Ein Handbuch. Band 1. Paderborn: Schöningh. 52–69.

Neuland, Eva (Hg.) (2006): Variation im heutigen Deutsch. Perspektiven für den Sprachunterricht. Frankfurt a.M.: Lang.

Niedzielski, Nancy/Preston, Dennis R. (2003): Folk linguistics. Berlin/New York: de Gruyter.

Niedzielski, Nancy/Preston, Dennis R. (2009a): Folk pragmatics. In: Senft, Gunter/Östmann, Jan-Ola/Verschueren, Jef (Hg.): Culture and Language Use. Amsterdam: Benjamins. 146–155.

Niedzielski, Nancy/Preston, Dennis R. (2009b): Folk linguistics. In: Coupland, Nicolas/Jaworski, Adam (Hg.): The New Sociolinguistics Reader. Basingstoke: Palgrave Macmillan. 356–373.

Niehr, Thomas (2015): Angemessenheit: Eine Kategorie zwischen Präskriptivität und Inhaltsleere? Überlegungen zum Status einer für die Sprachkritik fundamentalen Kategorie. In: Aptum 11/2. 101–110.

Ohlbrecht, Heike (2010): Serviceteil. In: Flick, Uwe/von Kardorff, Ernst/Steinke, Ines (Hg.): Qualitative Forschung. Ein Handbuch. Hamburg: Rowohlt. 653–668.

Ossner, Jakob (1989): Sprachthematisierung – Sprachaufmerksamkeit – Sprachwissen. In: Osnabrücker Beiträge zur Sprachtheorie 40. 25–38.

Palliwoda, Nicole (2011): Die Verortung von Sprachvarietäten im Deutschen – Eine empirische Studie zum Vergleich von mental maps und Sprachproben. In: Ganswindt, Brigitte/Purschke, Christoph (Hg.): Perspektiven der Variationslinguistik. Beiträge aus dem Forum Sprachvariation. Hildesheim: Olms. 419–442.

Palliwoda, Nicole (2012): Laienlinguistische Sprachräume – methodische Aufbereitung anhand von Mental Maps und Sprachproben. In: Braukmeier, Sabrina/Burkhardt, Julia/Pfeifer, Fleur (Hg): Wege in den Sprachraum – Methodische Herausforderungen linguistischer Forschung. Leipzig: Lang. 53–67.

Palliwoda, Nicole (2017): Das Ratespiel. Möglichkeiten und Grenzen der Auswertung. In: dies./Hundt, Markus/Schröder, Saskia (Hg.): Der deutsche Sprachraum aus der Sicht linguistischer Laien. Ergebnisse des Kieler DFG-Projektes. Berlin/Boston: de Gruyter. 83–120.

Palliwoda, Nicole (2019): Das Konzept Mauer in den Köpfen. Der Einfluss der Priming-Methode auf die Sprechprobenverortung und -bewertung. Stuttgart: Steiner.

Palliwoda, Nicole/Schröder, Saskia (2016): Perceptual Dialectology – Speech Samples and the Concept of Salience. Initial findings from the DFG-project „Lay Linguists' perspectives in German regional varieties: Reconstructing lay linguistic conceptualizations of German in a perceptual dialectology approach". In: Cramer, Jennifer S./Montgomery, Chris (Hg.): City-

scapes and Perceptual Dialectology: Global perspectives on non-linguists' knowledge of the dialect landscape. Berlin/New York: de Gruyter. 257–274.
Paul, Hermann (1995): Prinzipien der Sprachgeschichte. Berlin/New York: de Gruyter.
Paul, Ingwer (1999a): Praktische Sprachreflexion. Tübingen: Niemeyer.
Paul, Ingwer (1999b): Praktische Sprachreflexion. In: Döring, Brigitte/Feine, Angelika/Schellenberg, Wilhelm (Hg.): Über Sprachhandeln im Spannungsfeld von Reflektieren und Benennen. Frankfurt a.M. u.a.: Lang. 193–204.
Paul, Ingwer (2003): Subjektive Sprachtheorien von Lehrenden und Lernenden. In: Bredel, Ursula et al. (Hg.): Didaktik der deutschen Sprache. Ein Handbuch. 2. Band. Paderborn: Schöningh. 650–657.
Paveau, Marie-Anne (2011): Do non-linguists practice linguistics? In: AILA Review 24. 40–54.
Peyer, Ann et al. (1996): Norm, Moral und Didaktik. Die Linguistik und ihre Schmuddelkinder. In: dies./Portmann, Paul R. (Hg.): Norm, Moral und Didaktik. Die Linguistik und ihre Schmuddelkinder. Eine Aufforderung zur Diskussion. Tübingen: Niemeyer. 9–46.
Peyer, Ann (2003): Language awareness: Neugier und Norm. In: Linke, Angelika/Ortner, Hanspeter/Portmann-Tselikas, Paul R. (Hg.): Sprache und mehr. Ansichten einer Linguistik der sprachlichen Praxis. Tübingen: Niemeyer. 323–345.
Plewnia, Albrecht (2013): Norddeutsch – Plattdeutsch – Friesisch. Der norddeutsche Sprachraum aus der Sicht linguistischer Laien. In: Albert, Georg/Franz, Joachim (Hg.): Zeichen und Stil. Der Mehrwert der Variation. Frankfurt a.M.: Lang. 43–62.
Plewnia, Albrecht/Rothe, Astrid (2011): Spracheinstellungen über Mehrsprachigkeit. Wie Schüler über ihre und andere Sprachen denken. In: ders./Eichinger, Ludwig M./Steinle, Melanie (Hg.): Sprache und Mehrsprachigkeit. Über Mehrsprachigkeit und Migration. Tübingen: Narr. 215–253
Polanyi, Michael (1985): Implizites Wissen. Frankfurt a.M.: Suhrkamp.
Polenz, Peter von (1973): Sprachkritik und Sprachnormenkritik. In: Nickel, Gerhard (Hg.): Angewandte Sprachwissenschaft und Deutschunterricht. München: Hueber. 118–167.
Polenz, Peter von (1999): Deutsche Sprachgeschichte vom Spätmittelalter bis zur Gegenwart. Band 3: 19. und 20. Jahrhundert. Berlin/New York: de Gruyter.
Polenz, Peter von (2008): Deutsche Satzsemantik. Grundbegriffe des Zwischen-den-Zeilen-Lesens. Berlin/New York: de Gruyter.
Polenz, Peter von (2009): Geschichte der deutschen Sprache. Berlin/New York: de Gruyter.
Popitz, Heinrich (1980): Die normative Konstruktion von Gesellschaft. Tübingen: Mohr.
Popitz, Heinrich (2006): Soziale Normen. Frankfurt a.M.: Suhrkamp.
Preston, Dennis R. (1982): Perceptual dialectology. Mental maps of United States dialects from a Hawaiian perspective. In: Working Papers in Linguistics 14/2. 5–49.
Preston, Dennis R. (1989a): Perceptual dialectology: Nonlinguists' Views of Areal Linguistics. Dordrecht: Foris.
Preston, Dennis R. (1989b): Standard English Spoken Here: The Geographical Loci of Linguistic Norms. In: Ammon, Ulrich (Hg.): Status and function of languages and language varieties. Berlin/New York: de Gruyter. 324–354.
Preston, Dennis R. (1993a): Folk dialectology. In: ders. (Hg.): American Dialect Research. Amsterdam/Philadelphia: Benjamins. 333–377.
Preston, Dennis R. (1993b): The uses of folk linguistics. In: International Journal of Applied Linguistics 3. 181–259.

Preston, Dennis R. (1993c): Folk dialect maps. In: Glowka, Wayne/Lance, Donald M. (Hg.): Language variation in North American English – Research and Teaching. New York: Modern language association of America. 105–118.
Preston, Dennis R. (1994): Content-oriented discourse analysis and folk linguistics. In: Language Sciences 16/2. 285–331.
Preston, Dennis R. (1996): Whaddyaknow? The modes of folk linguistic awareness. In: Language Awareness 5/1. 40–74.
Preston, Dennis R. (1999): Handbook of Perceptual Dialectology. Volume 1. Amsterdam/Philadelphia: Benjamins.
Preston, Dennis R. (2002a): Perceptual Dialectology: Aims, Methods, Findings. In: Berns, Johannes B./Male, Jaap van (Hg.): Present-day Dialectology: Problems and Findings. Berlin/New York: de Gruyter. 57–104.
Preston, Dennis R. (2002b): Language with an attitude. In: Chambers, Jack K./Schilling, Natalie (Hg.): The Handbook of Language Variation and Change. Oxford: Blackwell. 40–66.
Preston, Dennis R (2002c): What is folk linguistics? In: Målbryting 6. 13–23.
Preston, Dennis R. (2004): Folk metalanguage. In: Jaworski, Adam/Coupland, Nikolas/Galasiński, Dariusz (Hg.): Metalanguage. Social and Ideological Perspectives. Berlin/New York: de Gruyter. 75–101.
Preston, Dennis R. (2010a): Perceptual Dialectology in the 21st Century. In: Anders, Christina A./Hundt, Markus/Lasch, Alexander (Hg.): Perceptual Dialectology. Neue Wege der Dialektologie. Berlin/New York: de Gruyter. 1–31.
Preston, Dennis R. (2010b): Variation in language regard. In: Gilles, Peter/Scharloth, Joachim/Ziegler, Evelyn (Hg.): Variatio delectat. Empirische Evidenzen und theoretische Passungen sprachlicher Variation. Frankfurt a.M.: Lang. 7–27.
Przyborski, Aglaja/Wohlrab-Sahr, Monika (2008): Qualitative Sozialforschung: ein Arbeitsbuch. München: Oldenbourg.
Purschke, Christoph (2010): Imitation und Hörerurteil – Kognitive Dialekt-Prototypen am Beispiel des Hessischen. In: Anders, Christina A./Hundt, Markus/Lasch, Alexander (Hg.): Perceptual Dialectology. Neue Wege der Dialektologie. Berlin/New York: de Gruyter. 151–177.
Purschke, Christoph (2011): Regionalsprache und Hörerurteil: Grundzüge einer perzeptiven Variationslinguistik. Stuttgart: Steiner.
Püschel, Ulrich (1989): Wörterbücher und Laienbenutzung. In: Hausmann, Franz J. et al. (Hg.): Wörterbücher. Ein internationales Handbuch zur Lexikographie. 1. Teilband. Berlin/New York: de Gruyter. 128–135.
Quine, Willard Van Orman (1972): Methodological Reflections on Current Linguistic Theory. In: Davidson, Donald/Gilbert, Harman (Hg.): Semantics of Natural Language. Dordrecht/Boston: Reidel. 442–454.
Ramachandran, Vilayanur S./Hubbard, Edward M. (2001): Synaesthesia – A Window into Perception, Thought and Language. In: Journal of Consciousness Studies 8/12. 3–34.
Reichertz, Jo (1999): Über das Problem der Gültigkeit von Qualitativer Sozialforschung. In: ders./Hitzler, Ronald/Schröer, Norbert (Hg.): Hermeneutische Wissenssoziologie. Standpunkte zur Theorie der Interpretation. Konstanz: UVK. 319–346.
Reichmann, Oskar (1996): Der rationalistische Sprachbegriff und Sprache, wo sie am sprachlichsten ist. In: Batts, Michael (Hg.): Alte Welten – neue Welten. Tübingen: Niemeyer. 15–31.

Ripfel, Martha (1989): Die normative Wirkung deskriptiver Wörterbücher. In: Hausmann, Franz J. et al. (Hg.): Wörterbücher. Ein internationales Handbuch zur Lexikographie. 1. Teilband. Berlin/New York: de Gruyter. 189–207.

Russell, Bertrand (1910/11): Knowledge by Acquaintance and Knowledge by Description. In: Proceedings of the Aristotelian Society 11. 108–128.

Ryle, Gilbert (2009): Knowing How and Knowing That. In: ders. (Hg.): Collected Papers. Volume 2: Collected essays 1929-1968. London u.a.: Routledge. 212–225.

Saldern, Matthias von (1995): Zum Verhältnis von qualitativen und quantitativen Methoden. In: König, Eckard/Zedler, Peter (Hg.): Bilanz qualitativer Forschung. Band 1: Grundlagen qualitativer Forschung. Weinheim: Beltz. 331–371.

Sandig, Barbara (1982): Sprachliche Normen und Werte in der Sicht germanistischer Linguistik. In: Hiller, Friedrich (Hg.): Normen und Werte. Heidelberg: Winter. 39–55.

Sauer, Verena (2018): Dialektgrenzen – Grenzdialekte. Die Struktur der itzgründischen Dialektlandschaft an der ehemaligen deutsch-deutschen Grenze. Berlin/New York: de Gruyter

Scharioth, Claudia (2015): Regionales Sprechen und Identität. Eine Studie zum Sprachgebrauch, zu Spracheinstellungen und Identitätskonstruktionen von Frauen in Schleswig-Holstein und Mecklenburg-Vorpommern. Hildesheim u. a.: Olms.

Scharloth, Joachim (2005a): Sprachnormen und Mentalitäten. Sprachbewusstseinsgeschichte in Deutschland im Zeitraum von 1766-1785. Tübingen: Niemeyer.

Scharloth, Joachim (2005b): Asymmetrische Plurizentrizität und Sprachbewusstsein. Einstellungen der Deutschschweizer zum Standarddeutschen. In: Zeitschrift für Germanistische Linguistik 33/2. 236–267.

Scharloth, Joachim (2006): Schweizer Hochdeutsch – schlechtes Hochdeutsch? In: Dürscheid, Christa/Businger, Martin (Hg.): Schweizer Standarddeutsch. Beiträge zur Varietätenlinguistik. Tübingen: Narr. 81–96.

Scharnhorst, Jürgen/Ising, Erika (Hg.) (1976): Grundlagen der Sprachkultur. Beiträge der Prager Linguistik zur Sprachtheorie und Sprachpflege. Berlin: Akademie-Verlag.

Scherfer, Peter (1983): Untersuchungen zum Sprachbewußtsein der Patois-Sprecher in der Franche-Comté. Tübingen: Narr.

Scheuringer, Hermann (2001): Die deutsche Sprache in Österreich. In: Knipf-Komlósi, Elisabeth/Berend, Nina (Hg.): Regionale Standards. Sprachvariationen in den deutschsprachigen Ländern. Budapest/Pécs: Dialóg Campus Kiadó. 95–119.

Schiewe, Jürgen (1998): Die Macht der Sprache. Eine Geschichte der Sprachkritik von der Antike bis zur Gegenwart. München: Beck.

Schiewe, Jürgen (2003): Über die Ausgliederung der Sprachwissenschaft aus der Sprachkritik. Wissenschaftsgeschichtliche Überlegungen zum Verhältnis von Normsetzung, Normreflexion und Normverzicht. In: Linke, Angelika/Ortner, Hanspeter/Portmann-Tselikas, Paul R. (Hg.): Sprache und mehr. Ansichten einer Linguistik der sprachlichen Praxis. Tübingen: Niemeyer. 401–416.

Schiewe, Jürgen (2007): Angemessenheit, Prägnanz, Variation. Anmerkungen zum guten Deutsch aus sprachkritischer Sicht. In: Burkhardt, Armin (Hg.): Was ist gutes Deutsch? Studien und Meinungen zum gepflegten Sprachgebrauch. Mannheim u.a.: Duden-Verlag. 369–380.

Schiewe, Jürgen (2010): Angemessenheit. Überlegungen zu einem Kriterium der Text-und Stilkritik. In: Bilut-Homplewicz, Zofia et al. (Hg.): Text und Stil. Frankfurt a.M. u.a.: Lang. 57–70.

Schlieben-Lange, Brigitte (1975): Metasprache und Metakommunikation. Zur Überführung eines sprachphilosophischen Problems in die Sprachtheorie und in die sprachwissenschaftliche Forschungspraxis. In: dies. (Hg.): Sprachtheorie. Hamburg: Hoffmann und Campe. 189–205.

Schlobinski, Peter (1987): Stadtsprache Berlin. Eine soziolinguistische Untersuchung. Berlin/New York: de Gruyter.

Schmidlin, Regula (2011): Die Vielfalt des Deutschen: Standard und Variation. Gebrauch, Einschätzung und Kodifizierung einer plurizentrischen Sprache. Berlin/Boston: de Gruyter.

Schmidlin, Regula (2013): Gebrauch und Einschätzung des Deutschen als plurizentrische Sprache. In: Schneider-Wiejowski, Karina/Kellermeier-Rehbein, Birte/Haselhuber, Jakob (Hg.): Vielfalt, Variation und Stellung der deutschen Sprache. Berlin/New York: de Gruyter. 23–41.

Schmidt, Thomas/Wörner, Kai (2009): EXMARaLDA – Creating, analysing and sharing spoken language corpora for pragmatic research. In: Pragmatics 19/4. 565–582.

Schmidt, Siegfried J. (1996): Kognitive Autonomie und soziale Orientierung: konstruktivistische Bemerkungen zum Zusammenhang von Kognition, Kommunikation, Medien und Kultur. Frankfurt a.M.: Suhrkamp.

Schmidt, Jürgen E. (2005a): Versuch zum Varietätenbegriff. In: Lenz, Alexandra N./Mattheier, Klaus J. (Hg.): Varietäten. Theorie und Empirie. Frankfurt a.M.: Lang. 61–74

Schmidt, Jürgen E. (2005b): Die deutsche Standardsprache: eine Varietät – drei Oralisierungsnormen. In: Eichinger, Ludwig M./Kallmeyer, Werner (Hg.): Standardvariation. Wie viel Variation verträgt die deutsche Sprache? Berlin/New York: de Gruyter. 278–305.

Schneider, Jan Georg (2005): Was ist ein sprachlicher Fehler? Anmerkungen zu populärer Sprachkritik am Beispiel der Kolumnensammlung von Bastian Sick. In: Aptum 1/2. 154–177.

Schneider, Jan Georg (2007): Sprache als kranker Organismus. Linguistische Anmerkungen zum Spiegel-Titel „Rettet dem Deutsch!". In: Aptum 3/1. 1–23.

Schneider, Jan Georg (2008a): „Macht das Sinn?" – Überlegungen zur Anglizismenkritik im Gesamtzusammenhang der populären Sprachkritik. In: Muttersprache 118. 56–71.

Schneider, Jan Georg (2008b): Das Phänomen Zwiebelfisch. Bastian Sicks Sprachkritik und die Rolle der Linguistik. In: Der Sprachdienst 52/4. 172–180.

Schneider, Jan Georg (2008c): Warum die populäre Sprachkritik oft auf dem Holzweg ist. In: Lehmanski, Dirk/Braun, Michael (Hg.): Schreibbuch – das Handbuch für alle, die professionell schreiben. Waltrop: ISB-Verlag. 211–223.

Schneider, Jan Georg (2011): Was ist richtiges und gutes Deutsch? Sprachratgeber auf dem Prüfstand. In: Ahrendt, Birte/Kiesendahl, Jana (Hg.) (2011): Sprachkritik in der Schule. Göttingen: V&R. 73–89.

Schneider, Jan Georg (2016): Syntax der gesprochenen Sprache und Kodifizierung. In: Klein, Wolf P./Staffeldt, Sven (Hg.): Die Kodifizierung der Sprache. Strukturen, Funktionen, Konsequenzen. Würzburg: Würzburger elektronische sprachwissenschaftliche Arbeiten 17. 272–284.

Schneider, Jan Georg/Albert, Georg (2013): Medialität und Standardsprache – oder: Warum die Rede von einem gesprochenen Gebrauchsstandard sinnvoll ist. In: Hagemann, Jörg/Klein, Wolf P./Staffeldt, Sven (Hg.): Pragmatischer Standard. Tübingen: Stauffenburg. 49–60.

Schönfeld, Helmut (1986): Die Berlinische Umgangssprache im 19. und 20. Jh. In: Schildt, Joachim/Schmidt, Hartmut (Hg.). Berlinisch. Geschichtliche Einführung in die Sprache einer Stadt mit einem Wörterverzeichnis. Berlin: Akademie Verlag. 214–298.

Schreier, Margrit (2012). Qualitative content analysis in practice. London: Sage.
Schreier, Margrit (2014): Varianten qualitativer Inhaltsanalyse: Ein Wegweiser im Dickicht der Begrifflichkeiten. In: Forum Qualitative Sozialforschung/Forum: Qualitative Social Research, 15(1), Art. 18. http://nbn-resolving.de/urn:nbn:de:0114-fqs1401185 (07.01.2016).
Schröder, Saskia (2015): Mental Maps als Zugang zu sprachlichem Wissen. In: Langhanke, Robert (Hg.): Sprache, Literatur, Raum. Bielefeld: Verlag für Regionalgeschichte. 163–181.
Schröder, Saskia (2019): Sprachräumliche Praxis. Sprachraumkartierung in der Wahrnehmungsdialektologie. Frankfurt a.M.: Lang.
Schütz, Alfred (1971): Gesammelte Aufsätze. Band 1: Das Problem der sozialen Wirklichkeit. Den Haag: Nijhoff.
Schütz, Alfred (1972): Der gut informierte Bürger. In: Brodersen, Arvid (Hg.): Alfred Schütz. Gesammelte Aufsätze. Band 2: Studien zur soziologischen Theorie. Den Haag: Nijhoff. 85–101.
Schütz, Alfred (1981): Der sinnhafte Aufbau der sozialen Welt. Eine Einleitung in die verstehende Soziologie. Frankfurt am Main: Suhrkamp.
Schütz, Alfred (2003a): Theorie der Lebenswelt 1. Konstanz: UVK.
Schütz, Alfred (2003b): Theorie der Lebenswelt 2. Konstanz: UVK.
Schütz, Alfred/Luckmann, Thomas (2003): Strukturen der Lebenswelt. Stuttgart: UVK.
Schwarz, Christian (2015): Phonologischer Dialektwandel in den alemannischen Basisdialekten Südwestdeutschlands im 20. Jahrhundert: eine empirische Untersuchung zum Vokalismus. Stuttgart: Steiner.
Schwarz, Christiane (1977): Zur Differenzierung und Varianz der Normen für die sprachlich-kommunikative Tätigkeit. In: Hartung, Wolfdietrich (Hg.): Normen in der sprachlichen Kommunikation. Berlin: Akademie-Verlag. 70–101.
Seelig, Barbara (2002): Probleme und Tendenzen des deutschen Sprachgebrauchs. Ein Ergebnisbericht der Sprachberatungsstelle „Grammatisches Telefon Potsdam" aus dem Zeitraum Juni 1997 bis Dezember 2000. In: Der Sprachreport 18/2. 2–7.
Settekorn, Wolfgang (1988): Sprachnorm und Sprachnormierung in Frankreich: Einführung in die begrifflichen, historischen und materiellen Grundlagen. Tübingen: Niemeyer.
Serebrennikov, Boris A./Zikmund, Hans/Feudel, Günter (1973): Allgemeine Sprachwissenschaft. Band 1. Existenzformen, Funktionen und Geschichte der Sprache. Berlin: Akademie-Verlag.
Sick, Bastian (2004): Der Dativ ist dem Genitiv sein Tod. Ein Wegweiser durch den Irrgarten der deutschen Sprache. Köln: Kiepenheuer & Witsch.
Simon, Marie (1981): Idiot von ἰδιώτης. In: Welskopf, Elisabeth C. (Hg.): Das Fortleben altgriechischer sozialer Typenbegriffe in der deutschen Sprache. Berlin: Akademie-Verlag. 291–306.
Siebs, Theodor (1905): Grundzüge der Bühnenaussprache: nach den Ergebnissen der Beratungen zur ausgleichenden Regelung der deutschen Bühnenaussprache, die unter Mitwirkung der Herren Graf von Hochberg, Freiherr von Ledebur, Dt. Tempeltey, Prof. Dr. Sievers, Prof. Dr. Luick, Prof. Dr. Siebs im April 1898 zu Berlin stattgefunden haben; kleine Ausgabe auf Veranlassung des deutschen Bühenenvereins als Auszug. Berlin u.a.: Ahn.
Soeffner, Hans-Georg (1999): Verstehende Soziologie und sozialwissenschaftliche Hermeneutik: die Rekonstruktion der gesellschaftlichen Konstruktion der Wirklichkeit. In: Hitzler, Ronald/Reichertz, Jo/Schröer, Norbert (Hg.): Hermeneutische Wissenssoziologie. Standpunkte zur Theorie der Interpretation. Konstanz: UVK. 39–49.

Soeffner, Hans-Georg (2009): Sozialwissenschaftliche Hermeneutik. In: Flick, Uwe/von Kardorff, Ernst/Steinke, Ines (Hg.): Qualitative Forschung. Ein Handbuch. Reinbek bei Hamburg: Rowohlt. 164–175.

Spiekermann, Helmut (2008): Sprache in Baden-Württemberg. Merkmale des regionalen Standards. Tübingen: Niemeyer.

Spiekermann, Helmut (2010): Visualisierungen von Dialekten. In: Anders, Christina A./Hundt, Markus/Lasch, Alexander (Hg.): Perceptual Dialectology. Neue Wege der Dialektologie. Berlin/New York: de Gruyter. 221–244.

Spiekermann, Helmut (2012): Welche Farbe hat das Sächsische? Ein Versuch zur Visualisierung von Sprachbewertungen und Dialekteinschätzungen. In: Hünecke, Rainer/Jakob, Karlheinz (Hg.): Die obersächsische Sprachlandschaft in Geschichte und Gegenwart. Heidelberg: Winter. 315–340.

Spitzmüller, Jürgen (2005a): Metasprachdiskurse. Einstellungen zu Anglizismen und ihre wissenschaftliche Rezeption. Berlin: de Gruyter.

Spitzmüller, Jürgen (2005b): Das Eigene, das Fremde und das Unbehagen an der Sprachkultur. Überlegungen zur Dynamik sprachideologischer Diskurse. In: Aptum 1/3. 248–261.

Spitzmüller, Jürgen (2009): Metasprachliches Wissen diesseits und jenseits der Linguistik. In: Weber, Tilo/Antos, Gerd (Hg.): Typen von Wissen. Begriffliche Unterscheidung und Ausprägungen in der Praxis des Wissenstransfers. Frankfurt a.M.: Lang. 112–126.

Spitzmüller, Jürgen/Antos, Gerd/Niehr, Thomas (2015): Sprache im Urteil der Öffentlichkeit. In: Felder, Ekkehard/Gardt, Andreas (Hg.): Handbuch Sprache und Wissen. Berlin/Boston: de Gruyter. 314–332.

Sprondel, Walter M. (1979): „Experte" und „Laie": zur Entwicklung von Typenbegriffen in der Wissenssoziologie. In: ders./Grathoff, Richard (Hg.): Alfred Schütz und die Idee des Alltags in den Sozialwissenschaften. Stuttgart: Enke. 140–154.

Steger, Hugo (1968): Über das Verhältnis von Sprachnorm und Sprachentwicklung in der deutschen Gegenwartssprache. In: Sprachnorm, Sprachpflege, Sprachkritik. Düsseldorf: Schwann (= Jahrbuch des Instituts für Deutsche Sprache 1966/1967). 45–66.

Stein, Stephan (2018): Oralität und Literalität. In: Birkner, Karin/Janich, Nina (Hg.): Handbuch Text und Gespräch. Berlin/Boston: de Gruyter. 3–25.

Steiner, Christiane (1994): Sprachvariation in Mainz. Quantitative und qualitative Analysen. Stuttgart: Steiner.

Steinig, Wolfgang (1980): Zur sozialen Bewertung sprachlicher Variation. In: Cherubim, Dieter (Hg.): Fehlerlinguistik. Beiträge zum Problem der sprachlichen Abweichung. Tübingen: Niemeyer. 106–123.

Steinig, Wolfgang (1982): Zur sozialen Bewertung von drei sprachlichen Varietäten in Schwaben. Wiesbaden: Vieweg.

Steinke, Ines (1999): Kriterien qualitativer Forschung. Ansätze zur Bewertung qualitativempirischer Sozialforschung. Weinheim/München: Juventa.

Steinke, Ines (2012): Gütekriterien qualitativer Forschung. In: Flick, Uwe/von Kardorff, Ernst/dies. (Hg.): Qualitative Forschung. Ein Handbuch. Hamburg: Rowohlt. 319–331.

Stich, Alexander (1974): Sprachnorm und Kodifizierung der Sprache in der sozialistischen Gesellschaft. In: Linguistische Studien 9. 1–17.

Stickel, Gerhard/Volz, Norbert (1999): Meinungen und Einstellungen zur deutschen Sprache. Ergebnisse einer bundesweiten Repräsentativerhebung. Mannheim: Institut für deutsche Sprache.

Stock, Eberhard/Hollmach, Uwe (1996): Akzeptanzuntersuchungen zur deutschen Standardaussprache. In: Palková, Zdena (Hg.): Charisteria viro doctissimo Premysl Janota oblata. Prag: Karolinum. 271–282.
Stoeckle, Philipp (2014): Subjektive Dialekträume im alemannischen Dreiländereck. Hildesheim: Olms.
Strasen, Sven-Knut (2013): Ideologem. In: Nünning, Ansgar (Hg.): Metzler Lexikon Literatur- und Kulturtheorie: Ansätze – Personen – Grundbegriffe. Berlin: Metzler. 325–326.
Straßner, Erich (1995): Deutsche Sprachkultur. Von der Barbarensprache zur Weltsprache. Tübingen: Niemeyer.
Stude, Juliane (2013): Kinder sprechen über Sprache: eine Untersuchung zu interaktiven Ressourcen des frühen Erwerbs metasprachlicher Kompetenzen. Stuttgart: Klett.
Studler, Rebekka (2014): „Einige Antworten habe ich contre coeur so angekreuzt". Zur Relevanz offener Fragen in Fragebogenstudien zu Spracheinstellungen. In: dies./Counz, Christina (Hg.): Sprechen über Sprache. Perspektiven und neue Methoden der Spracheinstellungsforschung. Tübingen: Stauffenburg. 169–204.
Studler, Rebekka (2017): Räume und Grenzen in der Laienmetasprache. Eine Metaphernanalyse zu Sprache und Sprecher. In: Linguistik Online 85/6. 279–307.
Stukenbrock, Anja (2005): Sprachnationalismus. Sprachreflexion als Medium kollektiver Identitätsstiftung in Deutschland (1617-1945). Berlin/New York: de Gruyter.
Takahashi, Hideaki E. (1996): Die richtige Aussprache des Deutschen in Deutschland, Österreich und der Schweiz: nach Maßgabe der kodifizierten Normen. Frankfurt a.M.: Lang.
Tebartz-van Elst, Anne (1991): Das Rechtschreibwörterbuch aus der Sicht der Sprachberatung. In: Augst, Gerhard/Schaeder, Burkhard (Hg.): Rechtschreibwörterbücher in der Diskussion. Frankfurt a.M.: Lang. 363–380.
Techtmeier, Bärbel (1977): Die kommunikative Adäquatheit sprachlicher Äußerungen. In: Hartung, Wolfdietrich (Hg.): Normen in der sprachlichen Kommunikation. Berlin: Akademie-Verlag. 102–162.
Techtmeier, Bärbel (Hg.) (1987): Theoretische und praktische Fragen der Sprachkultur. Berlin: Akad. der Wiss. der DDR, Zentralinstitut für Sprachwissenschaft.
Tophinke, Doris/Ziegler, Evelyn (2014): Spontane Dialektthematisierung in der Weblogkommunikation: Interaktiv-kontextuelle Einbettung, semantische Topoi und sprachliche Konstruktionen. In: Cuonz, Christina/Studler, Rebekka (Hg.): Sprechen über Sprache. Perspektiven und neue Methoden der Spracheinstellungsforschung. Tübingen: Stauffenburg. 205–242.
Trudgill, Peter (2000): Sociolinguistics. An Introduction to Language and Society. London: Penguin.
Twilfer, Daniela (2012): Dialektgrenzen im Kopf. Der westfälische Sprachraum aus volkslinguistischer Perspektive. Bielefeld: Verlag für Regionalgeschichte.
Villers, Jürgen (2009): Über den Skriptomorphismus der Philosophie. In: Birk, Elisabeth/Schneider, Jan Georg (Hg.): Philosophie der Schrift. Tübingen: Niemeyer. 59–74.
Volk, Helmut (1988): Alltagswelt, Alltagstheorie und Reflexion – Grundlagen einer prozessorientierten Analyse der Alltagswelt „Schule" in Hinblick auf implizite Reflexionspotentiale seitens des Systems und der Betroffenen. Universität München: Dissertationsschrift.
Watts, Richard J. (1999): The ideology of dialect in Switzerland. In: Blommaert, Jan (Hg.): Language Ideological Debates. Berlin: de Gruyter. 68–103.

Weiß, Johannes (1993): Verständigungsorientierung und Kritik. Zur Theorie des kommunikativen Handelns von Jürgen Habermas. In: (ders.): Vernunft und Vernichtung. Zur Philosophie und Soziologie der Moderne. Wiesbaden: Springer. 223–237.

Weithase, Irmgard (1961): Zur Geschichte der gesprochenen deutschen Sprache. Tübingen: Niemeyer.

Werlen, Erika (1984): Studien zur Datenerhebung in der Dialektologie. Wiesbaden: Steiner.

Wermke, Matthias (2005): Deskriptivität und Präskriptivität aus der Sicht des Dudens. In: Eichinger, Ludwig/Kallmeyer, Werner (Hg.): Standardvariation. Wie viel Variation verträgt die deutsche Sprache? Berlin: de Gruyter. 350–362.

Wichter, Sigurd (1994): Experten- und Laienwortschätze. Umriß einer Lexikologie der Vertikalität. Tübingen: Niemeyer.

Wiegand, Herbert Ernst (1986): Von der Normativität deskriptiver Wörterbücher. Zugleich ein Versuch zur Unterscheidung von Normen und Regeln. In: Sprachnormen in der Diskussion. Beiträge vorgelegt von Sprachfreunden. Berlin: de Gruyter. 72–101.

Wilton, Antje/Stegu (2011): Bringing the „folk" into applied linguistics. An introduction. In: AILA Review 24. 1–14.

Wirrer, Jan (1987): „So sprickt dat Hart sik ut": Alltagswissen über Dialekte. In: Wimmer, Reiner (Hg.): Sprachtheorie: Der Sprachbegriff in Wissenschaft und Alltag. Düsseldorf: Schwann. 256–279.

Wirrer, Jan (2014): Laienlinguistik, Laiendialektologie, Laienlexikographie. In: Niederdeutsches Wort 54. 169–185.

Wirrer, Jan (2016): Laikales metasprachliches Wissen in Westfalen. In: Spiekermann, Helmut et al. (Hg.): Niederdeutsch: Grenzen, Strukturen, Variation. Wien u.a.: Böhlau. 237–267.

Wittgenstein, Ludwig (2011): Philosophische Untersuchungen. Berlin: Akademie-Verlag.

Wolf, Willi (1995): Qualitative versus quantitative Forschung. In: König Eckard/Zedler, Peter (Hg.): Bilanz qualitativer Forschung. Band 1: Grundlagen qualitativer Forschung. Weinheim: Beltz. 309–329.

Ziegler, Evelyn (1996): Sprachgebrauch – Sprachvariation – Sprachwissen: eine Familienfallstudie. Frankfurt am Main u. a.: Lang.

Ziegler, Evelyn (1998): Zur Entwicklung der Standardsprache und der Vorbildfunktion der Klassikersprache. In: Der Deutschunterricht 50/1. 24–32.

Ziegler, Evelyn (2011): Subsistente Normen und Sprachkompetenz: Ihre Bedeutung für den Deutschunterricht. In: Bulletin VALS/ASLA 93. 69–85.

Zifonun, Gisela (2009): Zum Sprachverständnis der Grammatikographie. System, Norm und Korpusbezug. In: Konopka, Manfred/Strecker, Bruno (Hg.): Deutsche Grammatik – Regeln, Normen, Sprachgebrauch. Berlin/New York: de Gruyter. 333–354.

Anhang

Sozialdaten der Gewährspersonen

ID	m/w	AG	GebJ	Ort	Land	Dauer
1	m	2	1980	Eppingen	DE	03:37
2	m	3	1949	Eppingen	DE	02:03
3	m	2	1978	Eppingen	DE	08:40
4	m	1	1992	Eppingen	DE	02:39
5	w	3	1949	Eppingen	DE	06:25
6	w	1	1994	Neuruppin	DE	01:44
7	m	1	1994	Neuruppin	DE	03:49
8	w	1	1995	Neuruppin	DE	05:43
9	m	1	1992	Hameln	DE	02:41
10	w	1	1994	Hameln	DE	05:35
11	m	2	1969	Hameln	DE	02:25
12	m	2	1980	Hameln	DE	03:11
13	w	3	1962	Vaduz	LI	03:31
14	m	3	1949	Vaduz	LI	07:02
15	m	1	1993	Vaduz	LI	04:33
16	m	3	1964	Vaduz	LI	10:41
17	w	3	1951	Vaduz	LI	06:27
18	w	3	1957	Vaduz	LI	05:27
19	w	3	1958	Simmern / Hunsrück	DE	03:09
20	w	3	1954	Simmern / Hunsrück	DE	06:02
21	m	1	1994	Simmern / Hunsrück	DE	05:19
22	m	3	1949	Simmern / Hunsrück	DE	02:45
23	m	3	1954	Simmern / Hunsrück	DE	01:47
24	w	2	1980	Simmern / Hunsrück	DE	04:51
25	w	2	1972	Simmern / Hunsrück	DE	09:33
26	m	2	1982	Schleiden	DE	03:48
27	m	3	1949	Schleiden	DE	02:43
28	w	3	1955	Schleiden	DE	07:40
29	m	1	1994	Schleiden	DE	03:07
30	w	2	1971	Schleiden	DE	04:43
31	m	3	1951	Schleiden	DE	04:54

ID	m/w	AG	GebJ	Ort	Land	Dauer
32	m	3	1951	Brunico / Bruneck	IT	02:46
33	m	3	1962	Brunico / Bruneck	IT	03:55
34	w	2	1971	Brunico / Bruneck	IT	03:18
35	m	1	1994	Brunico / Bruneck	IT	02:40
36	w	2	1968	Brunico / Bruneck	IT	03:39
37	w	2	1967	Bressanone / Brixen	IT	03:02
38	w	2	1982	Coburg	DE	04:33
39	m	3	1957	Bressanone / Brixen	IT	03:21
40	m	3	1951	Bressanone / Brixen	IT	01:31
41	m	2	1968	Bressanone / Brixen	IT	03:53
42	w	1	1992	Bressanone / Brixen	IT	03:00
43	w	3	1954	Merano / Meran	IT	04:55
44	w	1	1993	Merano / Meran	IT	03:08
45	w	2	1978	Merano / Meran	IT	04:59
46	w	3	1952	Merano / Meran	IT	03:21
47	m	2	1971	Merano / Meran	IT	02:49
48	m	3	1953	Merano / Meran	IT	02:34
49	m	1	1992	Coburg	DE	04:36
50	w	3	1954	Coburg	DE	04:29
51	w	2	1969	Coburg	DE	03:25
52	m	3	1954	Coburg	DE	03:28
53	m	3	1955	Coburg	DE	12:34
54	w	3	1954	Velbert	DE	08:57
55	w	1	1993	Velbert	DE	04:06
56	w	1	1994	Velbert	DE	02:50
57	m	2	1984	Ettelbreck	LU	07:50
58	m	3	1960	Ettelbreck	LU	05:29
59	m	2	1967	Velbert	DE	03:17
60	m	2	1968	Ettelbreck	LU	03:40
61	m	1	1994	Ettelbreck	LU	03:23
62	m	3	1959	Ettelbreck	LU	05:08
63	w	3	1956	Ettelbreck	LU	13:23
64	m	2	1979	Springe	DE	03:24
65	w	1	1996	Springe	DE	02:10
66	m	2	1978	Springe	DE	05:24
67	m	2	1977	Springe	DE	07:17

ID	m/w	AG	GebJ	Ort	Land	Dauer
68	w	1	1996	Springe	DE	02:30
69	w	1	1994	Stralsund	DE	03:38
70	w	3	1960	Stralsund	DE	05:32
71	w	3	1951	Stralsund	DE	02:37
72	w	1	1994	Stralsund	DE	03:16
73	w	3	1957	Barth	DE	04:17
74	w	3	1957	Barth	DE	06:09
75	w	2	1971	Barth	DE	04:19
76	m	1	1995	Barth	DE	06:50
77	w	3	1964	Barth	DE	03:41
78	w	3	1954	Barth	DE	05:32
79	m	2	1970	Buchen (Odenwald)	DE	02:49
80	m	1	1993	Buchen (Odenwald)	DE	02:05
81	m	1	1992	Buchen (Odenwald)	DE	03:05
82	m	3	1956	Buchen (Odenwald)	DE	04:20
83	w	1	1993	Luzern	CH	03:13
84	m	3	1955	Luzern	CH	04:37
85	m	2	1971	Luzern	CH	05:33
86	w	3	1956	Luzern	CH	04:00
87	m	3	1952	Luzern	CH	09:20
88	w	2	1965	Luzern	CH	02:54
89	m	3	1953	Alzenau i. UFr.	DE	06:52
90	m	2	1982	Alzenau i. UFr.	DE	05:50
91	w	3	1957	Alzenau i. UFr.	DE	06:04
92	m	2	1982	Alzenau i. UFr.	DE	02:37
93	w	1	1996	Alzenau i. UFr.	DE	04:20
94	m	3	1952	Alzenau i. UFr.	DE	19:04
95	w	1	1995	Hamburg	DE	05:10
96	w	1	1994	Hamburg	DE	03:33
97	m	3	1953	Hamburg	DE	09:37
98	m	1	1994	Hamburg	DE	03:30
99	m	3	1957	Radebeul	DE	02:37
100	w	3	1957	Radebeul	DE	03:24
101	w	3	1964	Radebeul	DE	03:58
102	m	1	1994	Radebeul	DE	04:36
103	w	2	1970	Radebeul	DE	08:23

ID	m/w	AG	GebJ	Ort	Land	Dauer
104	w	3	1953	Radebeul	DE	03:09
105	m	2	1981	Hamburg	DE	07:38
106	m	2	1969	Jena	DE	05:39
107	w	1	1995	Jena	DE	04:14
108	w	1	1997	Jena	DE	04:51
109	m	2	1965	Jena	DE	09:46
110	w	1	1996	Zürich	CH	05:49
111	m	3	1957	Zürich	CH	05:18
112	w	1	1996	Zürich	CH	02:06
113	m	3	1957	Zürich	CH	08:55
114	w	2	1971	Zürich	CH	04:06
115	w	2	1967	Zürich	CH	07:34
116	w	2	1976	Zürich	CH	04:05
117	w	3	1954	Kaufbeuren	DE	10:57
118	m	2	1970	Kaufbeuren	DE	07:04
119	m	1	1997	Kaufbeuren	DE	02:47
120	w	2	1966	Kaufbeuren	DE	03:57
121	w	2	1970	Kaufbeuren	DE	03:59
122	m	2	1979	Kaufbeuren	DE	08:00
123	w	1	1996	Eupen	BE	03:01
124	w	3	1961	Eupen	BE	04:21
125	m	3	1957	Eupen	BE	04:33
126	m	2	1980	Eupen	BE	03:52
127	w	2	1969	Eupen	BE	03:28
128	w	3	1956	Eupen	BE	04:56
129	w	2	1974	Gammertingen	DE	04:02
130	m	2	1973	Gammertingen	DE	04:10
131	m	3	1952	Gammertingen	DE	06:57
132	m	3	1954	Gammertingen	DE	04:24
133	m	2	1978	Gammertingen	DE	01:54
134	w	1	1999	Gammertingen	DE	02:46
135	m	1	1997	Lustenau	AT	02:28
136	m	3	1960	Lustenau	AT	02:38
137	m	2	1968	Lustenau	AT	04:45
138	w	2	1977	Lustenau	AT	05:38

ID	m/w	AG	Gebj	Ort	Land	Dauer
139	w	3	1964	Lustenau	AT	04:45

Gesamtübersicht sprachbezogene Begriffe

Lexem	tokens
richtig	51
korrekt	50
verständlich	44
klar	33
schön	33
gut	31
deutlich	29
angenehm	20
gepflegt	16
ordentlich	13
angemessen	11
rein	11
neutral	10
gewählt	8
sauber	8
geschliffen	7
langsam	7
einfach	6
treffend	6
wortschatzreich	6
differenziert	5
kurz	5
normal	5
vollständig	5
abwechslungsreich	4
akzentfrei	4
perfekt	4
stimmig	4
strukturiert	4
farblos	3
flüssig	3
gefärbt	3
gehoben	3
höflich	3

Lexem	tokens
intellektuell	3
interessant	3
prägnant	3
warm	3
akzentlos	2
akzentuiert	2
allgemeingültig	2
allgemeinverständlich	2
anschaulich	2
aussagekräftig	2
betont	2
direkt	2
eloquent	2
fließend	2
gebildet	2
knapp	2
konkret	2
laut	2
metaphorisch	2
präzise	2
sachlich	2
scharf	2
schnell	2
spielerisch	2
toll	2
variantenreich	2
vielfältig	2
adäquat	1
analytisch	1
anpassungsfähig	1
ansprechend	1
ausdrücklich	1
ausgeprägt	1
bedächtig	1
bildhaft	1
bildreich	1

Lexem	tokens
blumig	1
bündig	1
druckreif	1
einladend	1
elegant	1
empathisch	1
fehlerfrei	1
fein	1
feinfühlig	1
flexibel	1
funktionell	1
geistreich	1
geordnet	1
geradlinig	1
geschmeidig	1
getragen	1
gewandt	1
guttural	1
herzlich	1
ideal	1
komplex	1
kräftig	1
kraftvoll	1
kreativ	1
lebendig	1
literarisch	1
melodisch	1
menschlich	1
nett	1
nordisch	1
nuanciert	1
offen	1
persönlich	1
rund	1
schmeichelhaft	1
schriftnahe	1

Lexem	tokens
schriftreif	1
singend	1
situationsangepasst	1
situationsgerecht	1
souverän	1
süffisant	1
sympathisch	1
tröstend	1
unangestrengt	1
vernünftig	1
wohlklingend	1
zusammenhängend	1
∑ 118	∑ 570

Kodierleitfaden

Oberkategorie	Subkategorie	Erläuterung	Ankerbeispiel	Herkunft
(41) Beschaffenheit		Beschaffenheit einer sprachlichen Handlung oder deren Produkt hinsichtlich Beschaffenheit, insbesondere Strukturgemäßheit		Gloy (1980), Hartung (1977), Techtmeier (1977)
	(411) auditiv-phonetisch	Beschaffenheit medial-mündlich realisierter sprachlicher Produkte inkl. parasprachlicher Normen	*von der betonung her korrekt von der aussprache her korrekt hat* (GP07)	induktiv
	(412) allgemein grammatisch	Beschaffenheit nicht weiter spezifizierter grammatischer Merkmale	*ja zunächst mal sollte es grammatikalisch richtig sein* (GP27)	induktiv
	(413) syntaktisch	Beschaffenheit einer komplexeren sprachlichen Einheit (>Wort), in Bezug auf Gliederung, Bau oder Form	*vom satzbau her vielleicht auch nicht immer nur die kurzen sätze* (GP45)	induktiv
	(414) morphologisch-morphosyntaktisch	Beschaffenheit in Bezug auf morphologische oder morphosyntaktische Eigenschaften	*die fälle richtig setzen (...) ab und zu höre ich das raus und es tut direkt in den ohren weh* (GP48)	induktiv
	(415) orthographisch-schriftbezogen	Beschaffenheit bezüglich medial schriftlich realisierter sprachlichen Einheiten	*ja eben dass man dass man äh die regeln äh die vor allem die wie die rechtschreibregeln auch einhält* (GP21)	induktiv
(42) Angemessenheit		Angemessenheit der Sprachproduktion / sprachlicher Mittel in Abhängigkeit kontextueller Faktoren wie Partner, Gegenstand, Situation	*ich spreche anders wenn ich eltern habe oder schüler habe und spreche noch mal anders wenn ich vertraute men-*	Fix (1995), Hartung (1977)

Oberkategorie	Subkategorie	Erläuterung	Ankerbeispiel	Herkunft
			schen habe oder fremde menschen habe (...) und danach würde ich auch meine wortwahl irgendwie auswählen (GP54), wenn man über sachgebiete redet fachsprache zu verwenden (GP48)	
	(43) Stilistik-Ästhetik	Aussagen zu stilistischer Variation sowie allgemein pragmatisch-kommunikative Aspekte wie die Auswahl und Bestimmung der Menge und Qualität stilistischer Mittel; weiterhin allgemein-ästhetische Beschreibungen sprachlicher Handlungen oder Produkte	wenn man sich gepflegt ausdrückt (GP55)	induktiv
	(44) Verständlichkeit	Aussagen zur (überregionalen) kommunikativen Reichweite normkonformer sprachlicher Handlungen bzw. Produkte, die sich auf eine phonetisch-auditive Qualität beziehen; weiterhin die Zugänglichkeit von Informationen sowie semantische Interpretierbarkeit	sehr gut verständlich (...) im vergleich zu den dialekten (GP03)	induktiv
	(45) Schriftbezogenheit	Aussagen, die eine Normkonformität sprachlicher Produkte oder Handlungen aus der Überein-	dass ja die wörter wirklich so gesprochen werden wie sie geschrieben werden	induktiv

Oberkategorie	Subkategorie	Erläuterung	Ankerbeispiel	Herkunft
		stimmung oder (teilweisen) Annäherung dieser von einer medial schriftlichen Realisierung von Sprache ableiten	(GP01)	
(46) Variationsfreiheit		Aussagen zur Abwesenheit sprachlicher Variation bzw. bestimmter variationslinguistischer Phänomene, die als unerwünscht für eine normkonforme Sprache angesehen werden	*aber gutes deutsch würde ich schon denken das ist dann wirklich dialektfrei und das* (GP103)	induktiv
(47) Normsetzende Instanzen				Ammon (2003; 2005)
	(471) Modellsprecher	Modelle medial mündlichen normkonformen Sprechens	*nachrichtensprecher zum beispiel an denen orientiert man sich* (GP39)	
	(472) Modellschreiber/-texte	Modelltexte und Schreiber, bezogen auf eine medial schriftliche Realisierung	*bestimmte tageszeitungen zeitschriften (...) wo sehr gut meiner meinung nach sehr gut geschrieben wird* (GP41)	
	(473) Kodizes	„metasprachliche Schriften, die für eine Sprachgemeinschaft zu einem bestimmten Zeitpunkt als Normautoritäten zur Verfügung stehen und von ihr auch als Normautoritäten wahrgenommen	*ich glaube also korrektes deutsch da kann man glaube ich den duden heranziehen* (GP45)	

Oberkategorie	Subkategorie	Erläuterung	Ankerbeispiel	Herkunft
		werden" Klein (2014: 222)		
	(474) Sprachnormautoritäten	Personen, „die über ausreichende Macht verfügen oder dies glaubhaft machen können, um das Sprachhandeln anderer Personen (der Normsubjekte) zu korrigieren" (Ammon 2005: 36)	*schon im unterricht zum beispiel dass die lehrer dort eben auch schon drauf wert legen dass man im aufsatz oder so auch einen ja guten ausdruck verwendet* (GP76)	
(48) Bezeichnungskonventionen		Bezeichnungen für eine normkonforme Sprache	*göttinger hochdeutsch* (GP57)	induktiv
(49) Sprachgeographische Konzepte		Verortung einer normkonformen Sprache	*also was man so in der umgebung von hannover spricht ich sage mal was in norddeutschland gesprochen wird (...) das ist für mich gutes deutsch* (GP104)	Lameli/Purschke /Kehrein (2008), Schmidlin (2011), Kehrein (2012)
(5) Sprachbezogene Begriffe		frequente Begriffe im Rahmen der Thematisierung, Beschreibung und Bewertung einer normkonformen Sprache, sprachlicher Handlungen und Produkte	*richtig, korrekt, verständlich, klar, schön, gut, deutlich, angenehm, gepflegt, ordentlich, rein*	induktiv
(6) Metaphorische Modelle		Lexeme aus deren Verwendung sich Modelle einer metaphorischen Konzeptualisierung von Sprache ableiten lassen	*dass plötzlich neue begriffe reinkommen die von vielen gebraucht werden cool zum beispiel ja das ist mehr ein umgangssprachliches*	Spitzmüller (2005a), Christen (1998; 2010)

Oberkategorie	Subkategorie	Erläuterung	Ankerbeispiel	Herkunft
			beispiel aber solche dinge wandern in die sprache irgendwie ein verbreiten sich (GP89)	

www.ingramcontent.com/pod-product-compliance
Lightning Source LLC
Chambersburg PA
CBHW031753220426
43662CB00007B/386